U0960740

“十三五”普通高等教育规划教材

国际贸易理论与实务

（第3版）

主　编　韩　军
副主编　徐　俊

中国财经出版传媒集团
中国财政经济出版社

图书在版编目（CIP）数据

国际贸易理论与实务/韩军主编．—3 版．—北京：中国财政经济出版社，2019.9
“十三五”普通高等教育规划教材
ISBN 978 -7 -5095 -9091 -1

Ⅰ.①国…　Ⅱ.①韩…　Ⅲ.①国际贸易理论 - 高等学校 - 教材 ②国际贸易 - 贸易实务 - 高等学校 - 教材　Ⅳ.①F740

中国版本图书馆 CIP 数据核字（2019）第 137302 号

责任编辑：王　芳　　　　　　责任校对：黄亚青
封面设计：陈宇琰

中国财政经济出版社 出版
URL：http：//www.cfeph.cn
E - mail：jiaoyu @ cfeph.cn

社址：北京市海淀区阜成路甲 28 号　邮政编码：100142
营销中心电话：010 -88191537
北京时捷印刷有限公司印刷　各地新华书店经销
787 ×1092 毫米　16 开　21 印张　489 000 字
2019 年 9 月第 3 版　2019 年 9 月北京第 1 次印刷
定价：45.00 元
ISBN 978 -7 -5095 -9091 -1
（图书出现印装问题，本社负责调换）
本社质量投诉电话：010 -88190744
打击盗版举报热线：010 -88191661　QQ：2242791300

前言

本书紧密围绕高等学校涉外商务应用型人才的培养目标进行内容设计，它凝聚了编写组全体成员长达 16 年的国贸相关课程的教学研究成果，较好地适应了日新月异的经济形势对涉外商贸从业人员知识结构、实践能力和基本素质的要求。因此它不仅是应用型高等院校商务类专业的实用性专业教材，也可以作为外贸相关从业人员的业务培训用书。

一、本书的特点和创新之处

1. 重点突出，侧重实务。编写内容紧密结合应用型高等教育切实需求，本书主编韩军曾是资深的外贸经理人，编写团队中有五名双师型教师，均具有多年外贸实战经验，确保了教材内容能够紧密贴近外贸实际。

2. 内容更新，紧跟时代需求。本书编写之初，我们对当前国际贸易相关教材内容进行了全面的检索分析，在编写中对相关的国际贸易惯例、法规条款进行了适时更新，确保了教材内容的时效性。

3. 教材体例创新，易学易懂。本书在体系设计上，认真总结传统教材的不足，对国际贸易理论、政策的基本体系作了简明扼要的介绍，保证学生具备适度的专业理论知识。在国际贸易实务部分则采用了任务驱动模式，通过一笔具体出口业务的执行，将国际贸易实务操作的流程进行了详细的分解，使学生明白其所学的知识在每一个操作步骤中的作用，能够较好地掌握各个环节的操作技巧和方法。体现了教材内容和形式的创新，避免了传统教材只讲解知识，不传授技能的缺点。

二、教材的主要内容及使用方法

本教材共分四篇十六章，内容包括国际贸易的基本理论政策、国际货物贸易基础知识、国际货物贸易实务操作、非货物贸易与电子商务四大部分。

本教材适用于普通高等院校、高职高专院校的商务类本科、专科学生使用。具体的使用方法建议如下。

1. 国贸专业本科教学：由于该类专业单独开设了国际贸易相关的理论课程，因此可以略过第一篇，直接进入第二篇至第四篇的学习。

2. 国贸专业专科教学：由于该类专业专门开设了国际贸易相关的理论课程，因此可以略过第一篇，重点学习第二篇和第三篇，第四篇可视各校具体课时设计而定。

3. 非国贸专业本科教学：由于该类专业没有专门开设国际贸易理论课程，故建议学习本教材一至二篇的主要内容。

4. 非国贸专业专科教学：建议选学第一章第一节，通篇学习第二篇，其余章节可以作为课后实训或阅读材料。

三、教材编写分工

本书由韩军教授担任主编，负责教材大纲设计和全书统筹。徐俊担任副主编，负责总审。武雪平负责全面审核校对。参加编写人员的具体分工是：韩军（前言、第十二章、第十三章）；徐俊（第七章、第九章、第十四章）；李肃（第二章、第六章、第八章）；马霞（第一章、第三章、第四章）；冯小玲（第十六章）；武雪平（第五章）；雷娟（第十五章）；王玫（第十章）；樊鸿瑜（第十一章）。

本书在编写过程中，我们查阅了大量的教材、著作和文献资料，吸收了包括主编韩军在内的众多国际贸易资深经理人的宝贵经验和多位业内专家学者的研究成果，书中将近半数的操作案例和各类国际贸易单证样本均出自于编者多年的外贸操作实战。另外，本书在编写过程中得到了包括聚业（天津）国际贸易有限公司史学军先生、杜强强先生，山西尚源工贸有限公司周贺先生，以及多家银行国际结算部业界人士的帮助和指导，此一并深表谢意！

韩军

2019 年 7 月 9 日

目录

第一篇　国际贸易理论与政策

第二篇　国际货物贸易基础知识

第三篇 国际货物贸易实务操作

第一篇　国际贸易理论与政策

第一章

国际贸易理论

【学习目标】

1. 熟悉和掌握国际贸易基本概念的内涵。
2. 理解传统国际贸易理论的主要内容和评价。
3. 了解当代及新国际贸易理论。

【导读】

2018年世界贸易发展形势及展望

据世界贸易组织公布的《2018年世界贸易统计公告》显示，2017年，全球商品贸易量增长4.7%，为6年来最高；商品贸易额增长11%。除中东以外，所有地区商品贸易量都出现增长，其中亚洲贸易量增幅最大（8.1%）。全球服务贸易全面复苏，服务贸易出口增长8%，进口增长6%。排名前三的商业服务出口国分别为美国、英国和德国，出口总额约为1 400亿美元。与IP相关的服务贸易以发达国家之间的贸易为主，但一些发展中经济体服务贸易规模增长迅速。新加坡年增长率为36%，中国年增长率为28%，位居第二。

据以上数据可知，2018年全球贸易整体呈现增长态势，但我们也应认识到，世界经济复苏放缓将导致外需增长动力不足，美国贸易保护主义、单边主义和霸权主义引致全球贸易摩擦加剧，将进一步恶化全球贸易环境，美欧等发达经济体持续收紧货币政策，尤其是美元收紧将减弱全球贸易结算主要货币的流动性，以及国际贸易规则的重塑，都将使2019年全球贸易局势面临更多的不确定性。

第一节

国际贸易基本概念

一、国际贸易与对外贸易

国际贸易（International Trade）指世界各国或地区之间进行的货物和服务方面的交换活动，反映了世界各国在经济上的相互依赖。因此，从世界范围来看，国际贸易即世界贸易（World Trade）或全球贸易（Global Trade）。

对外贸易（Foreign Trade）指一个国家或地区同其他国家或地区进行货物和服务的交换活动。一些海岛国家如英、日等国，或某些海岛地区如中国台湾等，也把这种交换活动称为海外贸易（Overseas Trade）。

国际贸易与对外贸易的区别在于二者看待贸易的角度不同。前者是从世界的角度看待贸易，后者是从一个国家的角度看待贸易。世界各国和地区对外贸易的总和构成世界贸易。

二、出口贸易、进口贸易和过境贸易

出口贸易（Export Trade）是将本国所生产或加工的商品输往国外市场进行销售的对外贸易活动。

进口贸易（Import Trade）是将外国生产或加工的商品购买后输入本国市场销售的贸易活动。

出口贸易与进口贸易是每一笔贸易的两个方面，对卖方是出口贸易，对买方则是进口贸易。

过境贸易（Transit Trade）是指甲国向乙国运送某种商品，由于地理位置的原因，必须通过丙国的国境或关境，该商品的输入和输出对丙国而言即为过境贸易。

三、直接贸易、间接贸易和转口贸易

直接贸易（Direct Trade）是指商品直接从生产国销往消费国，进出口两国直接达成的交易，即不通过第三国的商人作为中介人而进行的贸易。

间接贸易（Indirect Trade）是指商品生产国不直接向消费国出口，商品消费国也不直接从生产国进口，而经由第三国商人来完成贸易，这种形式的国际贸易称为间接贸易。

转口贸易（Entrepot Trade）是指商品生产国与商品消费国通过第三国进行的贸易，对第三国而言就是转口贸易。转口贸易中第三国必须参与商品的价值转移活动——买和卖，但不一定要经过商品的实物转移，即可以不经过本国而对商品进行生产国与消费国的直接运输。

间接贸易和转口贸易的区别在于看问题的角度不同：商品生产国与消费国通过第三

国进行的贸易，对生产国和消费国而言是间接贸易，对第三国而言则是转口贸易。

四、有形贸易与无形贸易

有形贸易（Tangible Trade）也称为货物贸易，指在进出口贸易中进行实物商品的交易，因为这些商品看得见、摸得着，故称为有形贸易。《联合国国际贸易标准分类》（简称 SITC）把有形商品分成 10 大类，具体见表 1－1。

表 1－1　　有形商品分类

编号	涵盖商品
0 类	食品及主要供食用的活动物
1 类	饮料及烟类
2 类	非食用原料（不包括燃料）
3 类	矿物燃料、润滑油及有关物质
4 类	动植物油脂
5 类	未列名的化学品和有关产品
6 类	主要按原料分类的制成品
7 类	机械和运输设备
8 类	杂项制品
9 类	未分类的其他商品

无形贸易（Intangible Trade）也称服务贸易，指在国际贸易活动中所进行的没有物质形态的商品交易。主要包括：运输、旅游、金融、劳务输出、技术转让等。

有形商品的进出口须办理海关手续，从而表现在海关的贸易统计上，是国际收支的主要构成部分；无形贸易不办理海关手续，通常不显示在海关的贸易统计上，而显示在一国的国际收支平衡表上，是国际收支的重要组成部分。

五、一般贸易与加工贸易

一般贸易是指中国境内有进出口经营权的企业单边进口或单边出口的贸易，按一般贸易交易方式进出口的货物即为一般贸易货物。一般贸易就是正常的国际买卖，是海关的基本监管类型。

加工贸易，是指经营企业进口全部或者部分原辅材料、零部件、元器件、包装物料（以下简称料件），经加工或装配后，将制成品复出口的经营活动，包括进料加工、来料加工、装配业务和协作生产。加工贸易的中方一般往往会对应一个加工手册，向国外采购的原物料属于保税状态，不需要缴税，加工成成品后必须运输国外。如果需要卖给国内，则要按照一般贸易进行补税。

六、对外贸易额与对外贸易量

对外贸易额（Value of Foreign Trade）也称对外贸易值，是用货币金额表示的一国一定时期内的进出口规模，是衡量一国对外贸易状况的重要指标。

对外贸易额 = 进口总额 + 出口总额

一般用本国货币表示，也可以用国际上通用的货币来表示。在计算时，依国际惯例，出口额要以 FOB 价格计算，进口额则以 CIF 价格计算。

对外贸易量（Quantum of Foreign Trade）是剔除了价格变动因素后的对外贸易值。以货币所表示的对外贸易额经常受到价格变动的影响，不能准确地反映一国对外贸易的实际规模及其变化趋势，不同时期的对外贸易额是不能直接比较的。而对外贸易量剔除了价格变动的影响，能确切地反映一国对外贸易的实际规模，便于不同时期一国或多国对外贸易规模的比较。具体计算是以固定年份为基期计算的进口或出口价格指数去除当时的进口额或出口额，得到的是相当于按不变价格计算的进口额或出口额。计算公式为：

对外贸易量 = 进（出）口额 ÷ 进（出）口价格指数

七、贸易差额

在一定时期内（通常为一年），一个国家的出口总额与进口总额之间的差额，称为贸易差额（Balance of Trade）。当出口额大于进口额时，称为贸易顺差，也叫贸易出超；当进口额大于出口额时，称为贸易逆差，也叫贸易入超；当二者相等时，称为贸易平衡。

案例

中美贸易逆差

据资料显示，在 1985 年的时候，美国出口到中国的商品总额为 39 亿美元，和同期中国出口到美国产品的价值基本相等。也就是说，在 30 多年前，美中之间不存在贸易逆差情况。然而此后，美国对中国的贸易逆差不断扩大，据美方统计，2015 年以 3 657 亿美元打破了任何双边贸易的历史纪录。现在，这一记录还在不断刷新。2017 年，美国贸易逆差创 9 年来新高，达 5 660 亿美元，其中与中国的逆差额高达 3 752 亿美元。美国历届政府为了缩小与中国的贸易逆差，采取各种措施，甚至不惜实行贸易保护主义。现任特朗普更是变本加厉，采取单边主义，对来自中国的钢铝征收高关税，对原产于中国的航空航天、信息和通讯技术等行业进口商品加征 25% 的关税，大打贸易战。请思考中美贸易逆差产生的原因。

分析：第一，美国政府对高新技术产品的出口限制造成了一定程度的中美贸易不平衡；第二，国际产业转移和中国加工贸易模式实质上扩大了中美贸易逆差的数额；第三，美方的统计方法进一步严重高估了中美贸易逆差的规模。

八、对外贸易依存度

对外贸易依存度（Ratio of Dependence on Foreign Trade）又称对外贸易系数，是指一国对外贸易额（进出口总额）占该国 GNP（国民生产总值）或 GDP（国内生产总值）的比重。对外贸易依存度反映了一国对国际市场的依赖程度，是衡量一国对外开放的重要指标。中国的相关数据如表 1－2 所示。

表 1-2 2011~2017 年中国国内生产总值、进出口与外贸依存度

年份	GDP（亿元）	进出口总额（亿元）	出口额（亿元）	进口额（亿元）	外贸依存度（%）
2011	471 564.0	236 401.95	123 240.56	113 161.39	50.13
2012	519 322.0	244 160.20	129 359.30	114 801.00	47.02
2013	588 018.8	258 168.90	137 131.40	121 037.50	43.90
2014	636 138.7	264 241.77	143 883.75	120 358.03	41.54
2015	676 708.0	245 502.93	141 166.83	104 336.10	36.28
2016	740 598.7	243 386.46	138 419.29	104 967.17	32.86
2017	827 122.0	277 923.00	153 320.58	124 602.42	33.60

数据来源：国家统计局官网。

九、贸易条件

贸易条件（Terms of Trade，简称 TOT）是指一个国家在一定时期内出口商品价格与进口商品价格之间的比率，就是说一个单位的出口商品可以换回多少进口商品。计算公式为：贸易条件系数 =（出口价格指数/进口价格指数）×100。如果该系数大于 100 则说明该国的该年度贸易条件得到改善；如果该系数小于 100，则说明该国该年度贸易条件恶化。

例题

我国以 2016 年为基准年，进出口价格指数均为 100，2017 年出口价格上涨了约 4%，进口价格上涨了约 9%，其贸易条件如何变化？

2017 年出口价格指数 = 100 + 100 × 4% = 104

进口价格指数 = 100 + 100 × 9% = 109

则 贸易条件系数 =（出口价格指数 ÷ 进口价格指数）×100

=（104 ÷ 109）×100 = 95.4

因为 TOT = 95.4 < 100，所以说明贸易条件有所恶化，即：2016 年 1 个商品出口换回 1 个外国商品，而 2017 年由于出口价格上升，进口价格也上升，出口 1 个商品就只能换回 0.954 个外国商品，说明比 2016 年贸易条件有所恶化。

应该指出的是，这种贸易条件的改善或恶化是就进出口时期与基期比较而言的，因而这个指标是相对的。

十、国际贸易的商品结构与对外贸易商品结构

国际贸易商品结构（International Trade by Commodities）是指各类商品在国际贸易中所处的地位，通常以它们在世界出口总额或进口总额中的比重来表示。研究国际贸易商品结构通常是看初级产品和工业制成品两大类分别占世界贸易额的比重。初级产品，又称原始产品，指未经加工或因销售习惯而略作加工的产品，按照 SITC 分类，初级产品分为食品、饮料、非食用原料、矿物燃料和动植物油脂五大类。工业制成品指经复杂加工的工业产品和商品，包括了 SITC 的后五大分类，依次为未列明的化学品和有关产

品、按原料分类的制成品、机械和运输设备、杂项制品、未分类的其他商品。国际贸易结构可以反映出整个世界的经济发展水平、产业结构状况和服务发展水平。随着世界生产力发展和科学技术的进步，国际贸易商品结构不断发生变化，工业制成品所占比重逐渐上升，初级产品所占比重日趋减少。

对外贸易商品结构（Foreign Trade by Commodities）是指一国一定时期内（通常为一年）进出口贸易中各类商品的构成情况，通常以各类商品在进口总额或出口总额中所占的比重来表示。一国的对外贸易商品结构，主要是由该国的经济发展水平、产业结构状况、自然资源状况和贸易政策决定的。发达国家对外贸易商品结构是以进口初级产品和出口工业制成品为主；而发展中国家的对外贸易商品结构则是以出口初级品和进口工业成品为主。

中国2017年的相关数据如表1－3所示。

表1－3　2017年中国进出口商品构成表　（单位：万元）

商品构成（按STIC）分类	出口额	占比	进口额	占比
总值	1 533 205 774	100%	1 246 024 225	100%
1. 初级产品（0－4类）	79 741 053	5.2%	391 023 126	31.4%
2. 工业制成品（5－9类）	1 453 464 721	94.8%	855 001 099	68.6%

数据来源：海关总署。

十一、国际贸易地理方向与对外贸易地理方向

国际贸易地理方向（International Trade by Regions）又称国际贸易地理分布，是指一定时期内（通常为一年）各个国家或地区，各个国家集团，世界各大洲在世界贸易中所占的地位。计算方法既可以算各国（地区）的进、出口额在世界进、出口额中的比重，也可以计算各国的进出口总额在世界进出口总额中所占的比重。

对外贸易的地理方向（Direction of Foreign Trade）又称对外贸易地理分布，是指一定时间内世界上一些国家或地区的商品在一国或地区对外贸易中所占有的地位，通常以这些国家或地区的商品在该国或地区进出口贸易总额的比重来表示。对外贸易地理方向指明一国或地区出口商品的去向和进口商品的来源，从而反映出一国或地区与世界其他国家或地区经济贸易的关联程度。2014—2017年中国大陆（或内地）的主要进出口贸易伙伴情况如表1－4所示。

表1－4　2014—2017年中国大陆（或内地）的主要进出口贸易伙伴情况　（单位：千美元）

年份	2014	2015	2016	2017
总值	4 303 036 849	3 956 900 729	3 685 573 071	4 104 503 850
欧盟	615 139 195	564 754 837	547 017 942	616 915 746
美国	555 118 075	558 275 039	519 487 187	583 697 461
东盟	480 393 142	472 161 970	452 206 815	514 816 750
中国香港	376 094 148	343 602 928	304 568 305	286 662 934
日本	312 438 377	278 657 654	274 786 518	302 976 832

续表

年份	2014	2015	2016	2017
韩国	290 492 439	275 814 596	252 575 901	280 259 588
中国台湾	198 314 347	188 205 492	179 590 893	199 375 417
澳大利亚	136 904 716	113 964 957	107 952 741	136 261 181
俄罗斯	95 284 981	68 060 524	69 562 671	84 094 672
新加坡	79 740 866	79 564 731	70 423 736	79 242 948

数据来源：根据海关总署2014—2017年年度数据整理。

第二节 传统国际贸易理论

一、绝对优势论

亚当·斯密（Adam Smith 1723—1790）是国际分工理论的创始者和资产阶级经济学古典学派的主要奠基人之一。其代表作是《国民财富的性质和原因的研究》，简称《国富论》。所谓绝对优势，是指一个国家生产同一单位的某种商品所使用的资源少于另一个国家同类商品的生产，这个国家在这种商品的生产上就具有绝对优势。斯密认为，国际贸易产生的原因，在于因地域、自然条件不同而形成的商品成本绝对差异。

（一）绝对优势论的主要内容

1. 分工可以提高劳动生产率，分工的原则是成本的绝对优势

每个人专门从事于一种物品的生产，然后彼此进行交换，对每个人都是有利的。他在《国富论》中指出：如果一件东西购买时所付的代价比在家庭内部生产时所付的小，就永远不会想要在家庭内部生产，这是每一个精明的家长都知道的格言。同样的道理，国际分工是各种分工形式中的最高形式。如果外国的产品比自己国内生产要便宜（生产成本绝对地低），那么就应该输出本国在有利生产条件下生产的产品去交换外国的低成本产品，而不要自己去生产。

2. 主张自由贸易

斯密认为，既然贸易双方都具有绝对优势，则通过自由贸易双方都能取得贸易利益。因为自由贸易会使贸易双方的资本和劳动力从生产能力低的行业转移到生产能力高的出口行业中去，实现资源的有效配置，大大提高劳动生产率和增加物质财富。如果各国都实行贸易保护，交换不充分，分工就难以建立。

为说明这一理论，我们举出下面的例子。

假定英国和葡萄牙两国均生产酒和毛呢，由于两国的自然资源条件和生产技术条件不同，因而生产同量酒和毛呢的生产成本就表现出差异。若英国用120人和70人劳动一年分别生产1单位酒和1单位毛呢，而葡萄牙则分别需要80人和110人。

在国际分工发生前，英、葡两国各自生产酒和毛呢两种产品，所耗费的劳动如

表1－5所示。

表1－5　　绝对优势比较表（分工前）

国　家	酒产量（单位）	所需劳动人数（人/年）	毛呢产量（单位）	所需劳动人数（人/年）
英　国	1	120	1	70
葡萄牙	1	80	1	110

由表1－5可知，英国在生产毛呢上具有绝对优势，因为单位产品的劳动投入量为70人，少于葡萄牙的110人。葡萄牙在酒的生产上具有绝对优势，因为其单位产品的劳动投入量为80人，少于英国的120人。如果按绝对优势高低进行国际分工，英国应专门生产毛呢，葡萄牙应专门生产酒。情况如表1－6所示。

表1－6　　绝对优势比较表（分工后）

国　家	酒产量（单位）	所需劳动人数（人/年）	毛呢产量（单位）	所需劳动人数（人/年）
英　国			（70＋120）/70＝2.7	70＋120＝190
葡萄牙	（80＋110）/80＝2.375	80＋110＝190		

由表1－6可以看出，英国用所有的劳动来生产毛呢，共生产出2.7个单位；葡萄牙用所有的劳动来生产酒，共生产出2.375个单位。由此可见，在投入同样劳动的情况下，由于实行了国际分工，世界总产量增加了。

由表1－7可以看出，如果两国按照1:1交换毛呢和酒，英国得到1单位酒和1.7单位毛呢，葡萄牙得到1.375单位酒和1单位毛呢。而在分工前，英国1个单位的毛呢在国内只能交换70/120＝0.58单位的酒；葡萄牙1个单位的酒在国内只能交换80/110＝0.72单位的毛呢。通过国际贸易，英、葡两国都可以同时受惠。

表1－7　　毛呢与酒交换结果

国　家	酒产量（单位）	毛呢产量（单位）
英　国	1	1.7
葡萄牙	1.375	1

（二）对绝对优势论的评价

绝对优势论解释了产生贸易的部分原因，也首次论证了贸易双方都可以从国际分工与交换中获得利益的思想。国际贸易可以是一个“双赢”的局面，而不是一个“零和”游戏。这种双赢理念仍然是当代各国扩大开放，积极参与国际分工贸易的指导思想。

绝对优势论也有一定的局限性，它只能解释国际贸易中的一小部分贸易，未能说明一国在各部门均无绝对优势的情况下如何开展贸易，因而不具有一般性。另外，该学说只从供给方面研究了国际分工和国际商品流动的方向，而忽略了需求方面对分工和贸易格局的影响。在资源向绝对优势部门转移的过程中，成本是否会发生变化，及如果是变化的，国际分工应进行到何种程度都未得到解释。

二、比较优势论

大卫·李嘉图（David Ricardo，1772—1823）是英国著名的经济学家，也是资产阶级经济学古典学派的主要奠基人之一，其代表作是《政治经济学及赋税原理》。李嘉图的比较优势论是对斯密的绝对优势论的重大发展。

（一）比较优势论的主要内容

根据斯密的观点，在两个国家、两种商品的贸易模式里，贸易方必须各有一种具有绝对优势的商品，通过贸易才可获益。但是如果一个国家连一个绝对优势的商品都没有，而另一个国家两种商品都具有绝对优势，那么双方还会发生贸易吗？这正是比较利益学说要回答的问题。李嘉图认为一国在两种商品的生产上都具有绝对优势，另一国都处于绝对劣势，两国仍会发生贸易，而且对双方都有利。所谓比较优势，是指如果一个国家在本国生产一种产品的机会成本（用其他产品来衡量）低于在其他国家生产该产品的机会成本的话，则这个国家在生产该种产品上就拥有比较优势。该理论认为，参与国际分工和国际贸易的双方，不一定都要有某一商品生产的绝对优势，只要各自生产相对成本较低的商品进行交换，双方都可以获利，即“两优取其最优，两劣取其次劣”。

假设英国和葡萄牙都生产毛呢和酒两种产品，所耗费的劳动如表 1－8 所示。

表 1－8　　比较优势比较表（分工前）　　单位：（人/年）

国家	1 单位酒	1 单位毛呢
英国	120	100
葡萄牙	80	90

按绝对优势论，两国不可能发生贸易。因为在葡萄牙，这两种产品的生产成本都比英国低，他们不需要从英国进口；英国也没什么便宜货可以卖。但通过成本比较，就可以找到各自的比较优势：

葡萄牙对英国的比较优势：毛呢是 90/100＝0.9，酒是 80/120＝0.67，葡萄牙的比较优势在酒；

英国对葡萄牙的比较优势：毛呢是 100/90＝1.1，酒是 120/80＝1.5，英国的比较优势在毛呢。

根据比较优势论进行国际分工，英国应专门生产毛呢，葡萄牙应专门生产酒。情况如表 1－9 所示。

表 1－9　　比较优势比较表（分工后）

国家	酒产量（单位）	毛呢产量（单位）
英国		（100＋120）/100＝2.2
葡萄牙	（80＋90）/80＝2.125	

由表 1－9 可以看出，英国用所有的劳动来生产毛呢，共生产出 2.2 个单位；葡萄牙用所有的劳动来生产酒，共生产出 2.125 个单位。由此可见，在投入同样劳动的情况下，由于实行了国际分工，世界总产量增加了。

由表1-10可以看出，如果两国按照1:1交换毛呢和酒，英国得到1单位酒和1.2单位毛呢，比分工前的国内交换多获0.2单位的毛呢；葡萄牙得到1.125单位酒和1单位毛呢，比分工前的国内交换多获0.125单位的酒。可见，即使一国在两种商品的生产上都处于不利地位，通过国际分工与贸易，该方仍可获益。

表1-10　毛呢与酒交换结果

国　家	酒产量（单位）	毛呢产量（单位）
英　国	1	1.2
葡萄牙	1.125	1

（二）对比较优势论的评价

在理论上，比较优势论是对绝对优势论的重大发展，比绝对优势论更具有普遍意义，比较优势论的提出是传统国际贸易理论体系建立的标志，也是新贸易理论的基础。在实践上为英国资产阶级的自由贸易主张提供了理论支持，促进了国际贸易发展。但在李嘉图的贸易理论中，劳动是唯一的生产要素，不存在技术进步、资本积累与经济发展。生产规模报酬不变，市场结构为完全竞争。这一系列的假定不可能同时成立，所以该理论缺乏坚实的现实基础，对当代国际贸易的许多现象不能做出解释。而且没有进一步解释造成劳动生产率差异的原因。

三、幼稚工业保护理论

弗里尤里希·李斯特（Friedrich List，1789—1846）是19世纪上半叶德国著名的经济学家，资产阶级政治经济学历史学派的主要先驱者。早年倡导自由主义，后来转为贸易保护主义。他于1841年出版了《政治经济学的国民体系》，系统地提出了保护贸易理论。

（一）幼稚工业保护理论的主要内容

1. 主张保护幼稚工业

李斯特认为，一个国家的财富和力量来源于本国社会生产力的发展，提高生产力是国家强盛的基础。他指出，为自由贸易政策服务的“比较优势论”不利于德国生产力的发展，因为德国的生产力发展水平还很低，如果实行自由贸易政策，德国的幼稚工业就很可能在强大的英法工业竞争下而不能发展，所以他主张德国和一些经济落后国家应对幼稚工业实行保护，提高关税，限制进口，以保护国内工业和市场。这样做，一开始国内工业品价格会上涨，但经过一段时期的保护，德国工业发展起来以后，商品的价格就会下降，甚至会低于外国进口商品的价格。更为重要的是使德国具备了生产财富的能力，有利于德国实现真正意义上的政治经济独立。

2. 经济发展阶段论

李斯特把国民经济的发展分为五个阶段：原始的未开化阶段、畜牧阶段、农业阶段、农工业阶段和农工商业阶段。各国在经济发展的不同阶段，采取的贸易政策也应不同。处于农业阶段的国家进行自由贸易是大有好处的，因为这有利于农产品的自由输出和外国工业品的自由输入，由此促进本国农业的发展，并培育工业化的基础。而处在农工业阶段的国家，本国现有的幼稚工业已有一定的基础，但尚未发展到能与外国产品相竞争的地步，则必须实施保护关税制度来保护国内工业的大力发展以避免国外竞争的猛烈冲击，但这种保护贸易政策是暂时的、有条件的；当进入农工商阶段后，由于国内工业产品已足以同世界上的先进国家进行竞争，则可逐步实行自由贸易政策。李斯特认为，英国经济发展已处在农工商阶段，应该实行自由贸易政策。德国经济发展处在农工业阶段，应实行保护幼稚工业政策。

3. 贸易保护的对象

（1）幼稚工业才需保护，而且受保护的产业要有发展前途，即受保护产业应具有潜在的发展优势。经过一段时间的保护和发展之后能够成长起来，到成熟阶段就不再保护，保护时间以三十年为最高期限。若在保护期内，被保护的幼稚工业还扶植不起来，就停止给予保护。

（2）一国工业虽然幼稚，但在没有强有力的竞争者时，也不需要保护。

（3）农业不需要保护。

（二）对幼稚工业保护理论的评价

李斯特建立了以生产力理论为基础，保护关税制度为核心的保护幼稚工业理论。这一理论在承认自由贸易利益的前提下，主张以保护贸易为过渡，扶持有前途的工业，促进社会生产力的发展，最终实现自由贸易。此理论不仅对德国工业资本主义的发展起了很大的促进作用，而且为经济较落后的国家指明了一条比较切合实际的国际贸易发展道路，至今，仍具有一定的现实意义。但保护幼稚工业理论也存在许多缺陷和错误，他对生产力的概念、影响生产力发展的各种因素的解释等是错误和混乱的；对经济发展阶段的划分歪曲了社会经济发展的真实过程。

第三节 现代国际贸易理论

一、超保护贸易理论

约翰·梅纳德·凯恩斯（John Maynard Keynes，1883—1946）是英国资产阶级经济学家，凯恩斯主义经济学的创始人。其代表作是《就业、利息和货币通论》（简称《通论》），1936 年出版。

（一）超保护贸易理论的主要内容

1. 对传统自由贸易理论的批评

凯恩斯认为传统贸易理论已经过时。首先，传统贸易理论是建立在国内充分就业这个前提下的，而20 世纪30 年代，大量失业存在，自由贸易理论“充分就业”的前提条件已不存在。其次，凯恩斯及其追随者批评传统自由贸易论的“国际收支自动调节说”，认为它忽略了贸易顺差、逆差在调节均衡过程中对一国国民收入和就业所产生的影响。凯恩斯认为顺差能增加国民收入，扩大就业，而逆差则会减少国民收入，加重失业。因此，他们赞成贸易顺差，反对贸易逆差。

2. 对外贸易乘数理论

对外贸易乘数理论是凯恩斯流派的学者马克卢普和哈罗德等人以凯恩斯的投资乘数原理为基础引申提出的。凯恩斯认为投资的增加对国民收入的影响有乘数作用，即投资的增加能通过国民经济的产业链增加相关部门的收入和消费，进而导致国民收入成倍数增长。

马克卢普和哈罗德等人把投资乘数原理引入对外贸易领域，分析了对外贸易与增加就业、提高国民收入的倍数关系。他们认为，一国的出口和国内投资一样，属于“注入”，对就业和国民收入有倍增作用；而一国的进口，则与国内储蓄一样，属于“漏出”，对就业和国民收入有倍减效应。当商品劳务输出时，从国外获得货币收入，会使出口产业部门收入增加，消费也随之增加，从而引起其他产业部门生产增加、就业增多、收入增加。如此反复下去，收入增加将为出口增加的若干倍。当商品劳务输入时，向国外支付货币，使收入减少，消费随之下降、国内生产缩减。因此，只有当对外贸易为顺差时，才能增加一国就业量，提高国民收入。此时，国民收入增加将为投资增加和贸易顺差的若干倍。这就是对外贸易乘数理论的含义。根据对外贸易乘数理论，凯恩斯主义积极主张国家干预经济，“奖出限入”，实行保护贸易政策。

（二）对超保护贸易理论的评价

从局部看，这一理论推动了超保护贸易政策的实施，而超保护贸易政策的实施，对这些国家的经济发展、扩大就业、增加国民收入产生了重大影响，即对外贸易乘数理论表明，如果一国存在闲置的社会资源，那么通过出口净额的增加将导致国民收入倍增。因此，一国应努力扩大出口，把扩大出口所带来的增加收入较多地利用于国内消费，同时减少进口，扩大贸易顺差，有助于增加国内的就业机会、活跃市场和促进经济发展。

但是，对外贸易乘数理论也有其局限性。从整体看，存在自身的矛盾性，即各个国家贸易顺差与世界总进口值增加的矛盾。对外贸易乘数理论的核心是扩大出口，实现贸易顺差，以促进本国经济发展和就业，但是超保护政策主张减少进口，如果各国都减少进口，那么一国出口量的增加就无法实现。这种自相矛盾使对外贸易乘数理论失去了普遍发挥作用的条件。另外，对外贸易顺差在一定条件下可以增加国民收入、增加就业。但如果为了追求贸易顺差，不加节制地实行“奖出限入”政策，势必导致贸易保护主义盛行，从而阻碍整个国际贸易的发展。

二、要素禀赋论

要素禀赋论也称资源禀赋论，是瑞典著名经济学家戈特哈德·贝蒂·俄林（B. Ohlin，1899—1979）国际贸易学说的核心，这一理论以对多种生产要素的分析取代了李嘉图对单一生产要素的分析，并从地区间贸易推至国际贸易，是对比较优势论的重大发展。其主要内容反映在1933年出版、1967年修订的论著《地区间贸易和国际贸易》（The Problem of Interregional and International Trade）一书中。由于在理论上继承了他的导师伊莱·赫克歇尔（El. Heckscher，1879—1952）的基本观点，因此又被称为赫克歇尔-俄林（H-O）定理或模型。

(一) 要素禀赋论的基本内容

所谓生产要素禀赋，是指一个国家或一个地区各种生产要素的供给状况或对生产要素的拥有状况。俄林认为，产品的成本应由生产要素的价格来计算，产品成本应该用货币来表示，产品生产不仅包括劳动力要素，而且还包括资本、土地等多种要素，而传统理论仅将劳动要素作为产品成本来衡量不符合经济现实。为此，他把生产要素归纳为劳动力、资本和土地（包括耕地和自然资源）。在现实生活中，受各国地理位置、文化、历史、经济、人口等因素的影响，每一个国家各种生产要素的禀赋状况不可能都一样。各种生产要素的丰裕与稀缺情况在不同国家呈现出多样性和复杂性。

(1) 国际贸易产生的根本原因是各国生产要素的禀赋差异。同种商品在不同国家的相对价格差异是国际贸易的直接基础，而价格差异则是由各国生产要素禀赋不同造成的。所以要素禀赋不同是国际贸易产生的根本原因。一般情况下，当一国的某一要素禀赋较充裕时，该要素的价格就会处于较低水平；反之，当一国的某一要素禀赋较稀缺时，该要素的价格就会显得较高。商品会从价格低的国家流向价格高的国家，导致国际贸易发生。

(2) 各国应该出口那些密集使用本国丰裕要素的商品，进口那些密集使用本国稀缺要素的商品。如果一国劳动力相对丰裕，资本相对稀缺，就应该出口劳动密集型产品，进口资本密集型产品；反之，则应该进口劳动密集型产品，出口资本密集型产品。这种分工和贸易模式对贸易双方都有利。

(3) 自由贸易不仅会使贸易各国的商品价格趋于相等，而且会使贸易各国的生产要素价格趋于一致，这也就是所谓的“生产要素价格均等化”定理。贸易前，丰裕要素的价格低，稀缺要素的价格高；贸易后，前者价格上升，后者价格下降，趋于均等。例如，设A国要素禀赋为劳动力丰裕、资本稀缺，专门生产和出口劳动密集型产品，而B国刚好相反，为资本丰裕、劳动力稀缺，专门生产和出口资本密集型产品。很显然，在进行国际分工后，A国对劳动力要素的需求增加，对资本要素需求减少，而B国则对资本要素的需求增加，对劳动力要素需求减少，这样，A国劳动力要素价格上升、资本要素价格下降，B国则会出现资本要素价格上升、劳动力要素价格下降。A、B两国通过贸易，使两国拥有的劳动力和资本要素的丰裕或稀缺程度、生产要素的价格，随着国际贸易的发展趋于相等。

(二) 对要素禀赋论的评价

赫－俄理论是对比较优势论的重大发展。它最先从生产要素角度分析国际分工和国际贸易发生的原因。该理论正确地分析了生产要素在各国进出口中的作用，认为在国际竞争中，土地、劳动力、资本等要素的结合是构成一国商品价格的重要因素，对一国的对外贸易产生重大影响。但该理论也存在明显缺陷：该理论是建立在一系列假定条件的基础上的，而这些假定条件都是静态的，忽视了它们的动态变化；把各国要素禀赋的差异和产品技术条件的差异作为国际分工和国际贸易发生的真正原因，掩盖了资本主义生产关系对国际分工和国际贸易的影响；忽视了科学技术在国际分工和国际贸易中的作用。

三、里昂惕夫之谜

（一）里昂惕夫之谜的产生

华西里·里昂惕夫（W. Leontief），美国著名经济学家，投入产出经济学的创始人，诺贝尔经济学奖的获得者。他根据H－O模型，以美国为研究对象，从实践中采集了较为丰富的数据资料，而后对H－O模型进行实践验证，最后所得出的结论恰恰与H－O模型的理论性结论完全相反。他首先从实践中进行了调查和采样，先后收集到了1947年美国200个产业部门中出口价值在100万美元以上的有关产品资料，而后与同期的进口产品进行比较，结果发现，这一年中，美国出口的是劳动密集型产品，进口的却是资本密集型产品。这一结论同当时美国资本要素丰裕、劳动要素稀缺的客观现实存在着强烈的反差。如果按照H－O模型分析及其结论来做推论，美国在资本要素丰裕、劳动要素稀缺的情况下，应该专门生产和出口资本密集型产品，并以此来换取劳动力密集型产品，这样也就形成了里昂惕夫验证结果与H－O模型分析及其结论之间的矛盾。

这一结论的出现引起了整个经济学界的极大轰动，由于里昂惕夫是对H－O模型验证的第一人，因此，人们将这一种理论与实践之间的矛盾命名为“里昂惕夫之谜”，也称为“里昂惕夫反论”（Leontif' s Paradox）。

（二）对里昂惕夫之谜及其理论解释的简评

“里昂惕夫之谜”不仅指出了H－O模型分析及其结论中存在的缺陷和疑问，更重要的是由此激发了世界经济学家的探索热情，有力地推动了战后国际贸易理论的发展，因此，“里昂惕夫之谜”被称为西方国际贸易理论发展历史过程中的一个重大转折点。

为解释“里昂惕夫之谜”的谜底而形成的一系列理论学说，如贸易壁垒说、需求偏好论、人力资本说、劳动效率说等。这些理论学说不仅对H－O模型的理论假定作了修正，而且从贸易的要素构成方面也作了许多拓展，提出了一些全新的要素划分，使H－O模型更趋合理和充分，对贸易实践具有更强的解释能力。同时，这些理论本身也说明了贸易分工基础和贸易格局问题，为今后的国际贸易理论发展奠定了坚实的基础。

然而，里昂惕夫之谜也具有历史局限性，主要表现为研究对象和研究内容方面。它的研究对象只有美国一个国家，研究内容只涉及资本和劳动两个要素，使复杂的国际贸易过程过分简单化了，从而使里昂惕夫之谜的科学性、实用性和普遍性大打折扣。

第四节 新国际贸易理论

一、产品生命周期理论

1966年美国经济学家弗农（R. Vernon）提出了产品生命周期理论。他把市场营销学的原理应用于国际贸易，认为产品具有不同的生命周期，在产品生命周期的不同阶段，一国出口和进口的商品结构是不同的。产品的生命周期经历三个阶段。

1. 在产品创新阶段

产品经技术创新、设计试制、研究开发、反复改进，需要投入大量的技术劳动，因此是知识（技术）密集型产品。这时，产品的成本、价格高，目标市场局限于高收入群体。该阶段仅技术领先的国家具有比较优势，能够率先生产。以后，由于其他高收入国家出现了对该产品的需求，于是产品开始出口。此时，原来的技术创新国处于生产和出口垄断的地位，其他发达国家是单纯的进口国。技术创新的差距是贸易发生的原因。

2. 在产品成熟阶段

由于生产技术的传播，创新国逐渐失去技术垄断地位。此时，由于需求不断增加，产量和销售量随之激增，需要大量的资本投入，于是产品成为资本密集型产品。除原技术创新国继续生产、出口外，其他发达国家也进行生产和出口，从而打破了过去的生产垄断和出口垄断，同原技术创新国在市场上形成激烈竞争，出现同时生产、互相出口的局面。这时，资本密集的生产技术差距成为贸易发生的原因。

在产品标准化阶段，该产品已成为一般产品，不需要投入大量资本和技术劳动，成为劳动密集型产品。此时，发展中国家比发达国家更具比较优势，非技术劳动的工资差距成为发生贸易的原因。

事实证明，新产品都是发明国先生产、先出口；先模仿国早生产、早出口；后模仿国晚生产、晚出口。产品生命周期理论强调技术在国际分工中的重要作用，把技术当作一种重要的生产要素。

从以上的分析中可以看出，当一种产品在它的生命周期中运动时，比较优势从一种类型的国家转向另一种类型的国家，因此是一种动态的国际贸易理论，可以用这种理论来解释工业品的国际贸易格局。

二、需求相似理论

需求相似理论又称偏好相似说或收入贸易说，是瑞典经济学家林德（S. B. Linder）于1961年提出的。要素禀赋理论是从要素的供给不同出发来分析国际贸易产生的原因，需求相似理论是从需求的角度来分析国际贸易产生的原因。该理论特别强调国内需求的作用，认为：产品之所以要进口，是因为进口国有国内需求；产品之所以出口，是由于国外有需求。也就是说，在企业家看来，进口国的需求是生产的推动力。两个国家的需求结构越相似，这两个国家之间的贸易量就越大。如果两个国家的需求结构完全一样，一个国家所有可能进出口的商品也将是另一个国家可能进出口的商品。

但是，是什么因素影响一个国家的需求结构呢？该理论认为，人均收入水平是影响一国需求结构的最主要因素。据此，可以说，人均收入水平相同的国家之间的贸易范围可能是最大的，而人均收入水平的差异则是贸易的潜在障碍。一个国家虽然有比较优势的产品，但如果其他国家由于收入较低对它并没有什么需求，贸易就无从发生。

因此，需求相似理论是从需求方面，也就是从人均收入水平的一致性来解释国际贸易的流向，解释了为什么第二次世界大战后发达国家之间的贸易占了国际贸易最大比重的原因。

三、产业内贸易理论

产业内贸易理论产生于20世纪70年代，主要代表人物是美国经济学家格鲁贝尔(H. G. Grubel)。产业内贸易是指两个以上国家同一产业部门内的某一项产品同时发生输出和输入的活动。这在当代国际贸易中占有很大的比重，有着重要的地位。用赫－俄的要素禀赋理论只能解释产业间的贸易而无法解释产业内贸易这一现象。

产业内贸易理论在解释这一现象发生的原因时，首先将同一产业部门的产品区分为同一产品和差别产品。同一产品是指那些在价格、品质、效用上都相同的产品。

产业内贸易理论的基本论点是：(1) 产品差别是形成产业内贸易的基础。(2) 差别产品可分为两类：一类是品质、档次有差别的垂直型产品；另一类是效用基本一样，但款式、牌号有所不同的水平型产品。(3) 差别产品贸易的规模和价格取决于供求两方面的因素。决定需求的因素是消费者的收入水平和嗜好，其中收入水平的差异引起垂直型产品的需求变化，消费者嗜好的不同引起水平型产品的需求变化。决定供给的因素，是厂商的规模经济和垄断利润。(4) 同一产品的贸易是由运输、储存、销售和包装等成本的不同引起的。

产业内贸易理论可以解释不同国家的同一产业部门产品之间相互进行贸易的原因和规模。

四、国家竞争优势理论

20世纪80年代到90年代，美国哈佛大学商学院教授迈克尔·波特（Michael Porter）在其相继出版的系列著作中，提出了“国家竞争优势”理论，认为一国的贸易优势并不像传统的国际贸易理论宣称的那样简单地决定于一国的自然资源、劳动力、利率、汇率，而是在很大程度上决定于一国的产业创新和升级的能力。

波特的国家竞争优势理论（又称钻石模型）包括四种本国的决定因素和两种外部力量。该理论认为，一国的国内经济环境对企业开发其自身的竞争能力有很大影响，其中影响最大、最直接的因素是以下四项因素：生产要素、需求要素、相关和支持产业以及企业组织、战略与竞争度。在一国的许多行业中，最有可能在国际竞争中取胜的是那些国内“四因素”环境对其特别有利的那些行业。因此，“四因素”环境是一国国际竞争力的最重要来源。此外，一国的机遇和政府的作用，对形成该国的国际竞争地位也起辅助作用。

国家竞争优势理论超越了传统理论对国家优势地位形成的片面认识，首次从多角度、多层次阐明了国家竞争优势的确切含义，指出国家优势形成的根本点就在于竞争，在于优势产业的确定，而这些是由四种决定因素和两种外部力量协同作用的结果。再者，它较为全面和综合地阐述了国际竞争力的主要来源，从而对国际贸易的解释更具统一性和说服力，被认为是对外贸易理论的一个重要发展。

课后练习

一、单项选择题

1. 一国在一定时期内的进出口额之和被称为（　　）。

A. 对外贸易额　　B. 对外贸易量

C. 国际贸易额　　D. 国际贸易量

2. 某国某年出口额为170亿美元，进口额为120亿美元，则该国该年的贸易差额为（　　）。

A. 贸易赤字50亿美元　　B. 贸易顺差50亿美元

C. 贸易逆差50亿美元　　D. 入超50亿美元

3. 绝对优势理论的代表人物是（　　）。

A. 亚当·斯密　　B. 大卫·李嘉图

C. 赫克歇尔　　D. 俄林

4. “两优取最优，两劣取次劣”是（　　）的理论观点。

A. 亚当·斯密　　B. 赫克歇尔

C. 俄林　　D. 李嘉图

5. 李斯特的贸易保护理论主张把（　　）作为保护对象。

A. 农业　　B. 所有幼稚工业

C. 遭遇强有力竞争对手的幼稚工业　　D. 服务业

6. 在H－O理论中，国际贸易产生的原因是由于两国的（　　）。

A. 绝对劳动生产率差异　　B. 相对劳动生产率差异

C. 绝对生产要素禀赋差异　　D. 相对生产要素禀赋差异

7. 里昂惕夫之谜说明了（　　）之间存在的矛盾。

A. 绝对优势论，比较优势轮　　B. 实践的验证结果，要素禀赋论结论

C. 比较优势论，要素禀赋论　　D. 实践的验证结果，比较优势理论结论

8. 按照产品生命周期理论，在产品成熟期，产品要素密集性表现为（　　）。

A. 技术密集型　　B. 资本密集型

C. 劳动密集型　　D. 人力资本密集型

二、简答题

1. 什么是国际贸易、对外贸易？

2. 请举出对外贸易额与对外贸易量不一致的原因，并举例说明。

3. 比较优势论的主要观点是什么？比较优势论和绝对优势论之间有何联系与不同？

4. 简述幼稚工业保护理论的主要论点。

5. 要素禀赋理论的基本内容是什么？

6. 简述产品生命周期理论和产业内贸易理论的主要内容。

三、讨论题

1. 课堂讨论：运用比较优势论、要素禀赋论等自由贸易理论分析国际贸易和中国对外贸易实践中的相关问题。

2. 课堂讨论：产业内贸易理论在世界各国的实践运用。

课堂讨论要求：讨论者首先通过网络和图书馆查找相关资料，然后以3~5人一组进行分组讨论并形成主要观点，最后选派代表发言。

第二章

国际贸易措施概述

【学习目标】

1. 了解关税概念、特点、种类以及关税税则的定义及分类。
2. 掌握非关税壁垒的特点，主要非关税壁垒的种类与含义。
3. 了解鼓励和促进出口的经济措施。

【导读】

欧盟对华轮胎反倾销案

2017年7月2日，欧盟市场超过25%的轮胎生产商向欧盟委员会提出申请，要求欧盟委员会对原产于中国的轮胎启动反倾销调查。欧盟委员会经过审查，认为欧盟市场轮胎生产商提供了足够的资料证明自身产业受到了实质性损害或者威胁。

2017年8月31日，欧盟委员会正式发布反倾销立案调查公告，该公告中决定对中国出口到欧盟市场上的轮胎启动反倾销立案调查，此次涉案产品总量高达487.6万条。经过近一年的调查，2018年5月7日，欧盟委员会发布正式公告：对原产于中国的卡车以及客车轮胎征收为期6个月的临时反倾销税。

第一节

关　税

一、关税概述

（一）关税的概念

关税（Tariff）是进出口商品经过一国关境时，由该国政府所设置的海关向其进出口商所征收的一种税收。它是一国政府从本国经济利益出发，依据本国的海关法和海关税则，由海关代表国家所征收的税赋。关税是随着国际贸易的产生和发展而逐渐形成的，是最有效和最重要的调节国际经济关系的工具，并一直成为各国对外贸易政策的重要组成部分。

（二）关税的特点

关税作为税收的一种，具有税收的基本特点：强制性、无偿性和预定性。强制性是指纳税人必须按照法律规定无条件地履行其义务，否则就要受到国家法律的制裁。无偿性是指关税的取得，国家不需要付出任何代价。预定性是指关税由海关根据国家预先制定的法令和规章加以征收，海关与纳税人均不得任意更改有关的法规。

与其他税种相比，关税又有两个主要特点：第一，关税的征收对象是进出境的货物和物品；第二，关税具有涉外性，是对外贸易政策的重要手段。进出口商可以把关税税额作为成本的一部分追加到进出口商品上，最终将关税负担转嫁给消费者，因此，关税属于间接税的一种。

（三）关税的作用

1. 增加财政收入

最初征收关税的目的主要是为了获得财政收入，随着资本主义经济的发展，关税作为财政收入的作用逐渐减弱。目前，发达国家的关税仅占其财政总收入的2%～3%；发展中国家由于国内经济不发达，直接税源有限，关税收入仍然是国家财政收入的一个重要来源。

2. 保护本国的产业和国内市场

随着关税的财政收入作用逐渐减弱，关税的保护作用却一度明显增强。保护关税通过提高税率来加重进口商品的成本负担，削弱其竞争力，从而限制外国商品进口和保护国内同类商品的生产。

3. 具有涉外作用

关税一直与国际经济关系和外交关系有着密切的联系。各国可以利用关税税率的高低和不同的减免手段来对待不同类型国家商品的进口，以此发展对外经贸关系。

二、关税的种类

关税有很多种分类方法，可以按征税商品的流向、征税目的、征税方法等不同标准进行分类，这些都是在一般关税基础上进行的分类。除此之外，还有一些是为特殊目的而设置的关税以及国家之间做出的优惠贸易安排。

（一）按征税商品的流向分类

1. 进口关税（Import Duty）

进口关税是进口国海关在外国商品输入时，对本国进口商所征收的关税。一般是在外国商品进入国境（关境）时征收，或在外国商品由自由贸易区、保税区或保税仓库提出，投入国内市场时征收。进口关税是当前世界各国征收关税最主要的一种，在许多国家已不征出口关税与过境关税的情况下，它成为唯一的关税。有以下几种：

（1）普通进口关税（Ordinary Customs Duties），又称一般关税，是指对与本国没有签署贸易或经济互惠等友好协定的国家原产的货物征收的非优惠性关税。普通进口关税税率一般都比较高。

（2）优惠进口关税（Preferential Duty），即一国对特定的受惠国给予优惠待遇，使用比普通税率较低的优惠税率。具体形式有以下几种。

①互惠关税（Reciprocal Duty），是两国间相互给予对方比其他国家优惠的税率的一种协定关税。其目的在于发展双方之间的贸易关系，促进双方国家工农业生产的发展。

②特惠关税（Preferential Duty），是对有特殊关系的国家，单方面或相互间按协定采用特别低的进口税率，甚至免税的一种关税。其优惠程度高于互惠关税，但只限对有特殊关系的国家适用。

③普惠关税（Generalized System of Preferences，GSP），简称普惠制，它是发达国家承诺对发展中国家或地区输入的商品，特别是制成品和半制成品，给予普遍的、非歧视的和非互惠的一种关税优惠制度。普惠制的主要原则是普遍的、非歧视的和非互惠的。普遍的，即所有发达国家对所有发展中国家出口的制成品和半制成品给予普遍的优惠待遇；非歧视性，即应使所有发展中国家都无歧视、无例外地享受普惠制待遇；非互惠性，即非对等性，是指发达国家应单方面给予发展中国家关税优惠，而不要求发展中国家对发达国家也给予同等优惠。普惠制是广大发展中国家长期斗争的结果，它对打破发达国家的关税壁垒，扩大发展中国家货物进入给惠国市场，推动本国经济的发展有积极意义。普惠制的给惠国在提供普惠制待遇时，通过普惠制方案来执行。这些方案的内容包括对受惠国或地区的限制、对受惠商品范围的规定、对受惠商品减税幅度的规定、对给惠国的保护措施规定（毕业条款、对原产地的规定等）。

（3）进口附加税（Import Surtax），指进口国除征收一般进口税外，往往为了某种特定目的再额外加征一种临时性的进口税，这种进口税即为进口附加税。这些特定的目的有：应付国际收支危机，维持进出口平衡；防止外国商品在本国低价倾销；对某国实行贸易歧视和报复等。在进口附加税中，使用较多的是反倾销税和反补贴税。

①反倾销税（Anti－dumping Duty），是指进口国海关对被认定构成出口倾销并对其国内相关工业构成损害的进口产品所征收的一种临时进口附加税。其目的在于抵制商品倾销，保护本国的产业和市场。认定构成倾销的重要条件，一是进口商品以低于正常价值或公平价值的价格销售；二是这种低价销售的行为对进口国的同类产品生产造成损害，包括实质性损害、实质性威胁和实质性阻碍；三是损害是由低价销售造成的，二者之间存在因果关系。

②反补贴税（Countervailing Duty）是对于直接或间接接受任何津贴和补贴的外国商品在进口时所征收的一种临时进口附加关税，其目的是抵消进口商品所享受的贴补金额，削弱其竞争能力，保护本国产业。凡进口商品在生产、制造、加工、买卖、输出过程中所接受的直接或间接的奖金或补贴都构成征收反补贴税的条件。

③差价税（Variable Levy）又称差额税，是指当某种外国进口商品的售价低于国内商品、两者之间的价格出现差额时，海关在征收正常进口关税之外，又按此差额对进口商品加征的一种进口附加税，目的是为了抵消进口商品在价格竞争方面的优势，限制其进口，从而保护国内生产和国内市场。差价税随着国内外价格差额的变动而变动。

2. 出口关税（Export Duty）

出口关税是出口国海关在本国商品输出时，对本国出口商所征收的关税。由于征收出口关税会增加出口货物的成本，不利于本国货物在国际市场的竞争，目前大多数国家对绝大部分出口商品都不征出口关税。

3. 过境关税（Transit Duty）

过境关税又称通过税，是指一国对通过其关境运往另一国的外国货物所征收的关税。征收过境税的条件是征税方拥有特殊的交通地理位置。由于过境税不利于商品的自由贸易，而且征收这种关税会直接影响本国货运业的发展，许多国家先后废除了过境税。目前大多数国家对过境货物只征收少量的准许费、印花费、登记费和统计费等。

（二）按征税的目的分类

1. 财政关税（Revenue Tariff）

财政关税即以增加财政收入为主要目的而征收的关税。其特点是税率适中，以保证收益的最大化。目前多为发展中国家采用，对工业发达国家已经不再重要。

2. 保护关税（Protective Tariff）

保护关税即为保护本国产业发展为主要目的而征收的关税，税率越高，保护程度越强。一般说来，大多数国家的关税结构是：对工业制成品的进口征收较高的关税，对半制成品的进口税率次之，而对原料的进口税率最低甚至免税。

（三）按征收标准分类

1. 从价关税（Ad Valorem Duty）

从价关税是以商品的价格为计征标准而计算征收的关税。其税率表现为商品价格的百分值，如美国规定对羽毛制品的普通进口税率为60%。从价税额的计算公式：从价税额 = 商品总值 × 从价税率。从价关税是关税的主要征收形式。

从价关税的优点是税负较为合理；关税收入随商品价格的升降而增减，当商品价格上涨时，起到了很好的保护作用，同时又增加了进口国的财政收入；税率明确，便于比较各国的关税水平。其不足之处是完税价格必须严格审定，征税手续比较复杂，增加了海关的工作负荷。

2. 从量关税（Specific Duty）

从量关税是以商品的重量、数量、长度、容量和面积等计量单位为标准计征的关税。例如：美国对薄荷脑的进口征收从量税，普通税率为每磅50美分。从量税额的计算公式：从量税额 = 商品数量 × 单位商品从量税率。各国征收从量税大部分都是以商品的重量为单位的，但对应纳税商品重量的计算方法各有不同，一般有毛重、净重和法定重量。

从量关税的优点是计税手续简便，无须审定货物的价格、品质、规格；对廉价进口商品有较强的抑制作用。其缺点是税负并不合理，同一税目的货物，不管质量好坏、价格高低，均按同一税率征税；税率固定，在物价变动的情况下，税收的收入不能随之增减；难以普遍采用。征收对象一般是谷物、棉花等大宗产品和标准产品，对某些商品如艺术品及贵重物品（古玩、字画、雕刻、宝石等）不适用。

3. 混合关税（Compound Duty）

混合关税又称复合税，是对同一种进口商品同时采用从价、从量两种标准课征的一种关税。课征时，或以从价税为主，加征从量税；或以从量税为主，加征从价税。例如，美国对进口的小提琴每把征收1.25美元的从量税，另加征35%的从价税。混合税额的计算公式：混合税额 = 从量税额 + 从价税额。混合税兼有从价税和从量税的优点，哪一种方法更有利，就使用哪一种方法为主征收关税，增强了关税的保护程度。其缺点在于计征手续较为繁琐。

4. 选择关税（Alternative Duty）

选择关税是对某种商品同时订有从量和从价两种税率，征税时由海关选择其中一种征税，作为该种商品的应征关税额。一般是选择税额较高者征收。选择的基本原则是，在物价上涨时，使用从价税；在物价下跌时，使用从量税。选择税具有灵活性的特点，其不足之处在于征税标准经常变化，令出口国难以预知，容易引起争议。

三、海关税则

海关税则（Customs Tariff）又称关税税则，是一国对进出口商品计征关税的规章和对进出口的应税与免税商品加以系统分类的一览表，海关凭此征收关税，是关税政策的具体体现。

海关税则一般包括两部分：海关征税规章和关税税率表。关税税率表主要包括三个部分：税号、货物分类目录和税率。

按税率有无区分来划分，海关税则分为单式税则和复式税则。单式税则又称一栏税则，一个税目只有一个税率，适用于来自任何国家的商品，没有差别待遇。目前只有少数发展中国家仍实行单式税则。复式税则又称多栏税则，指一个税目有两个以上税率，对来自不同国家的进口商品，使用不同税率，实行差别或歧视待遇。目前大多数国家都实行复式税则。

按制定者权限不同来划分，海关税则分为自主税则和协定税则。自主税则又称国定税则，是指一国立法机构根据关税自主原则单独制定而不受对外签订的贸易条约或协定约束的一种税率。协定税则是指一国与其他国家或地区通过贸易与关税谈判，以贸易条约或协定的方式确定的关税率。它是两国关税减让谈判的结果，因此要比国定税率低。

第二节

非关税壁垒

【导读】

日本实施绿色贸易壁垒

日本食品界掀起了一场“绿色革命”，颁布了《容器包装法》《包装物回收条例》《废弃物清除条例修正案》《再生资源利用促进法》等一系列法律法规来加强日本的包装立法。日本对商品包装和标签方面的要求非常严格，首先要求包装表面包含从生产、运输到销售等各个环节的产品原产地证明详细信息，对于生鲜类农产品，包装上还要注明其制作原材料、保存期限、保存方法、生产地、生产制造者联系地址等。其次要求包装材料应该是环保、可焚烧或可降解、易回收复用，日本实施的《回收条例》中明确规定包装废弃物的重新利用率应达到50% ~60%。出口企业的农产品只有在生产、加工、销售过程中严格按照环保要求，才能在提出申请后得到日本的“绿色环境标志”，即粘贴在产品或其包装上的图形，用以证明该产品质量达标，对生态环境和人类健康均无危害，从而最终进入日本市场。

除了关税壁垒外，世界上还有很多各式各样的非关税壁垒用于保护本国产业和贸易，如进口配额、技术性贸易壁垒、绿色贸易壁垒等。虽然在关贸总协定诸多谈判中也曾以消除各类关税与非关税手段为主要目的，但随着国际经济与贸易新形势的发展，非关税壁垒在当今国际贸易中被使用得更为广泛和隐蔽。

一、非关税壁垒的含义

非关税壁垒（Non－Tariff Barriers，NTBs），是指除关税以外一切用来限制商品进口的措施。在世界贸易组织的努力下，关税总水平得到大幅度下降，于是发达国家转而主要采用非关税壁垒来限制进口。非关税壁垒从20世纪60年代末的850余种，增加到目前的3000余种，而且有不断加强的趋势。

二、非关税壁垒的特点

（一）非关税壁垒比关税具有更大的灵活性和针对性

关税的制定要通过一定的立法程序，调整或更改税率，也需要一定的法律程序和手续，因此关税具有一定的延续性。而非关税措施的制定与实施，通常采用行政程序，制定起来比较迅速，程序也较简单，能随时针对某国和某种商品采取或更换相应的限制进口措施，从而较快地达到限制进口的目的。

（二）非关税壁垒的保护作用比关税更为强烈和直接

关税措施是通过征收关税来提高商品成本和价格，进而削弱其竞争能力的，因而其保护作用具有间接性。而一些非关税措施如进口配额，预先限定进口的数量和金额，超过限额就禁止进口，这样就能快速和直接地达到关税措施难以达到的目的。

（三）非关税壁垒比关税更具有隐蔽性和歧视性

关税税率的确定和征收办法都是透明的，出口商可以比较容易地获得有关信息。关税措施的歧视性较低，它往往要受到双边关系和国际多边贸易协定的制约。但一些非关税措施则往往透明度差，隐蔽性强，而且有较强的针对性，容易对不同国家实施差别待遇。

三、非关税壁垒的主要种类

非关税壁垒名目繁多，内容复杂，主要分为直接限制和间接限制两大类。直接限制是指进口国直接规定商品进口的数量或金额，或者通过施加压力迫使出口国自己限制商品的出口。间接限制是指进口国利用行政机制，对进口商品制定苛刻的条例和技术标准，从而间接限制进口。

（一）直接性的非关税壁垒

1. 进口配额制（Import Quotas System）

进口配额（Import Quota）又称进口限额，是一国政府对一定时期内（通常为 1 年）进口的某些商品的数量或金额加以直接限制。在规定的期限内，配额以内的货物可以进口，超过配额不准进口或者征收较高关税后才能进口。因此，进口配额制是限制进口数量的重要手段之一。进口配额制主要有关税配额和绝对配额两种形式。

（1）关税配额（Tariff Quotas）。关税配额即对商品进口的绝对数额不加限制，而对在一定时期内，在规定配额以内的进口商品，给予低税、减税或免税待遇，对超过配额的进口商品则征收较高的关税，或征收附加税甚至罚款。

（2）绝对配额（Absolute Quotas）。绝对配额是指在一定的时期内，对某种商品的进口数量或金额规定一个最高限额，达到这个数额后，不准进口。在实施中又分为全球配额和国别配额。

①全球配额（Global Quotas）属于世界范围内的绝对配额，对于任何国家和地区的商品一律适用。主管当局通常按进口商申请先后或过去某一时期的实际进口额批给一定的额度，直至总配额发完为止，超过总配额就不准进口。由于在配额的分配和使用上难以贯彻国别政策，因而许多国家转而采用国别配额。

②国别配额（Country Quotas）是在总配额内按国别或地区分配给固定的配额，超过规定的配额便不准进口。为了区分来自不同的国家或地区的商品，进口商必须提交原产地证书，实行国别配额可以使进口国根据它与有关国家或地区的政治经济关系分配给不同的额度。

2. “自动”出口配额制（Voluntary Export Quotas）

“自动”出口配额制是出口国在进口国的要求或压力下，“自动”规定在某一时期内（一般为 3—5 年）某种商品对该国的出口限额，在该限额内自行控制出口，超过限额即禁止出口。它是在第二次世界大战后出现的非关税壁垒措施，“自动”出口配额制实际上是进口配额制的变种，同样起到了限制商品进口的作用，它的重要特点就是带有明显的强制性。“自动”出口配额制往往是出口国在面临进口国采取报复性贸易措施的威胁时被迫做出的一种选择。

3. 进口许可证（Import License System）

进口许可证，是指进口国家规定某些商品进口必须事先领取许可证才可进口，否则一律不准进口。它是世界各国进口贸易行政管理的一种重要手段，具有简便易行、收效快、比关税保护手段更有力等特点，因而成为各国监督和管理进口贸易的有效手段。发展中国家为了保护本国工业、贸易发展和财政需要，比较多地采用这种制度，而发达国家在农产品和纺织品等国际竞争处于劣势的领域也经常求助于进口许可证制来加以保护。

（二）间接性的非关税壁垒

1. 技术性贸易壁垒（Technical Barriers to Trade）

技术性贸易壁垒，是指一国以维护生产、消费安全以及人民健康为理由，制定一些苛刻繁杂的规定，使外国产品难以适应，从而起到限制外国商品进口的作用。

（1）技术标准。技术标准主要适用于工业制成品。发达国家普遍规定了严格、繁杂的技术标准，不符合标准的商品不得进口。例如，法国严禁含有红霉素的糖果进口，从而把英国糖果拒之门外；美国对进口的儿童玩具规定了严格的安全标准，等等。

（2）卫生检疫标准。卫生检疫标准主要适用于农副产品及其制品。各国在卫生检疫方面的规定越来越严，对要求卫生检疫的商品也越来越多。如美国规定其他国家或地区输往美国的食品、饮料、药品及化妆品，必须符合美国“联邦食品、药品及化妆品法”的规定，进口货物通关时，均须经美国食品药物管理署（FDA）检验，如发现与规定不符，海关将予以扣留，有权进行销毁。

（3）商品包装和标签的规定。商品包装和标签的规定适用范围很广。许多国家对在本国市场销售的商品订立了内容繁杂的包装和标签条例，出口商为了符合这些规定，不得不按规定重新包装和改换标签，增加了商品的成本，削弱了其竞争力。

2. 绿色贸易壁垒（Green Barriers Trade）

绿色贸易壁垒，又称“环境壁垒”，它是一种新兴的非关税壁垒，是指一国以保护有限资源、生态环境和人类健康为名，通过制定苛刻的环境保护标准，来限制国外产品的进口。绿色贸易壁垒以其外表的合理性及内在的隐蔽性成为继关税之后，国际上广泛采用的一种非关税壁垒。

（1）绿色技术标准，例如欧盟启动的ISO14000环境管理系统，要求欧盟国家的产品从生产前到制造、销售、使用以及最后的处理阶段都要达到规定的技术标准。这一系统提供了以预防为主、减少和消除环境污染的管理办法，为发达国家设置环境壁垒提供了依据。

（2）绿色环境标志制度，即由政府管理部门或民间团体按严格的程序和环境标准颁发“绿色通行证”，并要求附印于产品包装上，以向消费者表明该产品从研制开发到生产使用，直至回收利用的整个过程均符合生态环境要求。例如，德国的“蓝色天使”、加拿大的“环境选择”、日本的“生态标志”、欧盟的“欧洲环保标志”等，要将产品出口到这些国家，必须经审查合格并拿到“绿色通行证”。

（3）绿色包装制度，要求包装必须节约资源，减少废弃物，使用后利于回收再利用或易于自然分解。如德国的《德国包装物废弃物处理法令》、日本的《回收条例》和《废弃物清除条件修正案》等；丹麦要求所有进口啤酒、矿泉水、软饮料一律使用可再灌装容器。

（4）绿色卫生检疫制度。发达国家有关部门对产品是否含有毒素、污染物及添加剂等进行全面的卫生检查，防止超标产品进入国内市场。尤其对农药残留、放射性残留、重金属含量的要求日趋严格。例如，欧盟对在食品中残留的22种主要农药制定了新的最高残留限量。在日本，有关农药残限量方面的标准多达6000个。

（5）绿色补贴制度。发展中国家对生产绿色产品而将资源、环境成本内在化的企业给予财政补贴，鼓励出口。发达国家又以这种“补贴”违反世界贸易组织的规定为由，限制其进口。

3. 外汇管制（Foreign Exchange Control）

外汇管制也称外汇管理，是指一国政府通过颁布法令对国际结算和外汇买卖加以限制，以平衡国际收支和维持本国货币汇价的一种制度。一般说来，实行外汇管制的国家，大都规定出口商须将其出口所得外汇收入按官方汇率结售给外汇管理机构，而进口商也必须向外汇管理机构申请进口用汇。外汇在该国禁止自由买卖，本国货币的携出入境也受到严格的限制。这样，政府就可以通过确定官方汇率、集中外汇买卖、控制外汇支出、实行外汇分配等方法来控制进口商品的数量、品种和国别。例如，日本在分配外汇时趋向于鼓励进口高精尖产品和发明技术，而不是鼓励进口消费品。外汇管制的方式有三种。

（1）数量性外汇管制。国家外汇管理机构对外汇买卖的数量直接进行限制和分配。一些国家实行数量性外汇管制时，往往规定进口商必须获得进口许可证后，方可得到所需的外汇。

（2）成本性外汇管制。国家外汇管理机构对外汇买卖实行复汇率制，利用外汇买卖成本的差异来间接影响不同商品的进出口，达到限制或鼓励某些商品进出口的目的。所谓复汇率，也称多重汇率，是一国货币对外汇率有两个或两个以上，分别适用于不同的进出口商品。其作用是，根据出口商品在国际市场上的竞争力，为不同商品规定不同的汇率以加强出口；根据保护本国市场的需要，为进口商品规定不同的汇率以限制进口等。

（3）混合性外汇管制，即同时采用数量性和成本性外汇管制，对外汇实行更为严格的控制，以影响商品进出口。

4. 进口押金制（Advanced Deposit）

进口押金制又称进口存款制或进口担保金制，是指进口商在进口商品前，必须预先按进口金额的一定比率和规定的时间，在指定的银行无息存储一笔现金的制度。这种制度无疑加重了进口商的资金负担，起到了限制进口的作用。例如，巴西政府规定，进口商必须预先交纳与合同金额相等的为期360天的存款才能进口。

5. 最低限价（Minimum Price）和禁止进口（Prohibitive Import）

最低限价制是指一国政府规定某种进口商品的最低价格，凡进口商品的价格低于这个标准，就加征进口附加税或禁止进口。采用这种政策，一国可以有效地抵制低价商品的进口或以此削弱进口商品的竞争力，保护本国产业。

禁止进口是限制进口的一种极端措施。当一国政府认为一般的限价已不足以解决国内市场受冲击的困难时，就会颁布法令，公开禁止某些商品进口。但这种措施很容易引起对方国家的报复，引发贸易战，因此不宜贸然采用。

6. 国内税（Internal Taxes）

国内税是指一国政府对本国境内生产、销售、使用或消费的商品所征收的各种捐税，如周转税、零售税、消费税、营业税等。进口国除了对进口商品征收进口关税以外，还要另行征收各种国内税，以增加进口商品的纳税负担，削弱其与国内产品竞争的能力，从而达到限制进口的目的。例如，美国、日本、瑞士对进口酒精饮料的消费税都大于本国制品。国内税的制定和执行完全属于一国政府，有时甚至是地方政府的权限，通常不受贸易条约与协定的约束，因此，这是一种比关税更灵活、更隐蔽的贸易政策手段。

7. 歧视性政府采购政策（Discriminatory Government Procurement Policy）

歧视性政府采购政策是指国家通过法令和政策明文规定政府机构在采购商品时必须优先购买本国货。有的国家虽未明文规定，但优先采购本国产品已成惯例。这种政策实际上是歧视外国产品，起到了限制进口的作用。主要发达国家都有相应的歧视性政府采购政策规定。如英国规定政府机构使用的通讯设备和电子计算机必须是英国产品；日本也规定，政府机构使用的办公设备、汽车、计算机、电缆、导线、机床等不得采购外国产品。

8. 进出口的国家垄断（State Monopoly）

进出口的国家垄断也称国营贸易，是指对外贸易中某些商品的进出口由国家直接经营，或者把这些商品的进出口专营权给予某些垄断组织。经营这些受国家专控类垄断的商品的企业，称为国营贸易企业。国营贸易企业一般为政府所有，但也有政府委托私人企业代办。各国国家垄断的进出口商品主要有烟酒、农产品、石油、武器四大类。

9. 专断的海关程序

海关程序是指进口货物通过海关的程序，一般包括申报、征税、查验及放行四个环节。海关程序本来是正常的进口货物通关程序，但是，海关程序若被滥用，人为地给进口商品设置种种阻制，无疑可以起到歧视和限制进口的作用，从而成为一种有效地、隐蔽的非关税壁垒措施。例如：海关对申报表格和单证做出极其严格的要求，通过商品归类提高税率或通过海关估价制度等手段达到限制进口的目的。

第三节

出口促进与出口管制措施

出口促进是指一国政府为鼓励本国产品出口而采取的一系列鼓励措施。世界各国除了利用关税和非关税措施限制、调节外国商品进口外，还采取了各种鼓励出口的措施，扩大商品出口。

一、鼓励出口的措施

（一）出口信贷（Export Credit）

出口信贷是一种国际信贷方式，是一国为了支持和扩大本国大型机械、成套设备、大型工程项目等的出口，加强国际竞争能力，对出口产品给予利息补贴并提供信贷担保，鼓励本国的银行解决本国出口商资金周转的困难，或满足国外进口商对本国出口商支付货款需要的一种融资方式。出口信贷是促进资本货物出口的一种手段。

按贷款对象不同，出口信贷可分为卖方信贷和买方信贷。

1. 卖方信贷（Supplier's Credit）

卖方信贷是出口方银行向本国出口商提供的商业贷款。出口商（卖方）以此贷款为垫付资金，允许进口商（买方）赊购自己的产品和设备。出口商（卖方）一般将利息等资金成本费用计入出口货价中，将贷款成本转移给进口商（买方）。

2. 买方信贷（Buyer's Credit）

买方信贷是出口方银行向进口方银行或进口商（本文仅讨论前者）提供的商业贷款。有了这种贷款，进口商（买方）就可以用现汇购买出口商（卖方）的产品和设备。进口方银行以其借得的款项转贷给进口商（买方），并按双方约定在国内清偿结算。进口方银行分期向出口方银行偿还贷款及利息等资金成本费用。买方信贷是一种约束性贷款，即所贷款项必须用于购买债权国的商品。

（二）出口信用保险（Export Credit Insurance）

出口信用保险是指政府为鼓励企业扩大出口，保障企业出口收汇安全而开设的政策性保险。中国出口信用保险公司是我国唯一经营此项业务的专业机构，承保出口贸易中出口商由于境外的商业风险或政治风险而遭受损失的一种特殊保险。运用出口信用保险这一损失补偿保障机制，有益于企业稳健经营。

（三）出口信贷国家担保制（Export Credit Guarantee System）

出口信贷国家担保制，即政府设置专门的机构或专业银行，如美国进出口银行、日本输出入银行、法国对外贸易银行、中国进出口银行等，为本国提供出口信贷的商业银行进行保险的一种方式。这是国家用承担出口风险的方法，鼓励扩大商品出口和争夺海外市场的一种措施。国家担保制保险的范围，不仅包括一般商业性风险，还包括由政治因素、外汇管制等所引起的损失。

（四）出口补贴（Export Subsidies）

出口补贴是指一国政府为刺激商品出口而给予出口商的现金补贴或财政上的优惠，目的在于降低出口商品的价格，加强其在国外市场上的竞争力。补贴在国际贸易中一般被视作不公平的竞争手段，主要有以下两种形式：

1. 直接补贴

直接补贴是指政府在商品出口时，直接付给出口商的现金补贴。其目的是为了弥补出口商品的国际市场价格低于国内市场价格所带来的损失。例如美国和一些西欧国家对某些农产品的出口补贴。

2. 间接补贴

间接补贴是政府对某些商品的出口给予财政上的优惠，包括出口退税、延期付税、加速折旧、低息贷款和复汇率等。例如，一些政府承担为出口企业推销商品的直接开支，包括免费或低费提供有关出口市场前景的信息，或组织各种推销商品的博览会等。这些政策措施的共同结果是降低出口商品的成本，提高出口商品的实际收益。

（五）出口退（免）税（Export Rebate）

出口货物退（免）税是政府对出口货物退还在国内各生产环节和流转环节按税法规定缴纳的增值税和消费税或免征应纳税额。它是国际贸易中通常采用并为各国接受的、目的在于鼓励各国出口货物公平竞争的一种税收措施。按我国现行政策规定，出口货物退（免）税的税种为增值税和消费税。

（六）外汇倾销（Exchange Dumping）

外汇倾销是指出口商利用本国货币贬值的机会，占领国际市场的行为。在本国货币贬值的条件下，用国外货币表示的本国出口商品的价格降低，从而提高了出口产品的国际市场竞争能力，有利于出口规模的扩大。外汇倾销要达到扩大出口的目的，必须具备两个条件：一是本国货币对外贬值的程度大于由此引起的国内通货膨胀的程度；二是其他国家不同时采取同等程度的货币贬值和其他报复性手段。

二、出口管制的措施

（一）出口管制的概念

出口管制（Export Control）是指国家出于某些政治、军事和经济目的，通过法令和行政措施，对本国出口实行管理和控制，限制和禁止某些战略性商品和其他重要商品出口。

出口管制的商品主要有以下几类：国内紧缺物资，包括国内生产紧缺的原材料、半制成品及国内供不应求的某些商品；战略物资及尖端技术产品，如军事装备、高技术产品；为了缓和与进口国的贸易摩擦，在进口国的要求和压力下，实行“自动”出口限制的商品；珍贵文物、贵重金属；对某些国家或地区实行经济制裁而限制出口或禁止出口的商品；出口国或组织垄断的商品。

（二）出口管制的形式

1. 单边出口管制

单边出口管制是指一国根据本国的需要，制定出口管制方面的法律，设立专门的执行机构，对本国的某些商品出口进行审批和颁发出口许可证，实行出口管制。单边出口管制是一国单方面自主决定的，是实行歧视性贸易政策的手段。

2. 多边出口管制

多边出口管制是指几个国家政府，出于共同的政治与经济目的，通过一定的方式建立的国际性多边出口管制机构，共同商讨和编制多边出口管制的货单和出口管制的国别，规定出口管制的办法，以协调彼此的出口管制政策和措施。

（三）出口管制的措施

1. 出口许可证（Export Licence）

出口许可是出口管制中最常用、最有效的一种方式。根据管制程度的不同，可分为一般许可证和特殊许可证。一般许可证无需向有关机构申请，只要在出口报关单上填写所管制货单上该商品的一般许可证编号，经海关核实，就可以办理出口手续。特殊许可证是需要由有关部门审批颁发的许可证，出口商在获得许可证后才能办理出口。

2. 出口配额（Export Quotas）

出口配额是对某些商品的出口实行配额管理，从数量上限制出口。出口配额常与出口许可证结合使用。

3. 出口关税（Export Duty）

征收出口关税的目的是限制、调控某些商品的出口，特别是防止本国一些重要的自然资源和原材料出口。

4. 禁止出口和贸易禁运（Embargo）

禁止出口一般是一国对其战略物资或急需的国内短缺物资进行严格控制的主要手段。贸易禁运则是一些国家为了制裁其敌对国家而实行的贸易控制措施。

5. 出口卡特尔（Export Cartel）

出口卡特尔是指某种产品的主要出口国之间为了稳定该种产品的价格和获取垄断利润等目的而形成的一种垄断联盟协定或组织。出口卡特尔是一种典型的贸易保护措施，其目的不仅是为了促进本国优势产品的出口，而且是为了控制整个世界市场。石油输出国组织（OPEC）就是这方面的代表。

课后练习

一、简答题

1. 说明关税的种类。
2. 何谓普遍优惠制？普惠制的目标是什么？
3. 解释名词：进口配额、外汇管制、非关税壁垒。
4. 促进出口的措施有哪些？什么是外汇倾销？

二、论述题

何谓商品倾销？在什么情况下，国际社会才允许进行反倾销？

三、案例分析

请仔细阅读以下案例，并分析中国企业应从该案件中吸取哪些经验和教训。

案情：美国的法规明确规定，含少量肉类、禽类或者蛋制品成分的食品必须在美国检验机构或者经认可的国外食品管理机构监督下生产，否则将不能进入美国，还规定进口月饼的馅料中不能含有蛋黄；澳大利亚规定月饼馅料中不能含有肉类；欧盟对含有干果类的月饼中黄曲霉毒素 B1 的要求远远高过我国的标准要求；法国、德国、泰国等国则干脆明令规定禁止收寄中国月饼。

广州市莲香楼有限公司是一家有着 120 年历史的老字号，深受海外华人华侨的喜爱，然而由于多个国家相继就月饼进口提出严苛的标准，海外华人华侨在中秋佳节吃上来自家乡的月饼已经成为了一种奢望。“我们放弃了美国的月饼订单，不单是我们，其他的公司也是一样的情况。”广州市莲香楼有限公司负责人李辉对记者表示。这个放弃是一种迫不得已的放弃，原因是“美国的标准太苛刻”，而且这种苛刻是刻意的、毫无道理的苛刻。

第三章

国际经济一体化

【学习目标】

1. 了解 GATT 概况，认识 WTO 的宗旨、职能及主要原则，熟悉中国入世的过程及现状。

2. 了解区域经济一体化概况，熟悉主要区域经济一体化组织及中国参与区域经济一体化的情况，了解 CPTPP 的发展及对中国的影响。

【导读】

20 世纪 80 年代以来，区域化和全球化的相互促进和交替发展成为了世界经济贸易发展的基本特征。一方面，WTO 的创建和运行，为全球贸易的平稳有序发展保驾护航。截止 2018 年，WTO 有 164 个成员，成员贸易总额达到全球贸易总额的 98%。一直以来，WTO 都是全球多边贸易规则的重要制定者和有力维护者，不断地促进着经济全球化向纵深发展。另一方面，各种形势的区域经济集团也在世界各地蓬勃发展，掀起了区域经济一体化的新浪潮。在 WTO 的成员中，近 90% 隶属于不同程度的区域经济组织。而据 WTO 2018 年 7 月公布的数据，全球共有 305 个区域贸易安排，其中 283 个是自由贸易区或者关税同盟，这些区域组织使其成员之间的经济协作更加紧密。无论是加入 WTO 还是参加区域经济一体化组织，都是各成员处于自己利益的考虑，为实现特定的战略目标而做出的对外经济贸易政策选择。

第一节

世界贸易组织

一、关税与贸易总协定（GATT）概述

关税与贸易总协定（General Agreement on Tariff and Trade，GATT），简称关贸总协定，是关于关税与贸易政策的多边国际协定，于1947年10月30日在日内瓦签订，1948年1月1日生效，1995年1月1日为世界贸易组织所取代。47年内，总协定的成员不断增加，缔约方之间的贸易额不断提高，其规范的领域不断扩大，在国际贸易中的作用日益加强。

（一）关贸总协定的产生与发展

签订关贸总协定的最初计划，是想建立一个与世界银行（国际复兴开发银行，IBRD）和国际货币基金组织（IMF）并列的、从属于联合国的国际贸易组织（ITO）。其目标是想通过国际机构削减各成员的关税，降低贸易壁垒，从而促进国际贸易的自由发展。但由于拟议中的国际贸易组织的夭折而由关贸总协定代行，成为各缔约成员在贸易政策方面确立某些共同遵守的准则，推行多边贸易和贸易自由化的一项唯一的、带有总括性的多边协定，一直沿用至世界贸易组织正式成立，才结束其临时性地位。

关贸总协定的初始缔约国有23个国家和地区，到1994年底关贸总协定完成其历史使命时，成员增至117个。由于关贸总协定不是联合国的一个下属机构，而主要是由市场经济国家和地区组成的，因此，并不是所有的联合国会员都是缔约成员。

关贸总协定既是一项含有一整套多边贸易原则和规则的契约，又是缔约方进行贸易谈判的场所。其宗旨是：通过多边贸易谈判，大幅度地削减关税和其他贸易障碍，取消国际贸易中的歧视待遇，从而实现提高生活水平、保证充分就业、保障实际收入和有效需求的持续增长，扩大世界资源的充分利用和扩大商品的生产和交换。其总部设在日内瓦，其最高权力机构是缔约国大会，一般每年召开一次全会讨论和决定重大事项。总协定的日常事务主要由理事会和秘书处处理。理事会下面分设各种专业委员会来解决具体问题。这些专业委员会的业务涉及国际贸易中的各个领域，大到国际收支、关税减让，小到监测纺织品配额、处理牛肉贸易纠纷等等。

（二）关贸总协定的多边贸易谈判进程

GATT运行47年，先后启动了8轮多边谈判，现对各轮谈判情况简要介绍如下。

第一轮谈判，1947年4—10月在瑞士日内瓦举行，共达成123项双边关税减让协议，涉及关税减让商品45 000项，使占资本主义国家进口值54%的商品平均降低关税35%。

第二轮谈判，1949年4—10月在法国安纳西举行，共达成147项双边关税减让协议，涉及关税减让商品5 000项，使应征关税进口值56%的商品平均降低关税35%。

第三轮谈判，1950年9月至1951年4月在英国的托尔基举行，共达成150项双边

关税减让协议，涉及关税减让商品 8 700 项，使应征关税进口值 11.7% 的商品平均降低关税 26%。

第四轮谈判，1956 年 1—6 月在瑞士日内瓦举行。由于美国国会对其政府授权有限，影响了这次谈判。通过谈判，涉及关税减让商品 3 000 项，使应征关税进口值 16% 的商品平均降低关税 15%。

第五轮谈判，1960 年 9 月至 1961 年 7 月在瑞士日内瓦举行。通过谈判，涉及关税减让商品 4 400 项，使应征关税进口值 20% 的商品平均降低关税 20%。由于此次谈判是美国副国务卿狄龙发起的，所以也称"狄龙回合"。

第六轮谈判，1964 年 5 月至 1967 年 6 月在瑞士日内瓦举行。通过谈判，涉及关税减让商品 60 000 项，使工业品进口关税税率平均降低 35%，影响了 400 亿美元的进口额。此次谈判还通过了第一个《国际反倾销法》。此次谈判也称"肯尼迪回合"。

第七轮谈判，于 1973 年 9 月至 1979 年 4 月举行。先是在日本东京召开的部长级会议上通过"东京宣言"，所以又称"东京回合"，后又改在日内瓦进行。又因为它是美国总统尼克松发起的，所以也称为"尼克松回合"。通过谈判，涉及关税减让商品 27 000 项，价值达 3 000 亿美元贸易额。关税进一步下降，美国的关税平均下降 30% ~ 35%，欧共体关税平均下降 25%，日本的关税平均下降 50%。此次谈判还涉及降低非关税壁垒议题。

第八轮谈判是 1986 年 9 月 15 日至 1993 年 12 月 15 日在乌拉圭首都埃斯特角举行的，称为"乌拉圭回合"。乌拉圭回合规模最大，有 123 个成员参加；议题最多，14 个货物贸易议题和 1 个服务贸易议题，共 15 个议题；时间最长，历时 7 年半。"乌拉圭回合"谈判中，通过了《乌拉圭回合部长宣言》，提出谈判的目标：制止和扭转贸易保护主义，消除贸易扭曲现象；维护关贸总协定的基本原则和促进关贸总协定的目标；建立一个更加开放的、具有生命力和持久的多边贸易体制。1994 年 4 月 15 日在摩洛哥马拉喀什城举行会议，草签了乌拉圭回合最后文件和建立世界贸易组织协议，宣告关贸总协定正式结束。

（三）关贸总协定的缺陷

（1）调整范围狭窄，仅限于贸易政策，没有能够概括国际贸易本身各个领域以及与国际贸易相关的规则。1947 年的关贸总协定并没有包含的服务贸易、知识产权以及投资措施这些领域，是在后期谈判尤其是乌拉圭回合中逐步完善的。

（2）GATT 毕竟不是一个按照国际组织法建立的国际组织，只是一种"临时性的安排"，协定本身的生效采用《临时适用议定书》模式，没有同步要求各国、各地区在短时间内调整国内贸易体制与关贸协定相一致。

（3）缺乏有效的争端解决机制。GATT 所确定的一些有关争端解决程序分散而混乱，其本身没有确认国际组织文件或国际公约所具有的争端解决条款，没有建立争端解决机构。

二、世界贸易组织（WTO）概述

作为关贸总协定的发展成果，世界贸易组织于 1995 年 1 月 1 日开始正式运作，它为国际贸易提供了一整套强化了的规则和行为规范。WTO 的总部设在瑞士日内瓦，所有关贸总协定的117个缔约方都是WTO的创始成员。WTO与世界银行、国际货币基金组织被并称为当今世界经济体制的“三大支柱”，与世界银行和国际货币基金组织这些联合国附属组织不同，WTO是一个独立于联合国的、基于规则、由成员国驱动的国际组织，其全部决策由成员国政府决定，规则通过成员国之间的谈判达成。

（一）WTO的宗旨、目标及地位

WTO的宗旨是：提高生活水平，保证充分就业，大幅度和稳定地增加实际收入和有效需求，扩大货物和服务的生产与贸易，按照可持续发展的目的，最优运用世界资源，保护环境，并以不同经济发展水平下各自需要的方式，加强采取各种相应的措施；积极努力，确保发展中国家，尤其是最不发达国家在国际贸易增长中获得与其经济发展需要相称的份额。

WTO的具体目标是：建立一个完整的、更具活力和永久性的多边贸易体制，以巩固原来的关贸总协定为贸易自由化所做的努力和乌拉圭回合多边贸易谈判的所有成果。为实现这些目标，各成员应通过互惠互利的安排，切实降低关税和其他贸易壁垒，在国际贸易中消除歧视性待遇。

WTO的地位是：WTO是具有法人地位的国际组织，与其前身关贸总协定相比，WTO在调解成员间争端方面具有更高的权威性和有效性。

（二）WTO的职能和组织机构

WTO的基本职能体现在三个方面：制订和规范国际多边贸易规则；组织多边贸易谈判；解决成员间的贸易争端。此外，为了在全球性的经济决策方面形成较大的协调，世贸组织还应和国际货币基金组织和世界银行及其附属机构进行适当的合作。

WTO的最高决策权力机构是部长会议，至少每两年召开一次会议，可对多边贸易协议的所有事务做出决定。部长会议下设贸易与发展、国际收支、行政预算、贸易与环境四个委员会和总理事会。总理事会由各成员方代表组成，在部长会议休会期间代行其职责。总理事会下设争端解决机构、贸易政策机制评审机构，以及货物贸易、服务贸易、知识产权三个理事会。秘书处是WTO的常设服务机构，负责处理日常工作。秘书处由部长会议任命的总干事领导。

知识点

世贸组织成员如有争端应先行协商，在一方提出要求后的30天内，必须开始协商。如60天后未获解决，一方可申请成立专家小组。如果某一当事方向争端解决机构正式通知该当事方将进行上诉，则争端解决进入上诉程序。争端解决机构通过专家小组或上诉机构的报告后，当事各方应予执行。如果被诉方没有在合理期限内执行裁决，投诉方可以实施报复。

（三）WTO的原则

体现WTO宗旨的基本原则有以下几个方面：非歧视原则、自由贸易原则、公平竞争原则、透明度原则、公平解决争端原则及对发展中国家特殊优惠待遇原则。这些原则基本上是从关贸总协定继承过来的，但比关贸总协定使用的范围要广，这些原则不仅适用于商品货物贸易，也适用于服务贸易和知识产权保护方面。

1. 非歧视原则

非歧视原则指的是对各成员在贸易政策上的一视同仁，和对本国或本地区产品与外国或外地区产品的一律平等。非歧视原则主要是通过最惠国待遇条款和国民待遇条款来实现的。

（1）最惠国待遇条款，指的是一国对于所有成员国的贸易待遇都必须是同样的，如果一国给任何一国降低、豁免关税或提供其他优惠政策，该国也必须同时给其他的成员国同样的待遇。最惠国待遇不只适用于货物贸易，也适用于服务贸易和知识产权贸易方面，即成员国给予任何一国的货物、服务或知识产权方面的优惠，应立即和无条件地给予其他任何成员国同样的待遇。

最惠国待遇可以是无条件的，也可以是有条件的。在 GATT/WTO 中的最惠国待遇条款是无条件的，但对于非 GATT/WTO 的成员国，最惠国待遇只是各国分别谈判的结果而不是自动给予的和无条件。在加入 WTO 之前，中国与其他国家的最惠国待遇协定都是双边的，中国不得不一个国家一个国家地签订。一旦双边关系出现了问题，双边的最惠国待遇也可能被取消。

当然，最惠国待遇也有例外。首先，两国之间和区域内的"特惠贸易协定"可以不实行最惠国待遇。所谓特惠贸易协定包括双边的和区域的自由贸易协定。假如中国和新加坡签订了自由贸易协定，两国间的进出口完全免税，并不等于中国从其他国家进口的商品也必须免税。其次，关贸总协定中的发达国家通过制定"普遍优惠制方案"对发展中国家出口的一些产品提供普遍的、非互惠的、比最惠国待遇更为优惠的关税待遇，其他发达国家也不能通过最惠国待遇获得。另外，边境贸易中的特殊优惠也在最惠国待遇的原则之外。

（2）国民待遇条款，指的是一国给予所有成员国的公民和企业在经济上的待遇不低于给予本国公民和企业的待遇，这种待遇主要包括税收、知识产权的保护、市场的开放等，以保证成员国产品和本国产品以同样的条件竞争。

值得注意的是，国民待遇中用的是"不低于"而不是"相等"，主要是防止对外国产品和外国企业的歧视。国民待遇的原则是保护外国企业不受歧视，但并不管本国企业是否被"歧视"。许多发展中国家由于投资环境较差，基础设施落后，为吸引外资而不得不给予外商减免税收等比对本国企业更优惠的政策，这种做法并不违反 WTO 中的国民待遇规定。

国民待遇也有例外，包括：未参加《政府采购协议》成员国的政府歧视性采购（优先购买本国产品），WTO 允许的某些特定的国内补贴，以及允许限制外国电影的放映数量。

案例 3－1

WTO 第一案

WTO 自 1995 年成立后，其争端解决机制在处理国际经贸纠纷方面取得了显著的成绩，发挥着日益重要的作用。被称为 WTO 第一案的是"美国汽油标准案"，这是 WTO 争端解决机构审理的第一例经过上诉机构审理的案件。1995 年 1 月委内瑞拉和巴西（1995 年 4 月）诉美国正在使用的进口石油政策对外国产品造成了歧视。经过长达一年的调查，报告认为美国颁布的有关汽油标准违反了 WTO 的规定，争端解决机构要求美国修改国内立法，最终美国表示接受 WTO 的有关裁决，签署了新规则。这起案件的成功审理使初试锋芒的WTO的争端解决机构经受了考验，在很大程度上增强了各成员方对WTO的信任。可以想象，如果这两个发展中国家不是WTO成员，凭其经济实力是不可能与当今的头号经济大国美国进行贸易对抗的。

请思考在该案例中美国违反了WTO什么原则？

分析：在该案例中美国违背了非歧视原则中的国民待遇条款，因为对美国国内石油公司采取了更优惠的待遇，对外国产品造成了歧视。WTO最终裁决美国败诉。

2. 自由贸易原则

GATT和WTO的重要目标是最终实现全球贸易自由化。GATT/WTO的一系列协定和协议都要求成员方分阶段逐步实行贸易自由化，减少和取消各种限制进入市场的措施，促进市场的合理竞争和适度保护。自由贸易原则主要是通过关税减让原则、取消一般数量原则、市场准入原则予以体现。

(1) 关税减让原则。GATT/WTO都承认以合理关税保护国内市场是合法的，但同时认为过多的关税不利于贸易自由化的推进。关税减让成为GATT/WTO的主要宗旨，各缔约方和成员方通过多边贸易谈判减让关税。WTO还规定对已列入关税减让表的商品关税，各缔约方、成员方不得采取任何形式进行变更。

(2) 取消一般数量原则。在GATT的原则基础上，WTO在以下三方面取得了很大进展：一是采取逐步回退的办法，逐步减少配额和许可证；二是从取消数量限制向取消其他非关税壁垒延伸，对实施非关税壁垒的标准和手段予以更加严格、明确和详尽的规定，提高了透明度；三是把一般地取消数量原则扩大到其他有关协定。

(3) 市场准入原则，是指一成员方允许另一成员方的货物、劳务与资本参与本国市场的程度。市场准入原则旨在通过增强各成员方对外贸易的透明度，减少和取消关税，数量限制以及非关税壁垒，以保证各成员方的商品、资本和服务可以在世界市场上公平自由竞争。WTO允许各国通过“渐进的自由化”，循序渐进地进行改革。

3. 公平竞争原则

公平竞争原则包括三个要点：①公平竞争原则体现在货物贸易领域、服务贸易领域和与贸易有关的知识产权领域；②公平竞争原则既涉及成员方的政府行为，也涉及成员方的企业行为；③公平竞争原则要求成员维护产品、服务或服务提供者在本国市场的公平竞争，不论他们来自本国或其他任何成员方。

公平竞争原则主要体现在鼓励各成员方相互开放市场，逐步为外国企业创造市场准入和公平竞争的机会。对抑制竞争、限制贸易的不正当竞争，允许成员方采取措施防止或限制不正当商业行为，如反倾销和反补贴。

4. 透明度原则

贸易政策和其他经济政策的不透明常常隐藏着对外国企业的歧视和不公平。GATT/WTO规定，各成员必须公布和公开有关贸易的法律、法规、政策、司法判决和行政裁定，还必须及时通知其他成员任何新的法规政策或任何变动。透明度的要求是为了保证信息公开，防止信息不对称下的不公平竞争。

5. 公平解决争端原则

WTO争端解决机制以公正、平等为原则，要求缔约方之间一旦出现国际贸易争端，应通过公正、客观、平等和友好的方式使有关贸易争端得到妥善解决。该原则体现在调节程序、上诉机构、从关贸总协定的全体一致通过到世贸组织的全体一致否决机制的转变、对违反上诉和非违反上诉的规定以及对发展中国家及最不发达国家的特殊规定等。

6. 对发展中国家特殊优惠待遇原则

GATT 规定，对发展中国家的贸易与经济，尽量给予关税和其他方面的特殊优惠待遇。这些规定主要体现在 GATT 的第 18 条、第 36 条、第 38 条以及“东京回合”通过的“授权条款”，包括普遍优惠制（简称普惠制 GSP）、优惠的关税安排、对最不发达国家的特殊待遇等。

知识点

普通关税指对从没有与本国签订双边或多边贸易或经济互惠等协定的国家进口其原产的货物征收的非优惠性关税。这种关税税率一般由进口国自主制定，只要国内外条件不发生变化，就长期采用。

最惠国关税适用于那些彼此签订有双边或多边最惠国待遇协定的国家（地区）之间的进出口。最惠国税比普通关税率低，两者税率差幅往往很大。

普惠税是 GATT/WTO 倡导发达国家单方面给予发展中国家出口制成品和半制成品的一种关税优惠待遇。普惠税是普遍的、非歧视的和非互惠的。

特惠税指对从某个国家或地区进口的全部商品或部分商品给予特别优惠的低关税或免税待遇。特惠税是这几种税中最低的。历史上曾经有过两种特惠税，一种是英国给予他过去的殖民地附属国的优惠关税；另一种是根据洛美协定，其中的主要发达国家提供给加勒比海发展中国家的优惠关税。

因此，特惠税＜普惠税＜最惠国关税＜普通关税。

案例 3－2

日本对华普惠制关税优惠情况

日本是我国第四大出口目的地国，是我国重要的贸易伙伴。日本自 1971 年起实施普惠制方案，1980 年 4 月 1 日给予我国普惠制待遇，是对我国出口商品关税优惠幅度最大的普惠制给惠国之一，日本的全面普惠制优惠对我国商品出口日本市场起到了很大的推动作用。

中国是日本最大的进口来源地，日本自中国进口的主要商品为机电产品、纺织品及其原材料和化工产品。日本每年从中国的进口额超过 10 万亿日元，远远大于从其他国家的进口。中国原产产品需凭借由检验检疫机构签发普惠制原产地证书在日本享受普惠制关税减免，2016 年，全国检验检疫机构共签发去往日本的普惠制优惠原产地证书 29.77 万份，签证金额 110.89 亿美元。据估算，2016 年日本进口适用于普惠制优惠税率的商品约有六成来自中国。日本国内舆论普遍认为，目前具有较高国际竞争力的中国商品如果继续享有日本市场的普惠制关税优惠待遇，将对其国内产品造成不正当竞争的不利局面。为此，日本政府已多次调整、削减中国商品的普惠制优惠待遇。在这种情况下，日本政府为其国内自身经济发展考量，考虑修订特惠关税制度，将中国、墨西哥、巴西、泰国和马来西亚都排除在特惠关税对象之外，自 2019 年起实施。

（四）多哈回合

2001 年，多边贸易谈判第九回合在卡塔尔首都多哈召开，又称多哈回合谈判。多哈回合的宗旨是促进 WTO 成员削减贸易壁垒，通过更公平的贸易环境来促进全球特别是较贫穷国家的经济发展。谈判包括农业、非农产品市场准入、服务贸易、规则谈判、争端解决、知识产权、贸易与发展以及贸易与环境 8 个主要议题。在谈判过程中，因为涉及各方利益的进退取舍，谈判始终十分艰难。直到 2013 年 12 月 7 日，在世贸组织第九届部长级会议上，多哈回合第一份成果，《巴厘一揽子协定》以 159 个成员全数通过，成为多哈回合"0 的突破"。2015 年 12 月 19 日，在世贸组织第十届部长级会议上，通过了《内罗毕部长宣言》及 9 项部长决定，承诺继续推动多哈议题。2017 年 12 月 13 日，世界贸易组织第十一届部长级会议在阿根廷首都布宜诺斯艾利斯闭幕，四天的会议中，164 个世贸成员的代表就农业、渔业、贸易便利化、电子商务、中小企业发展等议题展开激烈谈判，但最后并没有取得什么重要的成果。

实际上，多哈回合失败的主要原因在于前几个回合贸易谈判的成功，因为前几个回合在降低贸易壁垒上非常成功，并依然起着作用，使得今天的世界贸易比历史上任何时期都自由。而剩下的贸易壁垒的确已经很低，进一步自由贸易的大部分潜在收益可能来自降低农产品关税和出口补贴上——农产品是最后一个需要自由化的部门，因为它在政治上是最敏感的部门。

世界银行估计了"完全自由化"的福利收益，也就是废除所有贸易壁垒和出口补贴的来源以及它如何在各国（地区）进行分配。在当今世界上，农产品贸易额不到整个世界贸易额的 10%，但是根据世界银行的估计，农产品自由贸易可以为世界带来 63% 的自由贸易收益。然而，这些收益很难获得，表 3－1 说明了这一点。

表 3－1　　自由贸易潜在收益分配的百分比

经济体	完全自由化			
	农产品和食品	纺织品和服装	其他商品	所有商品
发达国家和地区	46	6	3	55
发展中国家和地区	17	8	20	45
所有国家和地区	63	14	23	100

资料来源：Kym Anderson and Will Martin. Agricultural Trade Reform and the Doha Agenda. World Bank, 2005

表 3－1 说明农产品自由贸易给发达国家和地区带来的好处更多，而对发展中国家和地区则好处甚少。但发达国家和地区因拒绝冒险去触犯农民这些有权威的利益团体而不愿意做出更多让步，发展中国家和地区因获益较少也不愿意大幅度削减剩余的较高关税，这是"多哈回合"失败的主要原因。

三、WTO 与中国

1986 年 7 月 11 日中国正式向关贸总协定提出恢复关贸总协定缔约方地位的申请，1987 年 3 月关贸总协定成立了"中国工作组"，开始中国的"复关"谈判。1995 年 1 月，世界贸易组织成立，从当年 7 月中国的复关谈判转为加入 WTO 的谈判。经过多次艰难的谈判，终于在 2001 年 11 月 10 日，在多哈召开的 WTO 第四次部长会议上，审议并通过了中国加入 WTO。2001 年 12 月 11 日，中国在经历了 15 年的谈判之后，终于取得了最后的胜利，正式成为 WTO 成员。

为了符合 WTO 对其成员的要求，中国在入世谈判中做出了一系列的承诺，主要包括遵守非歧视原则、降低贸易壁垒、逐步开放服务业市场、改革外贸体制四个方面。这些承诺具体体现在中国加入 WTO 议定书和工作组报告等法律文件中。中国加入 WTO 既是机遇，又是挑战。中国必须抓住机遇，加快改革，以适应 WTO 的要求。

截至 2016 年，中国加入 WTO 15 年，我国以开放姿态赢得自身经济贸易体量迅速增长，推进全球经济稳步发展；以务实态度广泛参与 WTO 的各项事务，针对复杂问题提出建设性意见；以满怀自信的姿态逐渐成长为国际多边舞台上的领导者。回首那十五年，成绩斐然。

第一，贸易体量扩大成全球经济稳定“压舱石”。入世 15 年，中国进出口贸易规模分别增长 8.5 倍和 7 倍。中国已成长为全球最大出口国和第二大进口国，并成为全球第二大经济体。现在，每年有数千亿美元的外国投资涌入中国，而中国的海外投资也愈发活跃。中国用经历告诉世界，成为开放型经济体可能带来怎样巨大的发展和繁荣。中国不仅实现了自身经济、贸易体量的双增长，也成为全球经济稳定的“压舱石”。

第二，广泛参与解决难题秉持务实态度。世贸组织目前共有 164 个成员，中国于 2001 年正式加入之前，该组织已有 142 名成员。作为一名“后来者”，中国从努力学习规则变成了一个自由贸易规则改革的推动者和倡导者。如今，中国广泛并积极参与组织内部各项事务，并在面对复杂难题时提出成熟而富有建设性的意见。

第三，国际多边舞台上的领导者。中国在世贸组织中的领导力正在逐步显现。例如，中国一直在支持发展中国家特别是最不发达国家从多边贸易体制中受益。中国的领导力不仅体现在多边贸易平台。从亚洲基础设施投资银行，到“一带一路”倡议，中国正努力创建新的国际平台和工具，协助社会发展和经济增长，并致力于维护国家间的稳定关系。

第二节

区域经济一体化组织

一、区域经济一体化概述

（一）区域经济一体化的含义及发展

1. 定义

区域经济一体化是指一个地理区域内的两个或两个以上的国家（或地区），为了维护共同的经济和政治利益，通过签订某种政府间条约或协定，制定共同的经济贸易政策等措施，甚至通过建立起各国政府一定授权的共同机构，实行长期而温度低的超国家的经济调节，形成一个超国家的和经济贸易高度协调统一的整体。

2. 区域经济一体化的发展

（1）初创及发展阶段（20 世纪 40 年代末至 70 年代初期）。第二次世界大战后最初的三个区域经济一体化组织为：1949 年 1 月苏联和东欧国家成立的“经济互助委员会”；1958 年 1 月 1 日成立的欧洲经济共同体；1960 年 5 月成立的欧洲自由贸易联盟。

（2）停滞阶段（20 世纪 70 年代中期至 80 年代中期）。发展中国家经济一体化大多遭受挫折，欧洲共同体等一体化组织进程缓慢。

（3）快速发展走向成熟阶段（20 世纪 80 年代后期至今）。欧洲各国为了加快经济发展的步伐，重建欧洲经济，进一步提高各国在世界经济中的竞争力，欧洲各国加快了区域经济一体化的进程。

美国作为第一经济大国越来越受到欧洲经济共同体和日本的挑战。美国为了与欧、日相抗衡，为了防止其优势与地位的下降，积极地推动区域经济一体化的建立，建立了美加自由贸易区和北美自由贸易区。

发展中国家为了抗衡发达国家的控制与干涉，积极建立经济一体化组织。

（二）区域经济一体化的主要形式及特征

1. 按一体化的范围大小划分

（1）部门一体化是指区域内各成员国的一个或几个部门（或商品）的一体化。如 1952 年 7 月 25 日建立的欧洲煤钢共同体（European Coal and Steel Community）和 1958 年 1 月 1 日建立的欧洲原子能共同体（European Atomic Energy Community）。

（2）全盘一体化是指区域成员国的所有经济部门加以一体化。如 1991 年解散的由苏联与东欧一些国家组成的经济互助委员会。

2. 按参加国的经济发展水平划分

（1）水平一体化是指由经济发展水平大致相同或接近的国家共同组成的一体化。从区域经济一体化的发展实践来看，现存的一体化大多属于这种形式，如欧盟、东盟自由贸易区。

（2）垂直一体化是指经济发展水平不同的国家组成的一体化，如北美自由贸易区。

3. 按区域内的经济一体化程度或贸易壁垒取消的程度划分

（1）优惠贸易安排指成员国间通过协定或其他形式，对全部或部分商品规定特别优惠的关税。这是经济一体化中最低级或最松散的形式。例如“非洲木材组织”、美加汽车产品协定，及第二次世界大战后初期建立的东南亚国家联盟。

（2）自由贸易区指签订了自由贸易协定的国家或地区组成的贸易区。成员国之间相互取消了商品贸易的关税和非关税的贸易障碍，商品可在成员国间完全自由移动，但成员国之间没有统一的对外关税，按照各自的标准对非成员国征收关税。例如北美自由贸易区、中国－东盟自由贸易区。

（3）关税同盟指成员国之间完全取消关税和非关税贸易壁垒，而且对非成员国实行统一的关税税率而缔结的同盟。关税同盟开始带有超国家的性质。例如比荷卢关税同盟。

（4）共同市场是指在成员国内完全废除关税与数量限制，建立统一的对非成员的关税，而且允许生产要素在成员国间完全自由移动。欧洲经济共同体（EEC）在 1970 年已接近这一形式。

（5）经济同盟指成员国之间不仅商品和生产要素可以完全自由流动，建立统一对外关税，而且成员国还制定执行某些共同的经济政策和社会政策，逐步取消各国在政策方面的差异，使一体化的程度扩展到整个国民经济。

例如1991年的欧盟、1991年解散的由苏联与东欧一些国家组成的经济互助委员会。

(6) 完全经济一体化指实现了经济联盟目标的基础上，还统一了所有的重大经济政策（如财政政策、货币政策、福利政策、农业政策，以及有关贸易及生产要素流动的政策），并由其相应的机构（如统一的中央银行），执行共同的对外经济政策，是经济一体化的最高阶段。

区域经济一体化的六种形式，也可以看成是一体化发展的六个阶段（见表3－2），但阶段之间不一定具有必然过程，例如，欧洲经济共同体是从关税同盟开始的，并未经过优惠贸易安排和自由贸易区阶段；而欧洲自由贸易联盟也未必要向关税同盟发展。

表3－2　　区域经济一体化主要形式的比较

政策 形式	自由贸易	统一的对外关税	生产要素自由流动	统一的经济政策	统一的超国家经济机构
优惠贸易安排	×	×	×	×	×
自由贸易区	√	×	×	×	×
关税同盟	√	√	×	×	×
共同市场	√	√	√	×	×
经济同盟	√	√	√	√	×
完全经济一体化	√	√	√	√	√

（三）区域经济一体化对国际贸易的影响

1. 对成员国的影响

(1) 促进了经济一体化组织内部贸易的增长。通过削减关税或免除关税，取消贸易的数量限制，削减非关税壁垒形成区域性的统一市场，加深了成员国在经济上的相互依赖程度，同时经济一体化组织内部的国际分工使销售渠道稳定，这就促进了区域内成员国间的贸易的迅速发展。

(2) 促进区域内部的国际分工和技术合作。一体化组织内部市场扩大了，于是各国的资源配置发生变化，各自生产在一体化区域内具有优势的产品，促进生产格局以至国际分工的格局发生变化，使成员国的国际分工更为密切和精细。

(3) 改变了国际贸易的地区分布。在一体化内部贸易迅速增加的同时，成员国减少与区外非成员国（地区）的贸易。区域经济一体化改变了国际贸易的地区分布或地理结构，使贸易更多地趋向于区域内部，使完整的世界经济和贸易体系被割裂成一个个相互对立的区域。

(4) 提高了经济一体化国家整体贸易地位。原来一些单个经济力量比较薄弱的国家（地区）以整个集团出现在世界经济舞台上，地位上升了，竞争能力加强了，也加重了这些国家（地区）在国际贸易谈判桌上的分量，在一定程度上维护了自身的贸易利益。

2. 一体化对非成员国的影响

区域经济一体化对区内国家的保护加强，使得区外国家本可以进入区内的商品和劳务受到严厉的保护主义的打击，这样就恶化了国际贸易环境，尤其是使区外发展中国家的贸易环境雪上加霜。大多数发展中国家的出口商品结构还比较落后，竞争能力不强，进入西欧、北美更加困难。

区域经济一体化削弱了多边贸易谈判的注意力，不利于多边贸易体系的改善，影响世界贸易的宏观环境。在世界经济舞台上，国与国之间的协调，将转化为区域与区域之间的国际经济协调。

二、主要区域经济一体化组织

（一）欧盟（European Union，EU）

欧洲联盟，简称欧盟，按照成员国的数目来算，欧盟是世界上最大的自由贸易区，也是目前世界上一体化程度最高的区域政治经济集团组织。欧盟不仅是一个共同市场，更是一个具有统一的货币政策和社会政策的经济和政治联盟。

1. 欧盟的建立及发展

欧盟（欧洲联盟）的前身是欧洲共同体。法国、联邦德国、意大利、荷兰、比利时和卢森堡6国在1952年建组了欧洲煤钢共同体，1958年又建立了欧洲经济共同体和欧洲原子能共同体。1965年4月8日，上述6国签订的《布鲁塞尔条约》决定将3个共同体的机构合并，统称欧洲共同体。此后，欧盟历过7次扩大。2013年7月1日，克罗地亚正式加入欧盟，欧盟拥有28个成员国，成为全球最大且一体化程度最高的区域经济一体化组织。截至2018年（包括英国），欧盟人口约5亿，占世界总人口的6.9%，但GDP达到18.75万亿美元，占美国GDP总量的91%，创下十年以来最高增速。

然而受全球金融危机和欧债危机的影响，欧盟经济一度陷入停滞状态。虽然自2013年欧洲经济表现出复苏迹象，但依然疲弱，这主要是因为欧债危机的影响还没完全消退，结构改革推进缓慢，财政紧缩和通货紧缩仍在延续，地缘政治危机引发俄欧相互制裁，希腊债务问题依然威胁欧元稳定，英国又提出脱欧，这些消极因素使得欧洲经济的复苏之路仍不平坦。

2. 欧盟对经济的影响

自1965年建立以来，欧盟先后取消了内部关税，对非成员国实行统一关税，实施共同农业政策，统一大市场，在其内部，商品、人员、劳务和资本可自由流动，建立欧洲货币体系等，逐步统一了经济政策。欧盟的建立和发展对欧洲及世界都有重大的影响。第一，促进和推动了欧洲经济的发展。欧盟统一的经济政策推动了各成员国间的贸易发展，提高了各国企业的竞争力。第二，增强了欧洲的总体实力，促进了世界多极化趋势的发展，维护了世界的和平与稳定。第三，保持了欧洲各国间长期友好合作稳定的局面。

案例3-3

英国脱欧

脱欧公投，指就英国是否脱离欧盟进行的公投。2013年1月23日，英国首相卡梅伦首次提及脱欧公投。2016年6月23日英国进行脱欧公投，最终结果，脱欧阵营以52%的得票率奠定最后胜利。2017年3月16日英女王批准脱欧法案，授权英国首相特蕾莎·梅正式启动脱欧程序。2018年3月19日，欧盟与英国就2019年3月英国脱离欧盟后为期两年的过渡期条款达成广泛协议。6月26日，英女王批准英国脱欧法案，允许英国退出欧盟。7月12日，英国已经发布脱欧白皮书。

试探寻英国脱欧的原因。

分析：第一，从历史上看，英国在经济上总爱孤立于欧洲之外，搞自己的小圈子。第二，是现实原因，英国劳工担心外来移民抢饭碗。第三，欧盟法律限制太多，不利于英国企业的发展。第四，从世界的角度来说，现在随着世界经济的下行，发达国家反全球化浪潮上升，出现孤立主义，美国也出现了特朗普现象。第五，从历史长远的角度来看，公投反映出欧洲经济的致命弱点，就是欧洲的经济无法有效地整合。

（二）北美自由贸易区（North American Free Trade Area，NAFTA）

【导读】

墨西哥是NAFTA的最大赢家吗?

我们一直把NAFTA作为南北合作的成功典范，但其成员国却不以为然。2017年1月22日，美国总统特朗普表示，将与墨西哥和加拿大重新商讨NAFTA。2017年1月26日，特朗普在Twitter上指出，美国600亿美元的贸易逆差来自于墨西哥，NAFTA从一开始就是一个片面的协定。

而根据墨西哥经济与政策研究中心“左倾智库”发表的一项最新研究，自协定生效以来，墨西哥的贫困率上升，并且该国的经济表现比许多拉丁美洲同类国家都差。墨西哥人均国内生产总值（GDP）在20个拉丁美洲国家中排第15位。1994年到2016年，墨西哥的人均GDP平均增加1.2%，明显低于其他拉美国家。研究指出，NAFTA还伤害了墨西哥的农民。墨西哥在1991年至2007年间失去了大约200万个农业工作岗位，成为当今世界上美国玉米和大豆最大买家之一。

不过，英国杂志《经济学人》一篇分析指出，在三个国家中，加拿大的人均GDP在过去的20年里增长最快；但是，作为一个新兴市场，墨西哥与两个规模更大、更富裕的市场联手，为墨西哥国内政客致力于市场开放提供了有力支撑，并为墨西哥的其他自贸协定提供了模板，所以它才是NAFTA的最大受益者。

北美自由贸易区是在区域经济一体化进程中，由美国、加拿大和墨西哥在美洲组成的。北美自由贸易区是典型的南北国家为共同发展与繁荣而组建的区域经济一体化组织，南北合作和大国主导是其最显著的特征。

1. 北美自由贸易区的建立和发展

北美自由贸易区是在美加自由贸易区的基础上，吸收墨西哥后形成的。1989年1月1日，美国加拿大所签署的《美加自由贸易协定》生效，美加自由贸易区成立。1994年1月1日，《北美自由贸易协定》正式生效，北美自由贸易区宣布成立。北美自由贸易区是美国为了与欧盟抗衡而联合加拿大和墨西哥组成的区域贸易集团。

1994年12月，在迈阿密第一次美洲国家首脑会议提出建立美洲自由贸易区（Free Trade Area of Americas，FTAA）的设想。此后，FTAA经历过圣地亚哥和魁北克两次首脑会议和多次贸易部长会议。总体来说，有关FTAA的谈判进展缓慢，在农业补贴、降低关税、市场准入等关键问题上尚未达成实质性的协议。虽然历次首脑会议一再重申2005年建成美洲自由贸易区，但谈判一直停留在议程和框架层面上，无法深入。

2. 北美自由贸易区建立的意义

北美自由贸易区的建立，通过优势互补，实现了规模经济，改善了投资环境，从而促进了地区贸易增长和增加了直接投资（FDI），发达国家保持经济强势地位，发展中国家受益明显，合作范围不断扩大等。北美自由贸易区的成功经验证明，经济发展水平不同的国家间也可以实行区域经济一体化，来共同推动区域经济贸易的发展。

（三）亚太经合组织（APEC）

APEC是亚太国家和地区加强区域经济合作的重要国际组织之一。其宗旨和原则是，通过贸易投资自由化和经济技术合作促进亚太地区的经济发展和共同繁荣。APEC是幅员广泛，情况复杂的区域经济一体化组织，其成员有发达国家、新兴工业化国家，也有发展中国家，社会经济制度、政治取向差异很大。

1990年，在澳大利亚的倡议下，亚太经合组织正式成立。1991年11月，中国同中国台湾和中国香港加入亚太经合组织。APEC是世界最大的区域国际经济合作组织，现拥有21个成员。

亚太经济合作组织成立之初是一个区域性经济论坛和磋商机构，经过十几年的发展，已逐渐演变为亚太地区重要的经济合作论坛，也是亚太地区最高级别的政府间经济合作机制。它在推动区域贸易投资自由化，加强成员间经济技术合作等方面发挥了不可替代的作用。

（四）东盟共同体（ASEAN Community）

东盟共同体，即东南亚国家联盟（ASEAN）作为一个整体出现。简而言之，即东盟国家在共同利益和地区认同的基础上作为一个整体出现在国际交流中，以维护盟国的权利和利益的实体组织，它由东盟经济共同体、东盟安全共同体和东盟社会文化共同体三部分组成，是一个全部由发展中国家组成的南南合作的典型。

1967年8月8日马来西亚、菲律宾、泰国、新加坡、印度尼西亚5国发表《东南亚国家联盟宣言》（《曼谷宣言》），正式组建东盟。东盟自由贸易区自2002年1月正式启动，目标是实现区域内贸易的零关税。2015年11月，在第27届峰会上，东盟领导人签署了《关于建立东盟共同体的2015吉隆坡宣言》，宣布2015年年底正式建成东盟共同体。会议同时通过了愿景文件《东盟2025：携手前行》，为未来十年的发展指明方向。2015年12月31日，东盟共同体正式成立。

东盟共同体是亚洲地区第一个次区域共同体，是亚洲区域一体化的里程碑。因亚洲是一个多元文化、多元政治体制的区域，各部分经济发展水平也是参差不齐，所以东盟共同体虽也以经济、政治安全和社会文化为三大支柱，但跟欧盟具有很大差别。各成员国在经济方面相互联合，并因聚集了众多潜力巨大的新兴经济体，为全球增长活力的保持奠定了基础。而因内部政治与社会的现实生态“多元”，各成员国还要保持相互和谐的关系，照顾区域内部彼此各自的“舒适度”。从全球格局上来看，东盟共同体的成立体现了对国际秩序非常重要的一个补充，也体现了亚洲文明对世界文明所负的责任。

三、中国参与区域经济一体化情况

【导读】

“一带一路”推动亚洲区域经济一体化逆势发展

2017年，在逆全球化潮流涌动、贸易保护主义重新兴起的大背景下，亚洲区域经济合作势头不减反增，“一带一路”倡议成为亚洲区域经济一体化的重要推动力。2017年，“一带一路”倡议的红利集中显现，夯实了亚洲区域经济一体化的社会基础。“一带一路”倡议提供了更多就业岗位、更高的收入。中国企业已经在20多个国家建设56个经贸合作区，为有关国家创造近11亿美元税收和近18万个就业岗位。

在“一带一路”倡议的推动下，亚洲区域统一大市场加速形成。上海合作组织、中国－中东欧“16+1”合作机制、中日韩自由贸易合作机制、中国－东盟“10+1”、亚太经合组织、中阿合作论坛等多边合作机制正在推动所属经济体发展战略与中国“一带一路”倡议对接，形成以“一带一路”为脊梁的更大范围的自由贸易区。

（一）上海合作组织

上海合作组织，简称上合组织，是中国、哈萨克斯坦、吉尔吉斯斯坦、俄罗斯、塔吉克斯坦、乌兹别克斯坦6国于2001年6月15日在中国上海宣布成立的永久性政府间国际组织。其宗旨是：加强成员国之间的互相信任与睦邻友好；鼓励成员国在政治、经济、科技、文化、教育、能源、交通、环保和其他领域的有效合作；联合致力于维护和保障地区的和平、安全与稳定；建立民主、公正、合理的政治经济新秩序。2017年6月9日，印度和巴基斯坦成为正式成员，这是上合组织自2001年成立以来的首次扩员。八国总面积超过3000万平方公里，占欧亚大陆的五分之三；人口近25亿，占世界人口的三分之一。上海合作组织每年举行一次元首理事会即上海合作组织峰会。经过十几年的实践，通过了《上海合作组织宪章》等几十份文件，在维护地区和平、促进地区发展起到积极的推动作用。

（二）中国－东盟自由贸易区（CAFTA）

中国－东盟自由贸易区（CAFTA），是中国与东盟十国组建的自由贸易区。中国－东盟自贸区是我国对外商谈的第一个也是最大的自贸区，于2002年开始实施“早期收获”，2010年全面建成，有力地推动了双边经贸关系的长期稳定健康发展，成为发展中国家间互利互惠、合作共赢的良好合作范式。2016年7月1日升级议定书正式生效后，双方经贸合作加速驶入快车道。目前，中国是东盟第一大贸易伙伴，东盟是中国第三大贸易伙伴。中国－东盟自由贸易区的建立，一方面有利于巩固和加强中国与东盟之间的友好合作关系，有利于中国与发展中国家、周边国家的团结合作，也有利于东盟在国际事务上提高地位、发挥作用。另一方面，有利于进一步促进了中国和东盟各自的经济发展，扩大双方贸易和投资规模，促进区域内各国之间的物流、资金流和信息流，促进区域市场的发展，创造更多的财富，提高该地区的整体竞争能力，为区域内各国人民谋求福利。与此同时，中国－东盟自贸区的建立，有利于推动东盟经济一体化，对世界经济增长也有积极作用。

（三）中韩自由贸易区

2015 年 6 月 1 日中韩自由贸易协定正式签署，标志着中韩自由贸易区建设正式完成制度设计，即将进入实施阶段。中韩自贸协定创新性引入地方经济合作条款，明确将中国威海市和韩国仁川自由经济区作为地方经济合作释放区，发挥示范和引导作用。中韩自贸协定是目前中国覆盖领域最广、涉及国别贸易额最大的自贸协定。从 2015 年年底中韩自贸协定实施两年多来，经过前三轮降税，中方降税共涉及全部税目 92% 的产品，其中 20% 的产品实现零关税；韩方降税涉及全部税目 93% 的产品，其中 50% 的产品实现零关税。2018 年 1 月 1 日中韩实施第四轮产品降税，部分自韩国进口商品和部分出口韩国商品的关税税率再次降低。中韩自贸区的建成，不仅将极大推动中韩两国经贸合作"升级换代"，更将对东亚地区另一个自贸区——中日韩自贸区谈判起到一定的推动作用。

（四）紧密经济伙伴安排（CEPA）

CEPA 的英文是 Closer Economic Partnership Arrangement。中文直译是"紧密经济伙伴安排"，是国家主体与其单独关税区之间的优惠贸易安排。CEPA 名称的首次使用是 2003 年 6 月 29 日中国商务部与中国香港签订的"内地与中国香港关于建立更紧密经贸关系的安排"。同年 10 月 17 日，国家商务部和中国澳门签订了"内地与中国澳门关于建立更紧密经贸关系的安排"协议。

CEPA 是中国参与的第一个不同关税地区之间的一体化文件，是中国迈向自由贸易区的第一步，是构建大中华经济圈的起点。所谓大中华经济圈，是指中国内地（大陆）、中国香港、中国澳门、中国台湾完全实现自由贸易区，中国香港、中国澳门、中国台湾是中国的三个单独关税区，又互为重要的贸易与投资伙伴。内地（大陆）、中国香港、中国澳门、中国台湾建立自由贸易区即中华自由贸易区是经济繁荣与发展的共同需要，是顺应历史潮流的举措，更是实现中华民族全面复兴的需要。

此外，中国还积极开展了与其他区域的经济合作。2004 年 1 月，中国与阿拉伯国家联盟宣布成立"中国－阿拉伯国家合作论坛"。2005 年 4 月，中巴签署了《中巴自贸协定早期收获协议》。2005 年 11 月 18 日，中国与智利在韩国釜山签署了《自由贸易协定》。2008 年 4 月 7 日，中国与新西兰在北京签署双边自由贸易协定，是中国与发达国家签署的第一个自由贸易协定。2012 年中国－中东欧国家领导人首次会晤在波兰华沙举行，"16 +1 合作"启动。

四、CPTPP 及其对中国的影响

全面与进步跨太平洋伙伴关系协定（Comprehensive Progressive Trans - Pacific Partnership，简称 CPTPP），是美国退出跨太平洋伙伴关系协定 TPP 后的新名字。美国退出 TPP，虽然使得 CPTPP 综合实力大幅削弱，但其仍是全球第三大自贸协议，仅次于欧盟和北美自贸区。CPTPP 拥有四大洲 11 个国家，包括 4 个发达国家、7 个不发达国家，总人口 5 亿，GDP 占世界经济规模的 13%，超过 10 万亿美元，介于欧盟和中国之间；进出口占世界贸易总额 15%，超过中国，与北美自贸区规模相当。

（一）CPTPP 的成立与发展

CPTPP 源于跨太平洋伙伴关系协议（Trans - Pacific Partnership Agreement，简称

TPP）而 TPP 源于跨太平洋战略经济伙伴关系协定（Trans - Pacific Strategic Economic Partnership Agreement，P4）。2005 年 5 月，文莱、智利、新西兰、新加坡四国签订了“跨太平洋战略经济伙伴协定”，彼此承诺在货物贸易、服务贸易、知识产权以及投资等领域相互给予优惠并加强合作。2008 年 2 月美国宣布加入，并全方位主导协定谈判，同时将协议更名为跨太平洋伙伴关系协议（TPP）。此后，日本、墨西哥、加拿大和韩国陆续加入，而中国没有被邀请参与 TPP 谈判。2016 年 2 月 4 日，美国、日本、澳大利亚等 12 个国家正式签署了 TPP。

2017 年 1 月 23 日，美国新任总统特朗普在白宫签署行政命令，正式退出 TPP。2017 年 11 月 11 日，日本与越南共同宣布除美国外的 11 国将签署新的自由贸易协定，新名称为“全面且先进的 TPP”即 CPTPP。2018 年 3 月 8 日《跨太平洋伙伴关系全面进展协定》签字仪式在智利举行，按计划，该协定将于 2019 年初生效。

（二）CPTPP 的主要内容

CPTPP 协议保留了原 TPP 超过 95% 的项目，仅修改或搁置 22 项条款，其中 11 项与知识产权有关。CPTPP 协议条款超过以往任何自由贸易协定，既包括货物贸易、服务贸易、投资、原产地规则等传统的 FTA 条款，也包含知识产权、劳工、环境、临时入境、国有企业、政府采购、金融、发展、能力建设、监管一致性、透明度和反腐败等亚太地区绝大多数 FTA 尚未涉及或较少涉及的条款。值得注意的是，CPTPP 完整地保留了有关电子商务、政府采购、以及国有企业等方面的原 TPP 条款。CPTPP 成员国政府将致力于为区内生产要素的最佳配置创造最优条件，从而更好地分享彼此的经济成长和发展机会，打造引领未来国际贸易规则走向的“风向标”。

（三）CPTPP 对中国的影响

CPTPP 将是全球第三大自贸协议，仅次于欧盟和仍在重新谈判中的北美自贸区，未来仍有扩容空间，在发达国家推波助澜下，很有可能变成大圈子，更重要的是改写了国际贸易新规则，其环保劳工条款、政府采购条款以及国企歧视性条款将对我们的国际经贸环境提出严峻挑战。

第一，关税。从关税影响来看，我国产品对 CPTPP 出口竞争力会削弱，CPTPP 有利于成员国之间贸易扩大。签署协议的国家 95% 以上（近万种）的商品免关税，根据 HSBC 的测算，成员国间贸易到 2030 年有望增长 6%，由于贸易转移效应，非成员国与 CPTPP 之间的贸易就会有所下降，竞争力受到影响。

第二，非关税。对中国来说，更大的影响还是在非关税领域。首先是 CPTPP 的环保劳工条款会导致贸易摩擦增多。其次是关于政府采购条款，我国目前没有加入 WTO 的政府采购协议，CPTPP 11 国可能要求对等，要求采取无歧视原则，这样我国产品或服务有可能被排斥在这些国家的政府采购大门之外。最后是关于国企歧视性条款，这些条款不一定是冲着中国来的，但中国的制度决定了国企在国民经济中的重要作用，所以中国必定是该条款首当其冲的受害者。

课后练习

一、单项选择题

1. 在关贸总协定历史上，达成第一个约束非关税贸易壁垒协议是在（　　）期间。

A. 第五回合谈判　　B. 第六回合谈判
C. 东京回合谈判　　D. 第八回合谈判

2. 世界贸易组织的最高决策机构是（　　）。

A. 部长级会议　　B. 总理事会
C. 部长理事会　　D. 成员国代表大会

3. 下列属于国民待遇条款适用范围的权利有（　　）。

A. 沿海航行权　　B. 领海捕鱼权
C. 船舶在港口的待遇　　D. 购买土地权

4. 区域经济一体化指两个或两个以上的国家之间所实行的某种形式的经济联合的措施，或组成的区域性经济组织，在组织内部的国家之间实行（　　）。

A. 自由贸易　　B. 保护贸易
C. 出口管制　　D. 进口管制

5. 区域经济一体化最低级、最松散的形式是（　　）。

A. 优惠贸易安排　　B. 自由贸易区
C. 共同市场　　D. 关税同盟

6. 按照区域经济一体化的程度划分，中国与东盟的区域一体化形式属于（　　）。

A. 经济同盟　　B. 自由贸易区
C. 共同市场　　D. 关税同盟

7. 1994 年 1 月 1 日成立的北美自由贸易区，将经济发展水平不同的国家联系在一起，按自由化的程度划分，它属于经济一体化组织中的（　　）。

A. 部门经济一体化　　B. 垂直经济一体
C. 水平经济一体化　　D. 全盘经济一体化

8. 以下所列国家中，（　　）不属于 CPTPP 的成员国。

A. 美国　　B. 日本
C. 澳大利亚　　D. 新加坡

二、简答题

1. GATT 有哪些缺陷？
2. 体现 WTO 宗旨的基本原则有哪些？
3. 何谓普遍优惠制？普惠制的目标是什么？
4. 结合实例，说明区域经济一体化对非成员国的影响。

三、讨论题

2018中美贸易摩擦不断升级

钢铝征税直指中国。2018年3月8日，美国总统特朗普以国家安全受到威胁为由，宣布美国将对进口钢铁征收25%的关税，对进口铝产品征收10%的关税，关税措施将在15天后正式生效。加拿大、墨西哥、澳大利亚、欧盟，以及日本和韩国等亚洲盟友相继得到暂时豁免，矛头直指中国。3月23日，中国做出回应，计划对美国输华的128个税项产品加征关税，按2017年统计，涉及美对华约30亿美元出口。

启动301制裁，点燃战火。“301条款”是美国《1974年贸易法》第301条的俗称，一般而言，“301条款”是美国贸易法中有关对外国立法或行政上违反协定、损害美国利益的行为采取单边行动的立法授权条款。3月22日，特朗普政府发布301调查报告，认为中国在技术转移、知识产权和创新等方面存在不公平贸易行为。4月4日，特朗普签署备忘录，宣布将对原产于中国的航空航天、信息和通讯技术等行业进口商品加征25%的关税，涉及约500亿美元的中国对美出口额。

再出杀招，狙击中兴。4月16日，美国商务部对中兴激活拒绝令，未来7年将禁止美国公司向中兴销售零部件、商品、软件和技术。5月9日，中兴发布公告，受美国商务部激活拒绝令影响，公司主要经营活动已无法进行；但公司现金充足，将在合法合规的前提下坚守商业信用。6月7日，美国商务部正式宣布与中兴达成和解协议，内容包括：中兴需要支付10亿美元罚款，另准备4亿美元交由第三方保管，美国选择合规团队进驻中兴，中兴在30天内更换董事会和高管团队。中兴事件宣告了“造不如买”的产业政策的失败，凸显了中国发展具有自主核心技术的芯片和半导体产业的迫切性。

课堂讨论：1. 根据以上的资料，试分析2018年中美贸易摩擦升级的动因。

2. 美国单方对中国钢铝征收进口高关税，违反了WTO的什么原则，中国应如何应对？

课堂讨论要求：

讨论者首先通过网络和图书馆查找相关资料，然后以3～5人一组进行分组讨论并形成主要观点，最后选派代表发言。

第四章

国际贸易方式

【学习目标】

1. 了解国际贸易方式的多种形式，明确其性质、特点、作用和适用条件。

2. 掌握各种国际贸易方式在具体交易中的基本做法。

【导读】

随着世界经济的发展，国际化分工逐渐凸显其优越性，不少发达国家将自己产品的生产过程转移到发展中国家。1978 年广东省珠海市签订了一份毛纺织品来料加工协议，我国的加工贸易自此兴起。在 80 年代初期，加工贸易进出口比重较小，在贸易总额中所占比重不到 10%。从 80 年代末期开始，加工贸易在我国迅速发展，到 90 年代加工贸易在我国对外贸易总额所占比重已经超过 50%，加工贸易的迅速发展已成为我国出口贸易额增长的重要推动力量。"MADE IN CHINA"的标志遍布世界各地，产品涉及生活的方方面面。我国的出口额急剧上升，一跃成为世界工厂。近几年，随着我国经济发展、产业升级，一般贸易在我国进出口总额中的比重超过了加工贸易的比重，但加工贸易仍是我国主要的对外贸易方式之一。

第一节

加工贸易

根据商务部颁发的《加工贸易审批管理暂行办法》的解释，加工贸易本质是一种以商品为载体的劳务出口。从各国经济发展的进程看，加工贸易是一种初级的国际经济合作方式。传统意义上的加工贸易主要指对外加工装配和进料加工，但伴随着“走出去”战略，国内企业在海外投资中开展的境外加工贸易方式，也应看作是加工贸易的新形式。

一、对外加工装配

（一）对外加工装配的含义和形式

对外加工装配是指由外商提供一定的原材料、零部件、元器件，由我方按对方的要求进行加工或装配，成品交由对方处置，我方按照约定收取工缴费作为报酬。包括以下几种形式：

1. 来料加工

来料加工是指外商作为委托方，提供原材料、辅料及包装物料，委托我国国内生产企业作为承接方，以本身具有的厂房设备、技术和劳动力，按委托方的要求加工，成品交委托方在国外销售，承接方收取约定的工缴费。

2. 来件装配

来件装配是指由国外委托方提供零部件、元器件等，委托国内承接方按其要求进行装配，成品交委托方处理，承接方按约定收取工缴费。

3. 来图生产和来样加工

来图生产和来样加工简称来图来样加工，是指由国外厂商提供产品的全套图纸、样品及部分加工技术或零件、工具等，由加工方使用当地的原料、辅料进行加工制造产品，成品交委托方处理，承接方按约定收取所提供的料件的价款和工缴费。

（二）对外加工装配贸易的作用

加工装配业务，对于委托方来说，是利用承接方的劳务，降低产品成本，对于承接方来说，则是以商品为载体的一种劳务输出。

我国自70年代末至80年代初，把对外加工装配业务作为利用外资的一种形式，在政策上加以保护和支持，因而使其发展迅速。应该说，这一贸易方式，在增加就业机会、繁荣地方经济和推动出口贸易方面，起了很大的作用。

目前承接对外加工装配贸易的企业有两种类型；一种是承接方为我国企业或合资企业，和委托方之间是单纯的委托加工关系，通过承接加工业务，企业得以利用国外资金，发挥生产潜力，扩大出口，增加收入，并能获得国际市场信息，加快产品升级换代，改善管理水平和改进工艺技术。另一种是国外委托方在国内直接投资设厂，然后以委托加工装配的方式充分利用我国的政策优惠和低廉的劳动力，获利丰厚，并一定程度上与我国原来的出口贸易争夺市场。因此，从长远来看，逐步将外资从劳动密集型的加工贸易引向技术密集型和资本密集型的产业，并加强税务管理，是十分必要的。

（三）我国对加工装配贸易的管理

加工贸易是一种比较复杂的涉外经济贸易活动，我国对加工装配贸易的管理主要体现在以下几个方面：

1. 合同报批

对外加工装配合同，必须经国家外经贸部、国务院有关部委或者省、自治区、直辖市的对外经贸部门，或由它们授权的机关审批。报批时应填写“加工装配贸易申报表”一式四份，并随附合同副本。

2. 海关登记备案

自合同批准之日起一个月内，向海关提交批准文件和合同副本，如有必要，应随附料、件和设备清单。经审核后，由海关核发“对外加工装配进出口货物登记手册”，其进出口货物凭“登记手册”办理报关手续。对没有办理“登记注册”的单位，其进出口货物，海关不予放行。

3. 进出口货物的监管

料件、设备和成品进出口时，有关单位或其代理人应填写进出口货物专用报关单一式四份和发票、装箱单等有关单证，以及“登记手册”向进出口地海关申报。海关接受申报后，经查验认可后放行。加工装配贸易进口的料件，属海关保税货物。自进口之日起至加工成成品出口之日止，应接受海关监管，有关单位必须将进口料件的使用和加工成品出口的情况列入海关认可的专门账册，海关有权随时检查。

知识点

我国和其他国家一样，对加工贸易进口料件免征进口关税和进口环节增值税、消费税。但实行这种税收政策有一个前提，即进口料件必须加工为成品出口，否则不能免征。但进口料件最终是否能加工为成品出口在进口时尚未确定，因此，海关必须采用一种特殊的方式对加工贸易货物进行监管，这种监管方式即保税。

4. 核销

加工装配合同执行完成之后，有关单位应于最后一批成品出口之日起一个月内，持“登记手册”和进出口货物报关单向海关办理核销手续。对剩余的料件，根据不同情况予以征、免税。若进口料、件或成品因种种原因转为内销，必须经原审批机关批准和海关核准，并按一般进口货物征收关税和进口增值税。

二、进料加工

（一）进料加工的含义

进料加工亦称“以进养出”，是指国内厂商从国外购进原材料，加工生产出成品再销往国外。这种贸易方式下，进口原材料的目的是为了扶持出口。我国开展的以进养出业务，除了包括进口轻工、纺织、机械、电子行业的原材料、零部件、元器件，加工、制造或装配出成品再出口外，还包括从国外引进农、牧、渔业的优良品种，经过种植或繁育出成品再出口。

（二）进料加工贸易和对外加工装配贸易的区别

这两种加工贸易的共同之处在于原材料和元器件来自国外，加工后成品也销往国外市场，但两者有本质上的区别：

第一，进料加工贸易中，进口料件和出口成品是两笔独立的交易，进料加工的企业需自筹资金从国外购入料件，然后自行向国外市场销售；而加工装配贸易则进、出为一笔交易的两个方面，料件和成品的所有权均为委托方所有，承接方无需支付进口费用，也不承担销售风险。

第二，进料加工贸易中，企业所获得的是出口成品的利润，利润的大小取决于出口成品的市场行情；而加工装配贸易，承接方收取的是工缴费，工缴费的大小以劳动力的费用，即工资水平作为核算基础。两者相比，进料加工贸易的收益大于加工装配贸易，但风险也较大。

第三，进料加工贸易，企业有自主权，根据自身的技术、设备和生产能力，选择市场上所适销的商品进行进料加工；而加工装配贸易，则由委托方控制生产的品种、数量和销售地区。

案例 4－1

印度尼西亚A公司根据美国服装市场对亚麻女式睡裤的需求，与美国B公司签订了购货合同，用外汇购买生产裤子的面料。加工为裤子后，A公司又通过电子邮件向美国多家服装商社发盘，经过磋商，最后与美国C公司签订了销售合同。问印度尼西亚A公司从事的是来料加工还是进料加工？为什么？

分析：案例中，A公司根据自身的技术、设备和生产能力，自主选择市场上所适销的商品进行加工出口。期间A公司自付外汇从美国B公司购入料件，然后自行向美国C公司进行销售，即进口料件和出口成品是两笔独立的交易。而A公司所获得的是出口成品的利润。所以A公司从事的是进料加工。

三、境外加工贸易

境外加工贸易是指我国企业在国外进行直接投资的同时，利用当地的劳动力开展加工装配业务，以带动和扩大国内设备、技术、原材料、零配件出口的一种国际经济合作方式。发展境外加工贸易有助于我国企业绕过外国的贸易壁垒，直接进入外国市场；有利于我国企业开展跨国经营，利用当地较低的生产和运输成本以及现有的市场销售渠道，获得较高的经济效益。

第二节 其他贸易方式

一、包销与代理

（一）包销

1. 包销的含义

包销（Exclusive Sales）是指出口人与国外经销商达成协议，在一定时间内，把指定商品在指定地区的独家经营权授予该经销商，经销商则承诺不经营其他来源的同类或可替代的商品。在包销方式下，商品由包销人以自己的资金购入，取得商品的所有权，自行销售、自负盈亏，并承担各种风险。因此，出口商与包销商是货主和买主的关系，属于买卖关系。但包销又不同于一般的买卖关系，而是一种受专卖权和专买权约束的售定买卖关系，即双方签订包销协议后，出口商获得了专卖权，同时又有义务不再将包销商品向指定地区内的其他商人报盘成交。包销商获得了专买权，同时又有义务不再购买其他商人的同类商品，保证购进包销协议规定的最低数量的该种商品，并只在指定地区销售。

通过包销协议，双方建立起一种稳定的长期的买卖关系，而具体到每一笔交易，则以包销协议为基础另行订立买卖合同。包销协议本身不是买卖合同，它规定了双方的权利和义务，以及一般交易条件。

包销的一般做法如图 4－1 所示。

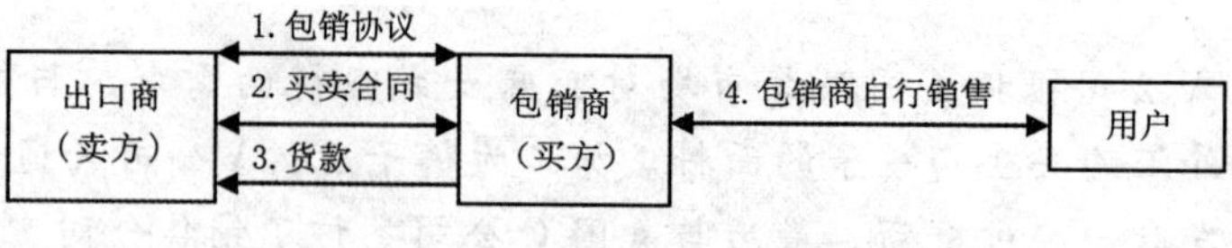

图 4－1　包销的一般做法

2. 包销方式的应用

对出口商来说，采用包销方式的主要目的是利用包销商的资金和销售能力，在特定的区域建立一个稳定发展的市场。对包销商来说，由于取得了专营权，因而在指定商品的销售中处于有利的地位，避免了多头竞争而导致降价减盈的局面。故其有较高的经营积极性，能在广告促销和售后服务中作较多的投入。

由于包销是包销商买断商品后再自行销售，所以包销商需要有一定的资金投入和承担销售风险，若包销商资金不足或缺少销售能力，则有可能形成“包而不销”，导致出口受阻；同时存在包销商利用垄断地位操纵价格，控制市场的可能。因此，对出口商来说，选择一个合适的包销商是成功地采用包销方式的关键。

（二）代理

1. 代理的含义

国际贸易中的代理（Agency），主要是指销售代理。出口商与国外的代理商达成协议，由出口商作为委托人，授权代理人代表其推销商品、签订合同，由此产生的权利和义务直接对委托人发生效力。

代理人在代理业务中，只是代表委托人行事，代理人与委托人通过代理协议建立的这种契约关系是委托代理关系，而不同于包销中的买卖关系。代理人在委托人授权的范围内行事，不承担销售风险和费用，不必垫付资金，通常按达成交易的数额提取约定比例的佣金而不管交易的盈亏。

代理的一般做法如图 4－2 所示。

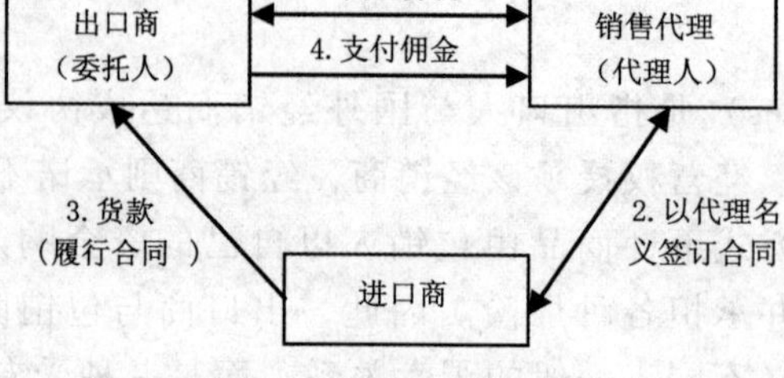

图 4－2　代理的一般做法

2. 代理的种类

根据委托人授予代理人权限的不同，销售代理可分为下列几种：

（1）总代理（General Agent）是委托人在指定地区的全权代表，他有权代表委托人进行全面业务活动，除代表委托人签订买卖合同、处理货物等商务活动外，还可进行一些非商业性的活动。

（2）独家代理（Exclusive Agent or Sole Agent）是在指定地区和期限内单独代表委托人行事，从事代理协议中规定的有关业务的代理人。委托人在该指定地区和时间内，不得委托其他第二个代理人。独家代理与包销方式下的专营权不同，独家代理下的专营权指的是专门代理权，商品出售前所有权仍归委托人，由委托人负责盈亏。

（3）一般代理（Agent）又称佣金代理，指不享有独家代理专营权的代理商，委托人可同时委托若干个代理人在同一地区推销相同商品。

3. 代理的使用

出口商委托代理人销售商品，主要是利用代理商熟悉销售地市场，有广泛的销售渠道。特别需要指出的是，代理人的商誉对商品的销售乃至出口企业的形象有举足轻重的作用。选择一个代理商，不仅仅着眼于他的销售能力，也应重视代理商已有的商誉。当前国际市场上，有不少跨国公司进入了销售代理的领域，如何借助跨国公司的良好信誉去开拓市场，对我国企业来说，是一个值得研究的课题。

知识点

包销与独家代理方式比较：

相同点：①都具有垄断性质，在指定地区和期限内对某种商品都有专营的权利。②能调动包销商和独家代理商经营商品的积极性。

不同点：①当事人之间的关系不同。包销商与出口商之间是买卖关系；而代理人与委托人之间是委托代理关系。②承担风险不同。包销商承担经营风险；代理商不承担经营风险。③取得的报酬不同。包销商赚取利润，独家代理商赚取的是佣金。

二、寄售、展卖与拍卖

（一）寄售

1. 寄售的含义

寄售（Consignment）是出口商委托国外代销商向用户进行现货买卖的一种交易方式。

出口商作为寄售人，将准备销售的货物先行运往国外，委托当地的代销商按照寄售协议规定的条件在当地市场上销售。商品售出后，代销商扣除佣金和其他费用后，将货款交付给寄售人。

在寄售方式下，寄售人与代销人是委托代售关系。代销人只能根据寄售人的指示代为处置货物，在委托人授权的范围内可以以自己的名义出售货物、收取货款并履行与买主订立的合同，但货物的所有权在寄售地售出之前仍属寄售人；寄售是由寄售人先将货物运至寄售地，然后再寻找买主，它是一种现货交易；在寄售方式下，代销人不承担任何风险和费用，货物售出前的一切风险和费用均由寄售人承担。

寄售的一般做法如图 4－3 所示。

图 4－3　寄售的一般做法

2. 寄售方式的利弊

寄售是一种先发运后销售的现货买卖方式。在国际贸易中，一般逐笔成交的业务，往往买主需要对出口方的产品有所了解，批量成交，远期交货。而以寄售方式销售，可以让商品在市场上与用户直接见面，按需要的数量随意购买，而且是现货现卖，能抓住销售时机。所以对于开拓新市场，特别是消费品市场，是一种行之有效的方式。

但出口商承担一定的风险和费用，这主要体现在以下几方面：货未售出之前发运，售后才能收回货款，资金负担较重；货物需在寄售地区安排存仓、提货，代销人不承担费用和风险；万一代销人不守协议，比如，不能妥善代管货物，或是出售后不及时汇回货款，都将给出口商带来损失；如果货物滞销，需要运回或转运其他口岸，出口商将遭受损失。

案例 4－2

国内某公司向中亚某国出口一批积压物资，双方经过多次磋商，最后决定以寄售方式在国外销售。货物运到目的地后，由于当地市场同类商品竞争激烈，虽经代销商多方努力，销售效果仍然不佳，最后只好将货物运回。问该公司有什么失误？

分析：采用寄售方式出口，需要注意，代销人只是名义上的进口商，它的操作都是为寄售人代办的，货物出售前的一切风险和费用都由寄售人承担。所以采用寄售一定要进行充分的市场调查，以免遭受损失。案例中，有关公司显然没有了解国外市场竞争情况，最终无法销货，只能将货物运回，使其遭受不必要的损失。

3. 寄售方式的应用要求

（1）着眼于开拓新市场。寄售既销售商品，又树立企业形象，建立客户关系，故而所选商品应优质适销。

（2）选择合适的寄售地点。寄售地点应选择交通便捷的贸易中心或自由港、自由贸易区，以方便货物进出转运，降低费用。

（3）选择合适的代销人。代销人应在当地有良好的商誉，有相关商品的营销经验和推销能力，并有能力代办报关、存仓等业务。

（4）重视安全收汇。应在寄售协议中做出相应规定，比如要求代销人开立银行保函等。

（二）展卖

1. 展卖的含义

展卖（Fairs and Sales）是利用展览会和博览会的形式出售商品，将展览与销售结合起来的贸易方式。

2. 展卖的形式

展卖方式灵活，可由货主自己举行，也可由货主委托他人举办。国际贸易中，展卖可在国外举行，也可在国内举行。

（1）博览会。博览会是一种以国家组织形式在同一地点定期由有关国家或地区的厂商举行的商品交易的贸易方式。参加者展出各种各样的产品和技术，以招揽国外客户签订贸易合同，扩大业务活动。国际博览会按内容可分为：综合性博览会，可包括工农业各类产品，通常有许多国家参加；专业性博览会，通常是某项或某类工业品参加展出；国别博览会等。国际上著名的博览会如：莱比锡、布鲁塞尔、里昂、巴黎、蒙特利尔博览会大多都是综合性的博览会。

(2) 展览会。展览会是指举办国通过选择适当的场所，将商品集中进行展卖的贸易方式。当代的国际展览会是不定期举行的，举办地点也不确定，通常展示各国在产品、科技方面所取得的新成就。

随着国际贸易关系和技术的日益发展，通过博览会和展览会进行的展卖方式在国际市场上的地位日益重要。它有利于宣传出口商品，扩大影响，招揽潜在买主，促进交易；有利于建立和发展客户关系，扩大销售地区和范围；有利于开展市场调研，为买卖双方了解市场，改进产品质量，增强出口竞争力提供了有利条件，成为各国商人签订贸易合同的重要场所。

(三) 拍卖

1. 拍卖的含义

拍卖（Auction）是一种具有悠久历史的交易方式，在今天的国际贸易中仍被采用。通过拍卖成交的商品通常是品质难以标准化，或难以久存，或按传统习惯以拍卖出售的商品，如裘皮、木材、茶叶、水果、花卉、羊毛以及艺术品等。

国际贸易中的拍卖是由经营拍卖业务的拍卖行接受货主的委托，在规定的时间和场所，按照一定的章程和规则，以公开叫价的方法，把货物卖给出价最高的买主的一种贸易方式。

2. 拍卖的竞价方式

(1) 增价拍卖。增价拍卖也称英式拍卖，是最常见的一种拍卖方式。拍卖时，由拍卖人宣布预定的最低价，然后竞买者相继出价竞购。拍卖行可规定每次加价的金额限度。至某一价格，经拍卖人三次提示而无人加价时，则为最高价，由拍卖人击槌表示成交。按拍卖章程规定，在拍卖人落槌前，叫价人可以撤销出价；如果货主与拍卖人事先商定了最低限价，而竞买者的叫价都低于该价，拍卖人可终止拍卖。

(2) 减价拍卖。减价拍卖又称荷兰式拍卖，源于世界上最大的荷兰花卉拍卖市场。这种方式先由拍卖人喊出最高价格，然后逐渐减低叫价，直到有某一竞买者认为已经低到可以接受的价格，表示买进为止。这种拍卖方式买主之间无反复竞价的过程，且买主一旦表示接受，不能再行撤销。由于减价拍卖方式成交迅速，常用于数量大、批次多的鲜活商品的拍卖。

(3) 密封递价拍卖。密封递价拍卖又称招标式拍卖。采用这种方式时，先由拍卖人公布每批商品的具体情况和拍卖条件等，然后由各买方在规定的时间内将自己的出价密封递交拍卖人，以供拍卖人进行审查比较，决定将该货物卖给哪一个竞买者。这种方法不是公开竞买，和上述两种方式相比有以下两个特点：一是除价格条件外，还可能有其他交易条件需要考虑；二是可以采取公开开标方式，也可以采取不公开开标方式。拍卖大型设施或数量较大的库存物资或政府罚没物资时，可能采用这种方式。

3. 拍卖的一般程序

(1) 准备阶段。货主与拍卖行达成拍卖协议，规定货物品种和数量、交货方式与时间、限定价格以及佣金等事项。货主把货物运至拍卖地点，存放于拍卖人指定的仓库，由拍卖人进行分类、分级、分批编号。拍卖人印发拍品目录，并刊登拍卖通告。买主在正式拍卖前可到存放拍卖商品的仓库查看货物，有些还可抽取样品。查看货物的目的，是为了使买方进一步了解货物的品质状况，以便按质论价。

(2) 正式拍卖。在规定的时间和地点，按拍品目录规定的顺序逐批拍卖。以增价方式拍卖，买方出价相当于要约，拍卖人落槌相当于承诺。在落槌之前，买方有权撤销出价，卖方也有权撤回拍卖商品。以减价方式拍卖，拍卖人报价相当于要约，而买方一旦表示接受，即为承诺，交易成立，双方均受约束。

(3) 付款和交货。拍卖成交后，买方签署成交确认书，并支付部分货款作定金，待买方付清全部货款后，拍卖行开出提货单，买方凭单提货。拍卖行从货款中提取一定比例的佣金，作为提供拍卖服务的报酬，并扣除按合同应由货主承担的费用后，将货款交付货主。

4. 拍卖的注意事项

(1) 关于商品的品质。由于参加拍卖的商品往往难以用具体规格加以描述，且买主在拍卖前有权查验货物，拍卖行通常在拍卖章程中规定"卖方对品质概不负责"，所以，拍卖后买方对商品没有复验权，也不存在索赔的问题。对于某些货物可能存在隐蔽的缺陷，凭一般的查验手段难以发现，有的拍卖章程中也规定了买方的索赔期限。

(2) 关于公开和公平的原则。拍卖和招标投标一样，是一种按公平竞争的原则，进行公开交易的贸易方式。为保证公开和公平的原则不被违反，拍卖行制定了拍卖章程。买卖双方都必须严格遵守。买方不得互相串通，以压低报价；卖方也不得由代理人出价竞买，以哄抬价格，否则均构成违规违法行为。

案例 4-3

甲公司在拍卖行经竞买获得一批精美玻璃器皿。拍卖条件中规定，"不管买方对货物过目或不过目，卖方对商品的品质概不负责"。甲公司在将这批玻璃器皿通过公司所属商行销售时发现部分产品表面出现网纹，严重影响销售。甲公司是否可以向拍卖行提出索赔？

分析：由于参加拍卖的商品往往难以用具体规格加以描述，买方在拍卖前有权查验货物。当拍卖行在拍卖章程中明确规定"卖方对品质概不负责"，拍卖后买方对商品没有复验权，也不存在索赔的问题。玻璃器皿上的网纹是显而易见的，不是隐蔽的缺陷，既然买方拍卖前没有提出意见，就默认其接受这样的缺陷。所以，案例中甲公司无权向拍卖行提出索赔。

三、招标投标与期货交易

（一）招标投标

1. 招标、投标的含义

招标 (Invitation to Tender) 是由招标人发出招标通告，说明需要采购的商品或发包工程项目的具体内容，邀请投标人在规定的时间和地点按照一定的程序进行投标的行为。投标 (Submission of Tender) 是投标人应招标人的邀请，按照招标的要求和条件，在规定的时间内向招标人出价，争取中标的行为。

实际上招标和投标是一种贸易方式的两个方面。在国际上，招标与投标多用于国际承包工程，政府机构或大企业营建工程项目、购买成套设备、大宗商品等。世界银行贷款项目和各国政府贷款项目，都规定采用国际竞争性招标的方式来采购物资或发包工程，以保证贷款得到有效和合法的利用。从目前国际贸易实务发展趋势来看，招标与投标这一方式用于国际承包工程业务的情况更为普遍，在货物买卖方面主要用于政府的大规模采购。

2. 招标投标的一般程序

国际招标投标的一般程序包括招标、投标、开标评标和中标签约等四个阶段。

（1）招标。在招标阶段，招标商首先要发出招标公告。根据招标进行的方法可分为公开招标和非公开招标两种。公开招标是指招标人在国内外报刊杂志上发布招标通告，将招标的意图公布于众，邀请有关企业和组织参加投标。非公开招标又称选择性招标，招标人不公开发布招标通告，只是根据以往的业务关系和情报资料自行选定投标人，其他人无权参加投标。采用公开招标时通常均在权威性的报刊或有关专业刊物上公布招标通告，说明招标的项目及有关的各种交易条件，邀请各国卖主或承包商在规定的期限和地点递价参加投标。采用非公开招标时，一般要向选定的投标人颁发投标通知。然后由招标人对前来要求投标的公司、企业的历史情况、财力状况、产品质量、经营作风及信誉等方面进行资格审查。

审查合格后，由招标人向取得投标资格者寄送标单，内容包括招标要求、合同条款及格式、技术要求以及投标日期、开标日期、寄送投标单的方法等。

（2）投标。投标人取得标书后，应认真分析编制投标书。投标书实质上是一项有效期至规定开标日期为止的不可撤销的发盘，内容必须十分明确，中标后与招标人签订合同所要包含的重要内容应全部列入。因此，投标人必须结合各种因素慎重考虑。

招标人为防止投标人中标后拒不签约，通常要求投标人提交投标保证金或银行保函，一般为总价的3%～10%，保证一旦中标，一定签约，否则招标人可没收该保证金，如未中标，则此保证金或保函如数退还投标人。

投标书应在投标截止日期之前送达招标人或其指定的收件人，逾期无效。投标书一般都采用密封挂号邮寄，也可派专人递交。按照一般的惯例，投标人在投标截止期之前，可以书面提出修改或撤销标书。

（3）开标评标。若采用公开招标，应由招标人在预先公布的时间和地点，当众开启密封的投标书，宣读内容，投标人都可参加，监视开标。不公开开标则是由开标人自行开标和评标，选定中标人，投标人不参加。开标后，投标人不得更改投标内容，招标人进行权衡比较，选择最为有利者为中标人，如果招标人认为所有的投标均不理想，可宣布招标失败。

（4）签约。招标人选定中标人之后，要向其发出中标通知书，约定双方签约的时间和地点，中标人签约时要缴纳履约保证金或银行保函，用以保证履行合同。

（二）期货交易

1. 期货交易的含义

期货交易（Futures Trading）是众多的买主和卖主在商品交易所内按照一定的规章制度进行的期货合同的买卖。

现代期货交易是在期货交易所内进行。目前期货交易所已经遍布世界各地，特别是在美国、英国、日本、中国香港、新加坡等地的期货交易所在国际期货市场上占有非常重要的地位。其中交易量比较大的著名交易所有：美国的芝加哥商品交易所（CBOT）、芝加哥商业交易所（CME）、纽约商品交易所（COMEX）、纽约商业交易所（NY-MEX）、英国的伦敦金属交易所（LME）、日本的东京工业品交易所、谷物交易所、中国香港的期货交易所，以及新加坡的国际金融交易所等。

商品期货交易，交易的品种基本上都是属于供求量较大、价格波动频繁的初级产品，如谷物、棉花、食糖、咖啡、可可、油料、活牲畜、木材、有色金属、原油，以及贵金属、金、银等。

2. 期货交易的特点

（1）期货合同可通过交收现货也可只支付或者取得价格差来履行；

（2）期货合同是标准期货合同，商品品种、交易数量、交货期等条款通常都是由期货交易所设定的；

（3）期货合同都必须在每个交易所设立的清算所进行登记及结算。

3. 期货交易类型

（1）投机交易又称“买空卖空”，它是投机者利用期货合同作为赌博的筹码，通过买进卖出而从价格涨落的差额中追逐利润的纯投机活动。所谓“买空”，又称“多头”，是指投机者估计价格要涨，买进期货；一旦期货涨价，再卖出期货，从中赚取差价。所谓“卖空”，又称“空头”，是指投机者估计价格要跌，卖出期货；一旦期货跌价，再买进期货，从中赚取差价。

（2）套期保值又称为“海琴”（Hedging），是指从事实物交易的经营者将期货交易与现货交易结合起来进行的一种市场行为。交易者通过运用期货交易临时替代正常商业活动，转移一定数量商品所有权的现货交易的做法，转移现货交易价格波动的风险，并获得这两种交易相配合的最大利润。

①卖期保值（Selling Hedge）是指套期保值者根据现货交易情况，先在期货市场上卖出期货合同，然后再以多头进行平仓的做法。通常生产商在预售商品时，或加工商在采购原料时，为了避免价格波动的风险，经常采取卖期保值的做法。

以下例题只用于说明套期保值原理，具体操作中，应当考虑交易手续费、持仓费、交割费用等。

例题 4－1

卖期保值

7 月份，大豆的现货价格为每吨 2 010 元，某农场对该价格比较满意，但是大豆 9 月份才能出售，因此该单位担心到时现货价格可能下跌，从而减少收益。为了避免将来价格下跌带来的风险，该农场决定在大连商品交易所进行大豆期货交易。交易情况如表 4－1所示：

表 4-1 大豆卖期保值

	现货市场	期货市场
7月份	大豆价格 2 010 元/吨	卖出 10 手 9 月份大豆合约：价格为 2 050 元/吨
9月份)	卖出 100 吨大豆：价格为 1 980 元/吨	买入 10 手 9 月份大豆合约：价格为 2 020 元/吨
套利结果	亏损 30 元/吨	盈利 30 元/吨
最终结果	净获利 100×30－100×30＝0 元	

说明：1 手＝10 吨

从该例可以得出：首先，完整地卖出套期保值实际上涉及两笔期货交易。第一笔为卖出期货合约，第二笔为在现货市场卖出现货的同时，在期货市场买进原先持有的头寸。其次，因为在期货市场上的交易顺序是先卖后买，所以该例是一个卖出套期保值。再者，通过这一套期保值交易，虽然现货市场价格出现了对该农场不利的变动，价格下跌了 30 元/吨，因而少收入了 3 000 元，但是在期货市场上的交易盈利了 3 000 元，从而消除了价格不利变动的影响。

②买期保值（Buying Hedge）与卖期保值恰好相反，买期保值是指套期保值者根据现货交易情况，先在期货市场上买入期货合同，然后再以卖出期货合同进行平仓的做法。通常中间商在采购货源，为避免价格波动，固定价格成本时，经常采取买期保值的做法。

例题 4-2

买期保值

9 月份，某油厂预计 11 月份需要 100 吨大豆作为原料。当时大豆的现货价格为每吨 2 010 元，该油厂对该价格比较满意。据预测 11 月份大豆价格可能上涨，因此该油厂为了避免将来价格上涨，导致原材料成本上升的风险，决定在大连商品交易所进行大豆套期保值交易。交易情况如表 4-2。

表 4-2 大豆买期保值

	现货市场	期货市场
9 月份	大豆价格 2 010 元/吨	买入 10 手 11 月份大豆合约：价格为 2 090 元/吨
11 月份	买入 100 吨大豆：价格为 2 050 元/吨	卖出 10 手 11 月份大豆合约：价格为 2 130 元/吨
套利结果	亏损 40 元/吨	盈利 40 元/吨
最终结果	净获利 40×100－40×100＝0	

说明：1 手＝10 吨

从该例可以得出：首先，完整地买入套期保值同样涉及两笔期货交易。第一笔为买入期货合约，第二笔为在现货市场买入现货的同时，在期货市场上卖出对冲原先持有的头寸。其次，因为在期货市场上的交易顺序是先买后卖，所以该例是一个买入套期保值。再者，通过这一套期保值交易，虽然现货市场价格出现了对该油厂不利的变动，价格上涨了40元/吨，因而原材料成本提高了4 000元；但是在期货市场上的交易盈利了4 000元，从而消除了价格不利变动的影响。

③套期保值应注意的问题。进行套期保值的主要依据是：同一种商品的实际货物市场价格和期货市场价格的变化趋势基本上是一致的，涨时俱涨，跌时俱跌。在实践中，影响现货市场和期货市场的因素较多，而且情况复杂，两个市场不可能达到百分百的衔接，从而使套期保值的效果受到一定影响。在进行套期保值时，应注意以下问题：套期保值虽然可以转移现货价格发生不利变动时的风险，但也排除了交易者从现货价格有利变化中取得额外盈利的机会；套期保值的效果，往往取决于套期保值时和取消套期保值时实际货物和期货之间差价的变化；由于期货合同都规定了固定的数量，每份合同代表一定量的期货商品，但在实物交易中，商品的数量是根据买卖双方的意愿达成的，不可能与期货合同的要求完全一致，从而会影响套期保值的效果。

四、对销贸易

（一）对销贸易的含义

对销贸易（Counter Trade）在我国又译为“反向贸易”“对等贸易”，也有人把它笼统地称“易货”或“大易货”，是指在互惠的前提下，由两个或两个以上的贸易方达成协议，规定一方的进口产品可以部分或者全部以相对的出口产品来支付。对销贸易是一种既买又卖、买卖互为条件的国际贸易方式。其主要目的是以进带出，开辟各自的出口市场，求得每宗交易的外汇收支平衡或基本平衡。对销贸易买卖的标的物包括：一般的有形商品，以及劳务、专有技术和工业产权等无形商品。

（二）对销贸易的种类

根据对销贸易合同条约、交易的特征和支付结算方式等，可将对销贸易分为易货贸易、互购、补偿贸易、转手贸易和抵销贸易，但归纳起来最基本的有三种：易货贸易、互购和补偿贸易。

1. 易货贸易（Barter Trade）

易货贸易是一种古老的贸易方式。它有狭义的易货和广义的易货之分。

（1）狭义的易货是纯粹的以货换货方式，买卖双方各以等值的货物进行交易，不涉及货币的支付，没有第三人的介入。这种贸易是一次性交易，履约期短，但由于交换的货物必须是双方需要的，所以局限性大，实际运用较少，只有在边境贸易中常见。

（2）现代的易货贸易都是采用比较灵活的方式，即所谓广义的易货。主要有以下两种不同的做法：

①记账易货贸易。一国用一种出口货物交换对方出口的另一种货物，双方都将货值记账，互相冲抵，货款逐笔平衡，无需使用现汇支付。采用这种方式时，进口和出口可以同时进行，也可以有先有后。

②对开信用证方式。交易双方先签订易货合同，进口和出口同时成交，金额大致相等，双方都采用信用证方式付款，并在信用证中规定，一方开出的信用证要在收到对方开出的信用证时方能生效。也可以采用保留押金方式，即第一张信用证先生效，但结汇后银行把款扣下，作为开回头证的押金。

2. 互购（Counter Purchase）

互购也称平行贸易，就是交易双方互相购买对方的产品。此种贸易涉及使用两个既独立又相互联系的合同，多在发达国家和发展中国家之间开展。具体做法是：交易双方先签订一个合同，约定由先进口国（往往是发展中国家）用现汇购买对方的货物（如机器、设备等），并由先出口国（通常为发达国家）在此合同中承诺在一定时期内购买回头货；之后，双方还需再签订一个合同，具体约定由先出口国用所得货款的一部分或全部从先进口国购买商定的回头货。

3. 补偿贸易（Compensation Trade）

（1）补偿贸易的含义。补偿贸易又称作产品回购，是指在信贷的基础上，一方从国外进口机器、设备、技术或服务时，不用现汇支付，而约定在一定期限内，待项目投产后，以该项目生产的产品或其他货物或劳务或者双方约定的其他办法分期偿还价款的贸易做法。

早期的补偿贸易主要用于兴建大型工业企业。如当年苏联从日本曾引进价值8.6亿美元的采矿设备，以1亿吨煤偿还；波兰从美国进口价值4亿美元的化工设备和技术，以相关工业产品返销抵偿。后期的补偿贸易趋向多样化，不但有大型成套设备，也有中小型项目。80年代，波兰向西方出口的电子和机械产品中，属于补偿贸易返销的占40%~50%。

我国在80年代，曾广泛采用补偿贸易方式引进国外先进技术设备，但规模不大，多为小型项目。近年来外商以设备技术作为直接投资进入我国，故补偿贸易更趋减少。但是，随着我国市场经济的发展，补偿贸易在利用外资、促进销售方面的优越性不容忽视。

案例4-4

国内甲公司欲从荷兰进口一艘渔轮，想采取下列做法：先出口鱼类产品积攒外汇，达到一定金额后，用以购买渔轮。该公司报请主管部门给予补偿贸易的优惠待遇，但遭到拒绝。请说明拒绝的原因是什么？

分析：补偿贸易的进出口是同一合同下的交易，且设备的价款是在取得设备后一定期限内支付的，具有出口方向进口方提供信贷的性质。案例中，国内甲公司是先出口鱼类产品获取外汇，支付渔轮价款，这显然不是一个合同项下的交易，而且是先付款后取得设备，因此不是补偿贸易，无法获取相关的优惠待遇。

（2）补偿贸易的种类。在我国当前开展的补偿贸易中，按照偿付标的的不同，可分为三类：

①直接产品补偿。即一方进口国外的设备和技术后，用这些设备和技术生产出来的产品分期偿还价款。

②间接产品补偿。即设备进口方不是用上述直接产品，而是用其他产品偿付。

③劳务补偿。这种做法常见于同来料加工和来件装配相结合的中小型补偿贸易中。即由进口方用向对方提供劳务所得的报酬偿还。

（三）对销贸易的特点

1. 优点

（1）可在不动用或少动用外汇的条件下进行进出口贸易。

（2）有助于发展中国家的工业制成品打开市场。

（3）从发达国家角度看，通过对销贸易，承诺一定的回购，提供信贷或投资，不仅可以增强其市场竞争能力，而且有助于推销一些用现汇难以销售的设备、技术，争取到一些廉价的原材料或零部件供应。

（4）产品回购或抵消贸易，除了具有一般对销贸易所具有的平衡国际收支的作用外，还具有融通资金和吸收外国资本流入的功能。

（5）商品定价具有灵活性和隐蔽性，促进产品出口。由于对销贸易采用的是进出口结合的做法，故核算其经济效益可从进出口两方面结合起来通盘考虑。

2. 缺点

（1）对销贸易带有浓厚的双边性和封闭性，因此有时不利于国际贸易多边化。

（2）对销贸易是在互惠的原则下进行，使得交易对象的选择和交易的达成及履约出现很大的困难。

（3）对销贸易方式下，决定交易的主要因素已不是商品的价格和质量，而是取决于回购的承诺，价格往往与正常价值有很大偏离，市场机制的作用受到很大削弱。

课后练习

一、单项选择题

1. 来料加工和进料加工（　）。

A. 均是一笔交易　　B. 均是两笔交易

C. 前者是一笔交易，后者是两笔交易　　D. 前者是两笔交易，后者是一笔交易

2. 包销协议实质是上是一份（　）。

A. 买卖合同　　B. 代理合同

C. 寄售合同　　D. 拍卖合同

3. 下列有关独家代理的说法中，（　）是正确的。

A. 委托人在代理区域内，还可指定其他的一般代理人

B. 独家代理只能用于商品买卖中，一般代理可用于其他业务

C. 委托人要维护代理人的独家专营权，否则要承担赔偿责任

D. 委托人直接与代理区域内的客户订立合同时，代理人不能享受佣金

4. 货物的所有权在寄售地出售前属于（　）。

A. 代理人　　B. 寄售人

C. 代销人　　D. 包销人

5. 拍卖的特点是（　）。

A. 卖主之间的竞争　　B. 买主之间的竞争

C. 买主与卖主之间的竞争　　D. 拍卖行与卖主之间的竞争

6. 投标人发出的标书是一项（　　）。

A. 不可撤销的发盘　　B. 可撤销的发盘

C. 可随时修改的发盘　　D. 有条件的发盘

7. 贸易商在买进实货的同时，为了避免存货市价下跌的损失，可通过期货市场进行（　　）。

A. 买期保值　　B. 卖期保值

C. 买方保值　　D. 卖方保值

8. 下列关于对销贸易的说法正确的是（　　）。

A. 对销贸易基本包括易货、互购、补偿、抵消、代理等多种形式

B. 易货贸易是在买卖双方之间进行的货物或劳务等值或基本等值的直接交换，包括了现金的收付

C. 互购是一种现汇交易，是指一方向另一方出口商品或劳务的同时，承担以所得款项的一部分或全部向对方购买一定数量或金额商品或劳务的义务

D. 在信贷基础上进口设备就是补偿贸易

二、简答题

1. 试比较来料加工与进料加工的利弊。
2. 寄售、包销和代理三者之间的区别是什么？
3. 何谓套期保值？它有哪些不同做法？

三、讨论题

课堂讨论：结合实际，谈谈我国加工贸易的发展情况。

要求：讨论者首先通过网络和图书馆查找相关资料，然后以3～5人一组进行分组讨论并形成主要观点，最后选派代表发言。

四、案例分析

港商A与美国一客商订立一份独家代理协议，指定由该港商为独家代理。在签订协议时，美商正在试验改进现有产品的规格。不久，美商试验成功，并将这项改进后的同类产品指定另一港商B为独家代理。请问，美商是否有这种权利？

第二篇　国际货物贸易基础知识

第五章

国际贸易术语

【学习目标】

1. 掌握贸易术语的含义，了解相关的国际贸易惯例。

2. 掌握常用贸易术语适用的运输方式、交货地点、货物损失风险转移界限，买卖双方办理运输、保险、进出口报关的义务及相关费用的负担。

3. 掌握常用贸易术语的报价计算与换算。

【导读】

贸易术语在国际贸易中的重要作用

我国C公司的第一笔外贸业务是从加拿大A公司进口机电产品23万美元。合同约定交货地点为温哥华，从温哥华港到上海的运费由我国C公司承担，付款方式为预付款。我C公司按合同要求支付货款23万美元，并预订好了运输货物的班轮，不料加拿大A公司收款后在发运前要求C公司追加支付5.7万美元。C公司拒绝后复查合同发现，合同中订有C公司不明含义的“FOB Vancouver”贸易术语。卖方引用《1990年美国对外贸易定义修订本》解释该合同条款：加拿大卖方只是“在买方请求并负担费用的情况下”，代替中国买方办理加拿大海关的出口手续，即买方应负担全部加拿大的出口捐税4.6万美元，同时，中国C公司还应负担温哥华工厂至装运港口的公路运费1.1万美元。经C公司咨询专家，未能找到充足的理由拒绝支付，考虑到前期已经支付加方23万美元货款，C公司只好额外付款5.7万美元！

分析：

“贸易术语”是在长期的国际贸易实践中产生的贸易规则，一组看似简单的英文字母缩写或者词组，实际上已经对买卖双方在运输、保险、关税等诸多费用的负担做出了明确规定，本案中的“FOB Vancouver”，就是常用的贸易术语之一，如按照上述北美通行的贸易惯例的解释，该术语不仅要求中国进口商C公司负担加拿大的出口关税，还要负担加拿大A公司将货物在温哥华任意地点卡车上交货后运往温哥华港口的公路运费和随后的装船费。由于对国际贸易术语缺乏了解，导致了我国C公司在成本核算、贸易谈判中出现了失误。由此可见，熟悉国际贸易术语对于外贸企业十分重要。

第一节

国际贸易术语与国际惯例

国际贸易术语是构成国际贸易货物价格的重要组成部分，也是最为重要的国际贸易惯例之一。国际贸易在程序和环节上往往比国内贸易要复杂得多，一方面由于买卖双方身处不同的国家或地区，在交易习惯、文化背景、国内法律等方面有很大的差异，另外一方面由于国际贸易的双方相距较远，货物的交付需要经过储存、运输、装卸、进出口报关等诸多环节，买卖双方有许多问题需要明确，例如：

(1) 卖方在哪里交货？货物损失的风险在何时或者何地由卖方向买方转移？

(2) 进出口手续由谁来办理？相关税费由谁来负担？

(3) 由谁来办理运输、保险？相关费用由谁负担？

(4) 交易过程中的各类单据由谁负责办理？费用由谁来负担？

如果每笔交易都要求买卖双方对上述各个事项逐一进行反复磋商，将耗费大量的时间和费用，甚至有可能影响交易的达成。为此，在长期的实践中，国际贸易界逐渐形成了各种不同的贸易术语。在一笔出口或进口贸易中，通过选用一组由不同交易条件组合而成的贸易术语，即可将上述问题迎刃而解，加速贸易的进程。因此，熟悉和掌握常用的国际贸易术语，是从事国际贸易的重要基础。

一、国际贸易术语的概念和含义

(一) 国际贸易术语的概念

国际贸易术语（International Trade Terms）又称国际贸易条件、价格术语，它是一种在国际贸易中用来表示商品的价格构成，规定买卖双方在货物交接过程中有关费用、风险和责任划分的专门用语。贸易术语通常用三个大写英文字母缩写（例如“FOB”），或者简短的英文词组（例如“Free on Board”）来表示。

(二) 国际贸易术语的含义

贸易术语具有两方面的含义：

一是表示交货条件，即说明买卖双方在交接货物方面彼此应该承担的责任、费用和风险的划分。例如，按装运港船上交货条件（FOB）成交与按目的港交货条件（DAP）成交，由于交货条件不同，买卖双方各自承担的责任、费用和风险就有很大区别。

二是表示成交商品的价格构成，贸易术语价格构成中主要包含商品价格和从属费用两个因素，其中从属费用主要包括运费、保险费、关税、装卸费、保险费等因素。

二、国际贸易术语的作用

（一）有利于简化贸易谈判内容，加快交易进程，节省交易费用

由于每种贸易术语都有其特定的含义，是一组特定的交易条件，因此，买卖双方只要商定按何种贸易术语成交，即可明确彼此在交接货物方面所应承担的责任、费用和风险。这就简化了交易手续，缩短了洽商交易的时间，从而有利于买卖双方迅速达成交易和订立合同。

（二）有利于买卖双方确定价格，核算成本

由于贸易术语是表示商品价格构成的因素，所以，买卖双方确定成交价格时，必然要考虑采用的贸易术语中包含哪些成本和从属费用，如运费、保险费、进出口关税、装卸费和其他费用等，这就有利于买卖双方进行价格计算和加强成本核算。

（三）国际贸易术语有利于买卖双方解决履约当中的争议

买卖双方订立合同时，如果某些合同条款规定不够明确，致使履约当中产生争议不能依据合同的规定解决，在此情况下，可以援引有关国际贸易术语的一般解释来处理。因为国际贸易惯例对各种贸易术语都做了统一解释和规定，这些解释和规定在国际上被广泛承认和接受，成为国际货物买卖的行为准则，可作为法院或仲裁机构对双方争议进行判决和裁定的依据。

例题

一份出口合同的价格条款为："USD75/PC FOB SHANGHAI, CHINA"，该贸易术语代表什么含义？

分析：（1）表示交货条件，根据国际商会对FOB术语的解释，卖方在上海港买方派来的船上交货，货物损失的风险在装运港船上转移到买方；买方负责从上海港到目的港的运输和相关费用等等。贸易术语把买卖双方在交接货物中应承担的责任、费用和风险划分得十分清楚。

（2）表示价格构成，上述术语表示每件货物75美元，该价格包含了卖方的产品成本、利润、国内运费、仓储费、装船费、出口相关的税费等，装运港船上是买卖双方费用划分的明确界限，便于出口商精确计算出口成本。

三、有关国际贸易术语的国际贸易惯例

国际贸易贸易术语始于19世纪，随着国际经济的发展，时至今日已经成为各国贸易商普遍接受和使用的贸易惯例，但长期以来国际上始终未能形成对贸易术语统一、权威的解释。因此，在使用贸易术语时，难免会出现矛盾和分歧。为解决这些矛盾，以促进国际贸易的发展，国际商会、国际法协会等国际组织以及美国一些著名商业团体经过长期的努力，分别制定了解释国际贸易术语的规则，这些规则在国际上被广泛采用，从而形成为国际贸易惯例，并受到各国商界的广泛欢迎和使用。

国际贸易惯例的适用是以当事人的意思自治为基础的，因为，惯例本身不是法律，它对贸易双方不具有强制性，如果当事人不在合同中引用，则惯例不对买卖双方产生约束力，所以买卖双方有权在合同中做出与某项惯例不符的规定，只要这些约定是合法

的，合同内容将得到有关国家法律的承认和保护。但是，如买卖双方在合同中明确表明采用某项惯例时，则这项惯例对双方都有约束力。在处理国际贸易争议时，各国法院或仲裁机构往往会引用某些公认的或影响较大的惯例作为判决或裁定案件的依据。

目前，对国际贸易影响较大的有关贸易术语的国际贸易惯例有以下三种。

（一）《1932 年华沙—牛津规则》（Warsaw - Oxford Rules，1932）

《1932 年华沙—牛津规则》是国际法协会专门为解释 CIF 合同而制定的，该规则只解释了 CIF 一个贸易术语。19 世纪中叶，CIF 贸易术语开始在国际贸易中得到广泛采用，然而对使用这一术语时买卖双方各自承担的具体义务，并没有统一的规定和解释。对此，国际法协会于 1928 年在波兰首都华沙开会，制定了关于 CIF 合同的统一规则，称之为《1928 年华沙规则》，共包括 22 条。其后又将此规则修订为 21 条，并更名为《1932 年华沙—牛津规则》，沿用至今。这一规则对于 CIF 的性质、买卖双方所承担的风险、责任和费用的划分以及所有权转移的方式等问题都作了比较详细的解释。由于该惯例只解释了一个术语，没有提供更多的贸易条件可供买卖双方选择，因此在国际贸易界使用频率相对不高。

（二）《1990 年美国对外贸易定义修订本》（Revised American Foreign Trade Definitions 1990）

《1990 年美国对外贸易定义》最早于 1919 年由美国几个商业团体在纽约制定。原名《美国出口报价及其缩写条例》，后来于 1940 年在美国第 27 届全国对外贸易会议上对该条例作了修订，形成了《1941 年美国对外贸易定义修订本》，1990 年又经历了一次修订，现行版本是《1990 年美国对外贸易定义修订本》，其中所解释的贸易术语共有六种，分别为：

EXW（named place，工厂交货）；FOB（Free on Board，在运输工具上交货）；FAS（Free Along Side，在运输工具旁边交货）；CFR（Cost and Freight，成本加运费）；CIF（Cost，Insurance and Freight，成本加保险费、运费）；DEQ（Named Port of Importation，目的港码头交货）。

《1990 年美国对外贸易定义修订本》目前的影响力正在持续减弱，但仍有少部分贸易商坚持使用上述贸易规则，因此仍需注意：《1990 年美国对外贸易定义修订本》的影响力主要局限在美洲，特别是北美国家有所应用。由于它对贸易术语的解释与国际商会的《国际贸易术语解释通则》有明显的差异，所以，在同北美国家进行交易时应加以区别。

（三）《2010 年国际贸易术语解释通则》（Incoterms® 2010）

《国际贸易术语解释通则》（International Rules for the Interpretation of Trade Terms）是由国际商会（ICC）制定的，对一系列常用贸易术语的解释通则。自 1936 年国际商会创制国际贸易术语以来，《国际贸易术语解释通则》保持了经常更新的态势，使其与国际贸易的发展步调协调一致。迄今为止，《国际贸易术语解释通则》进行了七次修改，《2010 年国际贸易术语解释通则》（INCOTERMS® 2010，后称《2010 通则》）是在《2000 年国际贸易术语解释通则》（后简称《2000 通则》）版本的基础上修订补充而成，并于 2011 年 1 月 1 日生效。2010 版的公布和实施，使《国际贸易术语解释通则》更适应当代国际贸易的实践，不仅有利于国际贸易的发展和国际贸易法律的完善，而且起到了承上启下的作用。该通则涉及术语范围较广，是迄今为止贸易各国和地区接受程度最高，使用范围最广的贸易术语惯例。因此本教材将重点讲述国际商会制订的《2010通则》内容。

1.《2010通则》概述

《2010通则》共包括11种术语，与2000年版本相比，有如下变化。

首先是术语数量从2000版的13个精简为11个。《2010通则》删除了前一版《2000通则》中的四个D组贸易术语，即DDU、DAF、DES、DEQ，只保留了《2000通则》D组中的DDP；新增加了两种D组贸易术语，即DAT与DAP。

其次要注意的一个变化是，《2010通则》在FOB、CFR和CIF三个术语中改变了此前版本中以装运港"船舷"作为交货点的表述，代之以货物置于装运港"船上"时构成交货。

第三，《2010通则》实施之后并非《2000通则》或者其他版本的通则就自动作废。当事人在订立贸易合同时仍然可以选择适用《2010通则》或《2000通则》，甚至《1990年国际贸易术语解释通则》。

第四，国际商会已将"Incoterms®"注册为商标，"®"是注册商标的一部分。

2.《2010通则》的术语分类

按照适用的运输方式区分，《2010通则》的11个术语分为显然不同的两类，对照情况见表5-1。

表5-1 《2010通则》术语适用运输方式对照表

《2010通则》11个术语			
分组	术语	后缀	运输方式
1	EXW 工厂交货	……指定地点（出口国）	适用于任意单一运输方式，或任意多个运输方式的组合。
	FCA 货交承运人	……指定地点（出口国）	
	CPT 运费付至	……指定目的地（进口国）	
	CIP 运费和保险费付至	……指定目的地（进口国）	
	DAT 运输终点交货	……指定目的地（进口国）	
	DAP 目的地交货	……指定目的地（进口国）	
	DDP 完税交货	……指定目的地（进口国）	
2	FOB 装港船上交货	……指定装运港（出口国）	仅适用于船运（海运、内河运输）方式。
	FAS 装港船边交货	……指定装运港（出口国）	
	CFR 成本加运费	……指定目的港（进口国）	
	CIF 成本、保险费、运费	……指定目的港（进口国）	

第一类，适用于任意一种或多种运输方式的七个术语：

EXW 工厂交货（……指定地点）；FCA 货交承运人（……指定地点）

CPT 运费付至（……指定目的地）；CIP 运费及保险费付至（……指定目的地）

DAT 目的地交货（……指定目的地）；DAP 目的地交货（……指定目的地）

DDP 完税后交货（……指定目的地）。

上述七个术语的适用范围：（1）各种运输方式的组合；（2）任意一个单一运输

方式。

第二类，只适用于海运及内河运输的四个术语（船舶作为单一运输工具时）：

FAS 船边交货（……指定装运港）；FOB 船上交货（……指定装运港）；

CFR 成本加运费（……指定目的港）；CIF 成本、保险费加运费（……指定目的港）。

在第二类四个术语中，交货点和把货物送达买方的地点都是港口，所以只适用于以船舶作为单一运输工具的“海上或内陆水上运输”。

3.《2010 通则》中买卖双方的主要义务和费用负担分解

与以往版本相比，《2010 通则》对 11 个贸易术语的解释更加清晰和简洁，本书将 11 种贸易术语买卖双方在货物交接过程中应承担的主要义务进行了总结，详见表 5－2。

表 5－2　　《2010 通则》贸易术语买卖双方主要义务与费用负担分解表

贸易术语	出口清关	进口清关	主运费	保险费	装货费	卸货费	
EXW	买方	买方	买方	双方均无义务	买方	买方	
FOB	卖方	买方	买方	双方均无义务	卖方	买方	
FCA	卖方	买方	买方	双方均无义务	买方/卖方	买方	
FAS	卖方	买方	买方	双方均无义务	买方	买方	
CFR	卖方	买方	卖方	双方均无义务	卖方	买方	运输合同中对卸货费另有约定者除外。
CIF	卖方	买方	卖方	卖方	卖方	买方	
CPT	卖方	买方	卖方	双方均无义务	卖方	买方	
CIP	卖方	买方	卖方	卖方	卖方	买方	
DAT	卖方	买方	卖方	双方均无义务	卖方	卖方	
DAP	卖方	买方	卖方	双方均无义务	卖方	买方	
DDP	卖方	卖方	卖方	双方均无义务	卖方	买方	

注：(1) 进口/出口清关：指货物进出口时，责任方必须自负风险和费用，取得所有进口/出口许可文件和其他官方授权，向进口/出口国家海关缴纳相关进口/出口关税和其他税费，办理货物进口/出口所需的一切海关手续。

(2)“保险费”栏目中，“双方均无义务”指该术语并未要求买卖双方的任何一方投保货物运输保险。在实际业务中，一般由买方自行决定是否投保。

(3) 对于 CFR、CIF、CPT、CIP、DAP、DDP 共六个由出口商支付主运费的术语，根据《2010 通则》规定，应该由进口商负担在目的地的卸货费。但在个别情况下，如出口商在运输合同中注明其所支付运费中包含了目的地卸货费的，则该卸货费用由出口商承担。

4. 如何运用《2010 通则》规则

(1) 在买卖合同中列入《2010 通则》规则。如果进出口双方同意在一笔交易中使用《2010 通则》规则，就应该在合同中明确列出适用“Incoterms® 2010”规则等类似文字。

(2) 根据具体交易情况选择适当的贸易术语。具体交易中，应选择与货物、其运输方式相称的贸易术语，尤其要考虑合同双方是否给对方添加额外的义务，例如安排运输或保险的义务。每个对贸易术语的“使用说明”都包含对做出此项决定非常有帮助的信息。买卖双方应该意识到，无论使用哪一个术语，都有可能受到适用港口或地点特有的惯例影响。

（3）尽可能对术语后缀中的地点或者港口作出精准详细的说明。只有合同当事人双方选定了一个特定的收货地或港口时，所选的术语才能发挥作用。贸易术语中的地点或港口名称要尽可能详细和精准，这样才能够使得 Incoterms 规则的效用达到更大的发挥。下边是一个具备精准详述特征的贸易术语的例子。

5. 对《2010 通则》中各种贸易术语后缀地点的理解

（1）术语后缀地点为“交货地点”的七种贸易术语。在国际商会的 Incoterms 规则下，有七种术语后缀的地点或者港口指的是交货地点，它们包括：

EXW 工厂交货（……指定地点）；DAT 运输终端交货（……指定目的地）；

DAP 目的地交货（……指定目的地）；DDP 完税后交货（……指定目的地）；

FAS 船边交货（……指定装运港）；FOB 船上交货（……指定装运港）；

FCA 货交承运人（……指定地点）。

上述术语后缀的地点为“交货地点”，意味着从这一点开始，货物损失的风险自卖方转移至买方。

（2）术语后缀地点为“运费付至地点”的四种贸易术语。Incoterms 规则下，有四种术语后缀的地点或者港口指的是“运费付至”地点：

CPT 运费付至（……指定目的地）；CIP 运费、保险费付至（……指定目的地）；

CFR 成本加运费（……指定目的港）；CIF 成本、保险费加运费（……指定目的港）。

虽然上述四种贸易术语的所指地点会因买卖双方商定的具体交货地不同而不同，但术语后缀地点均表示“运费付至地点”，不是“交货地点”，即该地点不代表货物损失风险的划分地点。另外，为避免疑问和争议，对上述指定地点或目的地也应该进行详细和精准的描述。

6. 谨记国际商会的贸易术语并未给当事人提供一份完整的销售合同

尽管 Incoterm 规则对销售合同中当事人的特定义务、风险和责任、费用的负担做出了尽可能详尽的规定，但是，规则并未涉及付款价格、付款方式、货物所有权的转移、违约责任等方面问题的规定。这些问题通常要依据销售合同的明确约定，或者合同适用的相关法律条文来处理。当事人需要注意的是，当地强制适用的法律有可能优先于合同的任何条款，包括所选择的国际贸易术语在内。如果合同内容违反了当地法律，有可能导致合同失效。

第二节

六种主要的国际贸易术语

在我国对外贸易的实践中，长期以来使用频率较高的是“FOB”“CFR”和“CIF”三种传统贸易术语。近年来，随着集装箱运输和国际多式联运的发展，适应多种运输方式的三种术语“FCA”“CPT”和“CIP”术语也日渐流行开来。因此，我们将对上述六种常用贸易术语的内容和运用进行详细讲解。

一、FOB 术语的解释

FOB（...named port of shipment），英文全称是“Free on Board（...named port of shipment）”，中文释义为装运港船上交货（……指定装运港）。此术语是指卖方在合同规定的日期或期间内，在指定的装运港把货物装到买方指定的船上，并负担货物装上船为止的一切费用和风险，货物上船后（On Board）卖方义务解除（Free）。

（一）FOB 术语使用说明

1. 适用的运输方式

FOB 术语仅适用于海运或内河水运，即船运方式。

2. 交货地点

装运港船上，卖方必须在装运港将货物装到买方指定的船舶之上。如存在链式销售情形，则交货地点在转售商取得已上船货物的出售权后进行转让时的“船上”。

知识点

链式销售

如货物欲多次转卖，处在销售链中端的转卖方并不负责装货，他可以在取得已经装在船上的货物的出售权后，以此刻的“船上”为交货点，将货物继续转让给下一个买家。

3. FOB 价格构成

FOB 价格包括产品成本、企业利润、货物装到指定装运港船上为止的全部物流费用、出口报关、商检费用、货物合理损耗等。

4. FOB 术语条款的惯常表示

《2010 通则》并未对术语的表示进行规范，惯常的表示方法举例如下：

USD210/PCS FOB Yangshan Port, Shanghai, China - Incoterms® 2010

意为每件 210 美元，卖方在中国上海洋山港船上交货，适用 Incoterms® 2010 规则。需要特别提示的是，FOB 的后缀地点为交货地点。

5. 本术语的不适用情形

FOB 术语可能不适合于货物在上船前已经交给承运人的情况，例如用集装箱运输的货物，通常是在装船前，由卖方在集装箱码头向承运人交货，并没有交到船上。在此类情况下，应当使用 FCA 术语。

（二）买卖双方基本义务的划分

《2010年国际贸易术语解释通则》将每个贸易术语中买卖双方的责任、风险、费用进行了标准化的分类，分别是卖方义务十条（A1－A10），买方义务十条（B1－B10）。为便于学习理解，我们将通则中FOB术语买卖双方各自承担的基本义务进行了归纳总结，并以表5－3的形式展现如下。

表5－3　**FOB术语买卖双方义务对照表**

卖方义务	买方义务
1. 交货义务 卖方必须在合同规定的期限内，按照装运港的习惯方式，在指定装运港买方指定的船上交货。 如存在链式销售，则转售商以取得“已在船上交付的货物”的方式向下一个买家交货。	1. 交货义务 根据买卖合同的规定受领货物并支付货款。
2. 风险转移 卖方承担货物在装运港装到船上为止的货物灭失或损坏的一切风险。	2. 风险转移 买方承担货物在装运港装到船上之后的货物灭失或损坏的一切风险。
3. 费用划分 卖方承担货物在装运港装到船上为止的一切费用。包括出口清关产生的关税和其他所有出口通关费用。由买方原因造成的费用和损失除外。	3. 费用划分 买方承担货物在装运港装到船上之后的一切费用。包括进口清关产生的关税和其他所有进口通关费用，和从他国过境运输所需的一切费用。
4. 通关手续 卖方应自负风险和费用，取得全部出口许可和其他官方授权，办理货物出口所需的一切海关手续。	4. 通关手续 买方应自负风险和费用，取得全部进口许可和其他官方授权，办理货物进口和从他国过境运输所需的一切海关手续。
5. 主运输 卖方无订立运输合同和负担主运费的义务。	5. 主运输 买方必须自负风险和费用签订自指定装运港起至目的港的运输合同。
6. 保险义务 卖方无订立保险合同的义务。但卖方必须及时向买方提供用于货物保险的相关信息。	6. 保险义务 买方无订立保险合同的义务。买方可自行决定是否投保。
7. 通知买方 卖方在两种情况下均必须及时给予买方充分的通知：一是卖方已经按照合同完成装货的详细信息；二是买方指定的船舶未在约定时间收取货物。 如买方指定船舶未能按时到达，或船舶不能载货，或因买方原因导致早于通知时间停止装货的，买方承担全部风险和损失。	7. 通知卖方 卖方装船以前，买方应及时就船名、装船点和具体装船时间给予卖方充分的通知。 如买方未尽到充分通知义务，则由买方承担全部风险和损失。
8. 交单义务 卖方必须自付费用提供合格的商业发票、通常的交货凭证及合同中可能要求的其他通常的纸质或者电子凭证。	8. 交单义务 接受卖方提供的单据。 如卖方未取得运输单据，买方在自付费用和风险的前提下，有权要求卖方协助取得运输单据。

（三）使用FOB术语应该注意的问题

1. 船货衔接的问题

在FOB条件下，买方负责租船订舱，安排运输货物的船只，并将船期和船名及时通知卖方，而卖方应负责在合同规定的装运港和规定的期限内，将合同规定的货物装上买方指定的船只。在实际业务中，常常出现货等船或者船等货的现象，这会引起费用损失；有时，买方因货价下跌、市场不景气等原因以不指定承运人或不签订运输合同为借口毁约。

从FOB术语的卖方角度而言，为防止买方不按期派船，卖方应在合同中明确规定："如到期买方不派船，卖方有权撤销合同和要求赔偿损失，或卖方有权凭装运港栈单（港口仓库的存货单）代替提单向买方索取货款。"同时，为了防止买方过早派船，而使卖方备货不及，还可以在合同中规定："如未经卖方同意，船只较原规定装运期提前到达，则卖方不负责空舱费和滞期费等。"在按FOB价格成交的条件下，有时买方会付费委托卖方代为租船订舱，卖方对此也可接受，但是须向买方声明："卖方如到期租不到船或订不到舱位，与卖方无关，买方无权撤销合同，也无权向卖方索赔。"

从FOB术语的买方角度来说，按FOB价格成交，因需要买方负责派船接货，所以在洽商交易签订合同时，要慎重规定装运港，注意选择安全的、装货条件较好的有直达船或班轮停靠的、吃水较深的港口，以便按合同规定的装运期派船前往装运港接运货物。买方应在受载期前一定时期内将船名及船期通知卖方，以便卖方做好装船准备。

总之，使用FOB术语进行贸易，买卖双方必须加强联系，出口商必须及时发出详尽的可装船通知，进口商也要及时、按期发出关于载货船只名称、装船地点和要求交货时间的充分的通知，双方密切配合，确保船货衔接顺畅。

2. FOB关于装船费用的划分问题

在按FOB条件成交时，卖方要负责将货物装到买方派来的船上，并支付相关费用。但装船是一个连续的过程，产生的费用可能不仅仅是装货费，货物上船后还有可能产生对货物的整理费用，即"理舱费""平舱费"，《2000通则》和《2010通则》均没有对"装船"的概念及相关费用进行解释和具体划分。因此，为避免买卖双方在装船各项费用负担上产生纠纷，在长期的国际贸易实践中产生了贸易术语变形。即使在国际商会的《2010通则》生效后，贸易术语变形对FOB装船费负担的划分仍然具有一定的参考作用。在执行FOB合同时，买卖双方可以自行决定选用以下三种术语变形。但是必须注意，术语变形只是当事人双方的额外约定，其本身并不是《国际贸易术语解释通则》的规定。

（1）FOB Liner Terms（FOB班轮条件）。这一变形是指装船费用按照班轮的做法处理，即由船方或买方承担。所以，采用这一变形，卖方不负担装船的有关费用。

（2）FOB Stowed（FOB理舱费在内）。指卖方负责将货物装入船舱并承担包括理舱费在内的装船费用。理舱费是指货物入舱后进行安置和整理的费用。适用于件杂货。

（3）FOB Trimmed（FOB平舱费在内）。指卖方负责将货物装入船舱并承担包括平舱费在内的装船费用。平舱费是指对装入船舱的散装货物进行平整所需的费用。适用于散装货。

在许多标准合同中，为表明由卖方承担包括理舱费和平舱费在内的各项装船费用，常采用 FOBST（FOB Stowed and Trimmed）方式。

知识点

FOB 的贸易术语变形，只是为了表明装船费用由谁负担而产生的，并不改变 FOB 的交货地点以及风险划分的界限。《国际贸易术语解释通则》对这些术语后的添加词句不提供任何指导规定，建议买卖双方应在合同中对此加以明确。

3. 不同贸易惯例对 FOB 的解释

以上对 FOB 术语的解释均是以《国际贸易术语解释通则》为依据的，而《1990 年美国对外贸易定义修订本》对 FOB 的解释分为六种，其中只有“指定装运港船上交货”（FOB Vessel named port of shipment）与《2010 通则》对 FOB 术语的解释相近。所以，《1990 年美国对外贸易定义修订本》对 FOB 的解释与运用，同国际商会的解释与运用有明显的差异，将会对采用 FOB 术语的进口商产生不利影响，这主要表现在下列几方面：

（1）进口商额外增加了运输成本。《1990 年美国对外贸易定义修订本》把 FOB 笼统地解释为在某处某种运输工具上交货，国外进口商在装运港有可能会支付额外的运输费和装卸费。如按照《1990 年美国对外贸易定义修订本》的规定，美国出口商在执行“FOB San Francisco，USA”术语时，可以只负责把货物运到旧金山城内的任何处所，不负责把货物运到旧金山港口并交到船上。这样进口商还要付费将货物运至旧金山港口，并负担装船各项费用。而如果使用国际商会的解释通则，上述费用均应由美国出口商负责。

（2）进口商额外增加了出口清关的税费和风险。《1990 年美国对外贸易定义修订本》对 FOB 的解释：由买方办理出口清关，卖方有义务协助提供出口单证，同时可以代买方办理出口清关手续，但相关费用以及出口关税等其他费用，及无法通关的风险全部由买方承担。此规定与国际商会贸易术语解释通则的相关条款正好相反。

案例 5－1

我国 C 公司与美国 A 公司签订一份进口合同，贸易术语“FOB San Francisco，USA”，我国 C 公司应如何制订术语条款，避免承担上述两类额外费用和风险？

分析：有一种片面的观点认为，只要在术语之间添加“Vessel”（船舶）字样，将贸易术语变为“FOB Vessel San Francisco，USA”（洛杉矶港船上交货）就可以规避上述额外的费用和风险。殊不知这种做法只规避了在洛杉矶市内额外发生运输费、装卸费的风险，却并未解决买方负责出口清关可能发生的税费和无法通关的风险。

正确而简单的解决办法：将《2010 通则》写入合同！

如：FOB Vessel San Francisco，USA—Incoterms® 2010

4. 关于 FOB 合同的性质问题

国际贸易中的装运合同，是指卖方在出口国的装运地或启运地或出口地完成其交货义务的合同，包括 FOB 以及 FCA、FAS、CFR、CIF、CPT、CIP 七种贸易术语。属于装运合同的术语，卖方只保证货物按时装运，不保证货物按时到达，卖方在装运地（港）将货物交付装运后，对货物可能发生的任何风险不再承担责任。

5. 关于 FOB 运输责任的解释

FOB 术语卖方没有订立运输合同和负担主运费的义务。但若（1）买方要求，或（2）因贸易习惯主动代订且买方无异议，卖方可以按通常条件代为签订运输合同，但买方必须承担费用和风险。上述两种情况下，卖方也可以拒绝签订运输合同，但应及时通知买方。

二、CFR 术语的解释

CFR 的英文全称是 Cost and Freight（...named port of destination），中文含义为成本加运费（……指定目的港）。在外贸业内又被称为“运费在内价”，它是指卖方负责租船或订舱，在合同规定的期限内将货物装到指定装运港船上，负担货物装到指定装运港船上为止的一切费用和风险，支付到目的港的运费。由此可见此术语是指卖方必须负担货物运至约定目的港所需的成本和运费。这里所指的“成本”相当于 FOB 价。所以 CFR 价是在 FOB 价的基础上加上装运港至目的港的通常运费。

（一）CFR 术语使用说明

1. 适用的运输方式

CFR 术语仅适用于海运或内河水运，即船运方式。

2. 交货地点

装运港船上，卖方必须在装运港将货物装到由自己租来的船舶之上。如存在链式销售情形，则交货地点在转售商取得已上船货物的出售权后进行转让时的“船上”。

3. CFR 价格构成

CFR 价 = FOB 价 + 主运费（Freight）

4. CFR 术语条款的惯常表示

《2010 通则》并未对术语的表示进行规范，惯常的表示方法举例如下：

USD300/MT CFR Rotterdam port, Netherlands—Incoterms® 2010

意为每公吨 300 美元，卖方成本加运费付至荷兰鹿特丹港，适用 Incoterms® 2010 规则。需要特别提示的是，CFR 后缀地点为卖方的“运费付至”地点，不是交货地点。原因详见下面对本术语交货地点、风险划分的相关规定。

5. CFR 术语的不适用情形

CFR 术语可能不适合于货物在上船前已经交给承运人的情况，例如用集装箱运输的货物，通常是在装船前，由卖方在集装箱码头向承运人交货，并没有交到船上。在此类情况下，应当使用 CPT 术语。

（二）CFR 买卖双方基本义务的划分

CFR 术语仅仅是在 FOB 的基础上，将买卖双方对主运输的义务做了对调，CFR 术语关于交货地点、风险划分等与 FOB 相同。为便于学习理解，我们将通则中 CFR 术语买卖双方各自承担的基本义务进行了归纳总结，并以表 5-4 的形式展现如下。

表 5-4　　CFR 术语买卖双方义务对照表

卖方义务	买方义务
1. 交货义务 卖方必须在合同规定的期限内，按照装运港的习惯方式，在指定装运港自己租来的船上交货。 如存在链式销售，则转售商以取得“已在船上交付的货物”的物权的方式向下一个买家交货。	1. 交货义务 根据买卖合同的规定受领货物并支付货款。

续表

卖方义务	买方义务
2. 风险转移 卖方承担货物在装运港装到船上为止的货物灭失或损坏的一切风险。	2. 风险转移 买方承担货物在装运港装到船上之后的货物灭失或损坏的一切风险。
3. 费用划分 卖方应承担：(1) 货物在装运港装到船上为止的一切费用；(2) 装运港至目的港的主运输费用。	3. 费用划分 买方承担：(1) 货物在装运港装到船上之后的一切费用（不含海运费）；(2) 目的港卸货费用（按运输合同规定由卖方负担者除外）。
4. 通关义务 卖方应自负风险和费用，取得全部出口许可和其他官方授权，办理货物出口所需的一切海关手续。	4. 通关义务 买方应自负风险和费用，取得全部进口许可和其他官方授权，办理货物进口和从他国过境运输所需的一切海关手续。
5. 主运输义务 卖方必须自付费用，按照惯常条件订立运输合同，将货物从约定的装运港（交货地点），用适合货物运输的船舶，按惯常航线运至指定目的港。	5. 主运输义务 买方无订立运输合同的义务。
6. 保险义务 卖方无订立保险合同的义务。但卖方必须及时向买方提供用于货物保险的相关信息。	6. 保险义务 买方无订立保险合同的义务。买方可自行决定是否投保。
7. 通知义务 按照合同完成装货后，卖方必须及时将详细的装船信息通知买方。	7. 通知义务 当买方有权决定货物装运时间和指定目的港时，买方必须及时充分地通知卖方（通常卖方不会同意此种做法）。
8. 交单义务 卖方必须自付费用提供符合合同规定的商业发票、运输单据（可提货、可转让）及合同中可能要求的其他通常的纸质或者电子凭证。	8. 交单义务 接受卖方提供的合格单据。

（三）使用 CFR 的注意事项

1. 卖方应及时发出装船通知

《2010 通则》规定，卖方必须向买方及时发出所需的通知。按 CFR 条件成交时，由卖方安排运输，虽然通则并未规定买卖双方必须办理货物保险，但通常情况下，买方均会办理货运保险。如卖方不及时发出装船通知，则买方就无法及时办理货运保险，甚至有可能出现漏保货运险的情况。另外，买方很可能还要为货物的进口办理其他申请手续，或者提早进行接货转运的准备。因此，卖方装船后务必及时向买方发出装船通知，否则，卖方应承担货物在运输途中的风险和损失，不能以风险已在装运港船上转移给买方为由推脱责任。

2. 租船或订舱的责任

根据《2010 通则》的规定，CFR 合同的卖方只负责按照通常条件租船或订舱，使用通常类型的海轮（或内河轮船），经惯常航线运至目的港。因此，买方一般无权提出关于限制船舶的国籍、船型、船龄或指定某班轮公司的船只等要求，但在实际业务中，若国外买方所提上述要求能够办到，且不增加费用的情况下，可以考虑接受。

3. 按 CFR 进口应慎重行事

在进口业务中，按 CFR 条件成交时，鉴于由外商安排装运，由我方负责保险，故应选择资信好的国外客户成交，并对船舶提出适当要求，以防外商与船方勾结，出具假提单，租用不适航的船舶，或伪造品质证书与产地证明。若出现这类情况，会使我方蒙受不应有的损失。

4. 卸货费用的负担问题——CFR 术语的变形

前版《2000 通则》关于术语的卸货费划分问题提到了四种变形：CFR liner Terms（CFR 班轮条件）；CFR landed（CFR 卸至码头）；CFR Ex Tackle（CFR 吊钩下交接）；CFR Ex Ship's Hold（CFR 舱底交接）。修订后的《2010 通则》不再一味强调所谓的术语变形问题，并对卸货责任的归属问题做出了明确划分：《2010 通则》下的 CFR 贸易术语合同，由买方承担卸货费用，除非在运输合同中规定这一费用由卖方支付，因此如采用《2010 通则》时，CFR 术语的变形已经显得没有太大必要。但如果买卖双方出于其他考虑，意欲在 CFR 合同中对卸货费的负担方做出不同的规定，则仍可以采用下述变形：

（1）CFR Liner Terms（CFR 班轮条件），这是指卸货费按班轮办法处理，卖方支付的运费中包含装卸费，即买方不负担卸货费。

（2）CFR Landed（CFR 卸到岸上），这是指由卖方负担卸货费，其中包括驳运费在内。

（3）CFR EX Tackle（CFR 吊钩下交货），这是指卖方负责将货物从舱底吊至船边卸离吊钩为止的费用。在船舶不能靠岸的情况下，租用驳船的费用和货物从驳船卸到岸上的费用，概由买方负担。

（4）CFR Ex Ship's Hold（CFR 舱底交货），这是指货物运到目的港后，由买方自行启舱，并负担货物从舱底卸到码头的费用。

知识点

CFR 的上述贸易术语变形，只是为了表明卸货费用由谁负担而产生的，并不改变 CFR 的交货地点以及风险划分的界限。但《国际贸易术语解释通则》对这些术语后的添加词句不提供任何指导规定，建议买卖双方应在合同中对此加以明确。

5. CFR 合同的性质

CFR 合同属于装运合同，卖方只保证货物按时装运，不保证货物按时到达，卖方在装运地（港）将货物交付装运后，对货物可能发生的任何风险不再承担责任。

三、CIF 术语的解释

CIF 的英文全称是：Cost, Insurance and Freight（...named port of destination），中文含义即：成本、保险费加运费（……指定目的港）。此术语是指卖方负责租船或订舱，在合同规定的期限内将货物装到指定装运港船上，负担货物装到指定装运港船上为止的一切费用和风险，支付到目的港的运费、货物保险费。在 CIF 条件下，卖方不仅要负责租船订舱，支付从装运港到目的港的正常运费，还要负责办理货运保险，支付保险费。由此可以看出，CIF 术语条件下买卖双方除具有与 CFR 术语相同的义务外，卖方还应负责办理货运保险和支付保险费。

（一）CIF 术语使用说明

1. 适用的运输方式

CIF 术语仅适用于海运或内河水运，即船运方式。

2. 交货地点

装运港船上，卖方必须在装运港将货物装到由自己租来的船舶之上。如存在链式销售情形，则交货地点在转售商取得已上船货物的出售权后进行转让时的“船上”。

3. CIF 的价格构成

CIF 价 = FOB 价 + 保险费（Insurance）+ 主运费（Freight）。关于保险，卖方仅需投保最低险别，如果买方要求选择更多的保险的话，则应自付费用并与卖方明确达成协议，或者由买方自行额外投保。

4. CIF 术语条款的惯常表示

《2010 通则》并未对术语的表示进行规范，惯常的表示方法举例如下：

USD300/MT CIF Rotterdam port, Netherlands—Incoterms® 2010

意为每公吨 300 美元，卖方运费保险费付至荷兰鹿特丹港，适用 Incoterms® 2010 规则。需要特别提示的是，CIF 后缀地点为卖方的“运费付至”地点，不是交货地点。

5. CIF 术语的不适用情形

CIF 术语可能不适合于货物在上船前已经交给承运人的情况，例如用集装箱运输的货物，通常是在装船前，由卖方在集装箱码头向承运人交货，并没有交到船上。在此类情况下，应当使用 CIP 术语。

（二）买卖双方基本义务的划分

CIF 术语仅是在 CFR 术语条件下，增加了卖方办理保险的义务，其余买卖双方的责任和义务与 CFR 相同。CIF 术语条件下，除了卖方还应负责办理货运保险和支付保险费外，买卖双方的义务相同，请注意对照学习和理解（见表 5-5）。

表 5-5　　CIF 术语买卖双方义务对照表

卖方义务	买方义务
1. 交货义务 卖方必须在合同规定的期限内，按照装运港的习惯方式，在指定装运港自己租来的船上交货。 如存在链式销售，则转售商以取得“已在船上交付的货物”的物权的方式向下一个买家交货。	1. 交货义务 根据买卖合同的规定受领货物并支付货款。
2. 风险转移 卖方承担货物在装运港装到船上为止的货物灭失或损坏的一切风险。	2. 风险转移 买方承担货物在装运港装到船上之后的货物灭失或损坏的一切风险。

续表

卖方义务	买方义务
3. 费用划分 卖方承担：（1）货物在装运港装到船上为止的一切费用；（2）装运港至目的港的运输费用；（3）货物保险费用。	3. 费用划分 买方承担：（1）货物在装运港装到船上之后的一切费用（不含海运费和保险费）；（2）目的港卸货费用（按运输合同规定由卖方负担者除外）。
4. 通关义务 卖方应自负风险和费用，取得全部出口许可和其他官方授权，办理货物出口所需的一切海关手续。	4. 通关义务 买方应自负风险和费用，取得全部进口许可和其他官方授权，办理货物进口和从他国过境运输所需的一切海关手续。
5. 主运输义务 卖方必须自付费用，按照惯常条件订立运输合同，将货物从约定的装运港（交货地点）用适合货物运输的船舶，按惯常航线运至指定目的港。	5. 主运输义务 买方无订立运输合同的义务。
6. 保险义务 卖方必须自付费用投保货物保险，该保险应至少达到国际通用的保险条款的最低险别。 如买方要求加保其他附加险，且费用由买方自理时，卖方应予以代办。 该保险权益应能够合法转让，确保买方或货物受让人有权直接向保险人索赔。	6. 保险义务 买方无订立保险合同的义务。
7. 通知义务 按照合同完成装货后，卖方必须及时将详细的装船信息通知买方。以便买方做好收货的各项准备。	7. 通知义务 当买方有权决定货物装运时间和指定目的港时，买方必须及时充分地通知卖方（通常卖方不会同意此种做法）。
8. 交单义务 卖方必须自付费用提供符合合同规定的商业发票、运输单据（可提货、可转让）及合同中可能要求的其他通常的纸质或者电子凭证。	8. 交单义务 接受卖方提供的合格单据。

（三）使用 CIF 术语应注意的事项

1. CIF 合同属于“装运合同”

CIF 合同也属于装运合同，卖方只保证货物按时装运，不保证货物按时到达，卖方在装运地（港）将货物交付装运后，对货物可能发生的任何风险不再承担责任。

2. 卖方办理保险的责任

CIF 是由卖方办理保险，但是必须明确保险的性质是卖方代替买方办理保险，因此卖方投保的险别、保险金额、保险加成等都可能会受到买方的约束。《2010 通则》对卖方的保险责任规定：如无相反的明示协议，卖方只需按《协会货物保险条款》（ICC CLAUSE）或其他类似的保险条款中最低责任的保险险别投保，最低保险金额应为合同规定的价款加 10%。货物装船以后，在运输途中遭到损失，应由买方持保险单向有关保险公司索赔。

在实际业务中，为了明确责任，我外贸企业在与国外客户洽谈交易采用 CIF 术语时，一般都应在合同中具体规定保险金额、保险险别和适用的保险条款。

3. 象征性交货问题

所谓象征性交货（Symbolic Delivery），是针对实际交货（Physical Delivery）而言的。象征性交货指卖方只要按期在约定地点（出口国境内）完成装运，并向买方提交合同规定的包括物权凭证在内的有关单证，就算完成了交货义务，而无需保证到货。C 组术语（CFR、CIF、CPT、CIP）与 F 组术语（FCA、FAS、FOB）共计七个术语均具备象征性交货性质，而 CIF 是一种十分典型的象征性交货。此类术语理论上均可适用链式销售。

实际交货（Physical Delivery）则是指卖方要在规定的时间和地点，将符合合同规定的货物提交给买方或其指定人，而不能以交单代替交货。在《2010 通则》中，E 组（EXW）、D 组（DAT、DAP、DDP）四个术语属于实质性交货。此类术语理论上不适用链式销售。

在象征性交货方式下，卖方是凭单交货，买方是凭单付款，只要卖方按时向买方提交了符合合同规定的全套单据，即使货物在运输途中损坏或灭失，买方也必须履行付款义务。反之，如果卖方提交的单据不符合要求，即使货物完好无损地运达目的地，买方仍有权拒付货款。由此可见，CIF、CFR、CPT、CIP、FCA、FAS、FOB 七种术语项下的交易实际上是一种单据的买卖。所以，装运单据在上述七种术语项下的交易中具有特别重要的意义。

但是，必须特别注意，按上述七种术语成交，卖方履行其交单义务，只是得到买方付款的前提条件，除此之外，卖方还必须履行交货义务。如果卖方提交的货物不符合要求，买方即使已经付款，仍然可以根据合同的规定向卖方提出索赔。

4. 关于卸货费用的负担（CIF 术语的变形）

如前 CFR 术语变形中所述，修订后的《Incoterms® 2010》不再一味强调所谓的术语变形问题，并对 CIF 贸易术语卸货责任的归属问题做出了明确划分：由买方承担卸货费用（除非在运输合同中规定这一费用已由卖方支付）。因此如采用 2010 版《国际贸易术语解释通则》，使用 CIF 术语的变形已经显得没有太大必要。但如果 CIF 合同的买卖双方出于其他考虑，意欲在 CIF 合同中对卸货费的负担方做出不同的规定，则仍可以采用与 CFR 相同的变形。

知识点

CIF 的上述贸易术语变形，只是为了表明卸货费用由谁负担而产生的，并不改变 CIF 的交货地点以及风险划分的界限。但《国际贸易术语解释通则》对这些术语后的添加词句不提供任何指导规定，建议买卖双方应在合同中对此加以明确。

四、FCA 术语的解释

FCA 术语的英文全称是：Free Carrier (...named place)，中文释义：货交承运人（……指定地点）。此术语是指卖方在指定地点将货物交给买方指定的承运人。当卖方将货物交给承运人照管，并办理了出口结关手续，就算履行了其交货义务。

（一）FCA术语使用说明

1. 适用的运输方式

FCA术语适用于任何单一运输方式，也适合多种运输方式的组合。

2. 交货地点

“货交承运人”的指定地点。指卖方在合同约定的地点（卖方所在地或者其他约定地点，或承运人的仓库等地，该地点一般应在出口国境内）。若买方指定非承运人的其他人接受货物，则自货物在指定地点交付给该人之时起，视为卖方已经履行了交货义务。

3. FCA价格构成

FCA的价格包括产品成本、企业利润、货物送到指定地点货交承运人为止的全部物流费用、出口报关、商检费用、货物合理损耗等。

4. FCA术语条款的惯常表示

《2010通则》并未对术语的表示进行规范，惯常的表示方法举例如下：

USD210/PC FCA No. 1588, Fu Lian Road, Baoshan District, Shanghai, China—Incoterms® 2010

意为每件210美元，卖方在中国上海宝山区富联路1588号货交承运人，适用Incoterms® 2010规则。需要特别提示的是，FCA后缀地点为交货地点。

（二）FCA术语买卖双方基本义务简介

FCA术语通俗地来讲就是FOB术语的扩展版或者加强版，两个术语除了适用的运输方式不同外，买卖双方各承担的义务从性质上看是相同的，请参看表5－6对比学习。

表5－6 FCA术语买卖双方重点义务对照表

卖方义务	买方义务
1. 交货义务 卖方应在合同规定的时间、地点，将符合合同规定的货物置于买方指定的承运人控制下，并及时通知买方。	1. 交货义务 根据买卖合同的规定受领货物并支付货款。
2. 风险转移 卖方承担自己将货物在指定地点交给承运人（或买方指定的其他人）为止的一切风险。	2. 风险转移 买方承担卖方将货物在指定地点交给承运人（或买方指定的其他人）之后的一切风险。
3. 费用划分 卖方承担：货物在指定地点将货交给承运人（或买方指定的其他人）为止的一切费用。	3. 费用划分 买方承担：货物在指定地点将货交给承运人（或买方指定的其他人）之后的一切费用。
4. 通关义务 卖方应自负风险和费用，取得全部出口许可和其他官方授权，办理货物出口所需的一切海关手续。	4. 通关义务 买方应自负风险和费用，取得全部进口许可和其他官方授权，办理货物进口和从他国过境运输所需的一切海关手续。
5. 主运输义务 卖方无订立运输合同和负担运输费用的义务。	5. 主运输义务 买方必须自付费用签订从指定交货地点到目的地的运输合同，并将承运人名称、收货时间、运输方式、确切收货点及其他有关情况及时通知卖方。

续表

卖方义务	买方义务
6. 保险义务 卖方无订立货物保险合同和负担保险费用的义务。	6. 保险义务 买方无订立保险合同和负担保险费用的义务。买方可自行决定是否投保。
7. 通知义务 （1）指定交货地点交货后，卖方必须及时将详细的交货信息通知买方，以便买方做好收货准备； （2）如承运人（或买方指定的其他人）未能及时收货，卖方必须及时通知买方。	7. 通知义务 在卖方交货前，买方必须及时通知卖方以下事项：交货地点、指定收货人名称、收货时间、运输方式等信息，以便卖方按时交货。
8. 交单义务 卖方必须自付费用提供合格的商业发票、通常的交货凭证及合同中可能要求的其他通常的纸质或者电子凭证。	8. 交单义务 接受卖方提供的合格单据。如卖方未取得运输单据，买方在自付费用和承担风险的前提下，有权要求卖方协助取得运输单据。

（三）使用 FCA 术语应注意的事项

1. 关于交货问题

《2010 通则》规定，在 FCA 术语下，卖方交货的指定地点可以分成两类：一是交货地点指定在卖方货物所在地，则当货物被卖方装上买方指定的承运人的运输工具时，交货才算完成。二是如指定的交货地点在卖方货物所在地之外的其他地点，则卖方将在运输工具上尚未卸货状态的货物交给买方的指定人处置时，交货即算完成。

2. 关于运输合同

《2010 通则》中的 FCA 术语，应由买方自付费用订立从指定地点承运货物的运输合同，并指定承运人。但《2010 通则》又规定，当卖方被要求协助与承运人订立合同时，只要买方承担费用和风险，卖方也可以办理。当然，卖方也可以拒绝订立运输合同，如若拒绝，则应立即通知买方，以便买方另作安排。

3. FCA 与 FOB 的异同点

FCA 与 FOB 两种术语均属 F 组术语，按这两种术语成交的合同均属装运合同，均具备象征性交货性质，两个术语买卖双方责任划分的基本原则也是相同的。

FCA 与 FOB 的主要不同在于适用的运输方式、交货和风险转移的地点不同。FCA 术语适用于各种运输方式，交货地点视不同运输方式的不同约定而定，其风险划分是卖方将货物交至承运人（或买方指定的其他人）时转移；FOB 术语仅用于海运和内河运输，交货地点为装运港，风险划分以装运港船上为界。此外，在装卸费的负担和运输单据的使用上也有所不同。

五、CPT 术语的解释

CPT 术语的英文全称是：Carriage Paid to（...named place of destination），即运费付至（……指定目的地）。如按此术语成交，卖方应向自己指定的承运人交货，支付将货物运至目的地的运费，办理出口清关手续。

CPT 术语风险转移的地点在出口国指定地点，而费用划分的地点是术语后缀的地点，即进口国“指定目的地”，两个地点性质不同。因此买卖双方应在合同中尽可能清晰详细地规定交货地点，在这个地点上，风险将从卖方转移至买方。

（一）CPT 术语使用说明

1. 适用的运输方式

CPT 术语适用于任何单一运输方式，也适合多种运输方式的组合。

2. 交货地点

“货交承运人”的指定地点，指卖方在合同约定的交货地点将货物交予卖方自己指定的承运人，则视为卖方已经履行了交货义务。这个交货地点可以是卖方货物所在地，也可以是其他约定地点，如承运人的仓库等地。上述地点应在出口国境内。

3. CPT 的价格构成

CPT 价 = FCA 价 + 主运费（Freight）

4. CPT 术语条款的惯常表示

《2010 通则》并未对术语的表示进行规范，惯常的表示方法举例如下：

USD300/MT CPT No. 112, Amc Street, Rotterdam, Netherlands—Incoterms® 2010

意为每公吨 300 美元，卖方运费付至荷兰鹿特丹 Amc 大街 112 号，适用 Incoterms® 2010 规则。需要特别提示的是，CPT 后缀地点为卖方的“运费付至”地点（进口国内），不是交货地点（出口国内）。

（二）买卖双方基本义务的划分

CPT 术语通俗地来讲就是 CFR 术语的扩展版或者加强版，两个术语除了适用的运输方式不同外，买卖双方各承担的义务从性质上看是相同的，请参看表 5-7 对比学习。

表 5-7　　CPT 术语买卖双方重点义务对照表

卖方义务	买方义务
1. 交货义务 卖方应在合同规定的时间、地点，将符合合同规定的货物置于自己指定的承运人控制下，并及时通知买方。	1. 交货义务 根据买卖合同的规定受领货物并支付货款。
2. 风险转移 卖方承担自己将货物在指定地点交给承运人为止的一切风险。	2. 风险转移 买方承担卖方将货物在指定地点交给承运人之后的一切风险。
3. 费用划分 卖方应承担：（1）货物在指定地点货交承运人为止的一切费用；（2）指定交货地点至目的地的主运输费用。	3. 费用划分 买方承担：（1）货物在装运港装到船上之后的一切费用（不含主运费）；（2）目的地卸货费用（按运输合同规定由卖方负担者除外）。
4. 通关义务 卖方应自负风险和费用，取得全部出口许可和其他官方授权，办理货物出口所需的一切海关手续。	4. 通关义务 买方应自负风险和费用，取得全部进口许可和其他官方授权，办理货物进口和从他国过境运输所需的一切海关手续。

续表

卖方义务	买方义务
5. 主运输义务 卖方必须自付费用，按照惯常条件订立运输合同，将货物从约定的装运港（交货地点）用适合货物运输的船舶，按惯常航线运至指定目的地。	5. 主运输义务 买方无订立运输合同的义务。
6. 保险义务 卖方无订立保险合同的义务。但卖方必须及时向买方提供用于货物保险的相关信息。	6. 保险义务 买方无订立保险合同的义务。买方可自行决定是否投保。
7. 通知义务 指定交货地点交货后，卖方必须及时将详细的交货信息通知买方，以便买方做好收货准备。	7. 通知义务 当买方有权决定货物装运时间和指定目的地时，买方必须及时充分地通知卖方（通常卖方不会同意此种做法）。
8. 交单义务 卖方必须自付费用提供符合合同规定的商业发票、运输单据（可提货、可转让）及合同中可能要求的其他通常的纸质或者电子凭证。	8. 交单义务 接受卖方提供的合格单据。

（三）使用 CPT 术语应注意的事项

1. 风险划分的界限问题

按照 CPT 术语成交，虽然卖方要负责订立从启运地到指定目的地的运输契约，并支付运费，但是卖方承担的风险并没有延伸至目的地。按照《2010 通则》的解释，货物自交货地点至目的地的运输途中的风险由买方承担，卖方只承担货物交给承运人控制之前的风险。在多式联运情况下，卖方承担的风险自货物交给第一承运人控制时即转移给买方。

2. 责任和费用的划分问题

采用 CPT 术语时，由卖方指定承运人，自费订立运输合同，将货物运往指定的目的地，并支付正常运费。正常运费之外的其他有关费用，一般由买方负担。

卖方将货物交给承运人之后，应向买方发出货物已交付的通知，以便于买方在目的地办理货运保险和受领货物。如果双方未能确定买方受领货物的具体地点，卖方可以在目的地选择最适合其要求的地点。

3. CPT 与 CFR 的异同点

CPT 与 CFR 同属 C 组术语，按这两种术语成交，卖方承担的风险都是在交货地点随着交货义务的完成而转移，卖方都要负责安排自交货地至目的地的运输事项，并承担其费用。另外，按这两种术语订立的合同，都属于装运合同，同样具有象征性交货的性质，卖方无须保证按时到货。

CPT 与 CFR 的主要区别在于适用的运输方式不同，交货地点和风险划分原理一致，都是在出口国境内交货，但具体表述不同。CPT 术语适用于各种运输方式，交货地点因运输方式的不同由双方约定，风险划分以货交承运人为界；CFR 术语适用于水上运输方式，交货地点在装运港，风险划分以船上为界。除此之外，卖方承担的费用以及需提交的单据等方面也有区别。

六、CIP 术语的解释

CIP 术语英文全称为：Carriage and Insurance Paid to（...named place of destination），即运费、保险费付至（……指定目的地）。按 CIP 术语成交，卖方除负有与 CPT 术语相同的义务外，还须办理货物在运输途中的保险，即卖方除应订立运输合同和支付通常的运费，还应负责订立保险合同并支付保险费。卖方将货物交给指定的承运人，即完成交货。

（一）CIP 术语使用说明

1. 适用的运输方式

CIP 术语适用于任何单一运输方式，也适合多种运输方式的组合。

2. 交货地点

“货交承运人”的指定地点，指卖方在合同约定的交货地点将货物交予卖方自己指定的承运人，则视为卖方已经履行了交货义务。这个交货地点可以是卖方货物所在地，也可以是其他约定地点，如承运人的仓库等地。上述地点应在出口国境内。

3. 货物损失风险的划分

货物灭失或损坏的风险在卖方指定地点货交承运人时，由卖方转移到买方。

4. CIP 的价格构成

CIP 价 = FCA 价 + I（保险费）+ 主运费（Freight）= CPT 价 + I（保险费）

5. CPT 术语条款的惯常表示

《2010 通则》并未对术语的表示进行规范，一种惯常的表示方法举例如下：

USD300/MT CIP No. 112，Amc Street，Rotterdam，Netherlands—Incoterms® 2010

意为每公吨 300 美元，CIP 卖方运费、保险费付至荷兰鹿特丹 Amc 大街 112 号，适用 Incoterms® 2010 规则。需要特别提示的是，CIP 后缀地点为卖方的“运费付至”地点（进口国内），不是交货地点（出口国内）。

（二）买卖双方基本义务的划分

CIP 术语通俗地来讲就是 CIF 术语的扩展版或者加强版，两个术语除了适用的运输方式不同外，买卖双方各承担的义务从性质和划分标准上看是相同的，请参看表 5-8 对比学习。

表 5-8　　CIP 术语买卖双方重点义务对照表

卖方义务	买方义务
1. 交货义务 卖方应在合同规定的时间、地点，将符合合同规定的货物置于自己指定的承运人控制下，并及时通知买方。	1. 交货义务 根据买卖合同的规定受领货物并支付货款。
2. 风险转移 卖方承担自己将货物在指定地点交给承运人为止的一切风险。	2. 风险转移 买方承担卖方将货物在指定地点交给承运人之后的一切风险。

续表

卖方义务	买方义务
3. 费用划分 卖方应承担：（1）货物在指定地点货交承运人为止的一切费用（含保险费）；（2）指定交货地点至目的地的主运输费用。	3. 费用划分 买方承担：（1）货物在装运港装到船上之后的一切费用（不含主运费）；（2）目的地卸货费用（按运输合同规定由卖方负担者除外）。
4. 通关义务 卖方应自负风险和费用，取得全部出口许可和其他官方授权，办理货物出口所需的一切海关手续。	4. 通关义务 买方应自负风险和费用，取得全部进口许可和其他官方授权，办理货物进口和从他国过境运输所需的一切海关手续。
5. 主运输义务 卖方必须自付费用，按照惯常条件订立运输合同，将货物从约定的装运港（交货地点）用适合货物运输的船舶，按惯常航线运至指定目的地。	5. 主运输义务 买方无订立运输合同的义务。
6. 保险义务 卖方必须自付费用投保货物保险，该保险应至少达到国际通用的保险条款的最低险别。 如买方要求加保其他附加险，且费用由买方自理时，卖方应予以代办。 该保险权益应能够合法转让，确保买方或货物受让人有权直接向保险人索赔。	6. 保险义务 买方无订立保险合同的义务。
7. 通知义务 指定交货地点交货后，卖方必须及时将详细的交货信息通知买方，以便买方做好收货准备。	7. 通知义务 当买方有权决定货物装运时间和指定目的地时，买方必须及时充分地通知卖方（通常卖方不会同意此种做法）。
8. 交单义务 卖方必须自付费用提供符合合同规定的商业发票、运输单据（可提货、可转让）及合同中可能要求的其他通常的纸质或者电子凭证。	8. 交单义务 接受卖方提供的合格单据。

（三）使用 CIP 术语应注意的事项

1. 风险和保险问题

按 CIP 术语成交的合同，卖方要负责办理货运保险，并支付保险费，但货物从交货地点运往目的地的运输途中的风险由买方承担。所以，卖方的投保仍属于代办性质。根据《2010 通则》的解释，一般情况下，按《协会货物保险条款》（ICC CLAUSE）或其他类似的保险条款中最低责任的保险险别投保，如果双方未在合同中规定应投保的险别，则由卖方按惯例投保最低的险别，保险金额一般是在合同价格的基础上加成 10%。

2. 应合理确定价格

与 FCA 相比，CIP 条件下卖方要承担较多的责任和费用。要负责办理从交货地至目的地的运输，承担有关运费；办理货运保险，并支付保险费。这些都反映在货价之中。所以，卖方对外报价时，要认真核算成本和价格。在核算时，应考虑运输距离、保险险别、各种运输方式和各类保险的收费情况，并要预计运价和保险费的变动趋势等方面问题。

3. CIP与CIF的区别

CIP与CIF有相似之处，它们的价格构成中都包括了通常的运费和约定的保险费，而且，按这两种术语成交的合同均属于装运合同。但CIP和CIF术语在交货地点、风险划分界限以及卖方承担的责任和费用方面又有其明显的区别，主要表现在：CIF适用于水上运输，交货地点在装运港，风险划分以装运港船上为界，卖方负责租船订舱、支付从装运港到目的港的运费，并且办理水上运输保险，支付保险费。而CIP术语则适用于各种运输方式，交货地点要根据运输方式的不同由双方约定，风险是在承运人控制货物时转移，卖方办理的保险，也不仅是水上运输险，还包括各种运输险。

（四）FCA、CPT、CIP与FOB、CFR、CIF的比较

FCA、CPT和CIP三种术语与FOB、CFR和CIF三种术语买卖双方责任划分的基本原则是相同的，但在表述上又各有不同之处，主要表现在以下几方面。

1. 适用的运输方式不同

FOB、CFR、CIF三种术语仅适用于海运和内河运输，其承运人一般只限于船公司；而FCA、CPT、CIP三种术语适用各种运输方式，包括多式联运，其承运人可以是船公司、铁路局、航空公司，也可以是安排多式联运的联合运输经营人。

2. 交货和风险转移的地点表述不同

FOB、CFR、CIF的交货地点均为装运港，风险均以在装运港装到船上时从卖方转移至买方。而FCA、CPT、CIP的交货地点，需视不同的运输方式和不同的约定而定，它可以是在卖方处所由承运人提供的运输工具上，也可以是在铁路、公路、航空、内河、海洋运输承运人或多式联运承运人的运输站或其他收货点。至于货物灭失或损坏的风险，则于卖方将货物交由承运人保管时，即自卖方转移至买方。

3. 运输单据不同

在FOB、CFR、CIF术语下，卖方一般应向买方提交已装船清洁提单。而在FCA、CPT、CIP术语下，卖方提交的运输单则视不同的运输方式而定。如在海运和内河运输方式下，卖方应提供可转让的提单，有时也可提供不可转让的海运单和内河运单；如在铁路、公路、航空运输或多式联运方式下，则应分别提供铁路运单、公路运单、航空运单或多式联运单据。

第三节

国际贸易中的其他贸易术语

《2010通则》包括的11种贸易术语，除第二节所述的六种常用贸易术语外，现将其他七种贸易术语简要介绍如下。

一、EXW 术语简介

EXW 术语英文全称为：Ex Works（...named place），即工厂交货（……指定地点），是指卖方在其所在地（如工场、工厂或仓库等）将备妥的货物交付买方，以履行其交货义务。按此贸易术语成交，卖方既不承担将货物装上买方备妥的运输工具，也不负责办理货物出口清关手续。除另有约定外，买方应承担自卖方的所在地受领货物的全部费用和风险。因此，EXW 术语是卖方承担责任、费用和风险最小的一种贸易术语。

EXW 术语适用于各种运输方式。

使用 EXW 术语时，如双方希望规定在起运时卖方负责装载货物并承担装载货物的全部费用和风险，则应在合同中特别订明。如买方不能直接或间接地办理出口手续，不应使用该术语，而应使用 FCA 术语。

二、FAS 术语简介

FAS 术语英文全称为：Free Alongside Ship（...named port of shipment），即装运港船边交货（……指定装运港），是指卖方把货物运到买方指定的装运港船边时（如将货物置于装运港码头或者驳船上）时，即为履行了交货义务。买卖双方负担的风险和费用均以该船边为界。该术语仅适用于海运或内河运输。

关于进出口清关手续：由卖方自负费用和风险，取得出口许可或其他官方证件，办理货物出口的一切海关手续，并交纳出口关税及其他费用；由买方自负费用和风险，取得进口许可或其他官方证件，办理货物进口的一切海关手续，并交纳进口关税及其他费用。

三、DAT 术语简介

DAT 术语英文全称为：Delivered at Terminal（...named terminal at port or place of destination），意即运输终端交货（……指定目的港或目的地）。该术语适用于任意运输方式或者多种运输方式的组合。

按照《2010 通则》的规定，以 DAT 术语成交，卖方承担全部风险和费用，在指定目的港或目的地的指定终点站卸货后将货物交给买方处置即完成交货。“运输终端”包括进口国的任何地方，无论该地点是否封闭或遮盖，例如码头、仓库、集装箱堆场或公路、铁路或空运货站。卖方应承担将货物运至指定的目的港或目的地时，和卸货时所产生的一切风险和费用。

建议当事人尽量明确地指定运输终端的确切地点，如果可能，还应该进一步在指定的目的港或目的地的终点站内约定一个特定地点，因为货物从出口国装运地一直到进口国这一地点为止的风险，全部是由卖方承担的。特别建议卖方签订一份与这样一种选择准确契合的运输合同。

此外，若当事人希望卖方继续承担从运输终端到另一地点的运输及管理货物所产生的风险和费用，则应当使用 DAP（目的地交货）或 DDP（完税后交货）术语。

DAT 规则要求卖方办理货物出口清关手续。但是，卖方没有义务办理货物进口清关手续和支付任何进口税费。

四、DAP 术语简介

DAP 术语英文全称为：Delivered at Place（...insert named place of destination），意为目的地交货（……指定目的地）。该术语适用于任意运输方式或者多种运输方式的组合。

按照《2010 通则》的规定，以 DAP 术语成交，卖方承担全部风险和费用，在指定的目的地交货地点，将在抵达的运输工具上尚未卸下的货物交给买方处置即完成交货。卖方须承担货物运至指定目的地为止的一切风险。

由于卖方承担货物到达目的地为止的全部风险，建议双方尽量明确指定目的地的交货地点。建议卖方签订恰好匹配该种选择的运输合同。以 DAP 术语成交卖方不必负责卸货费，但如果卖方按照运输合同已经支付了货物在目的地的卸货费用，那么除非双方达成一致，卖方无权向买方追讨该笔费用。

DAP 规则要求应由卖方办理货物的出口清关手续，但卖方没有义务办理货物的进口清关手续，支付任何进口税费，如果当事人希望卖方办理货物的进口清关手续，支付任何进口税费，则应适用 DDP 规则。

五、DDP 术语简介

DDP 术语英文全称为：Delivered Duty Paid（...named place of destination），即完税后交货（……指定目的地）。DDP 术语适用于任意运输方式或者多种运输方式的组合。

以 DDP 术语成交，卖方承担全部风险和费用，在指定的目的地，将在运输工具上尚未卸下的货物交给买方，即完成交货。卖方须承担将货物运至目的地的一切风险和费用，办理全部进口清关手续，交纳进口税费。

DDP 术语是卖方承担责任、费用和风险最大的一种术语。

建议双方尽量明确指定目的地的交货地点。建议卖方签订恰好匹配该种选择的运输合同。以 DDP 术语成交卖方不必负责卸货费，但如果卖方按照运输合同已经支付了货物在目的地的卸货费用，那么除非双方达成一致，卖方无权向买方追讨该笔费用。

《2010 通则》还规定，办理进口清关手续时，卖方也可要求买方予以协助，买方应给予卖方一切协助取得进口所需的证件，但费用和风险仍由卖方负担。如果当事人希望买方承担货物进口的风险和费用，则应使用 DAP 术语。

第四节

贸易术语的实际运用

在国际货物买卖合同中，贸易术语一般在价格条款中表示出来。不同的贸易术语，买卖双方承担的责任、费用和风险各不相同。在实际业务中，买卖合同的双方当事人选用何种贸易术语，不仅决定了合同价格的高低，而且还关系到合同的性质，甚至还会影响到贸易纠纷的处理和解决。因此，贸易术语的选择和运用是直接关系到买卖双方经济效益的重要问题。

一、贸易术语与合同的性质

在国际货物买卖合同中，一般都要明确所采用的贸易术语，以明确买卖双方交接货物的方式和条件，即明确买卖双方在交接货物过程中各自应承担的责任、费用和风险，从而划分了双方的权利和义务，并说明了合同的基本特征。所以，贸易术语是确定买卖合同性质的一个重要因素。

在实际业务中，通常都以贸易术语的名称来给买卖合同命名，如按 FOB 术语成交的合同称作 FOB 合同，按 CIF 术语成交的合同称作 CIF 合同等。在《2010 通则》的术语中，按 E 组术语成交，卖方在货物所在地交货，故其签订的合同为产地交货合同；按 F 组和 C 组术语成交，卖方在装运地或装运港交货，所以，按 F 组和 C 组术语成交的合同属于装运合同；按 D 组术语成交，卖方应负责将货物按时运至指定目的地，并承担货物到达该目的地的全部费用和风险，所以，按 D 组术语成交的合同属于到达合同。

在一般情况下，贸易术语的性质应与买卖合同性质相一致，合同中的有关条款应与合同性质相一致，与所使用的贸易术语在内容上保持一致，不应有所矛盾。否则，将会给买卖双方带来不必要的纠纷，甚至会造成经济损失。

二、选择贸易术语应考虑的因素

国际贸易中可供选用的贸易术语有多种，据统计，各国使用贸易术语频率较高的主要有 FOB、CIF 和 CFR 术语。近年来，随着国际贸易的发展和运输方式的变化，FCA、CPT 和 CIP 术语的使用也日益增多。在选择贸易术语时，应考虑以下因素。

1. 考虑所使用的运输方式

《2010 通则》对每种贸易术语所适用的运输方式都做出了规定，例如：FOB、CFR 和 CIF 术语只适用海洋运输和内河运输，而不适用于空运、铁路和公路运输。如买卖双方拟使用空运、铁路和公路运输或者多种运输方式组合的国际多式联运，则应选用 FCA、CPT 和 CIP 术语。在我国，随着使用集装箱运输和多式联运方式的不断扩大和发展，为适应这种发展趋势，可以适当扩大使用 FCA、CPT 和 CIP 术语。

2. 考虑运费、保险费的因素

各种贸易术语的价格构成各不相同，运费、保险费是构成价格的一部分，因此，在选用贸易术语时，应考虑运费、保险费的因素。一般来说，在出口贸易中，我方应争取选用由出口方负责主运输的 CIF 和 CFR 术语。在进口贸易中，应争取选用由进口方负责主运输的 FOB 术语。对 FCA、CPT 和 CIP 术语的选用也应按上述原则掌握。

另外，在选用贸易术语时，还应注意运费变动的趋势。当运费看涨时，为了避免承担运费上涨的风险，出口时应选用 FOB 术语，进口时应选用 CIF 或 CFR 术语。如因某种原因，采用由我方安排运输的贸易术语时，则应对货价进行调整，将运费上涨的风险考虑到货价中去。

3. 考虑货物的特点

在国际贸易中，进出口货物的品种繁多，不同类别的货物具有不同的特点，对运输方面的要求各不相同，运费开支的大小也有差异。有些货物价值较低，但运费占货价的比重较大，对这类货物，出口应选用 FOB 术语，进口选用 CIF 或 CFR 术语。此外，成交量的大小，也涉及运输安排的难易和经济核算的问题，因此，也要考虑贸易术语的选用。

4. 考虑国外港口装卸条件和港口习惯

各国港口的装卸条件不同，收费标准各异，港口的装卸作业习惯也有差别。对于装卸条件较差、装卸费用较高和习惯上须由买方承担装船费、卖方承担卸货费的港口，我方进口时应采用 FOB Stowed 或 FOB Trimmed 或 FOBST 贸易术语，出口时采用 CIF Ex ship's hold 或 CFR Ex ship's hold 贸易术语。

5. 按实际需要，灵活掌握，有利于贸易，促成交易

选用贸易术语时，也要根据实际需要，做到灵活掌握。例如，有些国家为了支持本国保险事业的发展，规定在进口时，须由本国办理保险，我方为表示与其合作的意向，出口也可采用 FOB 或 CFR 术语。又如，我方在出口大宗商品时，国外买方为了争取到运费和保险费的优惠，要求自行办理租船订舱和保险，为了发展双方贸易，也可采用 FOB 术语。在进口贸易中，如进口货物的数量不大，也可采用 CIF 贸易术语。

总之，随着我国对外开放的扩大和对外贸易的发展，可以采用更加灵活的贸易做法。除上述所提到的经常使用的贸易术语外，也可视不同的交易情况，适当选择其他贸易术语。

第五节

价格换算及出口报价核算

在国际货物买卖中，进出口商品价格的确定直接影响企业的经济效益和产品市场竞争力，是企业对外开展业务时必须面临的问题。

一、价格构成

企业确定进出口商品价格时，应综合考虑构成价格的诸多因素。在价格构成中，通常包括生产成本（或采购成本）、费用和利润三个方面的内容。其中费用的核算最为复杂。以出口商品为例，出口商品的基本价格构成要素包括：

（1）商品生产成本或采购成本；

（2）装运前融资利息成本和银行手续费用；

（3）出口成本及费用（包括出口包装、国内运输、保险费用、码头费用、仓储费用、各种国内税、海关关税及出口许可费用、出口企业管理费用、认证费等）；

（4）可能的汇率变动成本；

（5）国外运费（因使用的贸易术语不同而不同）；

（6）国外保险费（因使用的贸易术语不同而不同）；

（7）如果有中间商，那么还应包括将支付给中间商的佣金；

（8）出口商预期利润率等。

二、定价方法

1. 成本加成定价方法

成本加成定价是成本导向定价法中最主要的一种定价形式，为外贸企业广泛使用。采用成本加成定价法时，只需要了解有关进出口商品的成本和相对于成本的利润率（或利润额），并以相应的外币表示，即能获得基本价格。

出口商在采用成本加成定价方法时，应根据买卖双方所确定的贸易术语，首先确定出口商品的总成本，并在此基础上计算出口商品利润，即得到出口商品的价格。

2. 竞争对手定价法

竞争对手定价法属于竞争导向定价法，以对付竞争对手为目标，在定价前，出口企业必须广泛搜集竞争对手的各种信息，并与本企业生产的同类商品加以比较，根据对比的情况确定己方的价格。

3. 市场定价法

市场定价法以市场为导向，根据目标市场的特点制定己方的价格。主要有推定价值定价法和区别定价法等。推定价值定价法指根据产品和市场营销因素的组合，以及消费者对产品价值的认可程度制订己方产品的价格。采用该种定价方法的关键是预测价格的准确性。区别定价法则是指按照不同的市场情况，服务于企业战略目标而采取的定价方法，具体又可分为客户差价、式样差价、地点差价、时间差价、数量差价、产品差价等。

三、加强成本核算

外贸企业在掌握出口商品价格时，要注意加强成本核算，以便采取措施不断降低成本，提高经济效益。考核企业的经济指标主要有以下几项。

1. 出口总成本及出口成本价格

出口总成本是指外贸企业为出口商品支付的国内总成本，它由两个基本因素构成：一是商品成本，根据出口方的性质不同，它可以是贸易商采购货物出口的购货成本，也可以是制造商直接出口的生产成本；二是货物出口前的全部国内费用（包括国内和出口税费）。

出口成本价格是指以出口总成本为基础计算出的出口商品单位成本价格，它不涉及国外费用，是出口定价的基础。

2. 出口外汇净收入和出口人民币净收入

出口销售外汇净收入是指出口外汇总收入扣除国外运费、保险费、佣金及理赔款等非贸易外汇后的外汇收入（FOB 净价）。

出口销售人民币净收入是指出口销售外汇净收入按当时的外汇牌价折成人民币的数额。

3. 出口商品额与盈亏率

出口商品盈亏额，是指出口销售人民币净收入与出口总成本的差额，前者大于后者为盈利；反之，为亏损。

出口商品盈亏率，是出口商品盈亏额与出口总成本的比率。以公式表示如下：

$$出口商品盈亏额 = 出口销售人民币净收入 - 出口总成本$$

$$出口商品盈亏率 = \frac{出口商品盈亏额}{出口总成本} \times 100\%$$

案例 5-2

某商品出口总成本为 60 000 元人民币，出口 FOB 外汇净收入为 10 000 美元，设美元当日牌价为 100 美元兑换人民币 680 元，则：

$$盈亏额 = 68\,000 - 60\,000 = 8\,000（元）；盈亏率 = \frac{8\,000}{60\,000} \times 100\% = 13.3\%$$

4. 出口商品换汇成本

出口商品换汇成本是指某商品的出口总成本（人民币）与出口销售该商品的外汇净收入（美元）之比。通过计算得出该商品出口收入一美元需要多少人民币的总成本，也就是说，多少元人民币换回一美元。出口商品换汇成本如高于银行的外汇牌价，则出口为亏损；反之，则说明出口有盈利。其计算公式为：

$$出口商品换汇成本 = \frac{出口总成本（人民币）}{出口销售外汇净收入}$$

案例 5-3

某商品出口总成本为 60 000 元人民币，出口 FOB 外汇净收入为 10 000 美元，设美元当日牌价为 100 美元兑换人民币 680 元，计算出口商品换汇成本：

$$出口换汇成本 = \frac{60\,000}{10\,000} = 6 元人民币/美元$$

低于当日外汇牌价，出口有盈利。

5. 出口创汇率

出口创汇率亦称外汇增值率，原本是用以考核进料加工的经济效益，具体做法是以成品出口所得的 FOB 外汇净收入减去进口原料所支出的 CIF 外汇成本，算出成品出口外汇增值的数额，即创汇额，再将其与原料外汇成本相比，计算出百分率。在采用国产原料的正常出口业务中，也可计算创汇率，但是要以该原料的 FOB 出口价格作为原料外汇成本。计算公式如下：

$$出口创汇率 = \frac{成品出口 FOB 外汇净收入 - 原料外汇成本}{原料外汇成本} \times 100\%$$

案例 5-4

某公司进口布匹 CIF 价为 185 000 美元，加工成衬衣出口的 FOB 外汇净收入为 213 000 美元：

$$出口创汇率（外汇增值率）= \frac{213\,000 - 185\,000}{185\,000} = 15.14\%$$

四、佣金与折扣的计算

实际业务中，在磋商和计算价格时，有时会涉及佣金和折扣的规定。正确掌握和运用佣金和折扣，有利于灵活掌握价格和调动外商经营我方产品的积极性。合同中价格条款所规定的价格，可分为包含有折扣或佣金的价格，以及不包含这类因素的净价。含有佣金的价格称为含佣价。

（一）佣金

1. 佣金的含义

佣金（Commission）指代理人或经纪人为委托人服务而收取的报酬。在国际贸易中，佣金常常表现为交易一方支付给中间商的酬金。佣金有明佣和暗佣两种，前者是指在买卖合同中明确规定佣金的百分比；后者是指不在买卖合同中明确规定佣金，而是另行约定佣金。中间商采用暗佣的目的是为了从买卖双方获得“双头佣金”或为了逃税。佣金直接关系到商品的价格，货价中是否包括佣金和佣金比例的大小，都会影响商品的价格。显然含佣价比净价要高。正确运用佣金，有利于调动中间商推销和经营我商品的积极性，增强有关货物在国外市场上的竞争力，从而扩大销售。因此，佣金在我国进出口业务中经常使用。

2. 佣金的规定办法

在价格条款中，对于佣金可以有不同的规定方法。

（1）用文字来说明。例如：“每公吨 200 美元 CIF 纽约包含 2% 佣金”（USD200/MT CIF New York including 2% Commission）。

（2）在贸易术语上加注佣金的英文字母 C 和佣金率。例如：“每打 25 美元 CFRC2% 伦敦”（USD25/ Dozen CFRC2% London）。其中 C 是 commission 的缩写，佣金率也可以用绝对数表示，比如：“每打付佣金 5 美元”可表示为：USD5 per Dozen Commission。

（3）佣金的计算方法。计算佣金有不同的方法。实际业务中，利用不同的计算方法，即使含佣价相同，也可以得出几种佣金数。因此，佣金的计算是一种技巧，可以因交易对象或市场需求而异。在实际业务中，最常见的是以买卖双方的成交额或发票金额为基础计算佣金。例如，卖方报价为每公吨 1 000 美元，CIFC3%，则每公吨货物应支付的佣金为 30（1 000 ×3%）美元，卖方每公吨实际收入应为 970（1 000 - 30）美元。佣金的计算公式为：

单位货物佣金额 = 含佣价 × 佣金率

净价的计算方法为：

净价 = 含佣价 - 单位货物佣金额，或净价 = 含佣价 × （1 - 佣金率）

$$含佣价 = \frac{净价}{1 - 佣金率}$$

案例 5 - 5

有卖方报价 USD20 PER SET CIF NEW YORK，买方要求改报 CIFC3% NEW YORK。如果保持我方的净收入不变，则卖方改报的含佣价应为：

$$含佣价 = \frac{20}{1 - 3\%} = USD20.62$$

（4）佣金的支付方式。①从货价中扣除，即合同中规定价格为含佣价（比如 CIFC5 = USD200），买方实际支付价格为扣除佣金之后的价格（CIF = USD190）；②待出口商收妥货款后，再按事先约定的期限和佣金率，汇付给中间商；③如采用信用证付款，则在信用证中规定佣金在议付时直接从信用证款项中扣除，称为“议扣”。

（二）折扣

1. 折扣的含义

折扣（Discount，Allowance）是指卖方给予买方一定百分比的价格减让。从性质上看，它是一种优惠。在外贸业务中，使用折扣主要是为了照顾老客户、确保销售渠道、扩大销售等目的。业务员应根据具体情况，针对不同客户，灵活运用各种折扣方法。如为了扩大销售，使用数量折扣（Quantity Discount）；或为发展关系，可以适当给予特别折扣（Special Discount）。

折扣有明扣和暗扣。前者在买卖合同中明确规定折扣率；后者指不在合同中规定折扣率，而另行约定。

2. 折扣的规定办法

在国际贸易中，折扣通常在规定价格条款时，用文字明确表示出来。例如："每公吨200美元CIF纽约包括3%折扣"（USD200 per M/T CIF New York including 3% Discount）。此例也可以表示为："每公吨200美元CIF纽约，减3%折扣"（USD200 per M/T CIF New York，less 3% Discount）。此外，也可用绝对数来表示，如："每公吨折扣6美元（USD6 per M/T Discount）"。

3. 折扣的计算及支付方式

折扣通常是以成交额或发票金额为基础计算出来的。例如，每公吨1 000美元CIF中国香港，折扣2%，则卖方给予买方的折扣额应为20（1 000×2%）美元。实际上，卖方收回的净收入为980（1 000－20）美元。因此，折扣的计算公式为：

单位货物折扣额＝原价×折扣率

净收入＝含折扣价－单位货物折扣额

或，净价＝含折扣价×(1－折扣率)

折扣支付方式为：明扣在买方支付货款时预先扣除；暗扣则不从货价中扣除，而是另付。

五、主要贸易术语的价格掌握

在确定商品价格时，要考虑的因素有很多，如：企业的经营意图、市场战略、交易商品的特点、市场供求规律、汇率变化趋势、交易商品的质量和档次、交易数量、包装要求、运输条件、交货方式和地点、交易双方的谈判实力等，这些因素都会对商品价格产生一定的影响。对于进出口业务人员而言，掌握商品的价格是一项复杂而又十分艰巨的工作。为了做好这项工作，外经贸业务经营人员必须熟悉交易商品成本核算方法、主要贸易术语的价格构成和换算方法；了解作价方法和国际市场商品价格变动趋势，充分考虑影响价格的各种因素，合理地制订国际货物买卖合同中的价格条款。

（一）FOB、CFR、CIF三种贸易术语的价格构成

在我国进出口业务中，最常采用的贸易术语是FOB、CFR和CIF三种。这三种贸易术语仅适用于海上或内河运输。在价格构成中，通常包括三方面的内容：生产或采购成本、各种费用和净利润。

FOB、CFR和CIF三种贸易术语的价格构成的计算公式如下：

FOB价＝生产（或采购）成本＋国内费用＋净利润；

CFR价＝生产（或采购）成本＋国内费用＋主运费＋净利润＝FOB价＋主运费；

CIF价＝生产（或采购）成本＋国内费用＋主运费＋国外保险费＋净利润

$= FOB$ 价 + 主运费 + 国外保险费

（二）FCA、CPT 和 CIP 三种贸易术语的价格构成

FCA、CPT 和 CIP 三种贸易术语，是国际商会为适应国际贸易的新发展而制定的贸易术语。它们的适用范围比较广，其价格构成也有三部分：生产或采购成本、各种费用和净利润。由于采用的运输方式不同，交货地点和交货方式不同，有关费用也有所不同。

FCA、CPT 和 CIP 三种贸易术语的价格构成的计算公式如下：

FCA 价 = 生产（或采购）成本 + 国内费用 + 净利润；

CPT 价 = 生产（或采购）成本 + 国内费用 + 主运费 + 净利润 = FCA 价 + 主运费；

CIP 价 = 生产（或采购）成本 + 国内运费 + 主运费 + 国外保险费 + 净利润

= FCA 价 + 国外运费 + 国外保险费

（三）主要贸易术语的价格换算

1. FOB、CFR 和 CIF 三种价格的换算

CFR 价 = FOB 价 + 主运费；FOB 价 = CFR 价 − 主运费

$$\text{CIF 价} = \frac{\text{FOB 价} + \text{主运费}}{1 - \text{投保加成} \times \text{保险费率}} = \frac{\text{CFR 价}}{1 - \text{投保加成} \times \text{保险费率}}$$

注意：投保加成 = 1 + 投保加成率，如无特别约定，则投保加成率为 10%，投保加成为 1.1。

案例 5－6

某企业向纽约出口 100 吨某产品，已知该产品在天津新港装船后的全部成本（包括产品成本）为每公吨 120 美元，要求利润为每公吨 30 美元，到纽约（NEW YORK，USA）的海运费为每公吨 35 美元，试求该批货物的 FOB、CFR 单价，则：

FOB = 120 + 30 = 150（美元）；CFR = 150 + 35 = 185（美元）

若按发票金额的 110% 投保一切险，已知保险费率为 0.5%，则：

$$\text{CIF} = \frac{185}{1 - 110\% \times 0.5\%} = 186.02\ (\text{美元})$$

2. FCA、CPT 和 CIP 三种术语的换算

CPT 价 = FCA 价 + 主运费；FCA 价 = CPT 价 − 主运费

$$\text{CIP 价} = \frac{\text{FCA 价} + \text{国外运费}}{1 - \text{投保加成} \times \text{保险费率}} = \frac{\text{CPT 价}}{1 - \text{投保加成} \times \text{保险费用}}$$

课后练习

一、单项选择题

1. 下列术语中，卖方不负责办理出口手续及支付相关费用的是（　　）。

A. FCA　　B. FAS

C. FOB　　D. EXW

2. 象征性交货指卖方的交货义务是（　　）。

A. 不交货　　B. 既交单又实质性交货

C. 凭单交货　　D. 实际性交货

3. 在国际贸易中，含佣价的计算公式是（　　）。

A. 单价×佣金率　　B. 含佣价×佣金率

C. 净价×佣金率　　D. 净价/(1-佣金率)

4. 以下我国出口商品的贸易术语单价，只有（　　）的表达是正确和完整的。

A. 250美元/桶　　B. 250美元/桶 CIF 伦敦

C. 250美元/桶 CIF 广州　　D. 250美元

5.《2010通则》规定，如无链式销售情形，采用CFR/CIF术语成交，买卖双方货损风险的划分界限在（　　）。

A. 装运港船边　　B. 装运港船上

C. 装运港船舷　　D. 目的港船上

二、多项选择题

1. 外贸业内将CIF称作"到岸价"是不严谨的，主要原因是（　　）。

A. CIF卖方交货地点在装运港而不是目的港

B. 卖方不负责货到目的港的运输保险

C. 卖方不承担货到目的港的费用和风险

D. 风险在货物装到装运港船上后转移

2.《2010通则》规定，如无链式销售情形，FOB、CFR、CIF的共同点表现在（　　）。

A. 交货地点均在装运港船上　　B. 均适用于水上运输方式

C. 风险划分均以装运港船上为界　　D. 卖方均要负责支付主运费

3.《2010通则》中，CFR和CPT的共同点表现在（　　）。

A. 按两术语成交的合同均为装运合同　　B. 卖方均是在装运港船上交货

C. 卖方均需自费订立货物的运输合同　　D. 卖方出口清关，买方进口清关

4. 下列贸易术语（自中国出口）单价的写法正确的有（　　）。

A. 120 CIF London　　B. USD100/set CIF London

C. USD200/set CFRC% London　　D. USD200/set FOB London

三、简答题

1. 我出口某商品，原报价为350美元/桶 CIF 纽约，现外商要求将价格改报CFRC5%。已知保险费率为0.6%，在保持原利润不变的情况下，我方应将价格改报为多少？

2. 某外贸公司出口一批商品，国内进货价共10 000元人民币，加工费支出1 500元人民币，商品流通费是1 000元人民币，税金支出为100元人民币，该批商品出口销售净收入为2 000美元。设汇率为1美元=8.2736元人民币。试计算：(1) 该批商品的出口总成本是多少？(2) 该批商品的出口销售换汇成本是多少？(3) 该商品的出口销售盈亏率是多少？

3.《2010通则》中，术语后缀地点为“交货地点”的贸易术语有哪些？其含义是什么？

4.《2010通则》中，术语后缀地点为“运费付至地点”的贸易术语有哪些？其含义是什么？

5. 请简述CIF术语卖方的交货地点、风险划分点，及买卖双方在主运输、进出口清关、保险、费用划分方面的责任义务。

四、案例分析

1. 我方按CIF贸易术语对外出口，并按规定提交了全套符合要求的单据，货轮在航行途中触礁沉没，货物全部灭失，买方闻讯以“CIF是到岸价，卖方需将货物运到目的港并安全卸到岸上才算完成交货任务”为由拒付货款。请分析买方拒付的理由是否合理？我方应如何处理？

2. 北京A公司拟向美国纽约B公司出口某商品5 000箱，运输方式为海运。B公司提出按FOB天津新港成交，而A公司主张采用FCA北京的条件，试从风险和费用两方面分析A、B公司各自提出上述条件的原因。

第六章

商品的品名、品质、数量、包装

【学习目标】

1. 掌握商品品名的意义及注意事项。

2. 掌握货物品质条款的意义、货物品质的规定方法和应注意的事项。

3. 掌握数量条款的意义、基本内容和注意事项。

4. 了解包装的作用、种类、中性包装和定牌业务，掌握包装条款的规定办法。

【导读】

更改合同品质条款引发的争议

山西省西南端的运城，地处北纬35°的地理带，属黄土高原区，区内土层深厚，雨量适中，光照充足，海拔高，温差大，是世界上公认的最佳苹果生产带，鲜苹果质量上乘，远销海内外。山西某外贸公司向美国出口一批鲜苹果，共计20吨。合同上写明三级品，发货时发现三级苹果库存告急，于是该公司改以二级品交货，并在发票上加注："二级苹果仍按三级计价"。货抵美国后，遭买方拒绝。试问：在上述情况下，买方有无拒付的权利？为什么？

分析：

买方有权利拒付。《联合国国际货物销售合同公约》规定，卖方交付货物，必须符合约定的质量。如卖方交货不符合约定的品质条件，买方有权要求损害赔偿，也可以要求修理或交付替代物，甚至拒收货物和撤销合同。

第一节

商品的品名

一、品名的概念

商品的名称或品名（Name of Commodity）就是合同标的的名称，是被买卖商品的具体称谓。在国际贸易中，看货成交、一手交钱、一手交货的情况极少，一般只要凭借对拟买卖的商品作必要的描述来确定交易的标的，因而必须列明商品名称。

品名的选用要遵循易使双方明白接受的原则。对国际市场已有的商品，应采用惯用的品名，不宜别出心裁地去发明一个；对打算出口的新产品取名也应考虑对方的理解。商品取名的方法有很多，主要有以下几种。

（1）以商品的主要用途取名，如旅游鞋、运动服等。

（2）以商品的主要原材料取名，如羊毛衫、皮鞋、玻璃杯等。

（3）以商品的主要成分取名，如人参蜂皇浆、巧克力奶糖等。

（4）以商品的外观特点取名，如蝙蝠衫、高跟鞋等。

（5）以商品的制作工艺取名，如精制油、纯净水等。

商品的品名在一定程度上体现了商品的自然属性、用途以及主要的性能特征。加工程度低的商品，取名一般较多地反映该商品所具有的自然属性；加工程度高的商品，取名一般较多地体现出该商品的性能特征。

二、品名条款的意义

品名条款是国际货物买卖合同的主要条款之一，又称标的物条款。没有品名条款的合同是无效的。根据《联合国国际货物销售合同公约》的规定，对交易标的物的描述，是构成商品说明（Description）的一个主要组成部分，是买卖双方交接货物的一项基本依据，它关系到买卖双方的权利和义务。若卖方交付的货物不符合约定的品名或说明，买方有权提出损害赔偿要求，甚至拒收货物或撤销合同。因此，列明合同标的物的具体名称具有重要的法律和实践意义。

三、品名条款的内容

国际货物买卖合同中的品名条款，并无统一的要求和格式，通常由买卖双方协商确定。品名条款的内容一般比较简单，通常都是在“商品名称”或“品名”（Name of Commodity）的标题下，列明交易双方成交商品的名称。有时为了省略起见，也可不加标题，只在合同的开头部分，列明交易双方同意买卖某种商品的文句。另外，有些商品还出现了品名和品质条款合并的情况。

四、规定品名条款的注意事项

国际货物买卖合同中，品名条款是合同中的主要条件，在规定此条款时，应注意下列事项：

（1）商品的品名必须做到内容明确、具体；

（2）商品的品名必须实事求是、切实反映商品的实际情况；

（3）商品的品名要尽可能使用国际上通行的名称；

（4）确定品名时，应注意有关国家的海关税则和进出口限制的有关规定，恰当地选择有利于降低关税和方便进出口的名称；

（5）确定品名时必须考虑其与运费的关系。

第二节

商品的品质

一、商品品质的概念

商品的品质（Quality of Goods）是指商品的外观形态和内在质量的综合。商品的外观形态是人们的感官直接可感觉到的外形特征，如商品的大小、长短、结构、造型、款式、色泽、光滑、粗糙及味觉、嗅觉等。商品的内在质量则是指商品的物理和机械性能、化学成分、生物特征、技术指标等。

商品品质的优劣直接影响到商品的使用效能、销路和市场价格，关系到买卖双方的利益。在当今国际市场竞争空前激烈的条件下，各国都把以质取胜作为非价格竞争的主要方式，因此在我国进出口贸易中，要重视商品品质，严格把好进出口商品的质量关。

此外，国际贸易摩擦不断加剧，有些国家构筑贸易质量保护壁垒，通过立法把商品质量作为奖出限入贸易保护主义的手段。因此，提高质量、保证商品质量的稳定性已成为各国冲破质量保护壁垒、扩大出口的途径和方法。

二、品质条款的意义

由于国际贸易的商品种类繁多，即使是同一种商品，在品质方面也会存在种种差别。这就要求买卖双方在合同中就品质条件做出明确规定。合同中的品质条款，是买卖双方交接货物的依据。英国《货物买卖法》把品质条件作为合同的要件（Condition）。《联合国国际货物销售合同公约》规定，卖方交付货物必须符合约定的质量。如卖方交货不符合约定的品质条件，买方有权要求损害赔偿，也可以要求修理或交付替代物，甚至拒收货物和撤销合同，由此可见品质的重要性。

三、表示商品品质的方法

确定商品品质的方法主要取决于商品的性质、特点及其在国际贸易中长期以来形成的习惯做法。在国际贸易中，表示商品品质的方法可分为用实物样品表示和用文字说明表示两大类。

（一）凭样品买卖（Sales by Sample）

样品（Sample）通常是指从一批货物中抽取出来或由生产和使用部门设计加工出来的能够代表出口货物品质的少量实物。凡以样品表示商品品质并以此作为交货依据的，称为凭样品买卖。

凭样品买卖的方法一般适用于难以标准化、规格化，难以用文字说明其品质的商品，如部分工艺品、服装、土特产品、轻工产品等。单纯凭样品表示品质的交易在国际贸易中并不多见。一般是规定商品的某些方面以样品为依据，如采用“色彩样品”（Color Sample）来表示服装的色彩，采用“款式样品”（Pattern Sample）表示工艺品的造型，其他方面的质量指标则用文字说明来表示。

凭样品买卖通常是由卖方提出样品，但有时也可由买方提出。按照前者所进行的交易，称为凭卖方样品买卖（sale by seller's sample），该样品称之为“原样”；按后者所进行的交易称为凭买方样品买卖（sale by buyer's sample），在我国出口业务中亦称“来样成交”。无论是凭卖方样品买卖还是凭买方样品买卖，合同一旦成立，凭以成交的样品就成为买卖双方交接货物的品质依据，卖方必须承担交货时商品的品质与样品完全一致的责任。

在我国出口业务中，如采用凭样品成交时，应注意以下问题：

（1）争取凭我方样品成交，并注意取样要具有代表性。既不能以高于交货质量的样品作为成交样品，给日后的交货工作带来困难，也不能以低于交货质量的样品作为成交样品，造成经济上的损失。

（2）对外寄送样品应留存复样。所谓复样（Duplicate Sample），是指选择或制造与寄送样品在品质上一致的实物。对外寄出的每一种样品或成交的样品，都应留存复样，以备交货或处理品质纠纷时作核对之用。复样除由出口公司自存一份外，对需经商检局检验的商品，还应另备一份送商检局备查。

（3）如货样难以保证完全一致，应在合同中加列“品质与样品大致相同”（Quality to be considered as being about equal to the sample）的字样。按一般法律的规定，如果卖方所交货物与样品不符，买方有权拒收货物，并可请求损害赔偿。

（4）如按来样成交，应考虑对方来样在政治和经济上有无不良影响，还应注意我方生产技术条件和工艺水平能否做到。

（5）在买方来样时，为了防止日后交货困难及减少发生纠纷，最好将“来样成交”改为凭“对等样品”成交。

所谓“对等样品”（Counter Sample）又称“回样”，是指卖方按买方来样复制或提供的，并回寄给买方确认，经确认后作为交货品质依据的样品。这种做法实际是把交易的性质由“凭买方样品买卖”转变为“凭卖方样品买卖”。

（6）注意来样不要侵犯别人的“工业产权”，包括专利权和商标权。磋商时，涉及工业产权的，应要求对方提供有效证件，证明对方享有该项产权的合法权利。签合同时，为防止我方被卷入法律纠纷，应在合同中明确规定“如由于买方来样发生侵犯第三者权利时，由买方承担一切经济和法律责任”。

无论凭卖方样品买卖还是凭买方样品买卖，必要时可使用“封样”（Sealed Sample）的做法，即由公证机构在一批货物中抽取同样品质的样品若干份，在每份样品上加以铅封或烫上火漆，供交易双方使用。此外，买卖双方为了发展贸易关系、介绍商品而相互寄送的样品，应标明“仅供参考”（For Reference Only）字样，以免与标准样品混淆。参考样品对买卖双方均无约束力。

（二）凭文字说明表示商品品质的方法

在国际货物买卖业务中，除少数情况是采用凭样品买卖外，大部分是采用凭文字说明表示商品品质的方法。具体可分为以下几种。

1. 凭规格、等级、标准买卖（Sales by Specification、Grade or Standard）

凡按这类方式成交时，卖方所交货物必须与合同规定的规格、等级、标准相符。否则，买方有权要求扣减品质差价或赔偿损失，甚至可以拒收货物、撤销合同并要求赔偿损失。

规格（Specification）是指用来反映商品品质的一些主要指标，如成分、含量、纯度、性能、长短、粗细等。用规格来确定货物的品质进行买卖，即“凭规格买卖”。凭规格买卖比较方便、准确，在国际货物买卖中应用最广。

等级（Grade）是指对同一类商品，按其规格中若干主要指标的差异，用文字、数字或符号所做的分类。“凭等级买卖”只需说明其级别，即可明确买卖货物的品质。

标准（Standard）是指对商品规格的标准化，在国际贸易中，对一些已经被广泛接受的标准，一般倾向于按该项标准进行交易。这些标准包括：国际标准、国家标准、行业标准和企业标准。随着科学技术、生产技术的发展，商品的标准不断地被修改或变动，版本不同，品质标准内容也不相同。在合同中援引标准时，应注明采用标准的版本及年份，以免引起争议。

知识点

在国际贸易中，对某些品质容易变化、难以规定统一标准的农副产品，常采用“良好平均品质”（Fair Average Quality，简称 FAQ）来表示其品质。一般由同业公会或检验机构从一定时期或季节、某地装船的各批货物中分别抽取少量的实物加以混合，并由该机构封存保管，以此实物所显示的平均品质水平，作为该季节同类商品质量的比较标准。“良好平均品质”一般是指中等货，也称“大路货”。例如：东北大豆，2017 年收成，FAQ。

2. 凭说明书和图样买卖（Sales by Description and Illustration）

机电产品、仪器设备等技术密集型产品，由于其结构、性能都比较复杂，无法用几个简单的指标表示其品质的全貌，必须凭说明书详细地说明其构造、性能、用材及使用时的操作方法，并附上必要的图样照片。这种做法称为凭说明书和图样买卖。此时，合同中的品质条款无需详细填写，只需注明“详见说明书”即可，并注明所附说明书为合同不可分割的组成部分。

3. 凭商标或牌号买卖（Sales by Trade Mark or Brand）

商标或牌号是生产者或销售者用以区别其他同类商品的一种标志。商标与牌号受商标法的保护。用商标或牌号表示品质，一般都是在国际市场上有良好信誉、品质稳定的商品。例如：鄂尔多斯羊绒衫、格力空调等。

4. 凭产地名称买卖（Sales by Origin）

有些受自然条件和传统的生产技术影响较大的商品，产品质量优良，并具有一定的特色，产地名称就成为代表该项产品质量的主要标志。这类产品可凭产地名称进行买卖，例如：山西老陈醋、山东龙口粉丝等。

上面介绍了常用的表示商品品质的方法。除此之外，还有一些商品，例如珠宝首饰、特定的工艺制品，由于其性质独特，既无法用文字表述其品质，也不便采用样品交易，只能看货成交。

第三节

商品的数量

一、商品数量的概念

商品的数量（Quantity of Goods）是指以一定的度量衡单位表示的货物重量、个数、长度、面积、体积或成分百分比等。从内容看，数量分为数和量两部分。数指绝对数，量指计量单位。

买卖合同中成交数量的确定，不仅关系到进出口任务的完成，而且还涉及对外政策和经营意图的贯彻。正确掌握成交数量，对促进交易的达成和争取有利的价格也具有一定的作用。

二、数量条款的意义

数量条款是国际货物买卖合同中的主要交易条件之一。按照某些国家的法律规定，卖方交货数量必须与合同规定相符，否则，买方有权提出索赔，甚至拒收货物。《国际货物销售合同公约》也规定，按约定的数量交付货物是卖方的一项基本义务，如卖方交货数量大于约定的数量，买方可以拒收多交的部分，也可以收取多交部分中的一部分或全部，但应按合同价格付款。如卖方交货数量少于约定的数量，卖方应在规定的交货期届满前补交，但不得使买方遭受不合理的不便或承担不合理的开支，即使如此，买方也有保留要求损害赔偿的权利。

由于交易双方约定的数量是交接货物的依据，因此，订好合同中的数量条款具有十分重要的意义。

三、计量方法和计量单位

在国际货物买卖中，由于商品的种类、特性和各国度量衡制度的不同，所以计量方法和计量单位也多种多样。了解各种度量衡制度，熟悉各种计量方法和计量单位的特定含义，是从事外经贸工作人员所必须具备的基本常识和技能。

（一）计量单位和计量方法

国际贸易中，根据商品的不同特性，通常使用的计量方法、计量单位和应用情形如

表 6－1 所示。

表 6－1　国际贸易中常见的计量方法

计量方法	常见单位	适用商品
重量	公吨（Metric Ton）、长吨（Long Ton）、短吨（Short Ton）、公斤（kg）、克（g）、盎司（Ounce）、磅（Pound）	农副产品、矿产品及部分工业制成品，如大米、谷物、羊毛、煤等。
数量	件（Piece）、双（Pair）、套（Set）、打（Doz），袋（Bag）、包（Bale）	一般日用工业制成品及杂货类商品，如：文具、成衣、车辆、活牲畜等。
长度	米（Meter）、英尺（Foot）、码（Yard）	布匹、电线、电缆、绳索、胶管等。
面积	平方米（Square Meter）、平方尺（Square Foot）、平方码（Square Yard）	皮制商品、部分装饰材料，如皮革、木板、玻璃、地砖、地毯等。
体积	立方米（Cubic Meter）、立方尺（Cubic Foot）、立方码（Cubic Yard）	木材、砂石、化学气体等。
容积	蒲式耳（Bushel）、公升（Liter）、加仑（Gallon）等	部分谷物、流体或气体物品，如啤酒、汽油、液化气等。

由于各国度量衡制度不同，所使用的计量单位各异。目前国际贸易中常用的度量衡制度有国际单位制、公制、英制和美制。

（二）重量计算方法

根据商品的性质和一般商业习惯，计算重量的方法主要有以下几种。

1. 毛重（Gross Weight）

毛重是指商品本身的重量加包装物的重量。包装物的重量称皮重（Tare）。这种计量方法适用于低值商品。

2. 净重（Net Weight）

净重是指商品本身的重量，即除去包装物后的商品实际重量。净重是国际贸易中最常见的计重办法。但有些价值较低的农产品或其他产品，有时也采用“以毛作净”（Gross for Net）的办法计重，即以毛重当作净重计量。如鱼粉 100 公吨，麻袋装每袋 50 公斤，以毛作净。

3. 公量（Condition Weight）

有些商品，如棉花、羊毛、生丝等有比较强的吸湿性，所含的水分受客观环境的影响较大，其重量也就很不稳定。为了准确计算这类商品的重量，国际上通常采用按公量计算，即以商品的干净重（烘去商品水分后的重量）加上国际公定回潮率与干净重的乘积所得出的重量，即为公量。公量＝商品干净重×（1＋公定回潮率）。

4. 理论重量（Theoretical Weight）

对于一些按固定规格生产和买卖的商品，只要其重量一致，每件重量大体是相同的，所以一般可以从其件数推算出总重量。适用于按固定规格制造的商品。如铝锭、钢板等。

5. 法定重量（Legal Weight）或实物净重（Net Weight）

某些国家的海关在对商品征收从量税时所使用的计重方法。法定重量是指商品本身的重量加上直接接触商品的包装材料的重量；而除去这部分包装重量所表示出来的纯商品的重量，则称为实物净重。

四、合同中数量条款的规定

买卖合同中的数量条款，是买卖双方交接货物和处理争议的依据。主要包括成交商品的数量和计量单位。按重量成交的商品，还需订明计算重量的方法。对于大宗散装货物，还需要规定数量机动幅度。数量机动幅度（Quantity Allowance）是指卖方实际交货数量可多于或少于合同规定数量的一定范围。数量机动幅度包括溢短装或“约”量两种规定办法。

（一）溢短装条款（More or Less Clause）

溢短装条款即允许交货时可多装或少装合同规定数量的一定百分比的条款。有些大宗商品，比如粮食、矿砂、化肥、食糖等，由于货源变化、船舱容量、装载技术等原因，往往难于准确地按约定数量交货，一般在合同中规定溢短装幅度。例如：“5% more or less is acceptable”。

溢短装条款一般包括三项内容：

（1）数量机动幅度的大小要适当。

（2）机动幅度选择权的规定要合理，机动幅度的选择权可以由卖方、买方或船方行使。

（3）计价方法要公平合理。合同中若未明确规定按何种价格计算，按照国际惯例，应按合同价格计算。

如果合同中未明确规定数量机动幅度，则卖方应严格按照合同中规定的数量交货。但是，买方如采用信用证方式付款，根据《跟单信用证统一惯例》（UCP600）第30条b款的规定，在信用证未以包装单位件数或货物自身件数的方式规定货物数量时，货物数量允许有5%的增减幅度，只要总支取金额不超过信用证金额。

（二）“约”量（Approximate, About）

“约量”即在合同的数量前加“约”“大约”“近似”“左右”等字样。由于“约”的含义在国际上解释不一，所以双方当事人应事先明确对允许增减的幅度进行约定，以免引起纠纷。但在采用信用证付款方式时，根据《UCP600》第30条a款的规定解释，“约”或“大约”用于信用证金额或信用证规定的数量或单价时，应解释为允许有关金额或数量或单价有不超过10%的增减幅度。

不同的解释和理解容易引起纠纷，为此在使用“约”量时，双方应先取得一致的理解，并达成书面协议，通常可以在一般交易条件中列明。一般而言，还是在数量条款中明确规定溢短装幅度为宜，尽量避免使用“约”量条款。

在数量机动幅度范围内，多装或少装货物，一般仍按合同规定的价格计算，即多交多收。但是，对于价格波动频繁、幅度较大的大宗商品，为了防止掌握溢短装条款选择权的一方利用机动幅度故意增加或减少数量以取得额外收益，也可规定增减部分按装运时某种价格计算。按照国际惯例，合同中如未对溢短装部分规定作价办法，溢短装部分应按合同价格计算。

五、规定数量条款时应注意的问题

（1）成交数量应充分与市场供求、销售价格、客户资信、经营能力相适应。避免违背市场规律，片面或盲目追求成交数量从而导致损失。

（2）数量条款的内容必须明确、具体、完整，应明确成交数量和计量单位。按重量成交的应说明是按毛重或净重计算；如不说明的，根据《公约》第56条规定，应按净重计算。

（3）对散装商品应在合同中正确规定溢短装条款。

第四节

商品的包装

一、包装的意义

国际贸易货物除少数不必包装、可直接装入运输工具中的散装货（Bulk Cargo，Cargo in bulk）和在形态上自成件数、无需包装或略加捆扎即可成件的裸装货（Nude Cargo）以外，绝大多数商品都需要有适当的包装。

适当的包装对保护、保存商品，美化、宣传商品以及方便商品的贮存、运输、销售和使用都起着重要作用。包装的好坏直接影响到商品售价的高低。因此，交易双方在磋商时，一般要对包装做出具体、详细的规定。包装条款也是合同的重要条款之一。

二、包装的种类

按包装在流通过程中所起的作用可分为运输包装和销售包装。前者的作用主要在于保护商品；后者除起保护作用外，还有促销的功能。

（一）运输包装

1. 对运输包装的要求

（1）必须适应商品的特性。比如，水泥的包装应具有防潮功能；玻璃制品、陶瓷、灯具的包装应具有防震功能；液体货物的包装应具有防漏功能。

（2）必须适应各种不同运输方式的要求。比如海运货物的包装应牢固、防挤压、防碰撞；空运货物的包装应轻便。

（3）必须考虑有关国家的法律规定和客户的要求。比如有的国家禁止使用柳藤、稻草作为包装材料，怕带进病虫害。

（4）要便于各环节有关人员进行操作。

（5）要在保证包装牢固的前提下节省费用。

2. 运输包装的分类

运输包装的方式和造型多种多样，用料和质地各不相同，包装程度也有差异。

（1）包装方式。可分为单件运输包装和集合运输包装。前者是指每件货物单件包装，如箱（Case，Box，Carton）、包（Bale，Wrapper）、桶（Drum，Cask）、捆（Bundle）、袋（Bag）等；后者是指将若干单件运输包装组合成一件大包装，以利更有效地保护商品、提高装卸效率和节省运输费用。在国际贸易中常见的集合包装有集装箱、集装袋、托盘等。

（2）包装材料。可分为纸制包装、金属制包装、木制包装、塑料包装等。如纸箱（Carton）、木箱（Wooden Case）、布袋（Cloth Bag）、铁桶（Iron Drum）等。

（3）包装质地。可分为软件包装、半硬性包装和硬性包装等。

（4）包装程度。可分为全部包装和部分包装。

3. 运输包装的标志

运输包装的标志是指印刷在包装上的文字、符号或图案。按其用途可分为运输标志、指示性标志和警告性标志三种，以识别和提醒人们操作时注意。

（1）运输标志（Shipping Mark），俗称"唛头"，是指印刷在运输包装上，便于有关人员运输和交接货物，防止错发、错运的文字和几何图案。按照联合简化国际贸易工作组的推荐，运输标志应由以下四个部分按顺序排列组成：第一，收货人或买方的名称字首或简称；第二，参照号，如合同号、订单号、发票号等；第三，目的地；第四，件数号。

例 6-1

Y F
WG065
LONDON
C/N 1-100

例 6-2

SUNTEX
09GST082
SHANGHAI
NO. 1-180

（2）指示性标志（Indicative Mark），又称操作标志。根据商品的性能特性，在包装外部用简单醒目的图形或文字对一些容易破碎、残损、变质的商品做出指示标志，以引起有关人员在装卸、搬运、存放和保管过程中的注意。例如："小心轻放"（Handle with care）、"保持干燥"（Keep dry）等常用的指示性标志，如图 6-1 所示。

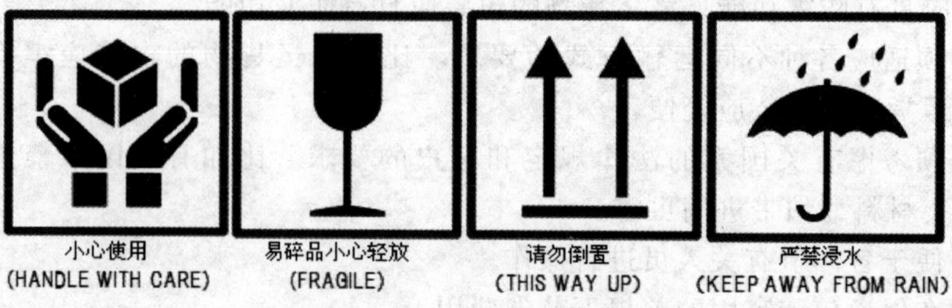

图 6-1 常用指示性标志

（3）警告性标志（Warning Mark），对危险货物，为了在运输、保管和装卸过程中使有关人员加强防护措施，以保护物资和人身的安全而加在外包装上的危险货物标志。

警告性标志如图 6－2 所示。

图 6－2 《国际海运危险货物规则》规定的危险标志

（4）其他标志，除上述包装标志外，商品的运输包装上一般还刷上毛重、净重、体积尺码和商品生产国别或地区，这些标志习惯上称作其他标志。

例 6－3

GROSS WEIGHT 55KGS

NET WEIGHT 53KGS

MEASUREMENT 50×45×25CM

MADE IN CHINA

（二）销售包装

1. 对销售包装的要求

销售包装又称内包装，是直接接触商品并随商品进入零售网点和消费者直接见面的包装。这类包装除具有保护商品的功能外，更应具有促销的功能。为了适应国际市场需要，在设计和制作时，还应注意进口国家的规定、风俗习惯等。

2. 销售包装的标志和说明

在销售包装上，一般都附有装潢画面、文字说明及条形码标志等。

（1）装潢画面。销售包装上的装潢画面要美观大方，富有艺术吸引力，突出商品特点，其图案与色彩应适应有关国家的民族习惯和爱好。如，英国视孔雀为恶鸟，而视马为勇敢的象征，伊斯兰国家禁用猪形图案，意大利人喜欢绿色，埃及人禁忌蓝色等。

（2）文字说明，包括商标、品牌、品名、产地、数量、规格、成分、用途和使用方法等要同装潢画面紧密结合，互相衬托，彼此补充，以达到宣传和促销的目的。使用的文字须简明扼要。例如：加拿大政府规定销往该国的商品必须用英法两种文字加以说明。

（3）条形码标志。条形码又称条码，是由一组粗细间隔不等的平行条纹及其相应的数字所组成，利用光电扫描阅读设备为计算机输入数据的一种特殊的代码语言。条形码标志如图 6－3 所示。

6 931987 042704

图 6－3 条形码标志

这种特殊的代码语言包含商品的生产国别或地区、生产厂家、生产日期、品种规格和售价等一系列有关产品信息。在国际贸易中使用条形码不仅提高了结算效率、物流配送效率、准确性，而且是商品进入超市和大型商场的通行证。

目前国际上通用的条形码有两种：一种是由美国统一编码委员会（Universal Code Council，UCC）编制的 UPC 码（Universal Product Code），另一种是由欧洲 12 国组成的欧洲物品编码协会（European Article Number Association）后更名为国际物品编码协会（International Article Numbering Association）编制的 EAN 码（European Article Number）。所有 EAN 条形码最前面三位数字都是前缀码，即是商品生产国（地区）的代码。目前 EAN 系统已成为国际公认的物品编码标识系统。我国已于 1991 年 4 月加入 EAN 组织，690 - 695 是我国的代码。

3. 定牌生产和中性包装

采用中性包装（Neutral Packing）和定牌生产，是国际贸易中的习惯做法。

（1）定牌生产。定牌是指卖方按买方要求在其出售的商品或其包装上标明买方指定的商标和牌号。目的是利用买方的经营能力、商业信誉或名牌声誉，以提高售价和扩大销路。出口企业在接受客户定牌的同时，更应强化争创自己的名牌意识。

（2）中性包装。中性包装是指在商品上和内外包装上不注明生产国别和生产厂名，也不注明商标或牌号的包装。它分为无牌中性包装和定牌中性包装。前者指既无生产地名和厂商名称，又无商标、牌号；后者指包装上仅有买方指定的商标或牌号，但无生产地名和出口厂商的名称。采用中性包装，是为了打破某些进口国家或地区的关税和非关税壁垒以及适应交易的特殊需要（如转口等），它是出口国厂商加强对外竞争和扩大出口的一种手段，在外贸业务中可酌情采用。但在实际业务中必须注意避免触犯某些国家的法律或发生侵犯第三方工业产权行为。

三、包装条款的内容

包装条款是国际货物买卖合同的主要条款，是买卖双方履行合同的依据之一。合同中包装条款的主要内容包括：包装材料、包装方式、包装费用和运输标志等。

1. 包装方式和包装材料

包装条款一般包括包装材料和包装方式，如纸箱装、木箱装、麻袋装、铁箱装等。有时还说明用料、尺寸、每件重量、填充物料和加固条件。例如，①散装茶叶出口，木箱或胶合板箱（Packing：In wooden or plywood cases）；②中国大豆（东北产）散装，最高有 20% 的旧的或修补麻袋装，以毛作净（Packing：In bulk，without exceeding 20% in used and/of repaired gunny bags，gross for net）。

在我国出口公司的销售合同和确认书中，有的不专列包装条款。由于在国际贸易中，货物的包装通常被视为构成品质说明的组成部分，因此，将包装与品质条款结合一起规定或将包装与数量条款列在一起，也是适当的。

2. 包装费用

（1）包装费包括在货价之内。这是一种通常的做法，一般不需要在合同中另外列明，即货物价格中已经计入包装费用，由卖方负担。

（2）包装费不包括在货价之内，或货价内只包括部分费用。这主要是针对国外客户对我出口商品包装有特殊要求时所采取的一种方法。如外商有特殊要求，可以采用包装费用买方负担，或由买方提供包装物料（包括商标和其他装潢物料）。采取这种做法，必须在合同中加以明确规定。并且规定费用支付或包装物料运送的到达时间和方法。若因包装费用或物料不及时交付所导致的生产和交货延误，应由对方负责。在规定到达时间时，应留有一定余地。即使是由对方负担费用，我们也不能接受由于技术等条件制约而办不到的包装要求。

（3）包装材料按货物价格一样计算。在货物成交数量采取“以毛作净”的情况下，货物的皮重成为成交数量的一部分，实际上是包装材料取得了与货物本身一样的价格。一般适用于包装费用便宜和货物单位重量价格也不高的情况，如粮食的麻袋包装等。

3. 运输标志

运输标志一般可以在合同中事先写明由哪一方确定，并非所有包装货物都需要运输标志（Shipping Mark），可以由买卖双方按照需要决定。如果在磋商中议定由买方确定运输标志，一定要在合同中订明买方提供的时间期限，以防由于运输标志的延误导致卖方无法按期备货装船。

四、规定包装条款时应注意的问题

（一）规定包装条款应明确具体

在交易洽商中，双方对议定的包装条件，必须在合同中作明确具体的规定，不能含糊不清。国际贸易中也有使用笼统规定的方式，例如，“适合海运包装（Seaworthy packing）”“习惯包装（Customary packing）”或“卖方习惯包装（Seller's usual packing）”和“出口包装（Export packing）”等。这种笼统的规定很可能由于买卖双方的理解不一，而在履约时引起纠纷，应力求避免使用，除非双方事先已有一致的认识。包装条件订妥，任何一方都不得擅自修改。

（二）考虑商品的性能、特点及所采用的运输方式

货物的特性、形状和使用的运输方式不同，对包装的要求也不相同。在约定包装材料、包装方式、包装规格和包装标志后，必须根据货物在储运和销售过程中的实际需要来确定适宜的包装。例如桶装石油、袋装水泥等。

（三）适合有关国家和地区的现行法律规定

包装条款需与有关国家法律规定相符合。如有的国家规定不得使用麻袋、木材、稻草等作包装材料、包装衬垫物，认为这些材料不易处理或容易传染植物、动物疾病；有的国家对内外包装装潢上使用的标签、贴头、印记往往也有规定。

课后练习

一、单项选择题

1. 我方某进出口公司拟向法国出口工艺品一批，在洽谈合同条款时，就工艺品的品质可选择（　　）来表示。

A. 产地　　　　B. 规格

C. 商标　　　　　　　　　　　　D. 样品

2. 国际货物买卖中"唛头"是指（　　）。

A. 运输标志　　　　　　　　　　B. 产地标志

C. 条形码　　　　　　　　　　　D. 磅与码的标志

3. 对生丝、棉花和羊毛等商品的计重方法可采用（　　）。

A. 理论重量　　　　　　　　　　B. 毛量

C. 公量　　　　　　　　　　　　D. 法定重量

4. 在国际贸易中，如果卖方交货数量多于合同规定的数量，根据《联合国国际货物销售合同公约》的解释，买方不可以（　　）。

A. 接受全部货物

B. 拒收全部货物

C. 只接受合同规定货物而拒绝多交部分

D. 接受合同规定数量及多交部分中的一部分

5. 在商品和包装上不注明生产国别、厂家、商标或牌号的包装是（　　）。

A. 定牌包装　　　　　　　　　　B. 中性包装

C. 无牌包装　　　　　　　　　　D. 非使用包装

二、简答题

1. 表示品质的方法有哪些？约定品质条款应注意什么事项？

2. 数量条款在合同中的法律地位如何？约定数量条款应注意什么事项？

3. 何为溢短装条款？在合同未约定溢短装条款的情况下，能否多装或少装？

4. 如按每箱100美元的价格出售某商品1 000箱，合同规定"允许溢短装5%，由卖方决定"。

请问：（1）我方最多可以装多少箱？最少可以装多少箱？（2）如我方实际装运1 030箱，对方应付多少货款？

5. 在合同中规定"about 500M/T"或"500M/T 5% more or less at seller's option"条款，对买卖双方有无区别？为什么？在后一种情况下买方最多可交多少公吨？最少可交多少公吨？如何计价？

6. 做好出口商品包装和订好包装条款有何重要意义？

三、案例分析

某外贸公司向德国出口一批芝麻，合同规定水分最高为15%，杂质不超过3%。成交前，我方曾向对方寄过样品，签约后我方又电告对方"成交货物与样品相似"。货到德国后，买方又出具了货物品质比样品低7%的检验证明，并要求赔偿2 000欧元。我方拒绝赔偿，并指出这批货是经过挑选的，因为是农产品不可能做到与样品完全一致，但不至于比样品低7%，但由于我方留存的样品遗失，对自己的申诉无法说清楚，最后只好赔付了一笔品质差价款而结案。

试分析：（1）我方在交易中哪里出现了问题？为什么？

（2）从该案例中可得到什么教训？

第七章

国际货物运输

【学习目标】

1. 了解国际货物运输的主要方式及其特点；
2. 掌握海运提单的性质、作用及种类；
3. 掌握合同中装运条款的主要内容。

【导读】

美国某进口商按CFR新奥尔良条件从英国某商人购买500公吨生铁，合同规定在格拉斯哥港口尽快装船。后因格拉斯哥港口租不到船位，卖方便改在里斯港口装船。实际上，从里斯港口装船，比从格拉斯哥装船到达的时间还早。货物到达后，正值钢铁市场价格下跌，买方便以卖方擅自改变装运港为由而拒收货物，于是诉诸地方法院。法官认为，合同中关于格拉斯哥港装船的规定，不是一项重要的规定。但此项判决，后被美国高级法院否定，故最后买方最终胜诉。最高法院认为，关于装运地点和时间的约定，通常都构成合同的前提条件，违反这一点就构成违约，法院无权决定为什么双方当事人要规定在格拉斯哥装运。

分析：

本案表明，买卖双方约定了装运港，则装运港就是合同的要件，未经双方同意，任何一方都不得擅自变更。因为变更了装运港就改变了航线，也就改变了可能遇到的风险，买方投保的航次保险也不同；还会改变货物到达目的地的时间，也许就错过了最佳销售时机。由此可见，包括装运港在内的装运条款和装运单据是不可忽视的问题。

现代国际贸易使用的运输方式主要有海洋运输、铁路运输、公路运输、内河运输、航空运输、邮政运输、管道运输、大陆桥运输以及由多种运输方式组合的国际多式联运等，选择何种运输方式，关系到运费的高低、速度的快慢以及货物的安全。

国际货物运输方式的种类及特点如表7－1所示：

表7－1　国际货物运输方式的种类及特点

种类	特　点
海洋运输	天然航道、运输量大、运费低；受自然气候影响、风险较大、航期不易准确、速度较慢
铁路运输	运量较大、速度较快，准确性和连续性强，运输风险小，一般不受气候条件的影响
航空运输	运输速度快、安全准确、货运质量高、可节约包装等费用
集装箱运输	装卸效率高、运输工具利用率高、货损货差少、货运手续简化、资金周转率高
国际多式联运	实现“门到门”运输，手续简化、中间环节少、货运速度高、运输成本低、货运质量高
大陆桥运输	运费低廉、运输时间短、货损货差小、手续简便
公路运输	机动灵活、速度快，实现“门到门”运输；载货量有限、运输成本高、易造成货损事故
内河运输	投资少、运力大、能耗少、成本低；但运输速度慢，时效性不强
国际邮政运输	具有国际多式联运和“门到门”运输的性质，手续简便，费用不高
管道运输	固定投资大，建成后运输成本低

第一节

海洋运输

海洋运输（Ocean Transportation）是国际贸易运输中历史最悠久而且也是使用最广泛、最重要的运输方式，占当前国际货物运输总量80%以上。

【导读】

货船是运载货物的船舶统称，可按运载货物的性质不同将货船分类。

1. 干货船是以运输干燥货物为主，也可运输桶装液体货物的货船。

①杂货船又称统货船，以运载成包、成捆、成箱等杂件货物为主，也可为装运某些散装货的干货船。②散货船是专门装运散装货物的干货船。主要以运输谷物、矿砂、煤炭、水泥、化肥等散装货物为主。这种船舶多为单甲板、尾机型船，舱口较大，一般不配起货设备（依靠散货船码头的专用起货设备）。③木材船是专运原木和材木的干货船。其船型与散货船相近，可甲板载货。④冷藏船是专运要求保鲜的鱼、肉、水果、蔬菜等时鲜易腐货物的干货船，船上装有冷冻系统，能调节多种温度，以适应各舱货物对不同温度的需要。

2. 液货船是运载散装液态货物的货船的统称。

①油船是运载散装石油类货物的液货船。油船多为单甲板、尾机型船，甲板上无起货设备，也不设大舱口，而布置有许多管系、阀门，并设有人行步桥，货油通过管路进行装卸。②化学品船是运载液态化学物质的液货船。③液化天然气船是运载散装液化天然气的液货船。④液化石油气船是运载液化石油气的液货船。

3. 载驳船是专运货驳的船舶，又称子母船。先将货物装在统一规格的小驳船中，再用载驳船上的起重设备将小驳船装入指定的货舱位置一起运输，到港后将驳船卸下。载驳船优点是不受港口水深影响，不需要占用码头泊位，装卸货均在锚地进行，装卸效率高于集装箱。

4. 集装箱船是专门运输集装箱的货船。事先将货物装入集装箱内，再把集装箱装上船。

5. 滚装滚卸船是运载装货车辆或以滚动方式在水平方向装卸集装箱的货船。装卸时，艏部、艉部或舷侧有跳板放在码头上，汽车或拖车通过跳板开上开下，实现货物装卸。这种船的周转速度比集装箱船更快。

海洋运输按照船舶经营方式不同，可分为班轮运输和租船运输两大类。

一、班轮运输

班轮运输（Liner Transport）又称定期船或邮轮运输，是指船舶按照固定的船期表，沿着固定的航线和港口并按相对固定的事先公布的运费费率收取运费的一种客货运输方式。

（一）班轮运输的特点

（1）有固定的港口、固定的航线、固定的船期和相对固定的运费率，即“四固定”。

（2）货物由船方负责配载和装卸，在班轮运费中已包括装卸费，货方不再另付装卸费，船货双方也不计滞期费和速遣费，即“一负责”。

（3）船、货双方的权利、义务和责任豁免，以船方签发的提单条款为依据。

（4）班轮承运货物的品种、数量较为灵活，货运质量较有保证，且一般采取在码头仓库交接货物，为货主提供了便利的条件。故对于零星成交、批次多、到港分散的货物，宜采用班轮运输。

（二）班轮运费的构成

班轮运费是班轮承运人为承运货物而收取的报酬，而计算运费的单价（或费率）则称班轮运价。班轮运价具有相对稳定性，即在一定时期（如半年、一年或更长时期）内保持不变。班轮运价表（Liner's Freight Tariff）也称班轮费率表，是班轮公司收取运费、货方支付运费的计算依据，运价表一般由船方制定。

知识点

班轮运价表，按照填制人不同可分为班轮工会运价表、班轮公司运价表、货方运价表和双边运价表。

班轮公会（Freight Conference），又称航运工会，俗称“水脚公会”，是由两个或两个以上在同一航线上经营货物班轮运输的航运公司，为避免相互竞争，维护共同利益，通过在运价和其他经营活动方面签订协议而组成的国际航运垄断组织。通过订立统一的费率、设定某些统一的服务标准、安排航次挂港、分配货载、共享营运收入等形式限制内部成员间的竞争，并防止或抵制来自公会外界的竞争。

世界上最早的班轮工会是1875年由经营英国与印度港之间货运的七家英国航运公司组成的加尔各答班轮工会。此后随着航运资本的集中和垄断程度的加深，班轮工会得到了巨大的发展，最多时世界上有两百多个班轮工会。

班轮运费是由基本运费和附加费两个部分构成，所以，一些港口的基本运费，不一定是实际计算运费的完整单价。

1. 基本运费

基本运费是全程运费的主要部分，是班轮航线内基本港之间对某种货物必须收取的费率，包括各航线等级费率、从价费率、冷藏费率、活牲畜费率及议价费率等。目前，我国海洋班轮运输公司使用的是“等级运价表”，即将承运的货物分成若干等级（一般分为20个等级），每个等级的货物有一个基本费率，其中1级费率最低，20级费率最高。

基本运费计算标准如图7－1所示。

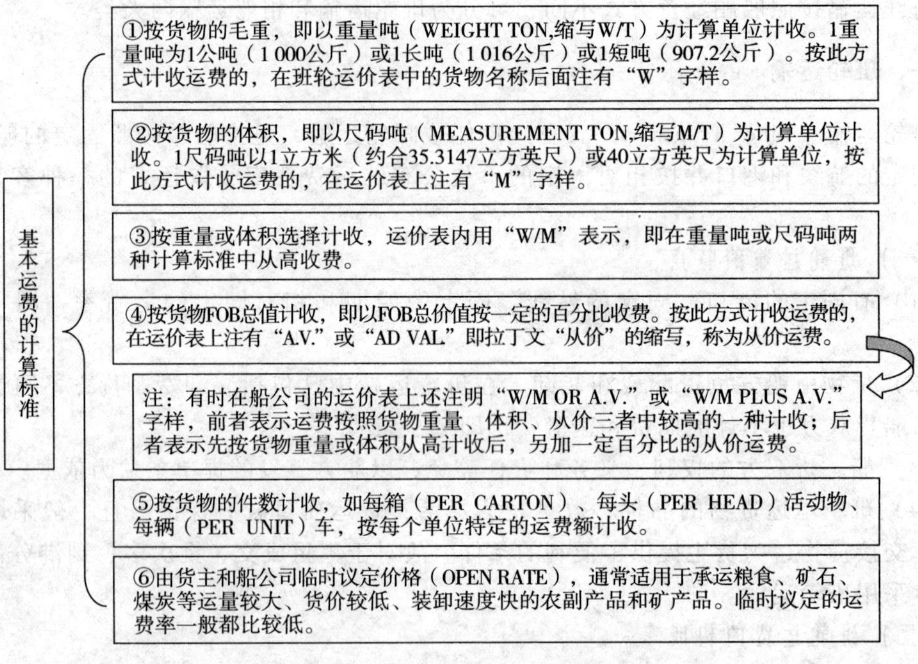

图7－1　班轮运费中基本运费计算标准

2. 附加费

附加费指除基本运费之外，由船方另行加收的各种费用，它是对一些需要特殊处理的货物，或者是由于突然事件的发生或客观情况变化等原因而需另外加收的费用。有的附加费是在基本运费的基础上加收一定的百分比，有的是在每个运费吨上加收一个绝对数值来计算。附加费名目繁多，而且会随着航运情况的变化而变动，因此虽然这种费用名为“附加”，但是在班轮运费的构成上却占到了相当大的比例，成为影响运费高低的一个不可忽视的重要因素。

班轮运费中常见的附加费种类如图7－2所示。

（三）班轮运费的计算步骤

班轮运费的计算步骤是：

（1）选择相关的船公司价格表；

（2）在货物分级表中查出该商品等级和计费标准（重量或体积等）；

附加费的常见种类

- ①燃油附加费(BUNKER SURCHARGE OR BUNKER ADJUSTMENT FACTOR，B.A.F.)：在燃油价格突然上涨时加收。
- ②货币贬值附加费(DEVALUATION SURCHARGE OR CURRENCY ADJUSTMENT FACTOR，C.A.F.)：在货币贬值时，船方为实际收入不致减少，按基本运价的一定百分比加收。
- ③转船附加费(TRANSSHIPMENT SURCHARGE)：凡运往非基本港的货物，需转船运往目的港，船方收取的附加费。其中包括转船费和二程运费。
- ④直航附加费(DIRECT ADDITIONAL)：当运往非基本港的货物达到一定的货量，船公司可安排直航该港而不转船时所加收的附加费。
- ⑤超重附加费(HEAVY LIFT ADDITIONAL)、超长附加费(LONG LENGTH ADDITIONAL)和超大附加费(SURCHARGE OF BULKY CARGO)：当单件货物的毛重或长度或体积超过规定的数值时加收的附加费。
- ⑥港口附加费(PORT ADDITIONAL OR PORT SUECHARGE)：由于设备条件差或装卸效率低以及其他原因，船公司对去往该类港口的班轮加收的附加费。
- ⑦港口拥挤附加费(PORT CONGRESTION SURCHARGE)：有些港口由于拥挤使船舶停泊时间增加，船公司对去往该港口的班轮而加收的附加费。
- ⑧选港附加费(OPTIONAL SURCHARGE)：货方托运时尚不能确定具体卸货港，要求在预先提出的两个或两个以上港口中选择一港口卸货，船方因此加收的附加费。
- ⑨变更卸货港附加费(ALTERNATIVE OF DESTINATION SURCHARGE)：货主要求改变货物原来规定的卸货港，在有关当局(如海关)准许，船方又同意的情况下所加收的附加费。
- ⑩绕航附加费(DEVIATION SURCHARGE)：由于正常航道受阻不能通行，船舶必须绕道才能将货物运至目的港时，船方所加收的附加费。

图7－2　班轮运费中常见的附加费种类

（3）根据商品的等级和计费标准，找到相应的航线、起运港和目的港，在航线费率表中查出这一商品的基本运费率；

（4）再查出该商品本身所经航线和港口的有关附加费率；

（5）根据基本费率和附加费率计算出货物的单位实际运价；

（6）以该商品的计费重量或尺码乘以单位运价即得总运费金额。

班轮运费的基本计算公式为：

运费 ＝ 运费吨（计费重量或尺码）× 等级基本运费 ×（1 + $\sum$ 附加费率）

例题7－1

广东A公司与法国B公司签订某商品出口合同。商品总量10公吨，400箱装，每箱毛重25千克，体积20×30×30（厘米^3），单价为每箱55美元CFR马赛（Marseille）。查表知该货为8级，计费标准为W/M，每吨运费80美元，另征收转船附加费20%，燃油附加费10%，请计算这批货物的总运费。

本例主要涉及班轮运费的计算。由于计费标准为W/M，根据已知条件，W＝0.025M/T，M＝0.02×0.03×0.03＝0.018M^3，由于W＞M，故按重量计算运费。

该货物的总运费为F＝计费重量×基本费率×（1＋$\sum$附加费率）

＝0.025×400×80×（1＋20%＋10%）

＝1 040（美元）

二、租船运输

租船运输（Charter）又称不定期船运输（Tramp），它和班轮运输有很大不同。租船人与船方双方签订租船合同，船方将船舶出租给租船人使用，以完成特定的货运任务，并按商定的运价收取运费。租船运输通常适用于大宗货物的运输。租船包括租赁整船和租赁部分舱位。在实际业务中，一般是租赁整船，但是低值的小批量货物也经常为了节省运费采用租赁部分舱位的做法。

（一）租船运输的特点

（1）不定航线、不定船期、不定装卸港口、不定费率，即“四不定”。租船运输中，按贸易需求安排船期、航线和港口，费率则主要受船货供求关系的影响，在此基础上由出租人和承租人洽商确定。由于不定期、不定航线与港口，船方有时出于经济利益的驱动，到处揽载，导致延迟运输，因此运输质量不如班轮运输可靠。

（2）装卸费用并不包含在运费中，须双方另行商定，在承运人和货主之间做出划分。

（3）船方签发的租船合约提单，并不是一个完整的独立文件，受租船合约的约束。承运人和托运人的权利、义务的划分均以租船合约为准，而不是以提单为准。

（4）适合大宗货物运输，一般使用专用船舶。

（二）租船运输的方式

1. 定程租船（Voyage Charter，Trip Charter）

定程租船又称程租船或航次租船，是指船舶所有人负责提供船舶，在指定港口之间进行一个航次或数个航次承运指定货物的租船运输。船方负责船舶的运营管理及其在航行中的各项费用开支。定程租船以运输货值较低的粮食、煤炭、木材、矿石等大宗货物为主。定程租船的运费计算方法有三种：按装货吨数计算；按卸货吨数计算；按包干运费，包价支付。定程租船可以分为单程航次、来回程航次、连续单程航次或连续来回程航次等形式。

定程租船合同中须签订滞期与速遣条款。定程租船的“租期”取决于航次运输任务是否完成，由于航次租船并不规定完成一个航次或几个航次所需的时间，因此船方对完成一个航次所需的时间是最为关心的，他特别希望缩短船舶在港停泊时间。而承租人与船方对船舶的装卸速度往往不一致，所以在签订租船合同时，承租双方需约定船舶的装卸速度以及装卸时间，相应地规定滞期费和速遣费的标准和计算方法。

2. 定期租船（Time Charter）

定期租船又称期租船，是指船方将船舶出租给承租人，供其在一定时期内租船运输。租期短可几个月，长可达几年或十几年，承租人也可在这时期内将租船充作班轮或定程租船使用。

在租赁期间，船舶交由租船人管理、调动和使用。货物的装卸、配载、理货等一系列工作都由租船人负责，由此而产生的燃料费、港口费、装卸费、垫舱物料费等都由租船人负担。租金按照船舶的最大承载能力，乘以租期中事先约定的每个日历月每吨的租金率来支付，实际上就是按照租船时间的长短和船舶的承载能力的大小来支付租金。在合同期内，租金一经约定即固定不变。船方负担船员薪金、伙食等费用，并负责保持船舶在租赁期间的适航状态，以及因此而产生的船舶维护、修理、机器正常运转和海员的工资与船上给养等费用和船舶保险费用。定期租船合同中则不必签订滞期和速遣条款。

3. 光船租船（Bareboat Charter）

光船租船又称为净船期租船、干租，指船方将船舶出租给承租人使用一定期限，但船方提供的是空船，承租人要自己任命船长、配备船员，负责船员的给养和船舶经营管理所需的一切费用。

光船租船也是定期租船的一种，但是与定期租船不同的是，在光船租船的情况下船方不提供船员，不支付任何的船舶经营管理和维护费用，只提交一条船给租船人使用，由租船人自行配备船员，负责船舶的经营管理和航行的各项事宜。

光船租船合同是财产租赁合同而不是海上运输合同，这种租船方式不具有承揽运输性质，实际上属于一种单纯的财产租赁，租金按船舶的装载能力、租期及商定的租金率计算。光船租船对承租人的专业知识和经营管理水平要求较高，所以采用的较少。

就外贸企业来说，需要以租船方式运输货物的，主要使用的是定程租船；定期租船方式主要是船公司采用，船公司利用租进船舶，开展班轮运输业务。

4. 航次期租（Time Charter on Trip Basis，TCT）

这是一种以完成一个航次运输为目的，但租金以航次所需的时间（天）为计算标准，是近年来国际上发展起来的一种介于航次租船和定期租船之间的租船方式。

这种租船方式不计滞期、速遣费用，船方不负责货物运输的经营管理。在装货港和卸货港的条件较差，或者航线的航行条件较差，难于掌握一个航次所需时间的情况下，这种租船方式对船方比较有利。因为采用这种租船方式可以使船方避免难以预测的情况而使航次时间延长所造成的船期损失。

以上四种租船运输方式的主要差异如表 7－2 所示。

表 7－2 各种租船方式的主要差异

比较项目	定程租船	定期租船	光船租船	航次期租
租船基础	航程	航期	航期	航程结合航期
船舶承租人的权利	小	大	更大	较大
航次成本的负担者	船舶所有人	承租人	承租人	船舶所有人
固定开支的负担者	船舶所有人	船舶所有人	承租人	船舶所有人
费用计算	运费，计算滞期费和速遣费	租金，不计滞期费和速遣费	租金，不计滞期费和速遣费	按约定的租金率计算租金
租约（租船合约）性质	劳务合同	半劳务半租赁合同	租赁合同	劳务合同
适用情况	常见	多见	少见	近年出现

（三）定程租船的装卸费

定程租船运输方式下，有关货物的装卸费用由租船人与船方协商确定后在定程租船合同中做出具体规定。具体做法主要有以下四种：

（1）船方负担装费和卸费，又称为班轮条件（Gross Terms；Liner Terms；Berth Terms）。一般用于装卸包装货或木材，而不适用于散装货。

（2）船方管装不管卸（Free Out，F. O.）即船方负担装船费，但不负担卸货费。

(3) 船方管卸不管装（Free In，F. I.）即船方负担卸货费，但不负担装船费。

(4) 船方不管装和卸（Free In and Out，F. I. O.）即船方既不负担装船费，也不负担卸货费，这种条件一般适用于散装货。此种方法应用较多，采用该方法，还要明确理舱和平舱费由谁负担。如规定由租方负担，则称为“船方不管装卸、理舱和平舱”（Free In and Out Stowed and Trimmed，F. I. O. S. T.）条款。

三、海运航线和港口

（一）海运航线

在世界各地水域，港湾、潮流、风向、水深及地球球面距离等自然条件限制下，海上运输承运人会在不同的航路中，参照安全、货运、港口、技术、经济效益等几个方面的因素来选定的营运通路称为航线（Sea Route）。

航线按船舶的营运方式分为定期航线与不定期航线；按航行的范围分大西洋航线、太平洋航线、印度洋航线、环球航线；按照航程的远近分为远洋航线、近洋航线与沿海航线。

我国地域辽阔，海岸线较长，对外贸易的货物80%使用海上运输方式。我国对外贸易货物运输使用的主要航线有26条，其中远洋地区有12条，近洋地区有14条。

我国的远洋航线包括：阿尔巴尼亚航线；罗马尼亚航线；东非航线；西非航线；红海航线；地中海航线；西、北欧航线；中南美航线；加拿大西岸航线；加拿大东岸航线；美国东岸航线；美国西岸航线。

我国的近洋航线包括：俄罗斯远东航线；朝鲜航线；韩国航线；日本航线；港澳航线；越南航线；泰国、柬埔寨航线；新加坡、马来西亚航线；印度尼西亚航线；北加里曼丹航线；斯里兰卡航线；澳大利亚、新西兰航线；孟加拉湾航线；波斯湾航线（也称阿拉伯湾航线）。

（二）港口

港口（Port）是指具有船舶进出、停泊、靠泊、旅客上下、货物装卸、驳运和储存等功能，有明确界限的水域和陆域构成的区域。港口可分为基本港与非基本港。

1. 基本港

基本港是运价表中限定班轮公司的船一般要定期挂靠的港口，大多数为位于中心的较大口岸，港口设备条件比较好，货载多而稳定。规定为基本港口就不再限制货量。运往基本港口的货物一般均为直达运输，无需中途转船。例如：欧洲的基本港有ANTWERP（安特卫普）、HAMBURG（汉堡）、ROTTERDAM（鹿特丹）等，美国东部的基本港有NEW YORK（纽约）、BOSTON（波士顿）等，美国西部的基本港有LOS ANGELES（洛杉矶）、SEATTLE（西雅图）等。

2. 非基本港

凡是基本港以外的港口都称为非基本港。一般除按基本港口收费外，还需另外加收转船附加费，或达到一定货量时则改为加收直航附加费。例如新几内亚航线的侯尼阿腊港（HONIARA）便是所罗门群岛的基本港口；而基埃塔港（KIETA）则是非基本港口。运往基埃塔港口的货物运费率要在侯尼阿腊运费率的基础上增加转船附加费USD43.00/FT。

第二节

铁路运输、航空运输、内河运输、公路运输、邮政运输、管道运输

随着集装箱运输的迅速发展，除海洋运输外，通过铁路、航空、内河、公路、邮政等运输方式进行的货物运送已经在国际贸易中越来越普遍。

一、铁路运输

铁路运输（Rail Transport）是我国对外贸易运输中仅次于海洋运输的重要运输方式，分为国内铁路运输和国际铁路联运两个部分。我国对外贸易铁路运输包括对港澳铁路运输和国际铁路联运两部分。

（一）对港澳铁路运输

对港澳铁路运输不同于国际联运，也不同于一般的国内铁路运输，而是一种特殊的租车方式的两段运输。货物由内地各发站装车后，经深圳直接过轨至中国香港九龙车站。它的全过程是由内地段运输和港段运输两部分组成，由中国对外贸易运输公司各地分支机构和中国香港中国旅行社联合组织进行。

其具体做法是：

发货人在内地车站填写国内铁路运单，办理发货地至深圳北站的国内运段运送，以深圳外运分公司为收货人。深圳外运分公司作为发货人的代理，在口岸与铁路办理货物运送单据的交接，并向铁路部门租车，然后向海关办理出口申报手续，经联检部门，如海关、商检、动植物检验、边防等，查验放行后，过轨至中国香港九龙车站。货车过轨后，由深圳外运分公司在中国香港的代理中国香港中旅货运有限公司，向中国香港九龙铁路公司重新起票办理港段铁路运送。因此，对中国香港地区的铁路运输的特点是：租车方式，两票运输。中国澳门与内地没有铁路直通，因此内地各省市运往中国澳门的货先由铁路部门办理国内运输至广州南站，之后再转水运至中国澳门。

出口企业凭各地外运公司出具的承运货物收据（Cargo Receipt）办理收汇手续。对港铁路货物运输的费用，按内地段和港段分别计算，内地段按人民币计算，港段按港币计算。

（二）国际铁路联运

我国的国际铁路货物联运主要是通过铁路合作组织在1951年缔结的《国际铁路货物联运协定》（以下简称《国际货协》，2018年修订）来进行的。根据规定，国际铁路货物联运使用一份统一的国际联运运单，由发货人在发货站向铁路托运，由铁路部门承担连带责任，经过两个或两个以上国家铁路的全程运输，在最终到达站将货物交付收货人。由一国铁路向另一国铁路移交货物时，不需要发货人和收货人参加。这对简化运输手续、节省运输时间、加速资金周转、减少运输费用都很有利。

通过国际铁路货物联运出口货物的一般程序如下：

1. 托运与承运

发货人在托运货物时，向车站提交货物运单和运单副本，以此作为货物托运的书面申请。车站接到运单后，审核通过，即在运单上签证表示受理托运。发货人按指定的日期将货物运送到指定的货位，装车完毕，车站在货物运单上加盖承运日期，即为承运。

2. 发运

发运即货物进站、请车、拨车、装车、加固和密封。

3. 取得运单正本和运单副本

铁路运单和运单副本是国际铁路联运中铁路与货主之间的运输契约，是明确双方权利义务关系的书面凭证，对收发货人和铁路部门都具有法律约束力。铁路运单正本随货物自始发站运至终点站，最后在终点站由收货人付清应由其负担的运杂费用后，连同货物由终点站交给收货人。由于收货人向铁路提取货物时无须提交运单，因此，铁路运单并非物权凭证，不能通过背书进行转让和作为抵押品向银行融通资金。运单副本由铁路始发站签发给收货人作为货物已经交运的凭证和凭以向银行办理货款结算的主要单据。铁路运单正本和副本不能互相替代。

向未参加《国际货协》的国家运送货物，一般是使用一张联运运单办理至参加《国际货协》的最后一个过境国的出口境站，由该站站长办理转发至未参加国际货协国家的最后到达站。反向运输亦可。

此外，欧洲国家有《国际铁路货物运送公约》（简称“国际货约”），适用于至少两个缔约国之间的铁路联运。在《国际货约》的成员国中，有的同时还参加了《国际货协》，即参加《国际货约》国家的进出口货物，可以通过铁路直接转运到《国际货协》成员国，为国际铁路货物的运输提供了便利的条件。

二、航空运输

航空运输（Air Transport）是一种现代化的运输方式，具有其他运输方式无可比拟的优越性。

航空货物运输的方式很多，有班机、包机、集中托运和航空急件传送等方式。采用航空货运需要办理一定的货运手续，但航空公司一般只负责空中运输，货物在始发机场交给航空公司之前的揽货、接货、报关、订舱以及在目的地机场从航空公司手中接货或送货上门等业务，则是由航空货运公司办理的。航空货运公司可以是货主的代理，也可以是航空公司的代理，也可以两者兼之。

（一）航空货物运输方式分类

1. 班机运输

班机运输（Scheduled Airline Transport）有固定航线和停靠航站、固定的航期，能安全、迅速并准时地抵达世界各通航地点，使收货人能掌握货物启运及到达的时间和地点，便于投入市场，因此最受货主的欢迎。一般航空公司使用客货混合型飞机。一些较大的航空公司也在某些航线上开辟有全货机航班运输。

2. 包机运输

通常情况下，包机运输（Chartered Carrier Transport）可分为整机包机和部分包机两种。整机包机是指航空公司或包机代理公司按照合同中双方事先约定的条件和运价将整架飞机租给包机人，从一个或几个航空站装运货物至指定目的地的运输方式。整机包机适合于运输大宗货物。部分包机指几家航空货运代理公司或发货人联合包租一架飞机，或者是由包机公司把一架飞机的舱位分别卖给几家航空货运代理公司的货物运输形式。部分包机适用于一公吨以上但货量不足整机的货物运输。包机运输运费率较班机运输更低，但运送时间较班机要长。

3. 集中托运

集中托运（Consolidation Transport）方式是指航空货运代理机构把若干批单独发送的货物组成一整批向航空公司集中托运，填写一份总运单发运到同一目的站，由航空货运代理机构委托目的站所在地的代理人负责收货，并分拨给各个实际收货人。这种托运方式可争取较低的运价，因此在航空运输中使用最为普遍。

集中托运可以采用班机或者包机运输方式。集中托运具有运价低廉、服务质量高的优势，但也有一定的局限性，仅适合办理普通货物，且货物的出运时间不能确定，因此不适合运送贵重物品、特殊商品及鲜活易腐货物、市场上急需的货物，而且只有目的地相同或临近才能办理集中托运。

4. 航空快递业务

航空快递（Air Express Service）是一种最快捷的运输方式，它是由一个专门经营此项业务的具有独立法人资格的企业与航空公司密切合作，设专人用最快速度在发货人、机场和收货人之间传送进出境的货物或物品。这类货物或物品被称为“快件”，快件业务又分为快件文件和快件包裹两大类。

（二）航空运费的计算

1. 航空运价

航空运价（Rate）又称运费率，指航空承运人对所运输的每一重量单位（KG）的货物所收取的自始发地机场至目的地机场的航空费用。一般以始发地货币表示。

2. 航空运费

航空运费（Weight Charge）是指航空承运人将一票货物（即使用同一份航空货运单的货物）自始发地机场至目的地机场的航空运输费用。航空运费不包括地面运输、仓储、清关等费用。

航空运费 = 航空运价 × 计费重量

3. 计费重量

计费重量（Chargeable Weight）是指用以计算货物航空运费的重量。

货物按其密度可划分为重货与轻泡货。

（1）重货。重货是指每 6 000CM^3 重量超过 1KG 的货物。重货的计费重量就是它的实际毛重（Actual Gross Weight），以 KG 为单位。

（2）轻泡货。轻泡货，即轻货，是指每 6 000CM^3 重量不足 1KG 的货物。轻货的计费重量是它的体积重量（Volume Weight），是以货物的最长、最宽、最高的厘米数（尾数四舍五入）相乘，得出货物的最大方体体积，再除以 6 000CM^3/KG 求得。计算公式为：

体积重量 = 长 × 宽 × 高 ÷ 6 000

（3）计费重量的确定。航空货物的计费重量以 0.5KG 为最小单位，尾数不足

0.5KG，按0.5KG计算；尾数在0.5KG以上又不足1KG的，按1KG计算。例如：重量为103.003KG，则计费重量则为103.5KG；重量为103.5KG，则计费重量为103.5KG；重量为103.502KG，则计费重量则为104.0KG。

将货物的实际毛重与体积重量相比较，取较高者为计费重量。按该计费重量计算出的运费，同时应与按较高重量分界点的较低运价求得的运费相比较，取运费较低者。

4. 国内航空普通货物运价体系

普通货物运价（General Cargo Rate，GCR）是适用最为广泛的一种运价，它分为若干个重量等级分界点运价。

“M”（Minimum Charge），指一票货物航空运费的最低限价，如所计算的运费低于最低运费，则按最低运费计收。

“N”（Normal Rate），指45KG以下普通货物运价。

“Q”（Quantity Rate），指45KG以上普通货物根据计费重量区分适用的运价，如Q45表示45KG以上重量的运价，Q100表示100KG以上重量的运价，还有Q300、Q500等。

例题7－2

Routing：BEIJING，CHINA（BJS）to TOKYO，JAPAN（TYO）

Commodity：Garments

Gross Weight：25.2KGS

Dimensions：82×48×32CM

公布运价如表7－3，计算该票货物的航空运费。

表7－3　运价

Date/Type	Note	Item	Min. Weight	Local Curr.
BEIJING	CN			BJS
Y. RENMINBI	CNY			KGS
TOKYO	JP		M	230.00
			N	37.51
			45	28.13

解：

Volume：82×48×32cm＝125 952cm^3

Volume Weight：125 952cm^3 ÷6 000cm^3/kg＝20.992kgs

Gross Weight：25.2kgs＞Volume Weight

Chargeable Weight：25.5kgs

Applicable Rate：GCR N 37.51CNY/kg

Weight Charge：25.5×37.51＝CNY 956.51＞M（CNY230.00）

如按较高重量分界点的较低运价计算：

Chargeable Weight：45.0kgs

Applicable Rate：GCR Q 28.13CNY/kg

Weight Charge：45×28.13＝CNY1 265.85，

两者比较，取运费最低者。

因此，该票货物的航空运费应为 CNY 956.51。

例题 7－3

Routing：BEIJING，CHINA（BJS）to AMSTERDAM，HOLLAND（AMS）

Commodity：Tools

Gross Weight：38.6kgs

Dimensions：101×58×32cm

公布运价如表 7－4，计算该票货物的航空运费。

表 7－4　　运价

Date/Type	Note	Item	Min. Weight	Local Curr.
BEIJING	CN			BJS
Y. RENMINBI	CNY			KGS
AMSTERDAM	HL		M	320.00
			N	50.22
			45	41.53
			300	37.52

解：

Volume：$101\times58\times32\text{cm}=187\ 456\text{cm}^3$

Volume Weight：$187456\text{cm}^3\div6\ 000\text{cm}^3/\text{kg}=31.24\text{kgs}$

Gross Weight：38.6kgs > Volume Weight

Chargeable Weight：39.0 kgs

Applicable Rate：GCR N 50.22CNY/kg

Weight Charge：39.0×50.22＝CNY1 958.58＞M（CNY320.00）

如采用较高重量分界点的较低运价计算：

Chargeable Weight：45.0kgs

Applicable Rate：GCR Q 41.53CNY/kg

Weight Charge：45×41.53＝CNY1 868.85，

两者比较，取运费最低者。

因此，该票货物的航空运费应为 CNY1 868.85。

知识点

国内航空运价体系还包括指定商品运价（Specific Commodity Rates，SCR）、等级货物运价（Commodity Classification，CCR），应在实务工作中加以应用。

三、内河运输

内河运输（Inland Water Transport）是水上运输的重要组成部分，它利用内河货船、拖船、驳船等船只进行国际水上运输的方式。内河运输多用于内河驳船与海洋运输的连接，在运输和集散进出口货物中起着重要的作用。

我国拥有四通八达的内河航运网，长江、珠江等主要河流中的一些港口已对外开放，与邻国航道相通为我国进出口货物通过河流运输和集散提供了十分有利的条件。

四、公路运输

公路运输（Road Transport）是一种现代化的运输方式，它不仅可以直接运进和运出对外贸易货物，也是车站、港口和机场集散进出口货物的重要手段。

目前，世界各国的公路运输一般以汽车为运载工具，所以它实质上主要是汽车运输。国际公路货物运输依据《国际公路货物运输合同公约》进行。

我国幅员辽阔，在陆地上与许多国家毗邻，所以在我国边疆地区与邻国的进出口贸易中，公路运输占据重要的地位。而且，公路运输是连接铁路、水运、航空运输的起端和末端不可缺少的条件，没有公路的货物集散运输的配合，铁路、水运、航空运输就不能正常进行。公路运输也是沟通生产和消费的桥梁和纽带。

五、邮政运输

邮政运输（Parcel Post Transport）是一种以邮政部门作为承运人的较简便的运输方式。各国邮政部门之间订有协定和公约，通过这些协定和公约，各国的邮政包裹可以互相传递，从而形成国际邮包运输网。

国际邮政运输具有国际多式联运和“门到门”运输的性质，托运人只需按邮局章程一次托运、一次付清足额邮资，取得邮政包裹收据（Parcel Post Receipt）作为邮局收到邮包的凭证（收据）和邮包灭失或损坏时凭以向邮局索赔的依据，交货手续即告完成，其余事宜概由各有关邮局负责办理。国际邮件的传递由各国的邮政部门负责办理，邮件到达目的地后，收件人可凭邮局到件通知向邮局提取。所以，邮政运输适用于重量轻、体积小的货物的传递。这种运输手续简便，费用也不高，故是国际贸易中普遍采用的运输方式之一。

近年来，特快专递业务迅速发展。目前快递业务主要有：

（1）EMS（Express Mail Service）——全球邮政特快专递服务，由万国邮联管理下的国际邮件快递服务，在中国境内是由中国邮政提供的一种快递服务。中国邮政 EMS 国际特快专递业务在海关、航空等部门均享有优先处理权，以高速度、高质量为用户传递国际紧急信函、文件资料、金融票据、商品货样等各类文件资料和物品。

（2）国际著名的速递企业还有 DHL（敦豪）、UPS（联合包裹公司）、FedEx（联邦快递公司）、TNT（天地物流）。

六、管道运输

管道运输（Pipeline Transport）是随着石油的生产而产生和发展起来的，主要适用于运输气体和液体货物。管道是固定不动的，它既是管道运输的运输工具，又是运输通道，具有建设投资大，建成后运输成本低的特点。

第三节

集装箱运输、国际多式联运与大陆桥运输

一、集装箱运输

集装箱运输（Container Transport）是以集装箱作为运输单位进行货物运输的一种现代化运输方式，它既可用于各种运输方式的单独运输，也可用于不同运输方式的联合运输。

（一）集装箱的定义

集装箱是一种大型的装货容器，一种流动性货舱。按国际标准化组织（ISO）第104技术委员会（专营集装箱运输）的定义，集装箱是具备下列条件的运输容器：

（1）具有足够的强度和耐久性，可长期反复使用。

（2）有特殊的设计，能适用于多种运输方式。途中转运时箱内的货物不需换装。

（3）适应快速装卸作业，便于从一种运输方式直接迅速地换装到另一种运输方式。

（4）便于货物的装满和卸空。

（5）具有不小于$1M^3$的容积。

（二）集装箱的特点

集装箱是实现货物成组化运输的最佳方式。其优点在于以下几个方面：

（1）无须开箱。

（2）受天气限制小。

（3）减少货损货差。

（4）节省了包装材料，减少了经营费用。

（5）简化货运手续。

（6）节约劳动力，改善劳动条件。

（三）集装箱的类型

集装箱的规格习惯上是以长度为标准的，ISO/TC104技术委员会制定的第一系列13种类型的通用集装箱标准规格。

1. A系列集装箱

这类集装箱长度均为40英尺，宽度均为8英尺，按高度不同可以分为四种，其中1AAA高度为9英尺6英寸；1AA高度为8英尺6英寸；1A高度为8英尺；1AX高度小于8英尺。

2. B系列集装箱

这类集装箱长度均为30英尺（实际小于30英尺），宽度均为8英尺，按高度不同可以分为四种，其中1BBB高度为9英尺6英寸；1BB高度为8英尺6英寸；1B高度为8英尺；1BX高度小于8英尺。

3. C系列集装箱

这类集装箱长度均为20英尺（实际小于20英尺），宽度均为8英尺，按高度不同可以分为三种，其中1CC高度为8英尺6英寸；1C高度为8英尺；1CX高度小于8英尺。

4. D系列集装箱

这类集装箱长度均为10英尺（实际小于10英尺），宽度均为8英尺，按高度不同可以分为两种，其中1D高度为8英尺；1DX高度小于8英尺。

根据国际标准集装箱的外部尺寸标准，我国在GB1413－78中规定了集装箱型号为5D、10D、1CC和1AA。GB1413－85增加了1A、1AX和1C、1CX四种箱型。1AA、1A、1AX、1CC、1C、1CX用于国际运输；10D、5D用于国内运输。在我国的集装箱外部尺寸标准中，未列入30英尺和10英尺的集装箱。

目前国际上通用的集装箱多为1AA型（简称40′柜）和1CC型（简称20′柜）、20′柜容积为31～35立方米，可载重20吨左右。40′柜容积为63～68立方米，可载重30吨左右。因此，选择箱型时，实重货应选装20′柜，轻泡货应选装40′柜。为便于统计和计算，目前国际上均以20′柜为衡量单位，称为“相当于20英尺单位”，以TEU（Twenty-Foot Equivalent Unit）来表示，不同型号的集装箱，一律折算成TEU加以计算。

为了适应不同货物的需要，集装箱设计成各种不同用途的类型，如干货集装箱、冷藏（保温）集装箱、罐式集装箱、散货集装箱、敞顶集装箱、台架集装箱、平台集装箱、通风集装箱、服装集装箱、汽车集装箱和动物集装箱等。按箱体材料，集装箱可分为钢集装箱、铝集装箱、玻璃集装箱和不锈钢集装箱四大类。

（四）集装箱的装箱方式

集装箱运输与传统的货物运输有许多不同之处，其装箱和拆箱的方式主要有两种：整箱（Full Container Load，FCL）和拼箱（Less Than Container Load，LCL）。

1. 整箱

整箱货是由发货人在工厂或仓库自行装箱、计数、积载并加铅封的货运，也可由承运人代为装箱，直接送往集装箱堆场（Container Yard，CY）等待装运。承运人也可在内陆货运站（Inland Depot）接箱。承运人对整箱货以箱为交接单位。运到目的港后，整箱货由收货人直接提走，也可以委托承运人在货运站拆箱。只要集装箱外表与收箱时相似和铅封完整，承运人就完成了承运责任。整箱货运提单上，要加上“委托人装箱、计数并加铅封”的条款。承运人不负责箱内的货损、货差，除非货方举证确属承运人责任事故的损害，承运人才负责赔偿。

2. 拼箱

拼箱货指装不满一整箱的小票货物。这种货物通常是由承运人分别揽货并在集装箱货运站（Container Freight Station，CFS）或港口外的内陆货运站集中，然后将两票或两票以上的货物拼装在一个集装箱内。同样，等货物运达目的地后，由承运人在目的地的集装箱货运站或港口外的内陆货运站拆箱后分拨给各收货人。对于这种货物，承运人要负担装箱和拆箱作业，装拆箱费用向货方收取。承运人对拼箱货的责任，基本上与传统杂货运输相同。

（五）集装箱的货物交接方式

由于集装箱货运有整箱和拼箱之分，因此货物的交接方式也有不同。

（1）门到门（Door to Door）。由托运人负责装载集装箱，在其货仓或工厂仓库交承运人验收后，承运人负责全程运输，直到收货人的工厂或仓库交箱为止。

（2）门到场（Door to CY）。由发货人货仓或工厂仓库至目的地或卸箱港的集装箱装卸区堆场。

（3）门到站（Door to CFS）。由发货人货仓或工厂仓库至目的地或卸箱港的集装箱货运站。

（4）场到门（CY to Door）。由起运地或装箱港的集装箱装卸区堆场至收货人的货仓或工厂仓库。

（5）场到场（CY to CY）。由起运地或装箱港的集装箱装卸区堆场至目的地或卸箱港的集装箱装卸区堆场。

（6）场到站（CY to CFS）。由起运地或装箱港的集装箱装卸区堆场至目的地或卸箱港的集装箱货运站。

（7）站到门（CFS to Door）。由起运地或装箱港的集装箱货运站至收货人的货仓或工厂仓库。

（8）站到场（CFS to CY）。由起运地或装箱港的集装箱货运站至目的地或卸箱港的集装箱装卸区堆场。

（9）站到站（CFS to CFS）。由起运地或装箱港的集装箱货运站至目的地或卸箱港的集装箱货运站。

（六）集装箱运输的费用

集装箱运输的费用构成和计算方法与传统的运输方式不同。以海运为例，它包括内陆或装运港市内运输费、拼箱服务费、堆场服务费、海运运费、集装箱及其设备使用费等。

（1）内陆运输费或装运港市内运输费主要包括区域运费、无效托运费、变更装箱地点费等。内陆或港口市内运输可以由承运人负责，也可以由货主自理。如由货主自理，有关费用负担和支付按买卖合同规定，由发货人或收货人负责。在通常情况下，在出口地发生的费用由发货人负责，在进口地发生的费用由收货人负责。

（2）拼箱服务费包括拼箱货在货运站至堆场之间空箱或重箱的运输、理货，货运站内的搬运、分票、堆存、装拆箱及签发场站收据、装箱单制作等各项服务费用。

（3）堆场服务费也称码头服务费，包括在装船港堆场接受来自货主或集装箱货运站的整箱货和堆存、搬运至装卸桥下的费用，以及在卸货港从装卸桥下接收进口箱，将箱子搬运到堆场和在堆场的堆存费用。堆场服务费还包括在装卸港的有关单据费用。

（4）集装箱海运运费由船舶运费和一些有关的杂费组成。目前，集装箱海运运费基本上分成两个大类：一类是沿用传统的件杂货即散货的运费计算方法，也就是以每运费吨作为计费单位；另一类是以每个集装箱作为计费单位，即包箱费率（Box - Rate）。

集装箱海运运费计算的发展趋势是包箱费率的计算方法逐步取代传统件杂货运费的计算方法。包括三种规定方法：①FAK（Freight for All Kinds）包箱费率，即不分货物种类，也不计货重，只规定每个集装箱统一收取的费率。②FCS（Freight for Class）即按货物的不同等级制定包箱费率。③FCB（Freight for Class & Basis），即按不同货物等级或货物类别以及计算标准制定的费率。

(5) 集装箱及其他设备使用费是指当货主使用由承运人提供的集装箱及底盘车等设备时发生的费用。它还包括集装箱从底盘车上吊上、吊下的费用。

二、国际多式联运

(一) 国际多式联运的定义

国际多式联运（International Multimodal Transport）是在集装箱基础上产生并发展起来的新型运输方式，也是近年来在国际运输上发展较快的一种综合连贯运输方式。它是指按照多式联运合同，以至少两种不同的运输方式，由多式联运经营人将货物从一国境内接受货物的地点运往另一国境内指定交付货物的地点的运输方式。

(二) 构成国际多式联运的条件

根据《联合国国际货物多式联运公约》的解释，国际多式联运需具备下列条件：

(1) 必须有一个多式联运合同；

(2) 使用一份包括全程的多式联运单据；

(3) 由一个多式联运经营人对全程运输负责；

(4) 必须是至少两种不同运输方式的连贯运输；

(5) 必须是国际货物运输；

(6) 必须是全程单一的运费费率。

(三) 国际多式联运合同和国际多式联运经营人

国际多式联运合同是指多式联运经营人与托运人之间订立的凭此收取运费、负责完成或组织完成国际多式联运的合同。它明确规定了多式联运经营人和托运人之间的权利、义务、责任和豁免。

国际多式联运经营人（Multimodal Transport Operator）是指本人或通过其代表订立多式联运合同的任何人，可以是实际承运人，也可是无船承运人，负有履行合同的责任。

开展国际多式联运是实现“门到门”运输的有效途径，它简化了手续，减少了中间环节，加快了货运速度，降低了运输成本，并提高了货运质量。货物的交接地点也可以做到门到门、门到港站、港站到港站、港站到门等。

三、大陆桥运输

(一) 大陆桥运输的定义

大陆桥运输（Land Bridge Transport）是指使用横贯大陆的铁路或公路运输系统作为中间桥梁，把大陆两端的海洋运输连接起来的运输方式。从形式上看，大陆桥运输是海—陆—海的连贯运输。广义的大陆桥运输还包括小陆桥运输和微型陆桥运输。大陆桥运输大多以集装箱为媒介，因此它具有集装箱运输的优点。同时它不论经过几个国家，也不论变换几种运输工具，都由总承运人负责安排和承担运输责任，故而它也具有国际多式联运的所有长处。并且大陆桥运输更能体现利用成熟的海、陆运输条件，形成合理的运输路线，大大缩短营运时间，降低营运成本。

(二) 大陆桥运输的类型

大陆桥运输始于 1967 年，当时苏伊士运河封闭，航运中断，而巴拿马运河又堵塞，远东与欧洲之间的海上运输不得不改道绕航非洲好望角或南美，致使航程距离和运输时间倍增，加之当时油价上涨，航运成本猛增。当时正值集装箱运输兴起，大陆桥运输也应运而生。发展到现在已形成西伯利亚大陆桥、欧亚大陆桥和北美大陆桥 3 条大陆桥运输路线。

1. 西伯利亚大陆桥

西伯利亚大陆桥是利用俄罗斯西伯利亚铁路作为桥梁，把太平洋远东地区与波罗的海和黑海沿岸及西欧大西洋口岸连接起来。从海上连接日本、韩国、中国香港和中国台湾等地，东端由俄罗斯东部海参崴的纳霍德卡港口起，横贯欧亚大陆至莫斯科后分三路，一路自莫斯科至波罗的海沿岸的圣彼得港，转船往西欧、北欧港口；一路自莫斯科至俄罗斯西部国境站，转欧洲其他国家铁路、公路直运欧洲各国；一路自莫斯科至黑海沿岸，转船往中东、地中海沿岸。所以，从远东地区至欧洲，通过西伯利亚大陆桥有海—铁—海、海—铁—公路、海—铁—铁三种运送方式。西伯利亚大陆桥是世界上最长的陆桥运输，由于其横跨欧洲和亚洲，故称欧亚大陆桥，又称第一条欧亚大陆桥。

2. 新亚欧大陆桥（欧亚第二条大陆桥）

大陆桥运输方式的最新发展是新建成的亚欧大陆桥，于 1992 年正式通车投入运营。它东起我国连云港，经陇海线、兰新线，接北疆铁路，出阿拉山口，西至荷兰鹿特丹、阿姆斯特丹等西欧主要港口，全长 10 800 千米，途经 7 个国家，辐射三十多个国家和地区。该大陆桥两端辐射范围广。在大陆桥东端，中国从北到南沿海各港口货物都可上桥，日本、韩国、东南亚各港口的货物运输，使用新亚欧大陆桥，则运输距离短于西伯利亚大陆桥；新亚欧大陆桥西端触及的范围囊括整个欧洲及中亚各国。

新亚欧大陆桥较之西伯利亚大陆桥显示出更多方面的优势。首先，新亚欧大陆桥地理位置和气候条件优越，整个陆桥避开了高寒地区，港口无冰冻期，自然条件好，吞吐能力大。其次，运输距离短，新亚欧大陆桥比西伯利亚大陆桥缩短运距 1 040 千米，时间有不同程度缩短。而且这条大陆桥大部分途经我国中西部地区，所以，无论从方便运输、节约货运时间和费用、发展我国的对外贸易，还是从促进我国沿途省区的经济发展来看，均有积极作用。

3. 北美大陆桥

（1）加拿大大陆桥。加拿大大陆桥由船公司把货物海运至温哥华，经铁路运到蒙特利尔或哈利法克斯，再与大西洋海运相接，开通于 1979 年。例如，日本至欧洲的货物，可用集装箱船运至温哥华，然后换装到铁路列车上运至蒙特利尔，最后再装船运至欧洲各港口。

（2）美国大陆桥。

①美国大陆桥。美国大陆桥是世界上最早出现的大陆桥，建于 20 世纪 60 年代。美国有两条大陆桥运输路线，均由远东把货物运至美国西海岸的西雅图、旧金山、洛杉矶等港口，再以铁路或公路运输方式，一条运至美国东部大西洋口岸的纽约，另一条运至南部墨西哥湾口岸的休斯顿、新奥尔良等港口，再与大西洋海运相接。这种运输由于不必通过巴拿马运河，所以可缩短运输时间。

由于种种原因，北美大陆桥运输基本处于停顿状态，但是在大陆桥运输的过程中，派生并形成了小陆桥运输和微型陆桥运输方式。

②小陆桥运输。小陆桥运输从运输组织方式上看与大陆桥运输并无大的区别，只是比大陆桥的海—陆—海运输缩短了一程海上运输，成为海—陆或陆—海形式。例如，从远东到美国东部大西洋口岸或美国南部墨西哥湾口岸，由原来全程海运，改为由远东装船运至美国西部太平洋口岸，转装铁路（公路）专运车运至东部大西洋口岸或南部墨西哥湾口岸。北美小陆桥在缩短运输距离、节省运输时间上效果是显著的。以日本—美东航线为例，从大阪至纽约全程水运（经巴拿马运河）航线距离9700海里（n mile），运输时间21—24天。而采用小陆桥运输，运输距离仅7 400海里（n mile），运输时间16天，可节省1周左右的时间。

③微型陆桥运输。微型陆桥运输比小陆桥更短一段，由于没有通过整条陆桥，而是只利用了部分陆桥，故又称半陆桥运输。北美微桥运输是指经北美东、西海岸及墨西哥湾沿岸港口到美国、加拿大内陆地区的联运服务。例如，往来于日本和美东内陆城市匹兹堡的集装箱货，可从日本海运至美国西海岸港口，如奥克兰，然后通过铁路直接联运至匹兹堡，这样可完全避免进入美东的费城港，从而节省了在该港的港口费支出。微型陆桥运输近年来发展非常迅速。

④关于美国OCP运输条款。OCP是“Overland Common Point”的缩写，意即“内陆公共点”，它是以美国落基山脉为界（不包括界西的九个州）以东的美国2/3的地区，凡海运到美国西海岸港口再以陆路运往OCP地区的货物，不仅其海运运费可享受优惠的OCP Rate（每吨运费低3—4美元），而且进口方在支付从西海岸至最终目的地的铁路或公路运费也较其本地运费率低3%—5%。

利用OCP运输条款，我国向美国OCP地区出口货物可以降低运输成本，提高其市场竞争力。具体要求是：

第一，货物的最终目的地必须在OCP地区范围内。

第二，货物必须经美国西海岸港口中转，即目的港应规定为美国西海岸港口。因此，CFR、CIF出口合同的目的港必须是美国西海岸港口。货物到达目的港后由进口方委托港口转运代理持提单向船公司提货，并由其办理内陆运输。

第三，在提单备注栏及货物唛头上必须注明最终目的地，如OCP×××（内陆城市名）。

例如，我国出口至美国一批货物，卸货港为美国西雅图，最终目的地是芝加哥。西雅图是美国西海岸港口之一，芝加哥属于美国内陆地区城市，此笔交易就符合OCP规定。经双方同意，就可采用OCP运输条款。在贸易合同和信用证中的目的港可填写“CIF Seattle（OCP）”。除在提单上填写目的港西雅图外，还必须在备注栏内注明“OCP Chicago”。

与美国的陆桥运输相似，加拿大也有较重要的大陆桥运输系统，并且也有类似OCP运输条款的规定。

第四节

国际货物运输单据

运输单据是承运人收到承运货物后签发给出口商的证明文件，它是交接货物、处理索赔与理赔以及向银行结算货款或进行贸易融资的重要单据。在国际货物运输中，运输单据的种类很多，其中包括海运提单、多式联运单据、铁路运单、航空运单和邮包收据等。

一、海运提单

（一）海运提单的性质和作用

海运提单（Bill of Lading，B/L）简称提单，是船长或船公司或其代理人签发的，证明已收到特定货物，允诺将货物运至特定目的地，并交付给收货人的凭证。海运提单是收货人在目的港据以向船公司或其代理提取货物的凭证。

海运提单的性质和作用可以概括为以下三个方面：

1. 海运提单是承运人或其代理人出具的货物收据

海运提单证明承运人已按提单正面所记载的内容收到货物或已经将货物装船，收货人将以提单上所描述的各项内容为最终证据。

2. 海运提单是承运人与托运人之间订立的运输契约的证明

双方的责任、义务、权利和豁免条款都列明在提单中，一旦发生争议，双方据此解决。

3. 海运提单是代表货物所有权的凭证

提单代表着货物所有权，谁持有提单，谁就掌握了物权。承运人或其代理人在目的港交付货物时，必须向提单持有人交货。即使是提单的真正收货人，如果不能提交正本提单，承运人可以拒绝对其放货。提单的合法持有人凭提单可在目的港向轮船公司提取货物，也可以在载货船舶抵达目的港交货前，通过背书转让提单而转移货物所有权，或凭以向银行办理抵押贷款。

（二）海运提单正面内容

海运提单的格式很多，每个船公司都有自己的提单格式，但基本内容大致相同，一般包括提单正面的记载事项和提单背面印就的运输条款。

提单正面内容包括：

（1）托运人（SHIPPER），是指委托运输的人，一般会填写为卖方。

（2）收货人（CONSIGNEE），俗称“抬头人”，指有权提取货物的人。

（3）通知人（NOTIFY PARTY），是船公司通知到货的对象，以便于收货人提货。

（4）船名及航次（VESSEL’S NAME AND VOYAGE NUMBER）。

（5）装货港和卸货港（PORT OF LOADING AND DISCHARGE）。

（6）唛头及件号（SHIPPING MARKS AND NUMBERS）。

（7）件数及货名（NUMBER OF PACKAGES AND DESCRIPTION OF GOODS）。

（8）重量及体积（WEIGHT AND MEASUREMENT）。

（9）运费预付或运费到付（FREIGHT PREPAID OR COLLECTION）。

（10）正本提单的份数（NUMBER OF ORIGINAL B/L）。

（11）船公司或其代理人的签章（NAME AND SIGNATURE OF THE CARRIER）。

（12）签发提单的地点和日期（PLACE AND DATE OF ISSUE）。

【导读】

关于提单的国际公约

国际上为了统一提单背面条款的内容，签署有关提单的国际公约主要有：

（1）1924年签署的《统一提单的若干法律规则的国际公约》，简称《海牙规则》，目前，它是海上货物运输影响最为广泛的国际公约。

（2）1968年签署的《关于修订〈统一提单的若干法律规则的国际公约〉的议定书》，简称《维斯比规则》，于1977年生效。

（3）1978年签署的《联合国海上货物运输公约》，简称《汉堡规则》，于1992年11月年生效。《汉堡规则》对《海牙—维斯比规则》做了全面、实质的修改，扩大了承运人的责任范围，对货方和承运人的权益做了较为公平合理的调整。

（4）2008年签署的《联合国全程或部分国际海上货物运输合同公约》，简称《鹿特丹规则》。由于上述三项公约签署的历史背景不同，内容不一，各国对这些公约的态度也不相同，因此，各国船公司签发的提单背面条款也就互有差异。若《鹿特丹规则》生效，其他三个公约将废止，并将对国际航运、国际贸易实务和惯例等产生重大影响。

（三）海运提单的种类

1. 根据货物是否已装船分类

（1）已装船提单（On Board B/L）。已装船提单是指轮船公司已将货物装上指定轮船后所签发的提单。其特点是提单上必须以文字标明装载货物的船名和装船日期（通常指装船完毕的日期）。

（2）备运提单（Received for Shipment B/L）。备运提单是指轮船公司已收到托运货物等待装运期间所签发的提单。备运提单上没有船名和装船日期。

在国际贸易中，进口商和银行一般只接受已装船提单。

2. 根据提单上有无对货物或货物外包装的不良批注分类

（1）清洁提单（Clean B/L）。清洁提单是指没有任何有关货物残损、包装不良或其他有碍于结汇的提单。事实上提单正面已印有“上列外表状况良好的货物业已装船”的字样，若承运人或其代理人在签发提单时未加任何批注，则表明承运人确认货物装船时外表状况良好的这一事实，承运人必须在目的港将外表状况良好的同样货物交付给收货人。

（2）不清洁提单（Unclean B/L）。不清洁提单是指承运人在提单上记有货物及包装状况不良或存在缺陷等批注的提单，如提单上批注“一箱有破损”（One Case in Damaged Condition），“包装不牢固”（Insufficiently Packed）等。在目的港交付货物时，若发现货物损坏可归因于这些批注的范围，从而减轻或免除自己的赔偿责任。

根据《UCP600》第27条c款，银行只接受清洁运输单据。“清洁”一词并不需要在运输单据上出现，即使信用证要求运输单据为“清洁单据”。

3. 根据提单收货人（即抬头人）的填写方式分类

（1）记名提单（Straight B/L）。记名提单是指提单收货人栏内填上特定的收货人名称，只能由该收货人提货，除非托运人另有指示，否则如果将货物交给提单指定之外的人，即使持有提单，承运人仍须负责。记名提单不能转让。根据当前国际相关法律的规定，记名提单不是物权凭证，承运人可以无单放货。记名提单有提单之名，而无提单之实，如果国际贸易中的卖方希望对海运途中的货物有一个明确有效的控制，应尽量避免签发记名提单。

（2）不记名提单（Bearer B/L）。不记名提单是指提单收货人一栏为空白，或者只填写“Bearer”（持有人），谁持有提单谁就可以提货。这种提单仅凭交付转让，无需背书（转让人以转让权利为目的而在单据背面签字的一种行为），手续简便，但是风险很大，在国际贸易中极少使用。

（3）指示提单（Order B/L）。指示提单是指提单上的收货人栏填写“凭指定”（To Order）或“凭某人指定”（To Order of ×××）字样。这种提单可以经过背书（在提单背面签上转让人和受让人的名称和地址，即为记名背书，不记载受让人名址的称为空白背书）转让，所以在国际贸易中广为使用。目前在实际业务中，使用最多的是“To Order”（凭指定）并经“Blank Endorsed”（空白背书）的提单，习惯上称其为“空白抬头、空白背书”提单。

4. 根据运输方式分类

（1）直运提单（Direct B/L）。直运提单是指轮船从装运港装货后，中途不再换船而直接运往目的港卸货的提单。凡是合同或信用证规定了不准转运的，必须使用这种直运提单，直运提单上仅列有装运港和目的港的名称。装直达船可以节省费用、减少中转时间、减少风险并及早提货。

（2）转运提单（Transshipment B/L）。转船提单是指货物必须经中途转船才能到达目的港而由承运人在装运港签发的全程提单。有时换船还不止一次。在这种提单上要注明“转船”或“在×××港转船”。

（3）联运提单（Through B/L）。联运提单是指采用两种或两种以上的运输方式运送货物时，由第一程承运人签发的包括全程运输提单。转船、海陆、海空等联合运输均可签发联运提单，货物在中途转换运输工具和进行交接，由第一程承运人或其代理人向下一程承运人办理。联运提单虽包含全程运输，但第一程承运人只对自己的航程负责。

5. 根据提单使用的效力分类

（1）正本提单（Original B/L），是指提单上有承运人、船长或其代理人签字盖章并注明签发日期的提单。这种提单在法律上和商业上都是公认有效的单据。提单上必须注明“正本”（Original）字样。正本提单一般签发一式三份，凭其中任何一份提货后，其余均作废。根据《UCP600》第20条iv款，向银行提交的提单应为唯一的正本提单，或如果以多份正本出具，则为提单中表明的全套正本。买方与银行通常要求卖方提供全部正本提单，即所谓“全套”（Full Set）提单。

（2）副本提单（Copy B/L），是指提单上没有承运人、船长或其代理人签字盖章，而仅供工作上参考之用。在副本提单上一般都以“COPY”或“NON－NEGOTIABLE”字样与正本提单相区别。

6. 根据船舶经营方式分类

（1）班轮提单（Liner B/L），是由班轮公司承运货物后签发的提单。

（2）租船提单（Charter Party B/L），是指承运人根据租船合同而签发的提单。这种提单上会注明受租船合同条款的约束。

7. 根据提单内容的繁简分类

（1）全式提单（Long Form B/L），是指既有正面内容又在背面印有承运人与托运人的权利、义务等详细条款的提单。

（2）略式提单（Short Form B/L），没有背面条款，而只有正面的必须记载事项。如租船提单通常就是略式提单。

8. 其他种类的提单

（1）集装箱提单（Container B/L），是指以集装箱装运货物所签发的提单。

（2）舱面提单（On Deck B/L），又称为甲板货提单，是指承运人签发的货物装在甲板上的提单。因为甲板上的货物比装在船舱内的货物遭受损失和灭失的可能性更大，但承运人对舱面货物又无需负责，所以《UCP600》第26条a款规定“运输单据不得表明货物装于或者将装于舱面。声明货物可能被装于舱面的运输单据条款可以接受。”

（3）倒签提单（Ante－dated B/L），是承运人签发提单时倒填签发日期的一种提单。由于货物装船完毕日期迟于信用证或合同规定的装船日期，若仍按实际装运日期签发提单，肯定影响结汇。为了使签发日期与信用证或合同规定的装运日期相吻合，以便结汇，承运人应托运人的要求，在提单上仍按信用证或合同规定的装运日期签发，这就是倒签提单。倒签提单掩盖了货物真实的装船时间，构成了承运人和托运人共同对收货人的欺诈，一旦收货人发现事实真相，承运人也应承担一定的责任。

（4）预借提单（Advanced B/L），又称无货提单，是指由于信用证规定的装运期和交单结汇期已到，货主因故未能及时备妥货物或尚未装船完毕，应托运人要求而由承运人或其代理人提前签发已装船清洁提单。这种做法不仅违法，承运人还会承担比签发倒签提单更大的风险，因为货物尚未装船或装船完毕，货物能否安全装船、什么时候装船以及货物装船时状况如何均不得而知，而提单已经签出，承运人应履行对善意提单持有人交付货物的义务。

（5）过期提单（Stale B/L）。过期提单有两种情况，一种是指由于航线短或银行传递单据较慢，以致货物到达目的港时，收货人尚未收到提单，造成提货受阻。这种情况在近洋运输中较为常见，所以在近洋国家间的贸易合同中，一般都订有“过期提单可以接受”的条款。针对这种情况，解决的办法是采用非转让海运单、电子提单来替代目前的提单，或者凭银行担保提货，以加速货物的流转。另一种过期提单是指出口商在取得提单后未能及时到指定银行交单而形成过期提单。信用证上通常会规定交单期限，如果未做出相关规定，根据《UCP600》第14条c款，“……在不迟于发运日之后的二十一个日历日内交单，但是在任何情况下不得迟于信用证的截止日。”银行一般都会拒收这种过期提单。

二、不可转让海运单

不可转让海运单（Sea Waybill）是证明海上运输合同和货物由承运人接管或装船，以及承运人保证据以将货物交付给单据所载明的收货人的一种不可流通的海上货运单据，因此又称“不可转让海运单”（Non – negotiable Sea Waybill）。

海运单具有两个基本作用：

1. 承运人和托运人之间海上运输合同的证明

托运人不仅为其自身利益，同时也作为收货人的代理人，为收货人的利益订立运输合同。因而收货人被视为海运单所证明的运输合同的当事人，可以依据海运单向承运人主张权利并承担义务。同时，托运人有权在承运人向收货人交付货物之前的任何时候书面变更收货人、改变货物目的地，实现对货物的支配。

2. 承运人收到出运货物的收据

不可转让海运单不是传统的海运提单或物权凭证，所以不能背书转让。货物是交付给指定收货人的，该收货人只需要证明其身份而不必提交正本海洋运单。

海运单主要用于近洋地区，货物往往先于单据到达目的港，而进口商没有提单无法提货，超过规定时间即会产生高额滞港费，增加进口商的负担。在此情况下，就逐渐出现了类似空运单的海运单。运用海运单能方便进口商及时提货，简化手续，节省费用，还可以在一定程度上减少以假单据进行诈骗的现象。海运单还可以用于下列货物运输：以赊销记账为基础的买卖；中途不被转售的制成品货物的班轮运输；跨国公司开展公司内贸易的需要；结算方式为直接汇付（一般卖方已收妥全部货款）、往来账户、现金结算的贸易。

三、多式联运单据

多式联运单据（Multimodal Transportation Documents，MTD）是证明多式联运合同以及证明多式联运经营人接管货物并将对货物运输全程负责，按照合同条款交付货物的单据。当多式运输的最后一程为海运，且多式联运单据以可转让的方式签发，即将收货人做成凭指示交付时，多式联运单据即为物权凭证。

多式联运单据与联运提单的主要区别有以下几点：

（1）使用的范围不同。联运提单限于由海运与其他运输方式所组成的联合运输时使用，且第一程为海洋运输。多式联运单据使用范围较广，它既可用于海运与其他运输方式的联运，也可用于不包括海运的其他运输方式的联运，但仍必须是至少两种不同的运输方式的联运。

（2）签发人不同。联运提单由承运人、船长或承运人的代理签发。多式联运单据则由多式联运经营人或多式联运经营人的代理签发。

（3）签发人对运输责任的范围不同。联运提单的签发人仅对第一程运输负责，而多式联运单据的签发人要对全程运输负责。

（4）运费费率不同。联运提单全程采用不同的运费费率，多式联运单据必须是全程单一的运费费率。

四、铁路运输单据

铁路运输可分为国际铁路联运和国内铁路运输两种方式，前者使用国际铁路联运运单，后者使用国内铁路运单。通过铁路对港、澳出口的货物，由于国内铁路运单不能作为对外结汇的凭证，故使用承运货物收据这种特定性质和格式的单据。

（一）国际铁路联运单据

国际铁路货物联运所使用的运单是参加联运的发送国铁路与发货人之间订立的运输契约。运单正本从始发站随同货物到达终点站并交给收货人，它不仅是铁路承运货物出具的凭证，也是铁路同货主交接货物、核收运杂费和处理索赔与理赔的依据。国际铁路联运运单副本，在铁路加盖承运日期戳记后发还给发货人，它是卖方凭以向收货人结算货款的主要证件。

（二）承运货物收据

承运货物收据（Cargo Receipt）是在港澳铁路运输中使用的一种运输单据，它既是承运人出具的货物收据，也是承运人与托运人签订的运输契约。同时还是出口人办理结汇手续的凭证。

五、航空运单

航空运单（Air Waybill）是承运人与托运人之间签订的运输契约，也是承运人或其代理人签发的货物收据。航空运单还可作为承运人核收运费的依据和海关查验放行的基本单据。但航空运单不是代表货物所有权的凭证，也不能通过背书转让。收货人提货不是凭航空运单，而是凭航空公司的提货通知单。在航空运单的收货人栏内，必须详细填写收货人的全称和地址，而不能做成指示性抬头。

航空运单共有正本一式三份：第 1 份正本注明“Original for the Shipper”应交托运人；第 2 份正本注明“Original for the Issuing Carrier”，由航空公司留存；第 3 份正本注明“Original for the Consignee”，由航空公司随机带交收货人；其余副本则分别注明“For Airport of Destination”“Delivery Receipt”“For second Carrier”“Extra Copy”等，由航空公司按规定和需要进行分发。

六、邮包收据

邮包收据是邮包运输的主要单据，它是邮局收到寄件人的邮包后所签发的凭证，当邮包发生损坏或灭失时，它可以作为索赔和理赔的依据。但邮包收据不是物权凭证，不能凭以提货、背书转让，只能做成记名抬头，由经办邮局加盖日戳后成为有效凭证。

第五节

合同中的装运条款

装运条款的内容及其具体订立与合同的性质和运输方式有着密切的关系。装运期、运输方式、运输路线、装运地、目的地，以及能否分批装运和转船、转运等方面的内容，装运通知以及滞期、速遣条款等内容，买卖双方必须协商妥当，并在合同中详细注明。明确、合理地规定装运条款，是保证进出口合同顺利履行的重要条件。

我国的进出口贸易大部分采用海洋运输方式，因此合同大部分是以 FOB、CFR 和 CIF 术语成交。基于此，合同中的装运条款应包括下面的内容。

一、装运期

装运期（Time of Shipment）又叫装运时间，是指卖方在合同指定地点将货物交付装运的时间期限，是国际贸易合同中的主要条款，如卖方违反这一条款，买方有权撤销合同，并要求卖方赔偿损失。

随着国际贸易和运输方式的发展，根据《Incoterms 2010》等国际惯例的规定，装运时间的最新解释是：装船（Loading on Board vessel）、发运（Despatch）、收妥待运（Accepted for Carriage）、邮局收据日期（Date of Post Receipt）、收货日期（Date of Pick – up），以及在多式联运方式下承运人的接收接管（Taking in Charge）均可理解为装运日期。

（一）装运时间的规定方法

1. 规定明确、具体的装运时间

一般不确定在某一个日期上，而是确定在一段时间内。这种规定方法，期限具体，含义明确，在国际货物买卖合同中采用较为普遍。

（1）2019 年 5—6 月份装运：Shipment during May/June, 2019.

（2）装运不迟于 2019 年 6 月 30 日：Shipment not later than June30, 2019.

（3）8 月底或以前装运：Shipment at or before the end ofAugust, 2019.

这种规定方法既可使卖方有时间组织货源和安排运输，也可使买方预先掌握到货的大致时间。

2. 规定收到信用证后一定时间内装运

这类规定方法，主要适用于下列情况：

（1）按买方要求的花色、品种和规格或专为某一地区或某商号生产的商品，或者是一旦买方拒绝履约难以转售的商品，为防止遭受经济上的损失，则可采用此种规定方法。

（2）在一些外汇管制较严的国家和地区，或实行进口许可证或进出口配额制的国家，为促成交易，有时也可采用这种方法。

（3）对某些信用较差的客户，为促使其按时开证，也可酌情采用这一方法。

例如：收到信用证后 30 天内装运。

Shipment within 30 days after receipt of L/C.

但是，采用此种装运期的规定时，同时应规定有关信用证开到期限及违约责任。例如："买方必须不迟于某月某日前将信用证开到卖方"（The relevant L/C must reach to the seller not later than...），以及"买方如不按合同规定开证，则卖方有权向买方索赔。"（If the buyer does not issue the L/C according to the contract between us, the seller has the right to claim against the buyer.）

3. 笼统规定近期装运

这种规定方法不规定具体期限，只是用"立即装运"（Immediate Shipment）、"即期装运"（Prompt Shipment）、"尽快装运"（Shipment As Soon As Possible）等等词语表示，由于这类表述在各国、各地和各行业中解释不一，除买卖双方已有一致理解外，应尽量避免使用。《UCP600》第三条也明确规定不应使用诸如"迅速地""立刻地"或"尽快地"等此类词语，如果使用，银行将不予理会。

（二）规定装运时间的注意事项

1. 应考虑货源和船源的实际情况

就卖方而言，首先应该考虑货源情况，如对货源心中无数，盲目成交，就有可能出现到时交不了货，而形成有船无货的情况；在按 CFR 和 CIF 条件出口和按 FOB 进口时，还应考虑船源的情况。如船源无把握就盲目成交，或者没有留出安排舱位的合理时间，规定在成交的当月交货或装运，则可能出现到时租不到船或订不到舱位而形成有货无船的情况。

2. 对装运期的规定要明确、具体，装运期限应当适度

装运期的长短应视不同商品和租船订舱实际情况而定，如装运期过短，会给船货安排带来困难；装运期过长将影响资金周转。

3. 应结合商品的性质和特点及交货季节等因素

例如，雨季一般不宜装运烟叶，夏季一般不宜装运沥青、橡胶等。再如，北欧、加拿大东海沿岸港口冬季易封冻结冰，故装运时间不能订在冰冻时期；反之，热带某些地区，则不宜订在雨季装运。

4. 应考虑与开证日期和信用证有效期之间的间隔是否明确合理

为保证按期交货，装运期与开证日期间隔时长应合理；交货之后卖方及时缮制单据并向银行办理结汇手续，因此，信用证的装运期与有效期之间应留有合理的时间间隔。

二、装运港和目的港

装运港（Port of Shipment）是指货物起始装运的港口。目的港（Port of Destination）是指最终卸货的港口。在国际贸易中，装运港（地）一般由卖方提出，经买方同意后确认；目的港（地）一般由买方提出，经卖方同意后确认。

（一）装运港和目的港的规定方法

（1）在一般情况下，装运地和目的地应各规定一个。如从上海出口到纽约，装运港为上海，目的港为纽约；又如，从长沙出口到新加坡，启运地为长沙，装运港为深圳，目的港为新加坡。

（2）有时按实际业务的需要，也可以规定两个或两个以上的装运港和目的港。如装运港：新港/上海；目的港：伦敦/利物浦。

（3）在交易磋商时，如明确规定装运港和目的港有困难，可采用选择港（Optional Ports）的方法。规定选择港有两种方式：一种是在两个或两个以上港口中选择一个，如 CIF 伦敦/汉堡，或 CIF 伦敦/汉堡/鹿特丹；另一种是笼统规定某一航区为装运港或目的港，如"地中海主要港口""西欧主要港口"等等。

(二) 确定装运港和目的港的注意事项

(1) 规定国内装运港应以接近货源地为宜，但也要考虑港口和国内运输条件；规定国内目的港应接近买方或消费地区。根据我国目前港口情况，为避免港口到船集中而造成堵塞的现象，也可规定为“中国港口（China Ports）”。

(2) 进口时不接受内陆城市为装运地、出口时不接受内陆城市为目的地的条件。如果接受这一条件，我方要承担从港口到内陆城市这段路程的运费，还会增加货物损失、灭失的风险。

与内陆国家进行出口贸易，应选择靠该国最近的海港和我方能安排船舶的港口为目的港，不宜以内陆城市为目的地。如对内陆国家尼泊尔就不要订 CIP 加德满都（尼泊尔首都），而应按习惯订 CIF 加尔各答（印度港口）。

(3) 必须注意装卸港的具体条件，主要是：有无直达班轮航线、港口和装卸条件以及运费和附加费水平等。如果租船运输时，还应进一步考虑码头泊位的深度，有无冰封期，冰封的具体时间以及对船舶国籍有无限制等港口制度。

(4) 应注意国外港口有无重名问题。世界各国港口重名的很多，例如，全世界有12个维多利亚港，悉尼、波特兰、波士顿、的黎波里等也有数个。为防止发生差错，引起纠纷，在买卖合同中应明确注明装运港或目的港所在国家和地区的名称。

(5) 规定目的港必须明确具体。一般不要使用“欧洲主要港口”“非洲主要港口”等笼统的规定方法，因为国际上对此并无统一解释，而不同港口的装卸条件、运费和附加费也可能有很大差别。

(6) 规定选择港时要注意的问题。①选择港的数目一般不超过三个。②备选港口必须是同一航区、同一航线上，而且是一般班轮公司的船只都能挂靠的港口。③在核定出口价格和计算运费时，应按备选港口中最高的费率和附加费计算，如按一般费率核定出口价格，则应在合同中明确规定因选择港而增加的运费、附加费均由买方负担。④采用选择港时，收货人必须在轮船驶抵第一个可选择的港口前，按船公司规定的时间，将最后确定的目的港通知该船的船公司或其代理人，否则，船方有权在任何一个可选择的港口卸货。

三、分批装运和转运

分批装运（Partial Shipment）和转运（Transshipment）直接关系到买卖双方的利益，双方应根据需要和可能在合同中做出具体的规定。

(一) 分批装运

分批装运是指一个进出口合同项下的货物，分若干批交付装运。在国际贸易中，凡是数量较大，或受货源、运输条件、市场销售或资金等条件所限，有必要分批装运者，均应在合同中规定允许卖方分批装运，还可规定各批次的具体装运时间和相应的装运数量。

分批装运规定方法如下：

(1) Partial shipment not allowed，这种情形限制了分批装运。根据《UCP600》第31条 a 款规定，除非信用证另有规定，允许分批发运。

(2) Partial shipment to be allowed，允许分批装运，卖方交货主动权较大。

（3）Shipment during Mar. to Jun. in four equal monthly lots，这种情形对卖方在装运环节的操作做了严格限制。根据《UCP600》第 32 条规定，“如信用证规定在指定的时间段内分期支款或分期发运，任何一期未按信用证规定期限支取或发运时，信用证对该期及以后各期均告失效。”

关于分批装运的重要条款还包括：

《UCP600》第 31 条 b 款规定，“表明使用同一运输工具并经由同次航程运输的数套运输单据在同一次提交时，只要显示相同目的地，将不视为部分发运，即使运输单据上表明的发运日期不同或装货港、接管地或发送地点不同。如果交单由数套运输单据构成，其中最晚的一个发运日将被视为发运日。”同时 b 款还规定，“含有一套或数套运输单据的交单，如果表明在同一种运输方式下经由数件运输工具运输，即使运输工具在同一天出发运往同一目的地，仍将被视为部分发运。”

《UCP600》第 31 条 c 款规定，“含有一份以上快递收据、邮政收据或投邮证明的交单，如果单据看似由同一快递或邮政机构在同一地点和日期加盖印戳或签字并且表明同一目的地，将不视为部分发运。”

案例

分批装运的案例思考

我某进出口总公司与非洲国家某进口商签订了出口10 000 公吨大米的合同，装运港为中国口岸，信用证方式结算。不久，我方即收到进口商所在地银行开来的信用证，但规定不得分批。总公司下属5 家分公司按照来证规定的装运期在各自口岸，通过同一条班轮按质按量完成了交货任务。总公司凭以相符交单从当地议付行顺利取得货款。但货到目的港后，因市场发生了变化，大米价格下跌，进口商不想接受货物，借口交货地点不同，装运期不同，认为我方违反了信用证的规定，对货物进行了“分批装运”，所以要求退还货款。我方坚持认为没有违反信用证要求。双方产生争议。

分析：该案例说的是分批装运例外的一种情况。本案中5 家分公司在各自的口岸装运，根据《跟单信用证统一惯例》第 31 条 b 款规定，提单表面上注明货物是用同一运输工具装运并经同一航程运输的，即使注明的装运日期不同、装运港不同，只要提单上注明的目的地相同，也不视为分批装运。因此，我方并未构成违约。

（二）转运

根据《UCP600》第 19—24 条的规定，“转运”一词在不同运输方式下有不同的含义，应根据具体情况进行分析。因此，概括来讲，转运是指货物在运输过程中的转船、转机以及从一种运输工具上卸下再装上另一种运输工具，或由一种运输方式转向另一种运输方式的行为。

凡驶往目的港无直达船或无固定船期，或航次稀少、间隔时间长，或成交量大而港口拥挤，作业条件差，均应“允许转运”。

根据《UCP600》的规定，除非信用证禁止转运，只要同一提单包括了海运全过程，银行将接受注明货物转运的提单；即使信用证禁止转运，注明将要或者可能发生转运的运输单据仍可接受。

另外，除非信用证另有规定，可允许转运。为了明确责任和便于安排装运，买卖双方是否同意转运，以及有关转运的办法和转运费用的负担等问题，应在买卖合同中明确做出规定。如“Transshipment allowed，Transshipment Port：Hong Kong”。

四、装运通知

买卖双方为了互相配合，共同完成车、船、货的衔接和办理货运保险，不论采用何种贸易术语成交，交易双方都要承担互相通知的义务。因此，装运通知（Shipping Advice）也是装运条款的一项重要内容。

按照国际贸易的一般做法，在按 FOB 条件成交时，卖方应在约定的装运期开始以前，一般是 30 天或 45 天，向买方发出货物备妥通知，以便买方及时派船接货。买方接到卖方发出的备货通知后，应按约定的时间，将船名、船舶到港受载日期等通知卖方，以便卖方及时安排货物出运和准备装船。

如果按 FOB、CFR 和 CIF 术语签订合同，卖方在将货物装上船后，均应及时向买方发出已装船通知，即以电讯方式将货船名、船籍、吨位、预计到港日期等信息告诉买方，以确保买方能及时安排接货以及在必要的时候办理投保。

装船通知的内容通常包括以下几个方面：

（1）合同号（或订单号）、信用证号（如果用信用证方式结算）以及以上文件的日期、发票金额等。

（2）货物的品名、规格、数量、重量、唛头等。

（3）装货港名称、船公司名称、船名、预计开航日期以及预计抵达日期（ETA）等。

（4）提单号或装运单据号等。

在 FOB、CFR 术语交易时，保险责任属买方自理，若因装船通知漏发或迟发而造成买方漏办保险，或未能及时办理保险，则由此造成的损失将由卖方承担。为避免卖方因疏忽未及时通知，买方往往在来证中明确规定卖方必须在规定时间内发出装运通知，并以装船通知的副本作为议付货款的单据之一。

五、装卸费用、装卸时间、装卸率、滞期费和速遣费

大宗货物的运输常常采用定程租船运输。在此情形下，合同中的装运条款还需对装卸费用、装卸时间、装卸率以及滞期费和速遣费等做出相应规定。

（一）装卸费用

装卸费用条款是定程租船运输合同中规定装卸费用由谁承担的条款。主要规定方法有以下几种。

（1）FIO（Free In and Out），即装、卸费用均由货方承担。有时还规定理舱费（Stow）和平舱费（Trim）的分担，即 FIOS（船方不承担装货费、卸货费和理舱费）、FIOT（船方不承担装货费、卸货费和平舱费）和 FIOST（船方不承担装货费、卸货费、平舱费和理舱费）。

（2）FI（Free In），即船方承担卸货费，货方承担装货费。

（3）FO（Free Out），即货方承担卸货费，船方承担装货费。

（4）Liner Terns，即船方承担装卸费。

（二）装卸时间

装卸时间是指承租人在港口完成装卸任务的时间期限，它一般以天数或小时数来表示。一旦超出装卸时间期限，承租人将向船方支付滞期费，用以弥补船方因超期滞留港口所发生的额外开支。

装卸时间常用规定方法包括以下几方面：

（1）日（Days）或连续日（Consecutive Days），指从午夜零点至24点连续24小时的时间，也就是日历日数。以"日"表示装卸时间，从装货开始到卸货结束，整个经过的日数就是总的装货或卸货时间。在此期间，不论不可能进行装卸作业的时间（如雨天、施工或其他不可抗力），还是星期日或节假日，都应计为装卸时间，这种规定对租船人很不利。

（2）累计24小时好天气工作日（Weather Working Days of 24 Hours），指在好天气情况下，不论港口习惯作业为几小时，均以累计24小时作为一个工作日，即天气良好可以进行装卸作业的工作日。如果港口规定每天作业8小时，则一个工作日会跨及几天的时间。这种规定对租船人有利，而对船方不利。

（3）连续24小时好天气工作日（Weather Working Days of 24 Consecutive Hours），指在好天气情况下，连续作业24小时算一个工作日，中间因坏天气影响而不能作业的时间应予以扣除。这种方法一般适用于昼夜作业港口。当前，国际上一般都采用此种规定方法。

由于各国港口习惯和规定不同，对星期日和节假日是否计算也应具体订明。如在工作日之后加订"星期日和节假日除外"（Sundays and Holidays Excepted）。

除了具有一定含义的日数表示装卸时间的办法外，有时关于装卸时间并不按日数或每天装卸货物的吨数来规定，而只是按"港口习惯快速装卸"（To Load/Discharge in Customary Quick Despatch，CQD）这种规定不明确，容易引起争议，故采用时应审慎行事。

为了计算装卸时间，合同中还必须对装卸时间的起算和止算时间加以约定。关于装卸时间的起算时间，各国法律规定或习惯并不完全一致，一般规定在船长向承租人或其代理人递交了"装卸准备就绪通知书"（Notice of Readiness，N/R）以后，经过一定的规定时间后，开始起算。关于止算时间，现在世界各国习惯上都以货物装完或卸完的时间作为装卸时间的止算时间。

（三）装卸率

装卸率是指每个工作日装卸货物的数量。装卸率直接影响到装卸时间。对于装卸率的具体确定，一般应遵循港口惯常的装卸速度，规定得过高或过低都不合适。如果装卸率规定得过高，一旦完不成装卸任务，承租人就要承担滞期费的损失；如果装卸率规定得过低，虽能因提前完成装卸任务而得到船方的速遣费，但因船方在预先核算运费时已因较低的装卸率而规定了较高的运费，所以对承租人而言，也同样得不偿失。因此，装卸率的规定应本着实事求是的原则合理约定。

（四）滞期费和速遣费

滞期费（Demurrage）也称延滞费，是指定程租船方式下，在规定的装卸期限内，租船人未完成装卸作业，给船方造成经济损失，租船人对超过的时间应向船方支付一定的罚金。速遣费（Despatch Money）是指租船人在规定的装卸期限内，提前完成装卸作业，使船方节省了船舶在港的费用开支，船方应向租船人就可以节省的时间支付一定的奖金。按照惯例，速遣费一般为滞期费的一半。

滞期费和速遣费通常约定为每天若干金额，不足一天者，按比例计算。费率大体相当于承运船舶在租船市场的日租运价加上日耗油费。滞期时间习惯上按“一旦滞期，永远滞期（Once on Demurrage，Always on Demurrage）”的原则计算，即超过租船合同中规定的装卸时间，就不再扣除公休日及影响装卸的不良天气因素，而是按自然日有一天算一天，均算作滞期时间。

需要注意的是，在定程租船方式下，不仅需要在租船合同中规定滞期和速遣条款，买卖双方还应该在销售合同中订立相应的滞期速遣条款，二者内容应保持一致。

课后练习

一、多项选择题

1. 班轮运输的特点是（　　）。

A. 定线、定港、定期和相对稳定的运费率

B. 由船方负责对货物的装卸，运费中包括装卸费，不规定滞期、速遣条款

C. 承运货物的品种、数量较为灵活

D. 船、货双方的义务和责任豁免，以船方签发的提单条款为依据

2. 按提单对货物表面状况有无不良批注，可分为（　　）。

A. 清洁提单　　B. 不清洁提单

C. 记名提单　　D. 不记名提单

3. 海运提单的性质与作用主要是（　　）。

A. 它是海运单据的唯一表现形式

B. 它是承运人或其代理人出具的货物收据

C. 它是代表货物所有权的凭证

D. 它是承运人与托运人之间订立的运输契约的证明

4. 租船运输包括（　　）。

A. 定期租船　　B. 集装箱运输

C. 班轮运输　　D. 定程租船

5. 国际货物买卖合同中比较常见的装运期的规定方法有（　　）。

A. 规定在某一天装运　　B. 规定在收到信用证后若干天内装运

C. 笼统地规定装运期　　D. 明确规定具体的装运期限

6. 构成国际多式联运应具备的条件是（　　）。

A. 必须要有一份多式联运合同和使用一份包括全程的多式联运单据，并由一个多式联运经营人对全程运输负责

B. 必须是至少两种不同运输方式的连贯运输

C. 必须是国际货物运输

D. 必须是全程单一的运费费率

二、简答题

1. 国际货物运输主要有哪些方式？
2. 什么是班轮运输？班轮运输有哪些特点？
3. 租船运输包括哪几种方式？
4. 合同的装运条款应订明哪些内容？
5. 简述海运提单的性质和作用，并说明海运提单主要有哪些种类。

三、技能题

1. 信用证装运总量为500公吨，规定从6月开始，每月装100公吨。在实际装运时，6月装了100公吨，7月装100公吨，8月未装，而卖方要求9月一起补交是否可以？

2. 我某公司与英商按CIF伦敦签约，出口茶具1万件，合同与信用证均规定“装运期3—4月份，每月装运5 000件，允许转船”。我方于3月30日将5 000件装上“东风”轮，取得3月30日的提单，又在4月2日将余下的5 000件装上“庆丰”轮，取得4月2日的提单。两轮均在中国香港转船，两批货均转至“兰溪”轮运至目的港。请问：本例做法是否属分批装运？为什么？

3. 某公司以FOB青岛条件向荷兰M公司出售一批货物，纸箱装。船方收货时，发现有28箱货物外表有不同程度的损坏，于是大副在收货单上批注“有28箱外表损坏”。卖方换取提单时，要求船方不将收货单上的批注转注到提单上，并向船方出具保函：“若收货人因包装损坏为由向承运人索赔时，由我方承担赔偿责任。”船方接受了该保函，签发了清洁提单。收货人收货时发现该批货物有45箱包装严重破碎，内部货物不同程度受损，故向承运人索赔。承运人赔偿后，凭保函向卖方索赔，但卖方只愿赔偿28箱的损失，对其余部分拒绝赔偿。

试分析此案中卖方和船方的做法有何不妥之处？可能面临什么风险？

4. 浏览以下网站，学习相关知识和操作方法。

（1）中国航贸网 http：//www. snet. com. cn

（2）中国国际海运网 http：//www. shippingchina. com

（3）中国远洋海运集团网站 http：//www. coscoshipping. com

第八章

进出口货物运输保险

【学习目标】

1. 了解国际贸易运输保险的基本原则、海上风险与费用的概念。
2. 掌握我国海洋货物运输保险的基本险别；了解伦敦协会货物保险条款。
3. 掌握保险金额、保险费的计算。
4. 掌握我国进出口货物保险的基本做法。

保险（Insurance）是人们为了应付自然灾害和意外事故，通过订立合同实现补偿或给付的一种经济形式，是一种经济补偿制度，保险的种类繁多。在国际贸易中，货物从卖方交至买方手中，一般都要经过长途运输、装卸、储存，在此期间货物可能会遇到各种难以预料的风险而遭受损失。货主为了转嫁风险，通常都办理国际货物运输保险。

国际货物运输保险就是被保险人（The insured）或投保人（Applicant）在货物装运前，估定一定的投保金额向保险人（Insurer），即保险公司投保货物运输险，支付保险费。被保险货物若在运输中遭受保险事故造成损失，则保险人负责相应赔偿。

国际货物运输保险根据国际货物所采取的不同运输方式，分为：海运货物保险、陆运货物保险、航空货运保险和邮包运输保险。其中以海运货物保险起源最早，使用最广泛。因此，本章以介绍海上货物运输保险为主，对其他货物保险仅作简要说明。

第一节

保险的基本原则

国际货物运输保险是财产保险的一种。不论哪一类保险，投保人（被保险人）和保险人在签订保险合同、履行各自义务，以及办理索赔和理赔工作时必须遵守以下保险的基本原则。

一、可保利益原则（Insurable Interest）

可保利益又称保险利益，是指投保人或被保险人对于保险标的因有利害关系而产生的为法律所承认、可以投保的经济利益。可保利益必须是合法的；必须是确定的、客观存在的；必须是可以用货币金钱计算的。可保利益原则是指投保人或被保险人必须对保险标的具有可保利益，才能同保险人订立有效的保险合同。否则，所签保险合同是非法的、无效的。

二、最大诚信原则（Utmost Goodfaith）

最大诚信原则也称最高诚信原则，当事人双方在签订保险合同时必须诚实、守信。因为保险人在承保时，往往远离船货所在地，对保险标的难以实地查勘，仅凭投保人的叙述。而投保人或被保险人对保险人的责任范围等也应有准确的认识。所以，双方都应坚守诚信。当事人中的一方如果以欺骗或隐瞒的手段诱使他人签订合同，他方即有权解除合同，或不履行合同约定的义务或责任，甚至因此受到的损害还可以要求对方给予补偿。

三、补偿和代位追偿原则（Indemnity and Subrogation）

凡是保险人承保责任范围内发生的损失，保险人应作赔偿，但赔偿金额不能超过保单上的保险金额或保险人遭受的实际损失。保险人赔偿之后，有权取代被保险人的地位，获得被保险人的权益，向第三者进行追偿，或获得货物的有关权益。

案例 8－1

某保险公司承保自鹿特丹运往上海的一批装饰纸。投保人为 A 木业公司，收货人是 B 公司，保险条款为一切险附加战争险。该批货物于 10 月 6 日装船，某外运公司（以下称外运公司）的德国代理人签发了以外运公司为承运人的已装船清洁提单，承运船舶为某船公司的“HANJINSAVANNAH”轮。该轮 11 月 6 日抵达上海，11 月 16 日收货人开箱后发现货物有水湿现象，遂由理货公司出具了发现货物水湿的报告。11 月 23 日，保险公司委托某公估行对受损货物进行检验并出具了检验报告，认定货损原因系运输过程中淡水进入集装箱所致，货物实际损失为 2.35 万美元。保险公司依保险条款向收货人进行了赔偿后取得代位求偿权益转让书，并据此向外运公司提起诉讼，请求判处被告赔偿损失。

四、权益转让原则（Interest Transfer）

权益转让原则是指保险单可以背书转让，且不需要取得保险人的同意，也不需要通知保险人。在 CIF、CIP 等贸易术语条件下，卖方（投保人）将提单、保险单等合格的单据交银行议付货款，即转让了保险单；保险事故发生后，买方凭该保险单向保险人索赔。

五、近因原则（Proximate Cause）

如果引起货物损失的最直接原因是承保责任范围内的，保险人要赔偿；若承保的风险不是造成损失的最直接原因，保险人不赔偿。

第二节

海运货物保险承保的范围

在保险业务中，风险、损失和险别三者之间有着紧密的联系：风险是造成损失的起因，险别则是保险公司对风险与损失的承保责任范围。因此，要了解各种险别的内容，就不能不对风险和损失有正确的理解。货物在海洋运输过程中可能遇到的风险与损失很多，但可从保险得到保障的范围只限于保险合同约定的风险与损失。其中包括可保障的风险、可补偿的损失和可承担的费用三个方面。

一、风险

海上货物运输保险的风险分为海上风险和外来风险两类。

（一）海上风险（Perils of the Sea）

海上风险又称海难，是指海上航行中发生的自然灾害（Natural Calamity）和意外事故（Fortuitous Accidents）。风险在保险业务中的具体含义如下。

1. 自然灾害

自然灾害是指由于自然界变异引起破坏力量所造成的现象。如恶劣气候、雷电、海啸、地震或火山爆发等。这些灾害在保险业务中都有其确定的含义。

2. 意外事故

意外事故是指不同于一般的事故，它专指船舶搁浅、触礁、沉没、失踪、互撞或与其他固体物如流冰、码头碰撞以及失火、爆炸等由于意外原因造成的事故。

（二）外来风险（Extraneous Risks）

外来风险是指由于外来原因引起的风险。可分为一般外来风险和特殊外来风险两种。一般外来风险包括偷窃、雨淋、短量、沾污、渗漏、破碎、串味、受潮、受热、锈损和钩损等；特殊外来风险包括战争、罢工、交货不到、拒绝收货等。

二、损失

被保险人因被保险货物遭遇海上风险或外来风险而受到的损失，按其损失程度可分为全部损失和部分损失。

（一）全部损失（Total Loss）

全部损失简称全损，是指整批货物或不可分割的一批货物的全部灭失或可视同全部灭失的损害。

知识点

关于整批或不可分割的一批保险货物的全损，一般包括以下几种情况：一张保险单所承保的全部货物的损失是全损；一张保险单中包括数类货物，每一类货物分别列明数量和保险金额时，其中每一类货物的全损；在装卸过程中一整件货物的全损；当货物用驳船装载运往或远离海轮时，每一驳船货物的全部损失是全损。

全部损失有实际全损和推定全损两种。

1. 实际全损（Actual Total Loss）

实际全损是指该批被保险货物完全灭失或完全变质已失去原有的使用价值，或者货物已经不可能归还被保险人。

2. 推定全损（Constructive Total Loss）

推定全损是指被保险货物受损后，实际全损已经不可避免，或者为避免发生实际全损所需支付的费用与继续将货物运抵目的地的费用之和超过保险价值，也就是恢复、修复受损货物并将其运送到原定目的地所需的费用将超过该目的地的货物价值。发生推定全损时，被保险人可以要求保险人按部分损失赔偿，也可以要求作为推定全损赔偿全部损失。如果要求按推定全损赔偿，被保险人必须向保险人发出委付通知（NOTICE OF ABANDONMENT），表示愿意将保险标的物的全部权利和义务转移给保险人，并要求保险人按全损赔偿。委付必须经保险人同意接受后生效。

案例 8－2

精密仪器损失案

有一被保险的精密仪器货价为 15 000 美元。运载该仪器的海轮，在航行中发生碰撞事故。船身的剧烈震动使该台仪器受到损坏。事后经专家鉴定，认为该台仪器如修复原状需支付修理费用 16 000 美元；如拆卸为零件出售，尚可收回 5 000 美元。在这种情况下，这台受损仪器应属何种损失？保险公司又应如何处理这一损失案件呢？

分析：这台受损仪器应属于推定全损。因为修理费用加上运至目的地的费用，超过该仪器在目的地的价值。保险公司对于发生推定全损的货物，除按保单的规定给予赔款外，被保险人应将该货物委付给保险公司，即将该货物的权益转让给保险公司，并由被保险人签署权利转让书作为证据，从而使保险公司在赔付货款后，能够自行处理该货物的残余部分，并享有该货物有关的其他权益。

（二）部分损失（Partial Loss）

部分损失是指被保险货物的损失没有达到全部损失的程度，按其产生的原因不同，可分为共同海损和单独海损两种。

1. 共同海损（General Average, G. A.）

共同海损是指载货船舶在海运途中遇到危及船、货的共同危险，船方为了维护船舶和所有货物的安全或是使航程继续完成，有意识地、合理地采取措施所直接造成的特殊牺牲、支付的特殊费用，称为共同海损。

案例 8－3

某货轮在某港装船后，航行途中不幸发生触礁事故，船舶搁浅，不能继续航行。事后船方反复开倒车将船舶强行浮起，但船底划破，致使海水渗入货仓，造成船只部分损失。为使货轮继续航行，船长发出求救信号，船被拖至就近港的船坞修理，前后花了10天，共支出修理费5 000美元，增加各项费用支出（包括船员工资）共3 000美元。船舶修复后继续起航。以上产生的费用损失是否为共同海损？

分析：共同海损的成立，必须具备下列条件：第一，船方采取的措施，必须是为了解除船、货的共同危险，有意识而合理地采取的；第二，船方在采取紧急措施时，必须确实有危及船、货共同安全的危险存在；第三，所作的牺牲是特殊性质的，支出的费用是额外支付的，而且牺牲和费用支出必须是有效果的。

以上货轮产生的费用损失属于共同海损。共同海损的牺牲和费用，应由船方、货方或运费收入方按最后获救的价值比例进行分摊，这种分摊叫做共同海损分摊（G. A. Contribution）。

2. 单独海损（Particular Average, P. A.）

单独海损是指仅涉及船舶或货物所有人单方面利益的未达全损的损失，即无共同海损性质的分摊。

知识点

共同海损与单独海损的主要区别：P. A是承保风险直接导致的损失，而G. A是为了解除船货共同危险而人为造成的损失。P. A的损失由受损方自行承担，而G. A的损失则由各受益方按照受益大小的比例共同分摊。

三、费用（Charges）

发生海上危险事故时，通常需要采取一定的措施以避免损失的发生或扩大，因此会造成费用上的损失，这种费用保险人也给予赔偿。

1. 施救费用

施救费用（Sue and Labour Charges）又称“损害防止费用”，是指被保险货物在遭受承保范围内的灾害事故时，被保险人或其代理人（如船长）或受让人为避免和减少损失采取各种抢救、防护措施所支出的合理费用。保险人应对这项费用支出予以赔偿。

2. 救助费用

救助费用（Salvage Charges）是指被保险货物遭遇承保范围内的灾害事故时，由保险人和被保险人以外的第三方采取有效的救助措施而获救，由此支付的报酬就是救助费用。救助报酬最高不得超过获救财产的价值。

3. 额外费用

额外费用（Extra Charges）指为了证明损失索赔的成立而支付的费用，如公证费、查勘费、理算师费、拍卖遭损货物的销售费用等。额外费用亦是从属费用，即只有在被保险人的索赔成立，保险人才负责这些与索赔有关的额外费用。

案例8-4

某货轮在航行途中因电线短路，第三舱内发生火灾，经灌水灭火后统计损失，被火烧毁货物价值5 000美元，因灌水救火被水浸坏货物损失6 000美元。船方宣布该轮为共同海损，试根据上述案例分析思考下列问题：

（1）该轮船长宣布共同海损是否合理？

（2）被火烧毁的货物损失5 000美元船方是否应负责赔偿，理由是什么？

（3）被水浸的货物损失6 000美元属什么性质的损失？应由谁负责？

分析：被火烧毁货物价值5 000美元的货物属于单独海损，被水浸的货物损失6 000美元的货物属于共同海损，共同海损的牺牲和费用应进行共同海损的分摊。

第三节

我国海运货物保险的险别与条款

保险的险别是指保险人对风险和损失的承保责任范围。在保险业务中，各种险别的承保责任是通过各种不同的保险条款规定的。我国现行的海运货物保险条款是中国人民保险公司于1981年1月1日修订的海洋保险条款，简称“中国保险条款”（China Insurance Clause，C. I. C.）。该条款共有五部分内容：责任范围、除外责任、责任起讫、被保险人义务和索赔期限。

我国海洋运输货物保险条款所承保的险别，分为基本险和附加险两类。基本险又称主险，可以单独投保。被保险人必须投保基本险，才能获得保险保障。附加险不能单独投保，它必须在投保基本险的基础上才可以投保。

一、基本险

基本险，分为平安险（Free From Particular Average，简称FPA）、水渍险（With Particular Average，简称WA或WPA）和一切险（All Risk）三种。

（一）平安险的责任范围

（1）被保险货物在运输途中由于恶劣气候、雷电、海啸、地震、洪水等自然灾害造成整批货物的全部损失或推定全损。

（2）由于运输工具遭受搁浅、触礁、沉没、互撞、与流冰或其他物体碰撞以及失火、爆炸等意外事故造成货物的全部或部分损失。

（3）在运输工具已经发生搁浅、触礁、沉没、焚毁意外事故的情况下，货物在此前后又在海上遭受恶劣气候、雷电、海啸等自然灾害所造成的部分损失。

（4）在装卸或转运时由于一件或数件货物整件落海造成的全部或部分损失。

（5）被保险人对遭受承保责任内的危险货物采取抢救、防止或减少货损的措施而支付的合理费用，但以不超过该批被救货物的保险金额为限。

（6）运输工具遭难后，在避难港由于卸货所引起的损失以及在中途港、避难港由于卸货、存仓和运送货物所产生的特别费用。

(7) 共同海损的牺牲、分摊和救助费用。

(8) 运输合同订有“船舶互撞责任”条款，根据该条款规定应由货方偿还船方的损失。

“平安险”是我国保险业沿用已久的名称，原文含义是“单独海损不赔”。从字面意义来看，无论是“平安险”还是“单独海损不赔”都不能准确反映出这个险别的承保责任范围，它仅对由于自然灾害所引起的单独海损不赔偿，而对上述第(2)项指定的意外事故造成的单独海损，第(3)项中的自然灾害与意外事故共有情形下的单独海损负赔偿责任。在三个基本险别中，平安险的承包责任范围最狭窄，多用于大宗、低值的散装或裸装货，如矿石、废金属等。

(二) 水渍险的责任范围

(1) 平安险所承保的全部责任；

(2) 被保险货物在运输途中，由于恶劣气候、雷电、海啸、地震、洪水等自然灾害所造成的部分损失。

“水渍险”是我国的惯称，字面意义为“承担单独海损责任”，容易被误解为仅对遭受海水水渍的损失负责或仅对单独海损负责。事实上，与平安险的责任范围相比，水渍险的承保责任范围略有扩大，区别在于水渍险对自然灾害所造成的部分损失也负责赔偿。水渍险不包括锈损、碰损、破碎以及散装货物的部分损失，故常用于不易损坏的货物或生锈并不影响使用价值的货物，如钢管、线材等。

(三) 一切险的责任范围

一切险的责任范围，除包括平安险和水渍险的责任外，还包括被保险货物在运输途中由于一般外来原因所造成的全部或部分损失。这里的一般外来原因是指一般附加险的内容，故一切险是平安险、水渍险和一般附加险的总和。但由运输延迟、战争和罢工等原因造成的损失，即使投保“一切险”，保险人也不予负责。与平安险和水渍险相比，一切险的承保责任范围最广，应用于价值较高、致损原因较多的货物，如棉毛及其制品等。

(四) 基本险的除外责任

对上述海洋运输货物保险的三种基本险别，保险公司规定有除外责任，即保险人不负赔偿责任，其范围主要包括以下四项：①被保险人的故意行为或过失所造成的损失。②属于发货人责任所引起的损失。③在保险责任开始前，被保险货物已存在的品质不良和数量短差所造成的损失或费用。④保险货物的自然损耗、本质缺陷、特性以及市价跌落、运输延迟所造成的损失和费用。

案例 8-5

有一批货物已按发票总值110%投保了平安险，运载该批货物的海轮于9月3日在海面遇到暴风雨的袭击，使得该批货物受到部分损失，损失货值为1 000美元；该轮在继续航行中，又于9月8日发生触礁事故，使该批货物发生部分损失，损失货值为2 000美元。保险公司需要进行赔偿吗？

分析： 9月3日的损失由自然灾害造成，9月8日的损失由意外事故造成。平安险规定：在运输工具已经发生搁浅、触礁、沉没、焚毁意外事故的情况下，货物在此前后又在海上遭受恶劣气候、雷电、海啸等自然灾害所造成的部分损失属于承保范围，因此保险公司应赔偿。

二、附加险（Additional Risk）

海洋运输货物保险的附加险承保的是外来风险引起的损失，可分为一般附加险、特别附加险和特殊附加险。

（一）一般附加险（General Additional Risk）的责任范围

一般附加险有11种，包括：偷窃、提货不着险（Theft Pilferage and Non－Delivery，简称 T. P. N. D）、淡水雨淋险（Fresh Water &/or Rain Damage，简称 F. W. R. D）、短量险（Risk of Shortage）、渗漏险（Risk of Leakage）、混杂、沾污险（Risk of Intermixture and Contamination）、碰损、破碎险（Risk of Clash and Breakage）、串味险（Risk of Odor）、受潮受热险（Damage Caused by Sweating & Heating）、锈损险（Risk of Rust）、钩损险（Hook Damage）、包装破裂险（Breakage of Parking）。

上述11种附加险，不能独立承保，它必须依附于主险。也就是说，只有在投保了主要险别以后，投保人才允许投保附加险。投保"一切险"后，上述险别均包括在内。

（二）特别附加险（Special Additional Risk）的责任范围

特别附加险所承保的风险大多与国家的行政措施、政策法令、航海贸易习惯有关，其险别主要有：交货不到险（Failure to Delivery Risks）、进口关税险（Import Duty Risk）、舱面险（On Deck Risk）、拒收险（Rejection）、黄曲霉素险（Aflatoxin Risk）、出口货物到中国香港（包括九龙在内）或中国澳门存仓火险责任扩展条款（Fire Risk Extension Clause For Storage of Cargo at Destination Hongkong，Including Kowloon，or Macao）。

（三）特殊附加险（Specific Additional Risk）的责任范围

特殊附加险包括战争险（War Risk）和罢工险（Strikes Risk）两种。战争险承保直接由于战争、类似战争行为和敌对行为、武装冲突或海盗行为所致的损失以及由此引起的捕获、拘留、扣留、禁制、扣押所造成的损失；各种常规武器，包括水雷、鱼雷、炸弹所致的损失；战争险责任范围引起的共同海损的牺牲、分摊和救助费用。

罢工险（Strikes Risk）承保货物由于罢工者、被迫停工工人或参加工潮、暴动、民众斗争的人员的行为，或任何人的恶意行为所造成的直接损失和上述行动和行为引起的共同海损的牺牲分摊和救助费用。

（四）特殊附加险的除外责任

1. 战争险

保险公司对由于敌对行为使用原子或热核武器所致的损失和费用不负责任；对根据执政者、当权者或其他武装集团的扣押、拘留引起的承保航程的丧失和挫折而提出的索赔也不负责。

2. 罢工险

因罢工造成劳动力不足或无法使用劳动力而使货物无法正常运输、装卸以致的损失，属于间接损失，保险人不负责任。

案例8-6

我方按CIF纽约出口冷冻羊肉一批，合同规定投保一切险加战争险、罢工险。货到纽约后适逢码头工人罢工，货物因港口无法作业不能卸载。第二天货轮因无法补充燃料，以致冷冻设备停机。等到第五天罢工结束，该批冷冻羊肉已变质。问：若进口商向保险公司索赔，保险公司是否应该赔偿？

分析：进口商不应向保险公司索赔。因为投保罢工险，保险公司只对罢工造成的直接损失负责赔偿，对于间接损失不负赔偿责任。由于罢工引起劳力不足或不能运输，致使堆放码头的货物遭到雨淋日晒而受损，及冷冻机因无燃料而中断工作致使货物变质等等，均属间接损失，保险公司对这类损失不予赔偿。

三、特殊海运专门险种

（一）海洋运输货物专门保险

针对海运货物的某些特性，保险业务中还有承保其特性的专门险别，这些专门险也属于基本险的性质，可以单独投保。我国的两种海运货物专门险是海洋运输冷藏货物保险（Ocean Marine Insurance for Frozen Products）和海洋运输散装桐油保险（Ocean Marine Insurance for Woodoil Bulk）。

（二）卖方利益险

卖方利益险是中国人民保险公司于1978年开始承保的一种特殊的独立险别，它是针对我国出口企业按CFR或FOB价格条件，或在无证托收的支付方式下出口为保障自身利益而投保的险别。

四、我国海运货物保险责任起讫期限

（一）"仓至仓"条款

出于运输险的特点，我国保险业务中大多数对责任起讫不规定具体的日期，而是采用"仓至仓"（Warehouse to Warehouse，简称W/W）原则，即保险人对被保险货物所承担的保险责任，从运离保险单所载明的发货人仓库或储存处所开始生效，在正常运输过程中（包括海上、陆上、内河和驳船运输在内）继续有效，直至该项货物到达保险单所载明目的地收货人的最后仓库或储存处所或被保险人用作分配、分派或非正常运输的其他储存处所为止，以先发生者为准。如未抵达上述仓库或储存所，则以被保险货物在最后卸载港全部卸离海轮后满60天为止。如在上述60天内被保险货物需转运到非保险单所载明的目的地时，则以该项货物开始转运时终止。

海洋运输冷藏货物保险责任起讫基本遵循"仓至仓"条款，但货物到达保险单载明的目的港，如在30天内卸离海轮，并将货物存入岸上冷藏仓库后，保险责任继续有效，但以货物全部卸离海轮时起算满10天为限。如在上述期限内货物一经移出冷藏仓库，保险责任即告终止。海运散装桐油保险的责任起讫也按照"仓至仓"条款进行，但是在目的港不及时卸载，则自海轮抵港时算满15天，保险责任即告终止。

案例8-7

一份CIF条件的合同，出售大米100公吨，卖方在装船前投保了一切险和战争险，自我国内陆仓库起，直到英国伦敦的买方仓库为止。保单抬头为卖方，货物从卖方仓库运往码头装运途中，发生了承保范围内的货物损失。卖方是否有权向保险公司索赔？

分析： 卖方有权向保险公司索赔。理由是保险公司在货物装运之前已按“仓至仓”条款承保了买卖双方成交的货物，而且卖方在风险发生时拥有货物的所有权，也就是拥有可保权益。所以，保险公司对货物从卖方仓库运往码头装运途中发生的承保范围内的风险应给予赔偿。

（二）“水上风险”条款

在中国保险条款中，战争险的承保责任以水上风险为限，即自货物在起运港装上海轮或驳船时开始，直到目的港卸离海轮或驳船时为止。如不卸离，则从海轮到达目的港当日午夜起算满15天为止。如果在中途港转船，不论货物在当地是否卸离，保险责任以海轮到达该港或卸货地点的当日午夜起算15天为止，到再装上海轮时保险责任恢复有效。

第四节

伦敦保险协会海运货物保险条款

在国际保险市场上，各国保险组织都制定有自己的保险条款，但最为普遍采用的是英国伦敦保险业协会所制订的“协会货物条款”（Institute Cargo Clause；简称I. C. C.）。我国企业按CIF或CIP条件出口时，一般按“中国保险条款”投保，但如果国外客户要求按“协会货物条款”投保，一般可予接受。

“协会货物条款”的最新版于2009年1月1日生效，共有6种险别，它们是：①协会货物条款（A）[简称ICC（A）]；②协会货物条款（B）[简称ICC（B）]；③协会货物条款（C）[简称ICC（C）]；④协会战争险条款（货物）（简称IWCC）；⑤协会罢工险条款（货物）（简称ISCC）；6）恶意损害险（Malicious Damage Clause）。六种险别中，恶意损害险属于附加险别，不能单独投保，其他五种险别的结构相同，体系完整。因此，除ICC（A）、ICC（B）、ICC（C）三种险别可以单独投保外，必要时，战争险和罢工险在征得保险公司同意后，也可作为独立的险别进行投保。

一、ICC（A）险的承保风险和除外责任

ICC（A）险的承保责任范围较广，不便把全部承保的风险一一列出，因此对承保风险的规定采用“一切风险减除外责任”的方式，即除了在除外责任项下所列风险所致损失不予负责外，其他风险所致损失均予负责。ICC（A）险的除外责任有4类。

1. 一般除外责任

一般除外责任对应归因于被保险人故意的不法行为造成的损失或费用；自然渗漏、自然损耗、自然磨损、包装不足或不当所造成的损失或费用；保险标的内在缺陷或特征所造成的损失或费用；直接由于延迟所引起的损失或费用；由于船舶所有人、经理人、租船人经营破产或不履行债务所造成的损失或费用；因使用原子或热核武器所造成的损失或费用。

2. 不适航、不适货除外责任

不适航、不适货除外责任主要对应被保险人在保险标的装船时已知船舶不适航，以及船舶、运输工具、集装箱等不适货。

3. 战争除外责任

战争除外责任主要对应由于战争、内战、敌对行为等造成的损失或费用；由于捕获、扣留等（海盗除外）所造成的损失；由于漂流水雷、鱼雷等所造成的损失或费用。

4. 罢工除外责任

罢工除外责任对应由于罢工、被迫停工造成的损失或费用；由于罢工者、被迫停工等造成的损失或费用；任何恐怖主义者或出于政治动机而行动的人为所致的损失或费用。

二、ICC（B）险的承保风险和除外责任

ICC（B）险对风险的规定采用“列明风险”的方式，即把所有承保的风险一一列举，凡属承保责任范围内的损失，无论是全部损失还是部分损失，保险公司按损失程度均负责赔偿。

ICC（B）险承保的灭失或损害风险要合理归因于以下几种原因：①火灾、爆炸；②船舶或驳船触礁、搁浅、沉没或倾覆；③陆上运输工具倾覆或出轨；④船舶、驳船或运输工具同水以外的任何外界物体碰撞；⑤在避难港卸货；⑥地震、火山爆发或雷电；⑦共同海损牺牲；⑧抛货；⑨浪击落海；⑩海水、湖水或河水进入船舶、驳船、运输工具、集装箱、大型海运箱或储存处所；⑪货物在装卸时落海或跌落造成整件的全损。

ICC（B）险的除外责任方面，除对“海盗行为”和恶意损害险的责任不负责外，其余均与ICC（A）险的除外责任相同。

三、ICC（C）险的承保风险和除外责任

ICC（C）险的风险责任规定也和（B）险一样，采用“列明风险”的方式，可是仅对“重大意外事故”（Major Casualties）所致损失负责，对非重大意外事故和自然灾害所致损失均不负责。

ICC（C）险承保的灭失或损害风险要合理归因于：①火灾、爆炸；②船舶或驳船触礁、搁浅、沉没或倾覆；③陆上运输工具倾覆或出轨；④船舶、驳船或运输工具同水以外的任何外界物体碰撞；⑤在避难港卸货；⑥共同海损牺牲；⑦抛货。

ICC（C）险的除外责任与ICC（A）险完全相同，在此不再赘述。

以上三种险别中，ICC（A）险相当于中国保险条款中的一切险，其责任范围更为广泛，故采用承保“除外责任”之外的一切风险的方式表明其承保范围。ICC（B）险大体上相当于水渍险。ICC（C）险相当于平安险，但承保范围较小些。ICC（B）险和ICC（C）险都采用“列明风险”的方式表示其承保范围。

四、战争险的承保风险和除外责任

（1）战争、内战、革命、叛乱或由此引起的内乱，或交战国或针对交战国的任何敌对行为造成的损失或费用；

（2）拘留、扣留、禁制以及这种行为的后果或这方面企图所造成的损失或费用；

（3）遗弃的水雷、炸弹或其他遗弃的战争武器造成的损失或费用；

（4）共同海损和救助费用。

战争险的除外责任与 ICC（A）险的除外责任基本相同。

五、罢工险的承保风险和除外责任

（1）罢工者、被迫停工工人或参与工潮、暴动或民变人员所致损失；

（2）恐怖主义者或任何出于政治目的采取行动的人所致损失。

罢工险的除外责任也与 ICC（A）险的除外责任基本相同。

六、恶意损害险的承保风险

恶意损害险是附加险，它承保的是被保险人以外的其他人（如船长、船员）的故意破坏行为所致被保险货物的灭失或损害。恶意损害的风险在 ICC（B）险及 ICC（C）险中都列为除外责任。

七、协会海运货物保险责任起讫期限

保险期限是指保险人承担保险责任的起讫期限，也就是保险的有效期，即保险公司的保险责任从什么时候或地点开始，到什么时候或地点结束。

英国伦敦保险协会海运货物保险条款和海运货物战争险条款对保险期限的规定，同上述我国海运货物保险与海运货物战争险条款对保险期限的规定大体相同，但其规定比我国有关条款的规定更为详细。

第五节

海运货物保险实务

我国出口货物一般采取逐笔投保的办法。按 FOB 或 CFR 术语成交的出口货物，卖方无办理投保的义务，但卖方在履行交货之前，货物自仓库到装船这一段时间内，仍承担货物可能遭受意外损失的风险，需要自行安排这段时间内的保险事宜。按 CIF 或 CIP 等术语成交的出口货物，卖方负有办理保险的责任，一般应在货物从装运仓库运往码头或车站之前办妥投保手续。

一、保险金额（Insured Amount）

保险金额是被保险人向保险公司申报的保险标的价额，是保险公司赔偿的最高限额，也是计算保险费的基础。

（一）出口业务中保险金额的确定

按照国际保险市场的习惯做法，出口货物的保险金额一般按 CIF 货价另加 10% 计算，这增加的 10% 称为保险加成率，也就是买方进行这笔交易所付的费用和预期利润。

保险金额计算的公式是：保险金额 = CIF 货值 ×（1 + 投保加成率）

在我国出口业务中，CFR 和 CIF 是两种常用的术语。CFR 换算成 CIF 价：CIF = CFR/［1 - 保险费率 ×（1 + 投保加成率）］

（二）进口业务中保险金额的确定

我国进口货物一般按照进口货物的 CIF 价格作为保险金额，不再加成。按 CFR 进口时：保险金额 = CFR 货价 ×（1 + 平均保险费率）；按 FOB 进口时：保险金额 = FOB 货价 ×（1 + 平均运费率 + 平均保险费率）。

二、保险费（Premium）

保险费是保险人经营业务的基本收入，也是保险人用作支付保险赔款的保险基金主要来源。保险费是以保险金额为基础，按一定的保险费率计算的，其计算公式是：保险费 = 保险金额 × 保险费率。保险费率（Premium Rate）是由保险公司根据一定时期、不同种类的货物的赔付率，按不同险别和目的地确定的。

例题

保险费的计算

某外贸公司按 CIF 条件出口了一批货物，CIF 总值为 80 000 美元，按发票金额加成 10% 投保一切险、战争险（一切险费率为 0.3%，战争险费率为 0.04%），求：外贸公司应交多少保险费？

解：保险金额 = CIF 货值 ×（1 + 投保加成率）

= 80 000 ×（1 + 10%）= 88 000

保险费 = 保险金额 × 保险费率

= 88 000 ×（0.3% + 0.04%）= 299.2（美元）

所以，外贸公司需要交纳 299.2 美元的保险费。

三、保险单据

保险单据是保险公司与投保人之间订立保险合同的证明文件，它反映了保险人与投保人之间的权利和义务关系，既是保险公司对投保人出具的承保证明，又是保险索赔和理赔的主要依据。常用的保险单据如下。

（1）保险单（Insurance Policy）又称为大保单，是一种正式的保险契约的书面凭证，是使用最广的保险单据，具有法律上的效力，对双方当事人均有约束力。

（2）保险凭证（Insurance Certificate），又称小保单，是一种简化的保险单。这种凭证除背面不载明保险人与投保人的权利和义务外，其余内容与保险单相同。保险凭证与保险单具有同等法律效力。

（3）预约保单（Open Policy）又称预约保险合同，是经常有相同类型货物需要陆续分批装运时所采用的一种保险单。

（4）批单（Endorsement）。保险单签发后，投保人如需要对保险单的内容进行变更或修改，可以根据保险公司的规定，以书面形式向保险公司提出申请。经保险公司同意后即另出一种凭证，注明更改或补充的内容，这种凭证称为批单。

四、保险索赔

进出口货物在保险责任有效期内发生属于保险责任范围内的损失，被保险人依据保险合同的有关规定向保险公司提出索赔，称为保险索赔。保险索赔应注意以下几方面的问题。

1. 在索赔时效内通知保险人或其代理人

被保险人索赔应在一定期限内提出，各国保险法和保险条款对各类险别的索赔时效都有规定，逾期索赔，被保险人就会丧失索赔权利。中国人民保险公司对海运货物保险条款规定的索赔时效，是从被保险货物在最后卸载港全部卸离海轮后起算，最多不超过两年。一经通知，即表示索赔行为的开始，被保险人不再受索赔时效控制。

2. 备齐索赔单证

被保险人在向保险人或其代理人索赔时，应提交索赔必需的各种单证。按照保险惯例，被保险人在索赔时应提供保险单或保险凭证正本、提单、发票、装箱单、磅码单、货损货差证明、货物残损检验报告、海事报告、费用清单及索赔清单等单据。

3. 应了解索赔免赔的一些规定

对易碎和易短量货物的索赔，应了解是否有免赔的规定：是规定不论损失程度均给予100%的赔偿，还是规定了免赔率。货物损失没有超过免赔率的时候，保险公司不予赔偿，若超过了免赔率，保险人也可以按一定比例免赔。免赔率又有相对免赔率和绝对免赔率之分；如果货物损失超过了免赔率，前者不扣除免赔率，全部予以赔偿；后者则要扣除免赔率，只赔偿超过的部分。中国人民保险公司现在实行的是绝对免赔率，但现行的伦敦保险业协会的“协会货物条款”则无免赔率的规定。

五、买卖合同中保险条款的约定

保险条款是国际货物买卖合同的重要组成部分之一，必须订得明确、合理。选用不同的贸易术语，保险条款的内容不同。一般包括四要素：投保人，即由谁办理保险的问题；保险金额；保险的险别；投保依据。

第六节

其他运输方式货物保险介绍

在对外贸易运输中，陆运、空运以及邮包运输在国际贸易运输量中的比重明显上升，这些运输方式货物保险是在海运货物保险的基础上发展起来的，但由于陆运、空运与邮运同海运可能遭致货物损失的风险种类不同，所以它们与海上货运保险的险别及其承保责任范围也有所不同，现分别简要介绍如下。

一、陆运货物保险

陆运货物保险的基本险别有陆运险、陆运一切险、陆上运输冷藏货物险，此外还有附加险即陆上运输货物战争险。

1. 陆运险的责任范围

被保险货物在运输途中遭受暴风、雷电、地震、洪水等自然灾害，或由于陆上运输工具（主要是指火车、汽车）遭受碰撞、倾覆或出轨。如在驳运过程，包括驳运工具搁浅、触礁、沉没或由于遭受隧道坍塌、崖崩或火灾、爆炸等意外事故所造成的全部损失或部分损失。保险公司对陆运险的承保范围大至相当于海运险中的"水渍险"。

2. 陆运一切险的责任范围

陆运一切险的责任范围除包括上述陆运险的责任外，保险公司对被保险货物在运输途中由于外来原因造成的短少、短量、偷窃、渗漏、碰损、破碎、钩损、雨淋、生锈、受潮、发霉、串味、沾污等全部或部分损失，也负赔偿责任。

陆运险与陆运一切险的除外责任与海洋运输货物保险的除外责任基本相同，保险责任的起讫期限也采用"仓至仓"责任条款。陆上运输货物险的索赔时效为，从被保险货物在最后目的地车站全部卸离车辆后起算，最多不超过2年。

二、航空运输货物保险

保险公司承保通过航空运输的货物，保险责任是以飞机作为主体来加以规定的。航空运输货物保险的基本险也分为航空运输险和航空运输一切险两种，另外还有一种附加险，即航空运输货物战争险。

航空运输险的承保责任范围与海运货物保险条款中的"水渍险"大致相同，航空运输一切险除包括上述航空运输的各项责任外，对被保险货物在运输中由于外来原因造成的包括被偷窃、短少等全部或部分损失也负赔偿之责。

航空运输险和航空运输一切险的除外责任与前节所述的海洋运输货物保险的除外责任相同，保险责任的起讫期限也采用"仓至仓"责任条款。

三、邮包运输保险

承保通过邮政局邮包寄递的货物在邮递过程中发生保险事故所致的损失。

以邮包方式将货物发送到目的地可能通过海运，也可能通过陆上或航空运输，或航空运输，或者经过两种或两种以上的运输工具运送。不论通过何种运送工具，凡是以邮包方式将货物运达目的地的保险均属邮包保险。邮包保险按其保险责任分为邮包险（Parcel Post Risks）和邮包一切险（Parcel Post All Risks）两种。前者与海洋运输货物保险水渍险的责任相似，后者与海洋运输货物保险一切险的责任基本相同。

邮包运输保险的责任范围为：

（1）被保险邮包在运输途中由于恶劣气候、雷电、海啸、地雷、洪水自然灾害或由于运输工具遭受搁浅、触礁、沉没、碰撞、倾覆、出轨、坠落、失踪，或由于失火爆炸意外事故所造成的全部或部分损失。

（2）被保险人对遭受承保责任内危险的货物采取抢救、防止或减少货损的措施而支付的合理费用，以不超过该批被救货物的保险金额为限。邮包一切险的责任除上述邮包险的各项责任外，还负责被保险邮包在运输途中由于外来原因所致的全部或部分损失。邮包运输货物保险的除外责任和被保险人的义务与海洋运输货物保险相比较，其实质是一致的。其责任起讫为自被保险邮包离开保险单所载起运地点寄件人的处所运往邮局时开始生效，直至该项邮包运达本保险单所载目的地邮局，自邮局签发到货通知书当日午夜起算满十五天终止。但是在此期限内邮包一经交至收件人的处所时，保险责任即行终止。

课后练习

一、单项选择题

1. 根据我国《海洋货物运输保险条款》规定，"一切险"包括（　　）。

A. 平安险加 11 种一般附加险　　B. 一切险加 11 种一般附加险

C. 水渍险加 11 种一般附加险　　D. 11 种一般附加险加特殊附加险

2. 按国际保险市场惯例，投保金额通常在 CIF 总值的基础上加（　　）。

A. 一成　　B. 二成

C. 三成　　D. 四成

3. "仓至仓"条款是（　　）。

A. 承运人负责运输起讫的条款　　B. 保险人负责保险责任起讫的条款

C. 出口人负责交货责任起讫的条款　　D. 进口人付款责任起讫的条款

4. 我某公司出口稻谷一批，因保险事故被海水浸泡多时而丧失其原有用途，货到目的港后只能低价出售，这种损失属于（　　）。

A. 单独损失　　B. 共同损失

C. 实际全损　　D. 推定全损

5. 我方按 CIF 条件成交一批罐头食品，卖方投保时，按（　　）投保是正确的。

A. 平安险加水渍险　　B. 一切险加偷窃提货不着险

C. 水渍险加偷窃提货不着险　　D. 平安险加一切险

6. CIF 合同的货物装船后因火灾被焚，应由（　　）。

A. 卖方承担损失　　B. 卖方负责请求保险公司赔偿

C. 买方负责请求保险公司赔偿　　D. 承担运费的一方赔偿

7. 同国际市场的惯例一样，我国海运货物基本险的保险期限一般也采用（　　）的原则。

A. "门到门"　　B. "桌到桌"

C. "仓到仓"　　D. "港到港"

8. 某公司按 CIF 出口一批货物，因海轮在运输途中遇难，货物全部灭失，买方（　　）。

A. 可因货物未到岸之事实而不予付款　　B. 应该凭卖方提供的全套单据付款

C. 可以向承运人索赔　　D. 由银行决定是否付款

二、简答题

1. 什么情况构成共同海损？

2. 共同海损与单独海损的主要区别是什么？

3. 在海运货物保险中，保险公司承保哪些风险、损失和费用？

4. 简述平安险、水渍险和一切险的责任范围。

5. 试述“仓至仓条款”的责任起讫。

三、计算题

1. 某公司出口货物一批，原报价 USD3 000/MT CIFC3 Sydney，客户要求改报 CFRC5 Sydney，按发票金额的110%投保一切险加保战争险。经查，一切险和战争险的保险费率分别为0.8%和0.4%。试计算 CFRC5 Sydney 的价格。

2. 某货主在货物装船前，按发票金额的110%办理了货物投保手续，投保一切险加战争险。该批货物以CIF成交，总价值为25万美元，一切险和战争险的保险费率合计为0.6%。计算：该货主应缴纳的保险费是多少？

四、案例分析

1. 我方按CIF出口某商品100箱，投保平安险。在装船时有10箱因吊钩脱落而落海。

（1）保险公司对此损失是否赔付，为什么？

（2）如果按CFR条件成交，结果又如何？

2. 我某公司以CIF条件出口大米1 000包，共计80 000千克。合同规定由卖方投保一切险加战争险，后应买方的要求加附罢工险，保险公司按“仓至仓”条款承保。货到目的港卸至码头，适逢码头工人罢工与警方发生冲突，工人将大米垒成掩体进行抵抗。罢工历经15天才结束。当收货人提货时发现这批大米损失达70%，因而向保险公司索赔。问：保险公司是否应给予赔偿？为什么？

第九章

国际贸易货款的收付

【学习目标】

1. 了解国际结算支付工具主要是三大票据，掌握汇票的含义、内容、种类及流通程序。

2. 掌握汇款和托收的含义、当事人、种类、特点、支付程序。

3. 重点掌握信用证的含义、当事人、特点、种类、支付程序等相关业务。

4. 掌握如何正确选用各种支付方式。

【导读】

如何正确选择有利的支付方式？

宁波市某公司出口的商品在新加坡市场非常畅销，新加坡贸发公司来电订购，欲采用汇付方式支付。宁波市某公司内部关于货款支付方式产生了不同的意见，有人认为汇付方式可行；有人认为汇付风险大，不宜采用，主张使用信用证方式；还有人建议采用托收方式。那么，应如何选择恰当的支付方式？

分析：

在国际贸易中，汇付方式通常用于货到付款、预付货款等业务。出口商一般不轻易采用货到付款方式。预付货款是进口方预先履行付款义务，即出口方预先得到资金周转。然而货物的所有权并不是在付款时转移，在CIF等装运港交货的条件下，出口方在没有交出装运单据以前，货物所有权仍归出口方所有。因此，预付货款对出口商最为有利。在本案中，宁波市某公司在新加坡市场的销售情况很好，逐渐成为抢手货，可坚持使用汇付中的预付货款结算方式，或者预付货款与信用证相结合的混合支付方式。

根据《联合国国际货物销售合同公约》和各国的法律规定，按照合同规定支付货物价款是买方的基本义务，收取货物价款则是卖方的主要权利。国际贸易中，买卖双方身处两国，很难做到交货和付款同时进行，往往需要银行或其他金融机构介入。同时双方国家在金融管理和外汇管制等方面都存在差别，为保证交易顺利进行，买卖双方必须根据实际情况选择合理的支付工具和结算方法，以保证资金的安全，加速资金周转，以及便于贸易融资。

在实际业务中，买卖双方都希望在货款的收付方面获得较大的保障，尽量减少款、货落空的风险，并能取得资金融通。就卖方而言，要安全、迅速收汇，最好采用预付货款或付现，或取得银行的付款保证后再发货；就买方而言，最好采用记账贸易，先取得货物后再支付货款，或要求卖方把货物或代表货物所有权的单据交付后再付款。因此，买卖双方在交易磋商和订立合同时，都力争对自己有利的支付条件。进出口合同中的支付条款主要包括支付工具、支付时间和支付方式等内容。

第一节 支付工具

国际结算支付工具是指为实现国际债权债务清偿所使用的工具，包括现金和票据。在采用现金结算时，以货币作为计价和支付的工具；在采用非现金结算时，则使用票据作为支付工具。和货币一样，票据在流通中可以实现票据和对价（商品或劳务）的对流。所谓票据，通常是指以支付一定金额为目的，并可以流通转让的特种证券。票据可以通过背书交付或单纯交付连续转让，使票据得以广泛流通，既节省了现金使用，又扩大了流通手段。随着国际贸易的发展，货款结算中使用现金的情况越来越少，仅限于少量的购买，如购买样品、预付定金、少量赔款等，而使用非现金结算越来越多，即通过票据进行结算，其中以汇票使用最多，本票和支票使用其次。

一、汇票

（一）汇票的含义和基本内容

《中华人民共和国票据法》（后简称《票据法》）第十九条对汇票下了如下定义：“汇票是由出票人签发的，委托付款人在见票时或者在指定日期无条件支付确定的金额给收款人或者持票人的票据。”

按照各国广泛引用或参照的英国票据法所下的定义，汇票（Bill of Exchange or Draft）是“一人向另一人签发的，要求即期或定期或在可以确定的将来时间，对某人或其指定人或持票人支付一定金额的无条件书面支付命令。”

各国票据法对汇票必须记载事项的规定基本相同，我国《票据法》第二十二条规定，“汇票必须记载下列事项：①表明“汇票”字样；②无条件支付命令；③确定的金额；④付款人名称；⑤收款人名称；⑥出票日期；⑦出票人签章。汇票上未记载前款规定事项之一的，汇票无效。”汇票样本如图 9-1 所示。

Bill of Exchange

Drawn under ____________________

L/C NO. ________ *Dated* ________ *payable with interest@* ______ % ______

No. ________ *Exchange for* [redacted] *Shanghai,China* ________

At ________ *Sight of this* **SECOND** *of Exchange (First of Exchange being unpaid)*

Pay to the order of ____________________

the sum of [redacted]

To ____________________

____________________ **FOR** ____________________

(signature)

图 9－1　汇票

（二）汇票的性质、作用

（1）汇票是支付工具。国际结算的基本方式是非现金结算，汇票是能够用来结清国际间债权债务的支付工具之一。

（2）汇票是信用货币。汇票不是领款单，而是由出票人担保的信用货币，收款人的权利完全依赖于出票人的信用。

（3）汇票是流通工具。汇票可以经过交付或背书转让给他人，并能连续多次转让。背书人对票据的付款负有担保责任，因此，背书次数越多，对票据付款担保的人越多，票据也更加容易被接受。

（三）汇票的种类

汇票的分类方法和依据有很多，主要有以下几种。

1. 按照出票人的不同，汇票可分为银行汇票和商业汇票

（1）银行汇票（Banker's Draft），是指银行签发的汇票，是一家银行向另一家银行发出的书面支付命令，出票人和付款人都是银行。

在我国，银行汇票根据用途又分为现金银行汇票和转账银行汇票：现金银行汇票在出票金额前填写“现金”字样，并且只有在申请人和收款人都为个人时才能够使用。转账银行汇票只能用于转账方式付款。

（2）商业汇票（Commercial Draft），是指企业和个人签发的汇票。商业汇票出票人是商号或个人，付款人可以是商号、个人，也可以是银行。

2. 按照有无随附商业单据，汇票可分光票和跟单汇票

（1）光票（Clean Bill），是指不附带商业单据的汇票。银行汇票多是光票。光票在国际贸易中支付佣金、代垫费用以及收取货款尾数时开立。

（2）跟单汇票（Documentary Bill）又称信用汇票、押汇汇票，是指必须随附商业单据才能付款的汇票。跟单汇票的单据包括发票、提单、仓单、保险单、装箱单、产地证等，商业汇票一般为跟单汇票。

3. 按照付款时间的不同，汇票可分为即期汇票和远期汇票

（1）即期汇票（Sight bill or Demand bill）是指持票人向付款人提示后，对方立即付

款，又称“见票即付”汇票。银行汇票多是即期汇票。

（2）远期汇票（Time Bill or Usance Bill），是指在一定期限或特定日期付款的汇票。远期汇票多为商业汇票。

远期汇票的付款时间，有以下几种规定方法：①见票后若干天/月付款（At × × days/months after sight）；②出票后若干天付款（At × × days/months after date）；③提单签发日后若干天付款（At × × days/months after date of Bill of Lading）；④指定日期付款（Fixed Date）。

4. 远期汇票按照承兑人的不同，可分为银行承兑汇票和商业承兑汇票

（1）银行承兑汇票（Banker's Acceptance Bill）是指汇票上的付款人为银行，以银行为承兑人的远期汇票。

（2）商业承兑汇票（Trader's Acceptance Bill）是指建立在商业信用基础上的，由银行以外的任何商号或个人为承兑人的远期汇票。

一张汇票往往可以同时具备几种性质，例如一张商业汇票同时又可以是即期的跟单汇票。

（四）汇票的使用

汇票的使用通常要经过出票、提示、承兑和付款等手续，此外，汇票通常还需要背书，当汇票遭到拒付后，还会涉及做成拒绝证书（Protest）和行使追索权（Right of Recourse）等法律问题。

1. 出票

出票（Issue）是指出票人签发票据并将其交付给收款人的行为。在出票时，收款人（俗称抬头人）通常有三种写法：

（1）限制性抬头。例如，“仅付 × × 公司（Pay to…Co. only）”或“付 × × 公司，不能转让（Pay to…Co. not transferable）”这种抬头汇票不能转让。

（2）指示性抬头。例如，“付 × × 公司或其指定人（Pay to the order of…Co. or Pay to…Co. or order）”。这种抬头的汇票可以经过背书转让。

（3）空白抬头，即持票人或来人抬头，例如“付给来人”或“付给持票人（Pay to Bearer）”这种抬头的汇票无须背书，仅凭交付即可转让。

2. 提示

提示（Presentation）是持票人（Holder）将汇票提交付款人，要求其付款或承兑的行为。提示分为付款提示和承兑提示。如果是即期汇票，则提示付款人见票后立即付款；如果是远期汇票，则提示付款人见票后办理承兑手续，到期付款。

3. 承兑

承兑（Acceptance）是指远期汇票的付款人在持票人提示汇票的正面写上“承兑”字样，同时注明承兑日期并签字交还持票人，汇票一经承兑，即表示承兑人承担到期付款的责任。因此，远期汇票若遭到付款人拒绝承兑，也就形成了拒付的事实。

4. 付款

在即期汇票和远期汇票到期提示时，付款人可以付款（Payment）。对即期汇票，付款人在持票人提示时见票即付；对远期汇票，付款人在办理承兑手续后，在汇票到期日待持票人再次提示时付款。付款后，汇票上一切债权债务即告终止。

5. 背书

背书（Endorsement）是转让汇票的法定手续，背书人（即汇票的收款人或持票人）在汇票的背面签字加批，将汇票权利转让给受让人（即被背书人）的行为。该受让人可以是记名形式（记名背书），也可以是不记名形式（空白背书）。对于受让人来说，所有在他以前的背书人和出票人都是他的“前手”；而对于出让人来说，所有在他让与以后的受让人都是他的“后手”。“前手”对“后手”负有担保承兑、担保付款的责任。

如果一张远期汇票的持有人想在付款人付款之前提前取得票款，就可以背书转让汇票，受让人一般是银行、贴现行或金融公司，由受让人扣除利息将余款付给持票人，这种行为又称为“贴现”（Discount）。贴现后余额的计算公式是：

贴现后余额＝票面金额－（票面金额×贴现率×贴现日数/360）－有关费用

6. 拒付

持票人在向付款人提示汇票要求承兑或付款时，付款人可能会出于多种原因而拒绝承兑或付款，这时汇票即遭拒付（Dishonor）。付款人拒付后，持票人应及时将汇票遭到拒付的事实通知其前手，前手再通知其前手，直至出票人，以便于持票人向他们追索。如持票人未能及时通知，则丧失追索权。

二、本票

（一）本票的定义

根据我国《票据法》第七十三条规定：“本票是指出票人签发的，承诺自己在见票时无条件支付确定的金额给收款人或持票人的票据。”本票是出票人自己的无条件承诺，故无需提示承兑。

（二）本票的必须记载事项

我国《票据法》第七十六条规定：“本票必须记载下列事项：①表明“本票”的字样；②无条件的支付承诺；③确定的金额；④收款人名称；⑤出票日期；⑥出票人签章。本票上未记载前款规定事项之一的，本票无效。”

（三）本票的种类

根据我国《票据法》规定，本票仅限于银行本票，且见票即付，付款时间自出票日起不能超过两个月。我国工商企业和个人不能签发本票。

按照《日内瓦统一法》和《英国票据法》，根据出票人身份的不同，本票可分为商业本票和银行本票。商业本票出票人是工商企业或个人，因此又称一般本票，它可以分为即期商业本票和远期商业本票；银行本票出票人是银行，而银行本票都是即期的。由于银行本票建立在银行信用的基础上，因此在国际贸易结算业务中被广泛使用。

（四）本票和汇票的主要区别

本票和汇票的主要区别是：

（1）本票是无条件的支付承诺；汇票是无条件的支付命令。

（2）票据的当事人不同。本票的票面有两个当事人：出票人和收款人；汇票则有三个当事人：出票人、受票人和收款人。

（3）本票的出票人即是付款人，远期本票无须办理承兑手续；而远期汇票需要承兑。

（4）出票人的责任不同。本票在任何情况下，出票人都是主债务人；而汇票在承兑前，出票人是主债务人，承兑后，承兑人是主债务人。

（5）本票只能开出一张；汇票可以开出一套。

三、支票

（一）支票的定义

根据我国《票据法》第八十二条规定，支票是出票人签发的，委托办理支票存款业务的银行或其他金融机构在见票时无条件支付确定的金额给收款人或持票人的票据。

英国《票据法》规定，支票是以银行为付款人的即期汇票。具体来说，支票是银行存款户对银行签发的授权银行对某人或其指定人或持票人见票支付一定金额的无条件书面支付命令。

出票人签发支票时，应在付款行存有不低于票面金额的存款。如存款金额不足，持票人会遭拒付，这种支票称为空头支票。开出空头支票的出票人要负法律责任。

（二）支票的必须记载事项

我国《票据法》第八十五条规定，“支票必须记载下列事项：①表明“支票”的字样；②无条件支付委托；③确定的金额；④付款人名称；⑤出票日期；⑥出票人签章。支票上未记载前款规定事项之一的，支票无效。”

（三）支票的种类

1. 根据用途可分为现金支票和转账支票

按我国《票据法》的规定，支票可以分为现金支票和转账支票两种。现金支票是专门制作的用于支取现金的一种支票。当客户需要使用现金时，随时签发现金支票，向开户银行提取现金，银行在见票时无条件支付给收款人确定金额的现金。转账支票只能用于转账，不能提取现金。

2. 根据收款人是否具名，分为记名支票和不记名支票

记名支票是在收款人一栏中写明“付给某人”“付给某人或其指定人”。这种支票转让流通时，须由持票人背书，取款时须由收款人在背面签字。不记名支票又称空白支票，支票上不记载收款人姓名，只写“付给来人”。这种支票无须背书即可转让，取款时也无须在背面签章，即可支取。

3. 划线支票和未划线支票

划线支票是指由出票人、收款人或者代收银行在支票正面划两道平行线的支票，此种支票的持票人不能提取现金，只能通过银行代收票款入账。使用划线支票的目的是在支票遗失或被人冒领时，还有可能通过银行代收的线索追回票款。如果是未划线支票，则收款人既可通过自己的往来银行代向付款银行收款，存入自己的账户，也可自己直接到付款银行提取现款。

4. 保付支票

保付支票是由付款行在支票上加盖“保付”戳记并签字，支票一经保付，付款责任由银行承担，支票的可靠性随之提高，因而有利于流通。

（四）支票和汇票的区别

支票与汇票的主要区别是：

(1) 支票的付款人仅限于银行，而汇票则不限于银行，也可以是商人。

(2) 支票均为见票即付，而汇票对付款时间可以做多种规定，有即期汇票和远期汇票之分。

(3) 支票无承兑行为，汇票有承兑行为。

(4) 支票上可以划线表示转账，而汇票则无须划线。

(5) 支票的主债务人是出票人；而远期汇票在承兑前的主债务人是出票人，承兑后为承兑人。

(6) 支票和汇票的作用和地位不同。支票仅为支付工具，汇票既是支付工具又是信贷工具。

第二节

汇付与托收

目前进出口业务中所使用的支付方式，主要采用汇付、托收和信用证三种方式，此外，还有采用银行保函、备用信用证、国际保理服务以及几种方法结合进行使用。

按照资金的流向和结算工具的方向划分，国际贸易结算方式可以分成顺汇和逆汇两大类。顺汇（Remittance）是由债务人主动将款项交给本国银行，委托银行使用某种结算工具，汇付给国外债权人或收款人。因为结算工具（票据、电报、电传、信件等）的传送方向与资金的流动方向相同，所以称为顺汇。汇付就属于顺汇的范畴。

逆汇（Reverse Remittance）是由债权人以出具票据的方式，委托本国银行向国外债务人收取款项的结算方式。因为结算工具的传送方向与资金的流动方向相反，所以称为逆汇。托收和信用证都属于逆汇。

一、汇付

汇付（Remittance）又称汇款，是指付款人通过银行，使用各种结算工具将货款汇交收款人的一种结算方式。它是最简单的国际贸易结算方式。

（一）汇付方式的当事人

汇付业务涉及当事人有四个：汇款人（Remitter）、收款人（Payee or Beneficiary）、汇出行（Remitting Bank）和汇入行（Paying Bank）。

(1) 汇款人即汇出款项的人，在进出口交易中，汇款人通常是进口人。

(2) 收款人即收取款项的人，在进出口交易中通常是出口人。

(3) 汇出行即受汇款人的委托汇出款项的银行，通常是进口地的银行。

(4) 汇入行即受汇出行委托向收款人解付汇款的银行，因此，又称解付行，通常是出口地的银行。

汇款人在委托汇出行办理汇款时，要出具汇款申请书。此项申请书是汇款人和汇出行之间的一种契约。汇出行一经接受申请，就有义务按照汇款申请书的指示并使用一定的传送方式（如电报、电传、信件、票据等）通知汇入行。汇出行与汇入行之间，事先有代理合同，在代理合同规定的范围内，汇入行对汇出行承担解付汇款的义务。

（二）汇付方式的种类及其业务程序

汇付方式分为电汇、信汇和票汇三种。

1. 电汇（Telegraphic Transfer，T/T）

电汇是指应汇款人的申请，由汇出行拍发加押电报、电传或 SWIFT（MT100）电文等给其国外的分行或代理行（即汇入行），指示其解付一定金额给收款人的一种结算方式。

电汇方式的优点是收款人可安全、迅速地收到汇款，是目前使用最普遍的汇款方式。电汇支付程序如图 9－2 所示。

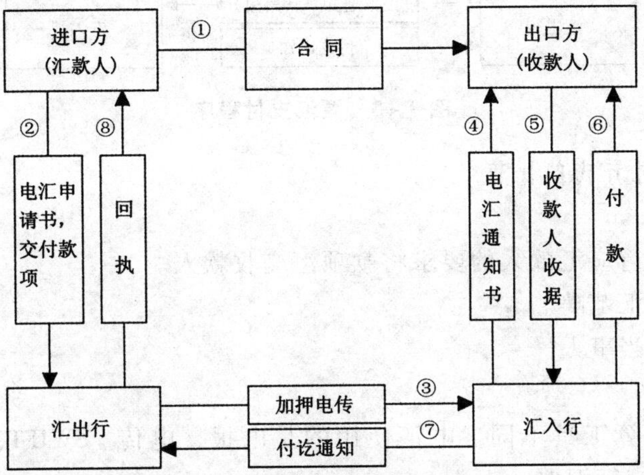

图 9－2　电汇支付程序

2. 信汇（Mail Transfer，M/T）

信汇是汇出行应汇款人的申请，用航邮信函通知汇入行向收款人付款的一种结算方式。由于电讯的快速发展，且费用大幅降低，目前信汇业务已很少见。

信汇方式的优点是费用较低，但资金在途时间长，收款人收到汇款的时间较迟。信汇结算程序与电汇相同，只是在第③步不同（见图 9－2）。信汇的做法是汇出行向汇入行邮寄支付委托书，因此收款速度慢，比较适合金额较小或不急用的。

3. 票汇（Remittance by Banker's Demand Draft，D/D）

票汇是汇出行应汇款人的申请，代汇款人开立以其分行或代理行为解付行的银行即期汇票，列明收款人的姓名、汇款金额等，交由汇款人自行寄给收款人或亲自携带出国，以凭票取款的一种汇款方式。

票汇和信汇一样需要邮寄，时间较长，遗失或被窃的可能性大；但票汇业务中的汇票可以进行流通转让，或向任何一家愿意接受汇票的银行转让汇票而获得资金，收款人的主动性、方便性强。同时，汇入行节省了手续，不必花费时间、人力去通知收款人取款。票汇支付程序如图 9－3 所示。

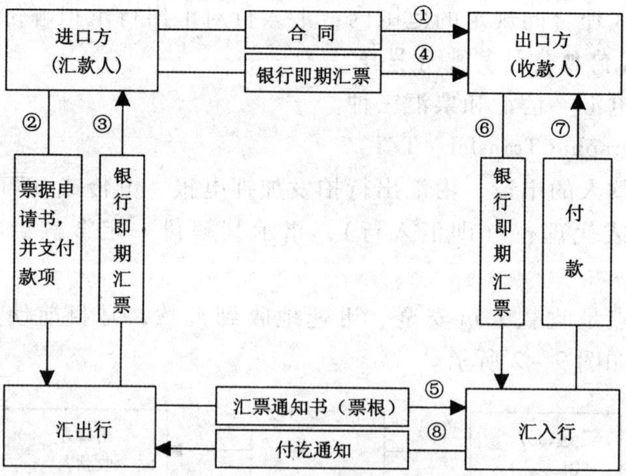

图 9-3　票汇支付程序

（三）三种汇付方式的比较

1. 相同点

（1）都是汇出行应汇款人的要求将款项汇交收款人。

（2）都属于顺汇范畴。

（3）都有四个当事人。

2. 不同点

（1）使用的结算工具不同。电汇使用的是电报、电传、SWIFT；信汇使用的是信函，票汇使用的是银行汇票。

（2）判定真实性的方法不同。电汇通过密押来判定；信汇通过有权签字人的印鉴来判定；票汇通过两方面判定：第一，汇票本身要有出票人签字；第二，核对票根。

（3）收款人取款方式不同。信汇、电汇都是付款行通知取款；票汇由汇票持有人持银行即期汇票前往银行办理提款手续。

（4）流通性不同。票汇业务中的汇票可以转让，而电汇、信汇均不可转让。

（5）银行对汇款资金的可利用程度不同。电汇可利用时间最短，信汇次之，票汇可利用时间最长。

（6）汇费不同。电汇费率最高，信汇、票汇汇费较低。

付款人一般是通过信汇、票汇付款，而收款人则倾向于电汇收款，特别是当款项金额较大、有急用，或者货币市场动荡，使用的结算货币有贬值的可能时。买卖双方应在合同中明确规定采用何种汇付方式结算，并明确付款时间。

（四）汇付在国际贸易中的应用

在国际贸易中，汇付方式多用于预付货款、货到付款。

1. 预付货款

预付货款（Payment in Advance）是指进口商先将部分或全部货款汇交出口商，出口商收到货款后发货。就卖方来讲是先收款后交货，不积压资金，因此对卖方有利而对买方不利。例如，随订单付现（Cash with Order）就是其中较为典型的方式。这是建立在进口商对出口商绝对信任的基础上的，需要预付货款的商品大多是国际市场的抢手货。

2. 货到付款

货到付款（Payment after Arrival of Goods）通常也称为“赊账交易”（Open Account Trade，O/A），是指在签订合同后，出口商先发货，进口商收到货物后将货款汇交出口商，因此对买方有利而对卖方不利。例如，交货付现（Cash on Delivery，COD）就是其中较为典型的方式。这样，主动权完全掌握在进口商手中。出口商不仅要延迟收回货款，而且要承担货物已发出货款却无法收回的风险。

（五）汇付方式的性质及特点

1. 性质

汇付方式是由买卖双方根据贸易合同互相提供信用，是以进口商和出口商之间的相互信任为基础，能否实现交易的预期目的，完全取决于进口商或出口商的信用，因此其性质属于商业信用。在这种方式中，提供信用的一方所承担的风险很大，所以在实践中，除对本企业的联号或分支机构和个别极可靠的客户采用预付货款或货到付款的方式外，汇付主要用于定金、货款尾数及佣金的支付。

无论采用电汇、信汇还是票汇，由于其资金流动方向与结算工具的传送方向相同，故均属顺汇。

2. 特点

在国际贸易中使用汇付方式支付货款，其特点是：

（1）手续简便，费用少。这种支付方式的手续最简单，银行收取的手续费也最少。

（2）风险大。因为汇付属于商业信用，双方能否收货或收款，完全依赖对方的信用，如果双方信用不好，很可能钱货两空，因此对于预付货款的买方和货到付款的卖方，风险是相当大的。

（3）资金负担不平衡。对于预付货款的买方与货到付款的卖方来说，资金负担较重，整个交易过程中需要的资金几乎全由一方来提供，双方的资金负担极不平衡。

案例 9-1

票汇结算如何防范风险?

我国某公司与国外某进口商签订了一笔出口合同，由外商以D/D预付货款。临近装船时，外商来电称资金周转困难，要求先装船发货，随后即付款，以免耽误交货。我方不同意，坚持应先付款。第二天，外商便传真发来银行即期汇票。我方于是发货寄单，并电告对方。1个月后，仍未收到货款。问：为什么会出现这种结果?

分析：本案例是有关D/D预付货款的问题。卖方坚持不预付则不予装船的基本原则，这点完全正确，但是失误之处在于采用票汇预付时，只有收到国外的正本银行汇票后方可发运货物。否则，进口人可随时将正本银行汇票交还汇出行申请办理退汇业务。

二、托收

托收（Collection）是委托收款的简称。国际商会制定的《托收统一规则》（URC522）第二款对托收做了如下定义：托收是指银行依据所收到的指示处理金融单据和/或商业单据，以便取得付款/承兑，或凭付款/承兑交出商业单据，或凭其他条款或条件交出单据。

金融单据是指汇票、本票、支票或其他类似的可用于取得款项支付的凭证。商业单据是指发票、运输单据、所有权文件或其他类似的文件，或者不属于金融单据的任何其他单据。

通俗地说，托收是出口人在货物装运后，开具以进口方为付款人的汇票（随附或不随附货运单据），委托出口地银行通过它在进口地的分行或代理行向进口人收取货款的一种结算方式。

（一）托收的当事人

托收方式的当事人主要有：

（1）委托人（Principal），是指委托银行办理托收业务的客户，通常是出口人。

（2）托收行（Remitting Bank），是指接受委托人的委托代为收款的出口地银行。它与委托人是委托代理关系，有义务按照委托人的指示办事。托收行对单据的正确性不负责任，对利用国外银行的服务而发生的一切费用和风险也不负责任。

（3）代收行（Collecting Bank），是指接受托收行的委托向付款人收取票款的进口地银行。代收行通常是托收行的国外分行或代理行，应遵照托收行的指示，尽快向付款人提示汇票，要求其付款或承兑，并将代收情况及时通知托收行。

（4）付款人（Payer，Drawee），是指应付款的债务人，在采用汇票时，即为汇票的受票人，也就是付款人，通常为进口人。

上述当事人是托收业务的基本当事人，有时还可能有以下当事人：

（5）提示行（Presenting Bank），是指向付款人提示汇票和单据的银行。代收行可以自己兼任提示行，也可以委托与付款人有往来账户关系的银行做提示行。

（6）需要时的代理（Principal's Representative in Case of Need）。托收业务中，如付款人拒付，委托人可指定付款地的代理人代为料理货物存仓、转售、运回等事宜，这个代理人即为“需要时的代理”。

（二）托收的种类与支付程序

根据委托人签发的汇票是否附有单据，托收分为光票托收和跟单托收。

1. 光票托收

光票托收（Clean Collection）是指委托人仅签发汇票而不附带任何货运单据的一种托收业务。光票托收并不一定不附带任何单据，如果仅附有发票、垫款清单等非货运单据，仍视为光票托收。在国际贸易中，光票托收用于收取货款的尾数、佣金、样品费以及其他贸易从属费用等小额款项。

2. 跟单托收

在国际贸易中，货款的收取大多采用跟单托收。

跟单托收（Documentary Collection）是指附带货运单据等商业单据的托收。在实务中，跟单托收所附单据主要有提单、保险单、商业发票、装箱单等。

跟单托收根据是否随附金融票据分为两种，一种是随附金融票据，其他单据是票据的附件，起“支持”汇票的作用；另一种是不随附金融票据，而只有商业单据，其中商业发票代替汇票作为付款的依据。

跟单托收根据交单条件的不同，又分为付款交单和承兑交单。

（1）付款交单。付款交单（Documents against Payment，D/P）指卖方的交单以买方的付款为条件，即代收行必须在付款人付清票款之后，方可将货运单据交给付款人。这是托收业务中使用较多的一种类型。按付款时间的不同，付款交单又可分为即期付款交单和远期付款交单两种。

①即期付款交单（Documents against Payment at Sight，D/P at sight）出口人开立即期跟单汇票（也可无汇票），代收行收到汇票和/或商业单据后，立即向进口人提示，要求付款，付款人见票即付，付款后就可以得到货运单据。

②远期付款交单（Documents against Payment after Sight，D/P after sight），出口人开立远期跟单汇票，代收行收到汇票后，先向进口人提示承兑，进口人承兑汇票后，将汇票退还给代收行保存；代收行在到期日向进口人提示付款，进口人付款后方可得到货运单据。

根据 URC522 第七款 c 条，“如果托收包含有远期付款的汇票而且托收指示列明应凭付款交出商业单据时，则单据只能凭该项付款才能交付，而代收行对由于交单的任何延误所产生的任何结果将不承担责任。”

案例 9－2

远期付款交单的误区

我国 A 公司同南美客商 B 公司签订合同，由 A 公司向 B 公司出口货物一批，D/P 90 天付款。我方的托收行是 a 银行，南美代收行是 b 银行，到了规定的付款日，对方毫无动静。甚至全部单据已由 B 公司承兑汇票后，由 b 银行放单给了 B 公司。于是 A 公司向 b 银行提起诉讼，追究其承兑放单的责任。

分析：本案例是关于远期付款交单的问题。b 行的做法符合南美的习惯，因为他们认为，托收方式既然是一种对进口商有利的结算方式（远期 D/P 本意是出口商给进口商资金融通的机会），就应体现其优越性。货到南美后，若按 D/P 远期的做法，进口商既不能提货，又要承担因货滞港而产生的各项费用。若进口商想避免此种情况的发生，则必须提前付款才能提货，那么 D/P 远期还有什么意义？故南美的做法是将 D/P 远期视作 D/A 处理。因此 b 银行在 B 公司承兑后放单的做法也就顺理成章了。但是，我们必须注意，根据 URC522 第七款 c 条，不管是即期还是远期付款交单，代收行交单的前提都是以进口商付款为唯一条件。所以，b 行将 D/P 远期按 D/A 处理是错误的，理应对出口商的损失负责。

在远期付款交单条件下，如果货物先到，而汇票尚未到期，进口人可出具信托收据（Trust Receipt，T/R），交给代收行，从代收行借出单据先行提货以便出售，待汇票到期偿还代收行，换回信托收据。所谓信托收据，就是进口人借单时提供的一种书面信用担保文件，用来表示愿意以代收行的受托人身份代为提货、报关、存仓、保险、出售并承认货物所有权仍属银行，进口人处于代为保管货物的地位。这种做法属于代收行向进口人提供融资便利，会增加银行的风险，如果到期不能收到货款，应由代收行对出口人负全部责任。

如果出口商在托收委托书上写明“付款交单凭信托收据借单”（D/P·T/R）字样，代收行按其指示办理，但是如果到期不能收取货款，一切后果由出口人自行承担。

案例 9－3

D/P·T/R 下谁对货款负责?

我国轻工进出口A公司与新西兰B公司达成一项出口矿产品的合同，付款条件为D/P60天付款。当汇票及所附单据通过托收行寄到进口地代收行后，B公司及时在汇票上履行了承兑手续。货抵新西兰某目的港后，由于用货心切，B公司出具信托收据向代收行借得单据，先行提货转售。在汇票到期时，B公司由于经营不善，丧失了偿付能力。代收行以汇票付款人拒付为由通知托收行，并建议由A公司直接向B公司索取货款。对此，A公司应如何处理?

分析：本案例是有关在远期付款交单条件下凭信托收据借单融资的问题。在本例中，代收行允许进口商在付款前出具信托收据，凭此借出货运单据先行提货、销售，这完全是代收行给予进口商的资金融通，一切后果应由代收行负责。如若是出口商授意指示代收行凭信托收据借单，则货款风险由出口商自行承担。

（2）承兑交单。承兑交单（Documents against Acceptance，D/A）是卖方以买方承兑汇票为交单条件。进口人在汇票上履行承兑手续后，代收行随即交出货运单据，进口商可凭此先提货，于汇票到期日再付款。这种方式对出口人来讲风险较大，应慎重应用。

托收的支付程序如图 9－4 所示。

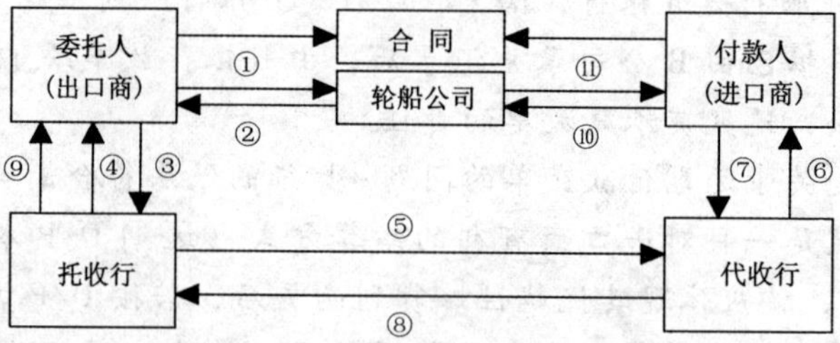

图 9－4 托收的支付程序

支付程序图示说明：

在买卖双方在合同中约定以托收方式结算的前提条件下，①出口方按合同规定装运货物；②出口方取得有关单据；③出口方填写托收申请书，提交托收单据；④托收行承接该托收业务，给予委托人回执；⑤托收行根据托收申请书制成托收委托书，向代收行寄单；⑥代收行按照托收行的指示向买方提示汇票和单据；⑦买方按照汇票内容付款（a. 即期 D/P 下，买方见票即付，付款后取得货运单据；b. 远期 D/P 下，买方第一次见票先承兑，到期日第二次提示时付款，付款后取得货运单据；c. D/A 下，买方第一次见票时承兑，承兑后即取得货运单据。到期日第二次提示时再付款）；⑧代收行向进口人收取货款后，立即向托收行付款；⑨托收行收妥货款，扣除相关手续费后，将款项划入出口人账户；⑩进口人取得货运单据后，凭单提货。

（三）付款交单和承兑交单的风险比较

不同种类的托收，风险和损失的程度是不同的。

从跟单托收角度来看，付款交单风险较小。因为付款交单条件下，只要进口商未付款，物权凭证仍掌握在代收行手中，仍属于出口商所有。但是，这并不等于没有风险损失。如果进口商不来付款赎单，则出口商仍要负担以下诸多损失：出口商的贷款利息（如果有）；双程运输费用（如果将货物运回本国处理）；在进口国港口存仓、保险、支付代理人的费用（如果货物寻求当地处理），以及货物临时处理而带来的价格损失、银行费用等。

承兑交单风险最大，因为承兑交单对于出口商来说，在收到货款之前已经失去了对货物所有权的控制，将完全依靠进口商的信用来收取货款了。承兑交单出口商的风险损失有：货款的损失、出口商贷款利息（如果有）、运输费用、办理各种单证的费用、银行费用等。

假如托收委托书允许远期付款交单凭信托收据借单，则风险损失如同承兑交单。

（四）托收的性质及特点

1. 性质

托收的性质为商业信用。根据 URC522 的规定，在跟单托收业务中，银行仅提供服务，而不提供任何信用和担保。在传递单据收取款项的过程中，既不保证付款人一定付款，也不对单据负有审查之责。如果进口人拒不赎单从而无人提货和办理进口手续时，除非事先经过银行同意，否则银行也无照管货物之责。委托人与托收行之间、托收行与代收行之间都是委托代理关系，付款人是根据买卖合同付款的，出口人能否收到货款，完全视进口人的信用好坏，与银行无关。

托收中，由于资金流动方向与结算工具的传送方向相反，故属逆汇。

2. 特点

（1）卖方风险大。托收业务，要求货物先期运出，出口人容易陷入被动境地。由于付款主动权由进口人掌握，特别是市场行情处于下跌态势时，买方拒付的可能性加大。不论付款交单还是承兑交单，只要进口人拒付货款，如前所述，都会给出口人造成较大的风险损失，特别是承兑交单下，造成出口人钱货两空，风险损失更大。所以，托收方式对出口人有较大的风险。

（2）卖方资金负担较重。托收业务中，出口商需先垫用自己的资金备货、装运，再委托银行收款，正常情况下也需要等待一定的时间，如果是远期付款方式，则须等待更长的时日方能收回垫付的资金，所以卖方资金负担较重。

相反，进口商无需预付资金，一旦付款赎单，即可提货。在承兑交单的方式下，进口商更是承兑后即可取得单据，凭此提货，然后用售出货物的所得款项向银行付款，这相当于出口商给予了进口商资金融通。

（五）托收在国际贸易中的应用

1. 托收方式的利弊

（1）托收方式对进口商较为有利。托收远比预付货款安全，避免了“钱货两空”的风险和预付资金的占用；同时托收还可以省去买方申请开立信用证的手续及相关费用的支出，最终有利于进口商资金融通与周转。

（2）托收方式对出口商也有一定有利之处。首先，由于托收方式普遍受到进口商的欢迎，因而出口商可利用此种结算方式调动进口商积极性，有利于提高出口商的竞争能力，扩大出口。其次，托收方式比货到付款安全。付款交单相比于货到付款，出口商可避免“钱货两空”的风险；承兑交单，有进口商到期付款的承诺，比货到付款，对出口商债权多了一份保障。再次，托收是经过银行交单，虽然银行并不审核单据内容，但是对单据承担妥善保管的义务，并应遵照委托人的指示代制单据、正确掌握交单条件，从而使托收中的单据更为安全。

2. 出口商使用托收应注意的问题

为了避免和减少风险损失，出口商需要做到以下几点：

（1）客户选择。认真调查进口商的资信和经营作风，了解商品在进口国的市场行情，必要时可投保出口信用险。

（2）国别选择。熟悉进口国的贸易管制和外汇管制法规，以免货到目的港后，由于不准进口或收不到外汇而造成损失。同时应了解进口国的商业惯例，以免由于当地的习惯做法影响收汇。

（3）合同管理。出口商应该力争采用 CIF/CIP 条件交易，由自己办理货运保险；如采用了 CFR/FOB 条件交易，应投保卖方利益险。出口商还应严格按照买卖合同的规定装运货物、制作单据，以防止被进口商找到任何拒付的理由；同时，应建立健全管理制度，定期检查，及时催收欠款。

（4）适度使用。根据商品市场供需动态和经营意图，在货物数量、货物金额、期限长短上，妥善适度使用托收。在选择交单方式时，尽量选择付款交单（D/P）方式。要特别注意，有些国家和地区的银行不接受 D/P 远期付款方式。

第三节 信用证

信用证（Letter of Credit，L/C）是重要的国际贸易结算方式，它集结算和融资功能为一体，通过银行信用弥补商业信用的不足，为国际贸易提供服务。

一、信用证概述

（一）信用证的含义

根据《跟单信用证统一惯例》（UCP600）第二条定义中的规定：“信用证指一项不可撤销的安排，无论其名称或描述如何，该项安排构成开证行对相符交单予以承付的确定承诺。”

简而言之，信用证是开证银行对受益人的一种保证。只要受益人提交符合信用证所规定的各种单据，开证行就保证付款。因此，信用证支付方式下，开证行成为第一付款人，故属于银行信用。

【导读】

《跟单信用证统一惯例》（UCP600）简介

为了规范信用证业务的运作，国际商会在1933年制定了《商业跟单信用证统一惯例》。此后进行了多次修订，最新文本是2007年的《跟单信用证统一惯例》，简称UCP600。该惯例适用于世界各国银行处理信用证业务。其中第一条明确指出，UCP600适用于所有在正文中标明按本惯例办理的跟单信用证（包括本惯例适用范围内的备用信用证）。除非信用证中另有规定，本惯例对一切有关当事人均具有约束力。

UCP600共有39个条款，在全文结构上是按照业务环节对所有条款进行了归结，即将通知、修改、审单、偿付、拒付等环节涉及的条款在UCP500的基础上分别集中，使得对某一问题的规定更加明确和系统化。具体表现在：第1—5条为总则部分，包括UCP600的适用范围、定义条款、解释规则、信用证的独立性等；第6—13条明确了有关信用证的开立、修改、各当事人的关系与责任等问题；第14—16条是关于单据的审核标准、单证相符或不符的处理规定；第17—28条属于单据条款，包括商业发票、运输单据、保险单据等；第29—32条规定了有关款项支取的问题；第33—37条属于银行的免责条款；第38条是关于可转让信用证的规定；第39条是关于款项让渡的规定。

值得注意的是，UCP600没有包含与信用证有关的全部事项，如信用证的效力、信用证的欺诈等。因此，在适用时还需要国内法补充该惯例没有调整的事项。

（二）信用证方式的当事人和程序

1. 信用证的当事人

信用证的当事人基本上有六个，即开证申请人、开证银行、通知银行、受益人、议付银行和付款银行。

（1）开证申请人（Applicant）是指向银行申请开立信用证的一方。在货物贸易中，通常是买方（进口商）根据买卖合同所确定的付款条件，由其向往来银行申请开立信用证。因此，开证申请人通常为买方或进口商。

（2）开证行（Issuing Bank）是指应开证申请人的要求，开立信用证的银行，一般是进口商所在地银行。当信用证规定的全部单据提交指定银行或开证行，并符合开证行的条款和条件，便构成了开证行确定的付款承诺。因此，在跟单信用证交易中，开证行所起的作用最为重要。

（3）通知行（Advising Bank）是指应开证行的要求通知信用证的银行，一般是出口商所在地银行，是开证行在出口国的代理人。通知行的责任是及时通知或转递信用证，证明信用证的表面真实性并及时澄清疑点。

（4）受益人（Beneficiary）是指接受信用证并享受其利益的一方，一般是卖方或出口商。

（5）议付行（Negotiating Bank）是指根据开证行的付款保证和受益人的要求，对受益人交来的符合信用证规定的跟单汇票垫款或办理贴现的银行。议付行是开证行指定的银行，一般就是通知行。

（6）付款行（Paying Bank）是指开证行在信用证中指定一家银行，并授权其在单证相符时对受益人付款。付款行可以是开证行本身，也可以是通知行或其他银行。付款行是开证行的付款代理人，如果开证行资信不佳，付款行有权拒绝代为付款。但是，付款行一旦付款，便不能向受益人追索，而只能向开证行索偿。

此外，还有其他关系人：

（7）保兑行（Confirming Bank）是指根据开证行请求在信用证上加具保兑的银行。保兑行承担与开证行相同的承诺和独立的付款或议付的责任。保兑行通常也是通知行。保兑行一旦付款或议付，不能向受益人追索，只能向开证行索偿。

案例 9－4

保兑行议付能追索吗?

我国某公司向日本A商出口一批货物，A商按时开来不可撤销即期议付信用证，该证由设在我国境内的外资B行通知并加具保兑。我方公司在货物装运后，将全套合格单据交B行议付，收妥货款。但B行向开证行索偿时，得知开证行因经营不善已宣布破产。于是，B行要求我方公司将议付款退还，并建议我方直接向买方索款。请问：我方应如何处理？为什么？

分析：本案例属于保兑行议付的问题。我方不能退还已经议付的货款。《跟单信用证统一惯例》规定，信用证支付方式是一种银行信用，开证行承担第一付款人责任。保兑行对该信用证加具了保兑，即与开证行同责。只要出口商交付了全套合格单据，保兑行必须议付货款，保兑行议付后无追索权。本案由于保兑行对开证行的资质和信用审核疏忽，因开证行破产无法获得偿付，这与出口商无任何关系。

（8）承兑行（Accepting Bank）是指承兑远期汇票的银行，在承兑信用证项下，承兑行可以是开证行本身，也可以是信用证所指定的其他银行。承兑后单据与汇票分离，远期汇票可贴现。

2. 信用证支付的一般程序

信用证的一般支付程序如图 9－5 所示：

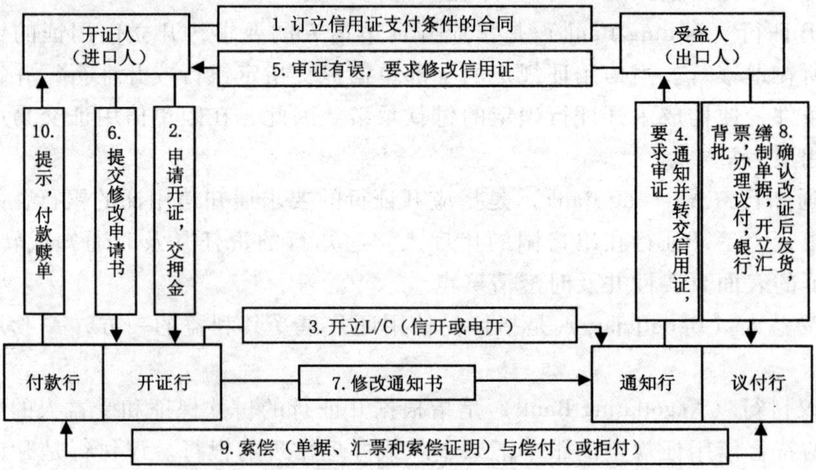

图 9－5　信用证支付方式业务流程

(三) 信用证的特点

根据《UCP600》的规定，可归纳出信用证三个方面的特点。

(1) 信用证是银行提供信用。在信用证交易中，银行根据信用证取代进口商承担了第一付款人的责任。只要受益人提供了符合信用证要求的单据，即使买方破产，开证行也必须付款。开证行提供了银行信用，远优于进口人的商业信用，与托收和货到付款方式相比，信用证方式对卖方更为有利，开证行资信是影响能否安全收汇的重要因素。

(2) 信用证交易的独立性。信用证条款虽然是根据买卖合同开立的，但一经开立，它就成为独立于买卖合同及任何其他合同之外的交易，银行与买卖合同无关，也不受其约束。因此，一家银行做出的付款、承兑、议付或履行信用证下其他义务的承诺，不受申请人与开证行之间的关系（基于开证申请书）以及申请人与受益人之间的关系（基于买卖合同或其他约定）的而提出的索赔或抗辩的约束。

(3) 信用证交易的单据性。信用证方式下，实行的是凭单付款的原则。银行处理信用证业务时，只凭单据，而不是与单据有关的货物、服务及其他行为。对出口商来说，只要按信用证规定相符交单，即可从银行得到付款；对进口商来说，只要保证收到符合信用证规定的单据即行付款，就可从银行取得代表货物所有权的单据。因此，银行开立信用证实际是进行单据的买卖。根据惯例，银行不需询问单据的真实性、有效性、充分性，无需核实货物的真实性、货物是否真正装运。除非银行知道其是欺诈行为，否则这些实际发生的情况与银行无关。

(四) 信用证的作用

1. 对出口商的作用

(1) 保证出口商安全收汇。出口商交货后提交的单据，只要与信用证规定相符，银行就保证支付货款。因此，信用证支付为出口商收取货款提供了较为安全的保障。

(2) 保证出口商获取资金融通。出口商在交货前，可用信用证作为抵押，向出口地银行打包贷款，用以收购或生产出口货物；出口商在出运货物后，提交汇票和信用证规定的各种单据，议付后取得货款，从而有利于资金周转，扩大出口。

2. 对进口商的作用

(1) 保证按质、按量、按时收到货物。进口商可以通过控制信用证条款来掌握主动权，如规定最迟装运期、要求出口商提交由信誉良好的公证机构出具的检验证书等条款来约束出口商交货的品质、数量和时间，以保证进口商利益。单证不符时银行和进口商都有拒付的权利。

(2) 提供资金融通。采用信用证结算，避免了进口商预付货款的资金占压。对于信用良好的进口商，银行允许其在授信额度内开证可少交或免交开证押金。在采用远期信用证时，进口商还可以凭信托收据向银行借单，先行提货、转售，到期再付款，便利了进口商的资金融通。

3. 对开证行的作用

(1) 信用证交易的独立性，使银行不会卷入到贸易合同纠纷中。银行付款后，拥有了代表货物所有权的运输单据，即便买方破产，银行也可以通过拍卖物权单据而获得补偿。

(2) 银行贷出的是信用而不是资金，并且贷出信用也是有条件的；同时向申请人收取开证押金或担保品为银行利用资金提供了便利。此外，在信用证业务中，银行每提供一项服务均可取得各种收益，如开证费、通知费、议付费、保兑费、修改费等各种费用，这对银行来说也有一定的收益。

4. 对议付行的作用

（1）信用证是开证行的付款保证，只要相符交单，议付行即可从开证行获得偿付；即使开证行拒付，议付行还有向受益人追索的权利。议付后，议付行取得物权单据，因此议付行的风险较小。

（2）议付还可增加议付行的手续费等收益。

总之，信用证对各个当事人均起到两方面的作用，一是安全保障的作用，二是融通资金（或增加收入）的作用。

二、信用证的主要内容

一般信用证包括以下几个方面的内容（见表9-1）。

1. 信用证本身情况的说明

开证行（Issuing Bank）

信用证性质类型（Form of Documentary Credit）

信用证号码（Credit Number）

开证日期（Date of Issue）

适用规则（Applicable Rules）

有效期限和地点（Date and Place of Expiry）

开证申请人（Applicant）

受益人（Beneficiary）

信用证货币金额（Currency Code，Amount）

信用证使用地点及兑用方式（Credit Available with…by…）

2. 关于汇票的内容

受票人（Drawee）即付款人

汇票期限（Draft at…）

汇票金额（Draft Amount）

3. 对运输的要求

可否分批装运（Partial Shipments）

可否中途转运（Transhipment）

装运港（Loading in Charge）

目的港（For Transport to）

最迟装运期限（Latest Date of Shipment）

4. 对货物的要求

要求包括货物名称、品质规格、数量、单价、贸易条件等（Name，Specification，Quantity，Unit Price，Trade Term，etc.）。

5. 对单据的要求

要求包括所需提交的单据种类、每种单据的份数及各单据的具体要求等。单据

（Documents Required）主要可分为：

（1）货物单据（以发票为中心，包括装箱单、重量单、产地证、商检证明书等）；

（2）运输单据（如提单，这是代表货物所有权的凭证）；

（3）保险单据（保险单、保险凭证）；

（4）其他单证（如寄样证明、装船通知电传副本等）。

6. 其他事项

信用证有时附有对受益人、通知行、保兑行、指定银行（付款行、承兑行、议付行）的特别条款，包括①附加条件；②费用条款；③交单期限；④是否需要保兑；⑤开证行对被指定银行的指示；⑥通知行名称；⑦开证行的付款承诺等。

表 9-1 SWIFT 信用证示例

Issue of a Documentary Credit		
Received From		BKCHCNBJXXX BANK OF CHINA, LIAONING BRANCH NO. 5 ZHONGSHAN SQUARE, ZHONGSHAN, DISTRICT, DALIAN, CHINA
Destination Bank	:	KOEXKRSEXXX KOREA EXCHANGE BANK, SEOUL
Message Type		MT700
Sequence of Total	27	1/1
Form of Doc Credit	40A	IRREVOCABLE
Letter of Credit Number	20	LC84E0081/99
Date of Issue	31C	180916
Date and Place of Expiry	31D	181015 KOREA
Applicant	50	DALIAN WEIDA TRADING CO., LTD.
Beneficiary	59	SANGYONG CORPORATION PO BOX 110 SEOUL KOREA
Currency Code, Amount	32B	USD334, 000.00
Available with... by...	41D	ANY BANK BY NEGOTIATION
Drafts at	42C	45 DAYS AFTER SIGHT
Drawee	42D	BANK OF CHINA LIAONING BRANCH
Partial Shipments	43P	NOT ALLOWED
Transhipment	43T	NOT ALLOWED
Shipping on Board/Dispatch/Packing in Charge at/ from		
	44	BUSAN
Transportation to	44B	DALIAN PORT, P. R. CHINA
Latest Date of Shipment	44C	180928
Description of Goods or Services: 45A		
FROZEN YELLOW FIN SOLE WHOLE ROUND (WITH WHITE BELLY) USD770/MT CFR DALIAN QUANTITY: 200MT; ALASKA PLAICE (WITH YELLOW BELLY) USD600/MT CFR DALIAN QUANTITY: 300MT		

续表

Documents Required： 46A

1. SIGNED COMMERCIAL INVOICE IN 5 COPIES.

2. FULL SET OF CLEAN ON BOARD OCEAN BILLS OF LADING MADE OUT TO ORDER AND BLANK ENDORSED, MARKED "FREIGHT PREPAID" NOTIFYING LIAONING OCEAN FISHING CO. , LTD. TEL：(86) 411 - 3680288

3. PACKING LIST/WEIGHT MEMO IN 4 COPIES INDICATING QUANTITY/GROSS AND NET WEIGHTS OF EACH PACKAGE AND PACKING CONDITIONS.

4. CERTIFICATE OF QUALITY IN 3 COPIES ISSUED BY PUBLIC RECOGNIZED SURVEYOR.

5. BENEFICIARY'S CERTIFIED COPY OF FAX DISPATCHED TO THE ACCOUNTEE WITH 3 DAYS AFTER SHIPMENT ADVISING NAME OF VESSEL, DATE, QUANTITY, WEIGHT, VALUE OF SHIPMENT, L/C NUMBER AND CONTRACT NUMBER.

6. CERTIFICATE OF ORIGIN IN 3 COPIES ISSUED BY AUTHORIZED INSTITUTION.

7. CERTIFICATE OF HEALTH IN 3 COPIES ISSUED BY AUTHORIZED INSTITUTION.

ADDITIONAL INSTRUCTIONS：47A

1. CHARTER PARTY B/L AND THIRD PARTY DOCUMENTS ARE ACCEPTABLE.

2. SHIPMENT PRIOR TO L/C ISSUING DATE IS ACCEPTABLE.

3. BOTH QUANTITY AND AMOUNT 10 PERCENT MORE OR LESS ARE ALLOWED.

Charges	71B	ALL BANKING CHARGES OUTSIDE THE OPENNING BANK ARE FOR BENEFICIARY'S ACCOUNT.
Period for Presentation	48	DOCUMENTSMUST BE PRESENTED WITHIN 15 DAYS AFTER THE DATE OF ISSUANCE OF THE TRANSPORT DOCUMENTS BUT WITHIN THE VALIDITY OF THE CREDIT.
Confimation Instructions	49	WITHOUT

Instructions to the Paying/Accepting/Negotiating Bank：78

1. ALL DOCUMENTS TO BE FORWARDED IN ONE COVER, UNLESS OTHERWISE STATED ABOVE.

2. DISCREPANT DOCUMENT FEE OF USD 50.00 OR EQUAL CURRENCY WILL BE DEDUCTED FROM DRAWER IF DOCUMENTS WITH DISCREPANCIES ARE ACCEPTED.

"Advising Through" Bank	57D	KOEXKRSEXXX MESSAGE TYPE：700 KOREA EXCHANGE BANK SEOUL 88.2 KA, ULCHI RO, CHUNG - KO

******** other wordings between banks are omitted ********

三、信用证的种类

根据用途、性质、期限、流通方式的不同，信用证可分为以下几种类型。

（一）跟单信用证与光票信用证

按照信用证项下的汇票是否附带商业单据，分为跟单信用证和光票信用证。

（1）跟单信用证（Documentary L/C）是指凭跟单汇票或仅凭商业单据付款的信用证，这里的单据主要是指代表货物所有权的运输单据（如海运提单等）。国际结算中使用的信用证绝大部分都是跟单信用证。

（2）光票信用证（Clean L/C）指开证行仅凭不附带商业单据的汇票付款的信用证。

光票信用证多用于非贸易或者贸易从属费用的结算，现在使用较少。

（二）可撤销信用证与不可撤销信用证

按照开证行对开出的信用证所负的责任，信用证分为可撤销信用证和不可撤销信用证。

（1）可撤销信用证（Revocable L/C）是指信用证开出以后，开证行无需事先征得受益人同意就有权修改或撤销的信用证。这种信用证开证行所负的责任是不确定的，因此对受益人的利益缺乏保障，故现在已很少使用。根据 UCP500 第六条规定，可撤销信用证必须明确注明“可撤销”字样，如无此注明，应视为不可撤销的。

（2）不可撤销信用证（Irrevocable L/C）是指信用证一经开出，在有效期内，未经受益人及有关当事人的同意，开证行不能单方面修改或撤销；开证行的付款责任是第一性的、确定的。只要受益人提交的单据符合信用证条款，开证行就必须履行付款义务。根据 UCP600 第三条的规定，信用证必须是不可撤销的。

（三）保兑信用证与非保兑信用证

按照信用证有无开证行以外的其他银行加以保证兑付，分为保兑信用证与非保兑信用证。

（1）保兑信用证（Confirmed L/C）是指另外一家银行接受开证行的要求，对其开立的信用证承担保证兑付责任的信用证。保兑行通常是由通知行担任。信用证一经保兑后，保兑行与开证行一样承担第一性付款责任。有开证行和保兑行的双重付款保证，保兑信用证对出口商非常有利。

（2）非保兑信用证（Unconfirmed L/C）是指不经过另一家银行保兑的信用证。当在信用证开证行资信较好，以及信用证金额不大的情况下，一般都使用非保兑信用证。

（四）即期付款信用证、延期付款信用证、承兑信用证与议付信用证

按照交单结算（兑用）方式不同，分为即期付款信用证、延期付款信用证、承兑信用证和议付信用证。

（1）即期付款信用证（Sight Payment L/C）是指受益人（出口商）将即期汇票（如需）连同商业单据提交给开证行或被指定银行（付款行），只要构成相符交单，付款行则立即付款。即期付款信用证的付款行可以是开证行自己，也可以是其指定的另一银行。付款行一经付款，对受益人无追索权。

（2）延期付款信用证（Deferred Payment L/C），指开证行在信用证中规定货物装船后若干天付款，或开证行收单后若干天付款的信用证。延期付款信用证不要求出口商开立汇票，所以出口商不能利用贴现市场资金，只能自行垫款或向银行借款。在出口业务中，若使用这种信用证，货价应比银行承兑信用证高一些，以拉平贷款利息率与贴现率之间的差额。

（3）承兑信用证（Acceptance L/C），指以开证行或指定付款行作为远期跟单汇票付款人的信用证。受益人相符交单后，付款行在受益人的汇票上承兑，并将已承兑的汇票退还给受益人。受益人可等到汇票到期时取得货款；也可在汇票到期前，将银行已承兑的汇票向当地贴现市场进行贴现，扣除贴现日至到期日的利息，立即收入现金；还可向承兑银行要求贴现。这种信用证项下的汇票，在承兑前，银行对出口商的权利义务以信用证为准；在承兑后，银行作为汇票的承兑人，应按票据法规定，对出票人、背书

人、持票人承担付款的责任。

(4) 议付信用证（Negotiation L/C），是指受益人向信用证指定的一家银行或任何银行（议付行）交单议付。议付行垫款后，受益人取得款项，但议付行有追索权（保兑行议付除外）。

(五) 即期信用证、远期信用证与假远期信用证

按照付款时间不同，分为即期信用证和远期信用证。

(1) 即期信用证（Sight L/C）是指受益人根据信用证的规定，凭即期跟单汇票或仅凭单据可立即收取货款的信用证。这种信用证的特点是出口商收汇迅速、安全，有利于资金周转，因此是国际贸易中最常见的一种信用证。

即期信用证又可分为单到付款信用证和电汇索偿条款信用证（L/C with T/T Reimbursement Clause）两种。

单到付款信用证（Sight Payment L/C）是指开证行或其指定付款行一旦收到符合信用证规定的汇票和/或单据，便立即付款，开证申请人也应于单到时立即向开证行付款赎单。

电汇索偿条款信用证（L/C with T/T Reimbursement Clause）中，电索条款通常加列在信用证的末端，这类信用证给予议付行更多的权利。议付行收到受益人提交的单据，与信用证条款核对无误后，在对受益人议付的同时，即通过函电（MT742）通知开证行或指定付款行立即偿付，函电中应明确标明信用证号码，开证行或指定付款行应立即用电汇将货款拨交议付行。付款后如发现单据与信用证规定不符，开证行或付款行有行使追索的权利。

(2) 远期信用证（Usance L/C）是指开证行或付款行在收到受益人提交的符合信用证规定的单据时，并不立即付款，而是在信用证规定的付款期限到来时才履行付款义务的信用证。持这种信用证，出口方交单在先，收款在后，实际上等于为进口商提供了资金融通的便利。常见的远期信用证有承兑信用证和延期付款信用证。

(3) 假远期信用证（Usance L/C Payable at Sight）是指信用证规定受益人开立远期汇票，由付款行负责贴现，并规定一切承兑与贴现费用由进口商负担。这种信用证，表面上看是远期信用证，但因为买方承担了承兑费和贴现费，出口商可以即期收到十足的货款，因而习惯上称之为“假远期信用证”。对进口商来说，属远期付款，因此人们把这种信用证又称之为买方远期信用证（Buyer's Usance L/C），是银行为买方提供了资金融通。

假远期信用证的四个条件：①贸易合同规定即期付款；②买方向开证行申请开立远期信用证；③受益人提交远期汇票和相符单据，即可即期获得全额款项；④即期付款日与汇票到期日之间的承兑、贴现等相关费用由买方负担。

假远期信用证与远期信用证的区别：①开证基础不同。假远期信用证是以即期付款的贸易合同为基础；而远期信用证是以远期付款的贸易合同为基础。②信用证的条款不同。假远期信用证中有“假远期”条款；而远期信用证中只有利息由谁负担条款。③利息的负担者不同。假远期信用证的贴现利息由进口商负担；而远期信用证的贴现利息由出口商负担。④收汇时间不同。假远期信用证的受益人能即期收汇；而远期信用证要等汇票到期才能收汇。

（六）可转让信用证与不可转让信用证

按照信用证的权利能否转让，分为可转让信用证和不可转让信用证。

（1）可转让信用证（Transferable L/C）是指注明“Transferable”（可转让）字样的信用证，受益人（第一受益人）要求信用证指定的转让行将信用证全部或部分一次性转让给一个人或几个受益人（第二受益人）使用的信用证，是开证行向中间商（第一受益人）提供对信用证条款权利履行转让便利的一种结算方式。根据UCP600的规定，只有注明“Transferable”（可转让）字样，信用证方能转让。

（2）不可转让信用证（Non - Transferable L/C）是指信用证的利益只能是受益人本人享有，而不能转让给他人使用。

（七）循环信用证

循环信用证（Revolving L/C）是指受益人在信用证被全部或部分使用后，能够恢复原金额再行使用的信用证。其特点是可多次循环使用，直至规定的循环次数或金额用完为止。它与一般信用证的不同之处在于它可以多次循环使用，而一般信用证在使用后即告失效。由于现在通讯的便捷和银行费用的降低，循环信用证已不多见。

1. 循环信用证的优点

（1）适用于长期或较长期内分批交货的供货合同。

（2）进口商可不必多次开证，节约开证费用。

（3）进口商可不必向开证行缴纳过多开证保证金，减少资金占用。

（4）出口商避免了等证、催证、审证、改证等麻烦，有利于合同的履行。

2. 循环信用证的分类

循环信用证可以分为按时间循环信用证和按金额循环信用证。

（1）按时间循环使用的信用证，是指受益人在一定时间内可多次支取信用证规定的金额。具体又可以分为三种形式：①自动循环信用证，是指信用证规定的每次金额使用后，无须等待开证行通知即可自动恢复到原金额，可再次使用。②半自动循环信用证，是指信用证规定的每次金额使用后，在若干天内开证行未提出终止循环的通知，信用证即自动恢复至原金额，并可再次使用。③非自动循环信用证，是指信用证规定的每次金额使用后，必须等开证行的通知到达，才能使信用证恢复原金额，再次使用。

（2）按金额循环使用的信用证，是指在信用证金额全部或部分被使用后，仍可恢复至原金额再次使用，直至用完总额为止。这种信用证又分两种：①可积累循环信用证，是指受益人上次因故未交或未交足货物，从而未用完信用证规定的金额，其货物可移至下一次一并补交，其金额可移至下次一并使用的循环信用证。②非积累循环信用证，是指受益人上次因故未交或未交足货物，该批货物的支款权也相应取消，其金额不能移至下次一并使用的循环信用证。

（八）对开信用证

对开信用证（Reciprocal L/C）是指买卖双方互有进出口交易时，各自对其进口部分向对方开出的信用证，最后双方只需要做差额清算即可。其特点是第一张信用证的开证申请人（进口商）和受益人（出口商）与第二张信用证（回头证）的开证申请人和受益人的地位对调。对开信用证主要用于易货贸易、来料加工、来件装配或补偿贸易。

（九）背对背信用证

背对背信用证（Back - to - Back L/C）又称对背信用证、转开信用证、从属信用证、桥式信用证。中间商接到进口商开来的以其为受益人的信用证后，以原证（Master Credit，母证）为担保，要求原证的通知行或其他银行，另开一份内容相似的新证给另一个受益人（实际供货商），此新证即为对背信用证。

对背信用证通常是在信用证禁止转让的情况下，或实际供货商不接受买方银行为信用证开证行时，由中间商凭以他自己为受益人的国外信用证作为质押，要求他的往来银行开立以实际供货商为受益人的信用证。

（十）预支信用证

预支信用证（Anticipatory L/C）是在该证列入特别条款授权指定银行在交单之前，预支货款给受益人的一种信用证。实质上是进口商对出口商的装船前融资，由出口商先行收款，而后交单（货），对出口商极为有利。一般在货物处于卖方市场时或出口商资金短缺时，买方才愿意开立此类信用证。

（十一）SWIFT 信用证

SWIFT 是环球同业银行金融电讯协会的简称。环球同业银行电讯协会是国际银行同行业间的国际合作组织，成立于 1973 年，目前全球许多国家的银行已使用 SWIFT 系统。SWIFT 的使用，使银行的结算能够提供安全、可靠、快捷、标准化、自动化的通讯业务，大大提高了银行的结算速度。凡依据国际商会所指定的电讯信用证格式设计，利用 SWIFT 网络系统设计的特殊格式（Format），通过 SWIFT 网络系统传递信用证的信息，即通过 SWIFT 开立或通知的信用证称为 SWIFT 信用证。由于 SWIFT 的格式具有标准化，目前信用证的格式主要使用 SWIFT 电文。

SWIFT 具有以下特点：①SWIFT 需要会员资格。我国的大多数专业银行都是 SWIFT 成员。②SWIFT 的费用低廉，较电传和电报费用更低。③SWIFT 的安全性较高。与电传相比，SWIFT 的密押可靠性更强、保密性更高，自动化程度更高。④SWIFT 的格式标准化。SWIFT 电文要求采用统一的格式。

（十二）备用信用证

备用信用证（Standby L/C），又称担保信用证，是指银行根据申请人的请求，向受益人所出具的，目的在于保证申请人履行某种义务，并在该方未履行时，凭受益人所提交的表面上单单一致、单证一致的单据或文件代其向受益人做出支付一定金额的书面付款保证。

备用信用证一般在投标、技术贸易、补偿贸易的履约保证、预付货款和赊销等业务中使用，也有用于带有融资性质的还款保证。近年来，有些国家已经开始把备用信用证用于买卖合同项下的货款支付。

备用信用证与跟单信用证的主要区别在于：

（1）付款条件不同。跟单信用证下，受益人只要履行信用证所规定的条件，即可要求开证行付款；备用信用证下，受益人只有在开证申请人未履行义务时，才能行使信用证规定的权利。否则，备而不用。

（2）用途不同。跟单信用证一般只适用于货物的买卖；备用信用证可用于货物买卖，还可用于其他交易。

（3）付款依据不同。跟单信用证凭符合信用证规定的代表货物的一整套商业单据为付款依据；备用信用证一般凭受益人出具的说明申请人未能履约的证明文件或其他少量备用信用证所需单据为付款依据。

第四节

其他支付方式

在国际贸易业务中，当买卖双方不便使用跟单信用证，而一方当事人担心对方不履行合同义务时，通常要求对方通过银行出具银行保证书。而随着国际贸易的发展，市场竞争日益激烈，“买方市场”的特征日益明显。作为出口商为了扩大自己的出口，除了利用质量、价格、售后服务等竞争手段外，也不得不按对进口商较为有利的支付方式达成交易。但是，出口商必须采取相应的保护措施，以维护自身利益。在这种情况下，国际保理业务应运而生。

一、银行保函

（一）银行保函的含义

银行保函（Letter of Guarantee，L/G）又称银行保证书或简称保函，它是指银行作为担保人根据申请人的要求，向受益人开出的担保申请人正常履行合同义务的书面证明，当申请人未能履行义务时，担保人负有向受益人赔偿的义务。它的特点是：保函依据商务合同开出，但又不依附于商务合同，具有独立的法律效力；银行信用作为保证，易于为合同双方接受。

银行保函不仅用于一般的货物买卖，同时也适用于国际劳务承包、项目融资等有关的国际经济合作业务。

（二）银行保函的基本内容

银行保函的内容根据交易的不同而有所不同，在形式和条款方面也无固定格式，但就其基本方面而言，银行保函通常包括以下内容。

（1）基本栏目，包括保函的编号、开立日期、各当事人的名称和地址、有关交易或工程项目的名称，有关合同或标书的编号和订约或签发日期等。

（2）责任条款，即开立保函的银行或其他金融机构在保函中承诺的应承担的责任条款，这构成了银行保函的主体。

（3）保证金额，即出具保证书的银行或其他金融机构在包含中承诺的应承担的责任的最高金额，可以是具体金额，也可以是合同或有关文件金额的某个百分比。如果保证人可以按申请人履行合同的程度减免责任，则必须做出具体说明。

（4）有效期，即最迟的索赔期限，或称到期日。既可以是具体的日期，也可以是在某一行为或某一事件发生后的一个时期到期，例如在交货后2个月或4个月等。

（5）索偿方式，即索偿条件，是指受益人在何种情况下可向保证人提出索赔。通常国际上有两种不同的处理方法：一种是无条件的，又称“见索即付”保函（Demand

L/G）；另一种是附有某些条件的保函（Conditional L/G）。见索即付保函的担保人承担的是第一性的、直接的付款责任，因此，又称无条件保函（Unconditional L/G）。有条件保函是指保证人向受益人付款是有条件的，只有在符合保函规定的条件下，保证人才支付款项。银行保函多属于见索即付保函。按照国际商会的规定，即使是见索即付保函的受益人在索偿时也要递交一份申请书。

（三）银行保函的当事人及其职责

银行保函业务中涉及的主要当事人有三个；申请人、受益人和担保银行，此外，有时还有通知行及保兑行等。

（1）申请人（Applicant），又称委托人（Principal），即向银行提出申请，要求银行出具保函的一方。其责任是履行合同项下的有关义务，并在担保人为履行担保责任而向受益人做出赔付时向担保人补偿其所做的任何支付。

（2）受益人（Beneficiary），即接受保函，并有权按照保函规定的条款向担保人提出索赔的一方。

（3）担保人（Guarantor），又称保证人。即根据申请人的要求，向受益人开立保函的一方，通常为银行。其责任是保证保函的申请人履行有关合约，并在申请人违约时，根据受益人提出的符合保函规定的索赔文件，向受益人做出不超过保函金额的经济赔偿。

（4）通知行（Advising Bank），即受担保人委托，并按担保人的要求将保函通知给受益人的银行。通知行只负责保函表面的真实性。

（四）银行保函的种类

1. 进口类银行保函

（1）付款保函是担保人应申请人的请求向受益人开出的，保证受益人在履行了基础合同项下规定的义务后能够得到合同价款的支付。一旦申请人不付款，就由担保人进行赔付。此类保函常用于赊销项下进出口货物买卖或技术交易中。

（2）租赁保函是由担保银行向出租人出具的担保文件，保证承租人一定按照相关租赁协议的条款支付租金。如果承租人不支付租金，则由担保银行支付。

（3）加工装配业务主要是由出口方提供原辅料、零部件、元器件和一些先进的机器设备、生产线等，由进口方企业按照对方要求的质量、规格、款式进行加工装配，生产的成品交给对方销售，进口方企业收取加工费，用以偿还进口机器设备、流水线的价款。加工装配业务进口保函是指进口方银行应进口方要求，向出口方保证，进口方如期加工出口成品偿还机器设备价款，否则，由担保银行代为偿付。相对来说，进口方也可要求出口方提供银行保函，保证负责支付加工费。

2. 出口类银行保函

（1）投标保函是担保人向招标人（受益人）开出的保函。投标人向招标人递交投标书时，必须随附银行的投标保函。开标后，中标的投标人以前附带的银行投标保函立即生效。投标保函的金额一般为招标金额的2%～5%，当投标人在投标有效期内撤标、改标，或者中标后不与业主订立合约时，担保行就负责付款。

（2）履约保函是担保人应申请人的请求，向受益人开出的保证申请人履行某项合同项下义务的书面保证文件。如发生申请人违约的情况，担保人负责赔偿保函规定的金额，一般为合同总价的10%～25%。

(3) 预付款保函也称定金保函、还款保函。国际上对金额较大的成套设备或工程项目交易，出口方（或承包人）常要求进口方（或业主）预付一定金额的订金，进口方在支付订金前，要求出口方提供银行的预付金保函，以担保出口方履行合约。否则，出口方银行负责将预付订金及利息退还给进口方。

(4) 维修保函多用于造船、工程项目；质量保函多用于货物买卖。如果承包人所完成的工程质量或卖方所提供的货物的质量不符合合同规定，而承包人或卖方又不愿进行维修或调换时，银行要向业主或买方赔付一定金额，以便业主或买方对工程或货物进行维修，以保证质量。

二、国际保理

（一）国际保理的含义及适用范围

国际保理（International Factoring），又叫承购应收账款，是指在以商业信用（O/A、D/A）出口货物时，出口商交货后把应收账款的发票和装运单据转让给保理商，即可取得应收取的大部分货款。如果发生进口商不付款或逾期付款，则由保理商承担付款责任。它是一种可供选择的国际结算方式，又是一种短期的贸易融资方式。

在下列情况下出口商宜办理国际保理业务：

(1) 因部分海外进口商不能或不愿开出信用证，致使出口交易不能达成，限制了出口额的提高。

(2) 部分现有进口商因出口商不愿提供信用付款方式而转往其他供应商。

(3) 准备采用信用付款方式，但对海外进口商的财务信用存有疑虑。

(4) 为了更有效地拓展市场，决定在有关的海外市场聘任销售代理，因而必须提供信用付款方式。

(5) 希望解除账务管理和应收账款追收的烦恼，避免坏账损失。

（二）国际保理的内容

1. 信用调查

银行或财务公司对有关的买方客户进行全面详细的资信调查，并结合市场调查，拟订对每个客户的信用限额，作为放款的重要参考。同时对卖方的资信及其经营和生产能力也进行调查了解，以便决定是否接受其申请。

2. 风险承担

银行或财务公司一旦接受卖方对客户的账款保理，如果到规定时间收不到款，只要是正常业务并且在承担限额之内，银行或财务公司将承担这笔呆账损失。但是保理业务不负责买卖双方因货物有问题而发生的争执，例如因未按合同规定发货而买方拒绝付款时，卖方应自己负责。

3. 催收账款

出口商的账款到期时，银行或财务公司通过国外的合作金融机构提醒进口商支付货款；银行或财务公司负责收取应收账款，将款项交给卖方，并向卖方提送报告。对未收账款继续催收。

4. 资金融通

有别于出口商在银行取得的融资额度（可能需要担保、抵押），国际保理业务为出口商开辟了另外一条取得流动资金的渠道。在许多国家，按照有关规定和习惯做法，银行放款一般不接受应收账款、存货等流动资产作为抵押。而经营保理业务的银行或公司则可以“应收账款”为抵押，使卖方获得资金融通的便利。

（三）国际保理的基本流程

目前在国际贸易中，保理商所提供的国际保理业务一般都是双保理的做法。现将国际上通行的双保理程序简介如下。

（1）进出口商签订货物买卖合同，规定使用D/A或O/A等非信用证结算方式。

（2）出口商与出口保理商签订保理协议，提交进口商的有关情况和交易资料，并书面提出要求对进口商进行审查，确定信用额度。

（3）出口保理商将出口商提交的资料和信用额度申请整理后转交给与之有业务往来的进口保理商。

（4）进口保理商对进口商的资信进行调查和评估，确定进口商的信用额度，告知出口保理商。

（5）出口保理商将资信调查结果告之出口商。

（6）出口商按照合同规定备货并发运，将发票及各项货运单据送交进口商。

（7）出口商同时将发票副本交出口保理商。

（8）出口保理商先向出口商支付80%的发票金额货款，或者买断票据，按照票面金额扣除利息等各项费用后，无追索权地支付给出口商。

（9）出口保理商随即将发票副本送交进口保理商。

（10）进口保理商将发票入账，并负责定期向进口商催收账款。

（11）进口商在付款到期日后向进口保理商支付发票全部金额，并支付保理费。

（12）进口保理商将发票金额拨交给出口保理商。

（13）出口保理商在扣除预付货款、保理服务费用及其他费用后，将货款余额交出口商。

（四）出口保理协议书的内容

在保理业务中，出口商要寻找国内某保理商作为出口保理商，向其提出出口保理的业务申请，并与其签订《出口保理协议书》，用于为进口商申请信用额度和授权出口保理商执行保理业务。

保理协议书的内容一般包括：出口商的业务情况、交易背景资料、信用额度的申请、通知及生效、应收账款的转让、信用额度的变更及取消、账务设立及核对、单据的提交与寄送、协议的失效及终止等。

（五）国际保理的利弊分析

1. 国保业务为出口商和进口商带来的利益

（1）风险保障。对出口商来说，进口商的财务风险转由保理商承担，出口商可以得到收汇保障；对进口商来说，可凭借公司的信誉和良好的财务表现而获得信贷，无须预付。

（2）增加营业额。对出口商来说，为新老客户提供更有竞争力的付款条件，以拓展海外市场；对进口商来说，利用优惠付款条件，购进更多货物，加快资金流动。

（3）简化手续。对出口商来说，免除了一般单项交易的繁琐手续；对进口商来说，在批准信用额度后，进货快捷。

（4）节约成本。对出口商来说，资信调查、账务管理和追收账款都由保理商负责，减轻了业务负担，节约了管理成本；对进口商来说，省却了开信用证和处理繁杂文件的费用。

2. 国际保理业务的不利之处

（1）国际保理商的风险较大。虽然在国际保理业务中，国际保理商事先已经对进口商的资信进行了调查和评估，但是国际保理商所承担的风险远远大于在信用证业务中开证行的风险。

（2）出口商承担的保理费用较高。国际保理的佣金手续费一般是货款的1%～3%，如有融资服务，则费用更高。这些费用一般由出口商承担。

（3）对于商品质量、运输等方面的原因造成的买卖双方的纠纷以致引起拒付，保理商只能等待进出口双方自行解决或通过仲裁机构解决。

第五节

各种支付方式的选用

在国际贸易业务中，一笔交易的货款结算可以只使用一种结算方式（通常如此），也可根据不同的交易商品、交易对象、交易做法等，将两种以上的结算方式结合使用，从而有利于促成交易、安全及时收汇等。

一、主要结算方式的比较

在国际贸易中，汇付、跟单托收和跟单信用证是三种主要的、最基本的、最常用的结算方式。表9－2是对这三种结算方式在安全因素、资金占用、费用负担、手续繁简等方面所作的比较。

表9－2　　汇付、跟单托收和跟单信用证的比较

结算方式		手续	银行收费	买卖双方资金占用	买方风险	卖方风险	银行风险
汇付	预付货款	简单	最小	买方	最大	最小	无
	赊账交易	简单	最小	卖方	最小	最大	无
跟单托收	付款交单	稍繁	稍大	卖方	较小	较大	无
	承兑交单	较繁	稍大	卖方	极小	极大	无
跟单信用证		最繁	最大	较平衡	稍大	较小	有

二、影响结算方式选择使用的因素

在选择结算方式时，安全因素是首先需要考虑的重要问题，其次是占用资金时间的长短，当然也要注意具体操作时的手续繁简、银行费用等。此外，下列因素在选择使用何种结算方式的时候具有一定的影响，有时甚至起决定性作用。

1. 客户资信

在国际贸易中，合同能否顺利圆满地得到履行，在很大程度上取决于客户的信用。因此，要在贸易中安全收汇就必须事先做好对客户的资信调查，以便根据具体情况选用适当的结算方式。

2. 贸易术语

国际货物买卖合同中采用不同的国际贸易术语，表明各类合同中不同的交货方式和运输方式所适用的结算方式会有所差异。所以，在贸易磋商中应将贸易术语、运输方式、货运单据的性质结合结算方式通盘考虑。

3. 运输单据的种类和性质

如果货物通过海上运输，出口商装运货物后得到的运输提单是海运提单，属于物权凭证。提单交付给进口商之前，出口商尚能控制货物，故可以选用信用证和托收方式结算货款。如果货物通过航空、铁路、邮包运输时，出口商装运货物后得到的运输单据是航空运单、铁路运单或邮包收据，这些都不是物权凭证，在这种情况下，一般不适宜做托收。即使采用信用证方式，大都也规定必须以开证行作为运输单据的收货人，以便银行控制货物。

三、各种支付方式的选用

在国际贸易实务中，除采用某一种支付方式之外，有时也可以将各种不同的支付方式结合起来使用。

1. 信用证与汇付相结合

信用证与汇付相结合是指部分货款采用信用证、部分采用汇付方式结算。这种结算方式常用于允许交货数量有一定机动幅度的某些初级产品的交易。例如，买卖矿沙、煤炭、粮食等散装货物，买卖合同规定90%的货款以信用证方式付款，其余10%在该货物运抵目的港，经检验核实货物数量后，按实到数量确定余数金额以汇付方式支付。又如，对于特定商品或特定交易需进口商预付订金的，也有规定预付订金部分以汇付方式支付，其余货款以信用证方式结算。

2. 信用证与托收相结合

信用证与托收相结合是指一笔交易的货款部分用信用证方式支付、部分用托收方式结算。这种结合形式的具体做法通常是：信用证规定受益人（出口商）开立两张汇票，属于信用证项下的那一部分货款通过光票支付，其余货款则将货运单据附在托收的汇票项下，按即期或远期付款交单方式托收。这种做法对进口商而言，可减少开证金额、少付开证押金、少垫资金。对出口商而言，托收虽然有一定风险，但因为有部分信用证的保证，而且货运单据在信用证内规定跟随托收汇票，开证行需等全部货款付清后才能向进口商交单，因而，收汇较为安全。

对于信用证与托收结合的方式，在合同中必须订明信用证的种类和支付金额以及托收方式的种类，同时订明“在全部付清发票金额后方可交单”。通常可作如下规定：“买方通过卖方可接受的银行于装运月份前××天开立并送达卖方不可撤销的即期信用证，规定发票金额的××%凭即期光票支付，其余部分用托收方式，即期付款交单、发票金额100%的全套货运单据随附托收项下，于买方付清发票全部金额后交出。如买方未付清全部发票金额，则货运单据须由开证行掌握，凭卖方指示处理。”

3. 信用证与银行保函相结合

信用证与银行保函相结合用于成套设备或工程承包交易。除了支付货款外，还有预付定金或保留金的收取，一般货款可用信用证支付，预付定金要先开银行保函，保留金的收取可以用保函代替；如果是招标交易，则须投标保函、履约保函、退还预付金保函与信用证相结合。

4. 托收与银行保函相结合

托收属于逆汇，出口商先交货后收款，从而要负担进口商收到货物后拒付而造成的货、款两空的风险。因此，采取托收方式对于出口商不利。为了使收取货款有保障，可以让进口商申请开立保证托收付款的保函；一旦进口商没有在收到单据后的规定时间内付款，出口商有权向开立保函的银行索取货款。

我们在开展对外经济贸易业务时，究竟选择哪一种结合形式，可根据实际情况慎重选择。

课后练习

一、单项选择题

1. T/T是指（　　）。

A. 提单　　B. 电汇

C. 信用证　　D. 银行保函

2. 承兑交单的简称是（　　）。

A. D/P　　B. D/A

C. O/A　　D. B/L

3. 在票汇中，使用的汇票是（　　）。

A. 银行汇票　　B. 商业汇票

C. 远期汇票　　D. 银行承兑汇票

4. （　　）不是信用证的特点（　　）。

A. 独立性文件

B. 银行承担第一性付款责任

C. 处理的是单据，而非货物

D. 要保证单据与货物表面相符，而不管其实质是否一致

5. 在信用证支付方式的交易中，制作单据的主要依据是（　　）。

A. 买卖合同　　B. 信用证

C. 发票　　　　D. 进出口许可证

6. 汇票的抬头是指（　　）。

A. 出票人　　　　B. 受票人

C. 受款人　　　　D. 承兑人

7. 对出口方而言，（　　）最安全。

A. 预付货款　　　　B. 货到付款

C. D/P　　　　D. L/C

二、简答题

1. 什么是汇票？有哪些必要内容？如何流通转让？

2. 汇付方式的种类有哪些？有什么特点？在国际贸易中如何应用？

3. 托收有哪些交单方式？支付流程是怎样的？托收方式有什么特点？

4. 信用证方式有哪些当事人？支付流程是怎样的？有何特点？

三、技能题

1. 我国某出口企业收到国外开来的不可撤销信用证，由设在我国境内的某外资银行通知并加具保兑。我出口企业在货物装运后，将有关单据交银行议付时，忽然接到该外资银行通知，由于开证行已宣布破产，该行不承担对该信用证的议付或付款责任，但可接受我出口公司委托向买方直接收取货款的业务。对此，你认为我方应如何处理为好？简述理由。

2. CIF 出口合同规定 9 月份装船。买方开来的信用证规定，装船时间不得迟于 9 月 20 日。因船源关系，卖方无法在 9 月 20 日以前装船，于是立即去电要求买方将装船时间延长至 10 月 20 日，买方来电表示同意。但卖方在 10 月 15 日装船完毕，持全套单据向银行办理议付时却遭银行拒付，请问这是为什么？

3. 我国某进出口公司向非洲出口某商品 15 000 箱，合同规定 1 月至 6 月按月等量装运，每月 2 500 箱，凭不可撤销即期信用证付款。客户按时开来信用证，证上总金额与总数量均与合同相符，但装运条款规定为“最迟装运期为 6 月 30 日，分数批装运”。我方 1 月份装出 3 000 箱，2 月份装出 4 000 箱，3 月份装出 8 000 箱。客户发现后向我方提出异议。请问我方这样做是否合理？为什么？

第十章

商品检验、索赔、不可抗力与仲裁

【学习目标】

1. 了解商品检验、索赔、不可抗力、仲裁的含义。
2. 掌握检验时间和地点、检验机构的规定方法。
3. 重点掌握索赔的对象、范围和证据的认定方法。
4. 重点掌握不可抗力事件的认定与处理方法。
5. 了解索赔、不可抗力、仲裁条款的内容。

【导读】

我国一企业以 CIF 贸易条件出口移动硬盘 5000 件。商品检验条款仅规定“由具备资质的检验机构出具的证书作为品质和数量的依据”，卖方在装运港申请检验出具了合格的数量和品质证书。但货到目的港后，买方凭目的港检验机构出具的证书声称货物短少 120 件，且 1100 件品质不合格，并以此为由拒绝付款并进一步向卖方索赔。

分析：

此案例的核心问题是卖方在签订合同时完全忽略了签订完善的检验和索赔条款的必要性，进出口商品检验条款必须详细规定检验机构、检验时间、检验地点及索赔期限和方式等内容，以避免买卖双方因此产生的争议。

第一节

商品检验

国际贸易中，卖方所交货物的品质、数量、包装等必须符合合同规定。因而在买卖双方交接货物过程中，对商品进行检验并出具检验证书是一个不可缺少的环节。另外在订立国际贸易合同时，为避免日后发生争议以及争议发生后及时妥善处理争议，通常要订立商品检验、索赔、不可抗力和仲裁条款。

一、商品检验的作用、分类和程序

进出口商品检验（Commodity Inspection），是指商检机构根据国家的法律、法规或者根据国际贸易关系人的申请，依照一定的标准对进出口商品的品质、数量、规格、安全卫生、残损等情况以及装运技术和装运条件等状况进行检验鉴定，以维护国家利益或者国际贸易关系人的合法权益。

（一）商品检验的作用

商品检验的作用表现为：

（1）确保出口商品的质量，提高出口商品在国际市场上的信誉。

（2）保证进口商品的质量，防止低劣商品和有病虫害及其他有害因素的商品进口，维护国家的经济利益，保障人民身体健康。

（3）划清进出口商品争议中的责任归属，签发检验证书作为解决争议和办理索赔的凭证。

（二）我国进出口商品检验的分类

根据进出口商品检验的性质，与贸易合同相关的检验可以分为法定检验和公证鉴定两种形式。

1. 法定检验

法定检验是买卖合同之外的强制检验，它是指商检机构依据国家的法律、行政法规的规定，对指定的进出口商品实施强制性检验。未经检验或检验不合格的，出口商品不准出口，进口商品不准销售与使用。根据《中华人民共和国进出口商品检验法》规定，我国进出口商品检验的范围，为“列入《商检机构实施检验的进出口商品种类表》（以下简称为《种类表》）的进口商品，和其他法律、行政法规规定须经商检机构检验的进出口商品”。《种类表》至今历经21次修订，进口商品已增加至1523种，出口商品已增加至2228种。其他法律、行政法规由商检机构实施法定检验的，目前主要有《中华人民共和国食品卫生法》、《中华人民共和国进出境动植物检疫法》和《中华人民共和国进出口商品检验法》中有关条款的规定。

2. 公证鉴定

公证鉴定是指根据进出口当事人的申请，商检机构以第三方公证人的身份，对进出口商品以及运输工具和装运技术条件等进行检验鉴定和分析判断，出具证明，以作为有关各方关系人维护其利益的有效凭证。国际贸易中，公证鉴定是买卖合同约定的检验，具有非强制性的特点。

知识点

在我国的进出口贸易中，绝大多数商品均被列入法定检验范畴。这种检验是强制性的，其检验结果是进出口清关的重要依据之一，未经检验不得出口或者进口。

贸易合同中的公证鉴定则是依据买卖双方的协定，选择独立的第三方专业检验机构进行的检验，其结果是买卖双方收付货款、索赔理赔的依据。

所以，在绝大多数情况下，一笔出口业务有可能要进行上述两次不同性质的检验。

（三）进出口商品检验的程序

进出口商品只有符合规定的程序，才能保证检验工作的质量和检验证书具有合法性。我国进出口检验程序，大致有以下环节。

1. 报验和受理

出口商品的发货人、进口商品的收货人在办理报验时统称报验人。报验人应具备下列资格：有进出口经营权的国内企业或代理人；进口商品收货人、用货人及其代理人；对外贸易关系人，即进出口的买方、卖方、承运人（船、铁路、航空公司等）和保险人；外商投资企业；其他有进出口经营权的企业及有关的外贸关系人。具备上述条件之一，并需持“报验员证”，方可成为合格的报验人。

2. 抽样

除了大型的机电设备、成套装备外，大多数进出口商品是在整批商品中抽取一定数量的代表性样品来确定其质量状况的。抽样要严格依照合同约定或者其他有关规定的抽样标准按百分比递减法或计数抽样法进行，并要保证操作的安全。按百分比递减法抽样，应注意样本分布的均匀性；按计数抽样法抽样则应注意随机的原则。

3. 检验或鉴定

检验或鉴定即按照合同或技术标准的规定，对代表性样品的有关特性进行检查、试验、测量或计量。此环节为检验工作中的中心环节。

4. 签证或放行

签证或放行是检验工作的最后环节。报验人按规定的费率交纳检验费后，商检机构即可将检验证书交付报验人，作为报关的凭证。

二、进出口贸易合同中的商品检验条款

国际货物买卖合同中的商品检验条款属于公证鉴定性质，其主要内容有：检验权、检验依据、检验时间和地点以及检验机构等。

（一）检验权

检验权指依照合同约定，买方或卖方所享有的，对进出口商品进行检验鉴定以确定其是否与合同约定的品质、规格、数量等条款相符的权利。享有检验权就享有对交易的商品的品质、数量进行最后评定的权利，反之就无权提出异议和索赔。在合同中对检验权一般有三种规定方式：离岸品质或数量；到岸品质或数量；离岸品质或数量与到岸品质或数量相结合。我国的进出口贸易一般采用“离岸品质或数量与到岸品质或数量相结合”的方式规定检验权。

（二）检验依据

检验依据即检验标准、检验方法和抽样方法。采用不同的检验依据会得出不同的结论，因此，必须正确理解和采用检验依据。我国进出口商品检验在采用检验依据上，一般按照下列次序进行选择。

（1）法律、行政法规有强制性标准或其他必须执行的检验标准的，依照法律和行政法规的规定检验。

（2）没有强制性标准的，依照进出口合同约定的检验标准和方法进行检验。凭样品成交的依照成交样品进行检验。

（3）进出口合同约定的检验标准高于强制性标准的依照合同约定的标准检验。

（4）没有强制性标准且合同中对检验标准未作约定或约定不明确的，依照生产国标准或国际通用标准，或者国家商检局指定的标准进行检验。

（5）对一些非标准的出口初级产品，商检机构与生产企业和出口经营单位协商，联合制定品质检验协议以作为检验的暂行依据。

（三）检验时间和地点

我国商检机构规定：对进口商品，收货人应在索赔期限的最后三分之一时间以前向商检机构办理报验；对出口商品，发货人应在出口装运截止期限的10天之前向商检机构办理报验。有些特殊商品还要相应提前报验。根据国际习惯做法和我国的业务实践，关于买卖合同中检验时间和地点的规定方法，主要有以下几种。

1. 在出口国检验

以出口国检验结果作为最终的交货依据，货物运抵目的港/地后，买方如对货物进行检验，即使发现质量、重量或数量有问题，但也无权向卖方提出异议和索赔。分为两种情况。

（1）在产地检验，即货物离开生产地点（如工厂、农场或矿山）之前，由卖方或其委托的检验机构人员或买方的验收人员对货物进行检验或验收。在货物离开产地之前的责任，由卖方承担。

（2）在装运港/地检验，即以离岸质量、重量（或数量）（Shipping Quality，Weight or Quantity as Final）为准。货物在装运港/地装运前，由双方约定的检验机构对货物进行检验，该机构出具的检验证书作为决定交货质量、重量或数量的最后依据。

2. 在进口国检验

以货到进口国后的检验结果作为最终的交货依据，卖方无异议权利，分为两种情况：

（1）在目的港/地检验，即以到岸质量、重量（或数量）为准（Landing Quality，Weight or Quantity as Final）。在货物运抵目的港/地卸货后的一定时间内，由双方约定的目的港/地的检验机构进行检验，该机构出具的检验证书作为决定交货质量、重量或数量的最后依据。如果检验证书证明货物与合同规定不符并确属卖方责任，卖方应予负责。

（2）在买方营业处所或最终用户所在地检验。对一些需要安装调试进行检验的成套设备、机电仪器产品以及在卸货口岸开件检验后难以恢复原包装的商品，双方可约定将检验时间和地点延伸和推迟至货物运抵买方营业所或最终用户的所在地后的一定时间内进行，并以该地约定的检验机构所出具的检验证书作为决定交货质量、重量或数量的依据。

3. 出口国检验、进口国复验

这种做法是装运港/地的检验机构进行检验后，出具的检验证书作为卖方收取货款的依据，货物运抵目的港/地后由双方约定的检验机构复验，并出具证明。如发现货物不符合合同规定，并证明这种不符情况系属卖方责任，买方有权在规定的时间内凭复验证书向卖方提出异议和索赔。这一做法对买卖双方来说，比较公平合理，它既承认卖方所提供的检验证书是有效的文件，作为双方交接货物和结算货款的依据之一，又给予买方复验权。因此，我国进出口贸易中一般都采用这一做法。

（四）检验机构

在国际贸易中，从事商品检验的机构大致可以进行如下分类。

1. 官方商检机构

官方商检机构指由政府设立的检验机构，主要职责是负责检验管理，实施强制性法定检验。另外也可以接受买卖双方的申请，从事公证检验业务。国际上比较著名的官方商检机构有美国粮谷检验署（FGES）、美国食品药物管理局（FDA）、法国国家实验室检测中心、日本通商产业检查所等等。中国官方的出入境检验检疫机构（CIQ）几经变革，已于2018年划入海关系统，实行关检合并，目前开始统一以海关名义对外开展业务。

2. 半官方商检机构

半官方商检机构指具有一定权威性的民间或社团检验机构，由政府授权，代表政府对进出口商品进行某项检验业务或者检验管理工作。另外，半官方机构也从事公证检验业务。如著名的"美国担保人实验室（UL）""中国检验认证集团（CCIC）"等等就属于这种性质的机构。

3. 非官方商检机构

非官方商检机构是指国际上声誉好、权威性高的民间或社团检验机构，如瑞士日内瓦通用鉴定公司（SGS）、英国劳合氏公证行（Lloyd's Surveyor）、日本海事鉴定协会（NKKK）、中国香港天祥公证化验行（Intertek）等。

在具体交易中，确定公证鉴定的检验机构时，应考虑有关国家的法律法规、商品的性质、交易条件和交易习惯。选择检验机构应考虑检验时间、地点因素。一般来讲，规定在出口国检验时，应由出口国的检验机构进行检验；在进口国检验时，则由进口国的检验机构负责。但是，在某些情况下，双方也可以约定由买方派出检验人员到产地或出口地点验货，或者约定由双方派员进行联合检验。

第二节 索　赔

一、争议与索（理）赔

（一）争议和索（理）赔的含义

争议（Disputes）是指交易的一方认为另一方未能履行合同规定的责任而引起的业

务纠纷。争议的内容主要是：是否构成违约；对违约的事实不一致的认识；对违约的责任和后果的不同看法等。产生争议应首先协商解决，如果不能，要在分清责任的基础上由责任方做出补救或将争议提交第三方裁决。

索赔（Claim）是指在进出口业务中因一方违反合同规定而直接或间接地给另一方造成损失，受损方向违约方提出的赔偿要求。理赔是指违反合同的一方受理受损方提出的赔偿要求。索赔和理赔是一个问题的两个方面。在国际贸易中，常因违约或某种其他原因造成一方损失而引起索赔、理赔问题，而索赔又因对象不同分为三种：向保险公司索赔；向货物承运人索赔；向买卖合同的当事人索赔。

在实际业务中，索赔通常发生在交货期，交货质量、数量或包装与买卖合同规定不符等违约情况中，因此，一般来说，买方向卖方提出的索赔较为多见。当然，有时也会发生买方不接货或不按时接货、不开证或不按时开证、无理拒付货款等违约情况，导致卖方向买方提出索赔。

（二）根本违约和非根本违约

在进出口过程中，任何一方违反合同规定的义务，不履约或不按合同规定履约，就构成违约行为。若违反合同中的实质性交易条件，如进出口商品中的品质、数量、包装和交货期与合同不符，称为违反要件和根本违约，对方有权宣告合同无效，并可要求赔偿损失。若违反合同中的非实质性交易条件，如付款时间太迟等，尚未根本违反合同，称违反随附条件，对方只能要求赔偿损害而不能解除合同。至于什么是合同的要件，什么是合同的随附条件，买卖双方可能会有不同的理解，最好在磋商时作出明确的规定。

（三）处理索赔应注意的问题

1. 注意索赔的有效期

进出口商品的性质不同，所规定的索赔期限也有差别，我国在出口业务中一般规定是在货物到达目的口岸后的60天以内。对于机器设备等大件商品，索赔期可以适当延长，有的需经过安装调试并进行检验后才能确定是否需要索赔。如在索赔期内提起索赔有困难，可通知对方要求延长索赔期。

2. 分清责任，认准索赔对象

货物受损可能有各种原因，如果货物在保险范围内受到损失，可持有关机构出具的凭证向保险公司提起索赔；如果因承运人的责任造成货物损失，可由托运人向承运人提起索赔；如果是买卖合同的当事人违约，可依据合同规定向违约的一方提起索赔。

3. 恰当确定索赔项目和金额

索赔项目和金额，一般在合同中都有预先规定，应严格按照合同规定执行。如果在合同中没有约定损害赔偿的金额，可根据实际的损失程度向对方索赔。索赔时要准备好各种证件，包括提单、发票、保险单、装箱单、磅码单正本和副本、商检机构出具的货损检验证明或由承运人签字的短缺残损证明及索赔清单，并列明索赔根据和索赔金额。赔偿金额一般与另一方当事人所遭受损失的金额相等，同时要包括预期利润、货款利息等损失。

4. 正确运用合同条款

了解国际惯例和有关法律，认真制定索赔方案，在查明事实、备妥单证和确定索赔项目以及金额的基础上，正确运用合同条款，做到实事求是，有理有利。既不能提出过高要求，也不能影响自身的权益，以便今后更好地开展业务往来。

二、合同中的索赔条款

国际贸易合同中的索赔条款可根据不同的业务需要做不同的规定，通常采用的有“异议与索赔条款”和“罚金条款”两种。

（一）异议与索赔条款

异议与索赔条款（Discrepancy and Claim Clause）是买卖合同中规定当一方违约时，另一方提出的索赔依据、索赔时间、索赔办法和索赔金额等事项。它主要适用于进出口的大宗商品或机械电子商品在品质、数量方面的索赔。这种索赔一般金额较大，因此索赔方必须要有足够的证据和证明。对损害赔偿金额一般不做详细规定，主要是因为签约时还不能预料发生违约造成的损害程度。

1. 索赔依据

索赔依据主要规定索赔时必须具备的证明文件以及出证的机构，包括法律依据和事实依据两个方面。前者是指买卖合同和有关国家的法律规定；后者是指违约的事实真相及其书面证明。如果证据不全、不清，出证机构不符合要求，都可能遭到对方拒赔。

2. 索赔期限

索赔期限是指受损害一方有权向违约方提出索赔的期限。按照法律和国际惯例，受损害一方只能在一定的索赔期限内提出索赔，否则即丧失索赔权利。索赔期限有约定的与法定的之分。约定的索赔期限是指买卖双方在合同中明确规定的索赔期限；法定索赔期限是指根据有关法律或国际公约受损害一方有权向违约方要求损害赔偿的期限。约定索赔期限的长短，需视货物的性质、运输、检验的繁简等情况而定。一般货物规定为货物到达目的港或目的地后30天或45天；机电产品和仪表一般规定为货物到达目的港或目的地后60天或90天，最多不超过180天。个别有质量保证期的机械设备的索赔期可长达一年或一年以上。如合同未规定索赔期限的，则按法定索赔期限。例如，根据《联合国国际货物销售合同公约》规定，自买方实际收到货物之日起两年之内。《中华人民共和国合同法》（后简称《合同法》）也规定索赔期限为买方自标的物收到之日起两年内，但如标的物有质量保证期的，适用质量保证期。

买方的索赔期限实际上也就是买方行使对货物进行复验权利的有效期限，有些合同将检验条款与索赔条款结合起来订立，称为“检验与索赔条款”。

（二）罚金条款

罚金条款（Penalty）亦称违约金条款，主要规定一方未按合同规定履行其义务时，应向对方支付一定数额的约定罚金，以补偿对方的损失。罚金条款一般适用于一方当事人迟延履约，如卖方延期交货、买方延期接货或延迟开立信用证等违约行为。罚金的数额通常取决于违约时间的长短，并规定罚金的最高限额。

关于合同中的罚金条款，各国法律有不同的解释。例如，英国法律认为，如属于预定的损害赔偿，可以承认和执行，如属于惩罚性质的，则不予承认。一旦发生违约，只能依法重新确定赔偿金额。我国《合同法》规定，当事人可以在合同中约定，一方违约时，向对方支付违约金；也可以约定因违约产生的损失赔偿额的计算方法。但约定的违约金低于或过分高于违反合同所造成的损失，当事人可以请求法院或者仲裁机构予以增加或适当减少。《合同法》还规定，当事人迟延履行约定违约的，违约方支付违约金后，还应当履行义务。

（三）定金罚则

定金（Earnest）是指当事人双方为了保证合同的履行，在合同中约定由当事人一方先行支付给对方确定数额的货币作为担保，定金合同从实际交付定金之日生效。双方履行合同义务后，定金应当抵作价款或者收回。给付定金一方不履行约定义务的，无权要求返还定金；收受定金一方不履行约定义务的，应当双倍返还定金。定金的数额由当事人约定，但不得超过主合同标的额的20%。

第三节 不可抗力

买卖双方签订合同后，有时会出现一些意外事故而影响合同的履行，为避免产生不必要的矛盾，双方当事人应在合同中订立不可抗力条款。

一、不可抗力的含义

不可抗力（Force Majeure），又称人力不可抗拒，指买卖合同签订后由于自然原因或社会原因发生的无法预防、避免和控制的意外事故，致使合同无法进行。为解决进出口业务中发生的意外事故而引起买卖双方的纠纷，在买卖合同中普遍订有不可抗力条款。一旦发生人力不可抗拒的意外事故致使合同不能按期履行或根本不能履行，遭受事故的一方可以据此条款免除责任，另一方无权要求赔偿。

在国际贸易中各国对不可抗力的事故范围在解释上不统一，容易引起买卖双方的争执。一般来说，不可抗力事故包括两种情况：一是自然原因引起的，如水灾、风灾、旱灾、雪灾、冰冻、地震等；另一个是社会原因引起的，如战争、国际封锁禁运等。至于哪些意外事故可以列入不可抗力的范围，应由双方当事人在合同中约定。因为不可抗力既是合同中的一项条款，也是一项法律原则。各国的法律、法规对不可抗力作出各自不同的规定，尽管它们对不可抗力的确切含义解释不同，但其基本精神则大致相同。主要包括：不可抗力是在签订合同以后发生的；不是由于任何一方当事人的过失或疏忽所造成的；意外事故是双方当事人所不能预见和控制的。由此可见，不可抗力事故有其特定的涵义，并不是任何随便的一种意外事件都可以构成不可抗力事故。例如，在签订合同以后，货价发生涨落或者合同所规定使用的货币发生升值或贬值虽然也是一种意外情况，却是交易中常见的现象，是交易双方应当承担的正常的贸易风险，不属于不可抗力的范畴。

不可抗力条款对买卖双方同样适用，只要遇到合同所规定的不可抗力事故，无论是卖方还是买方，都可以据此免除自己的责任。

二、合同中的不可抗力条款

不可抗力条款是指买卖合同中订明当事人一方因不可抗力不能履行合同的全部或部分义务的，免除其全部或部分的履约责任，另一方当事人不得对此要求损害赔偿。因此，不可抗力条款是一种免责条款。

国际货物买卖合同中的不可抗力条款主要规定：不可抗力的范围、不可抗力的处理原则和方法、不可抗力发生后通知对方的期限和方法，以及出具证明文件的机构等。

（一）不可抗力的范围

关于不可抗力的范围，国际上并无统一的解释，当事人在合同订立时可自行商定。一般有概括式、列举式和综合式三种规定方法。

1. 概括式

概括式即在合同中不具体订明哪些是不可抗力事故，只作概括的规定。如“由于不可抗力的原因，而不能履行合同或延迟履行合同的一方可不负有违约责任。但应立即以电传或传真通知对方，并在××天内以航空挂号信向对方提供中国国际贸易促进委员会出具的证明书”。例如：

If the shipment of the contracted goods is prevented or delayed in whole or in part due to Force Majeure, The seller shall not be liable for non - shipment or late shipment of the goods of this contract. However, the seller shall notify the buyer by cable or telex and furnish the latter within...days by registered airmail with a certificate issued by the China Council for the Promotion of International Trade (China Chamber of International Commerce) attesting such event or events.

2. 列举式

列举式即在不可抗力条款中明确规定出哪些是不可抗力事故，凡未作规定的均不能作为不可抗力事故加以援引。例如：

If the shipment of the contracted goods is prevented or delayed in whole or in part by reason of war, earthquake, flood, fire, storm, heavy snow, The seller shall not be liable for non - shipment or late shipment of the goods of this contract. However, the seller shall notify the buyer by cable or telex and furnish the latter within...days by registered airmail with a certificate issued by the China Council for the Promotion of International Trade (China Chamber of International Commerce) attesting such event or events.

3. 综合式

综合式即采用概括式和列举式综合并用的方式，既列明双方取得共识的不可抗力事故，又加上概括性的文句，以便在发生合同中未列明的意外事故时，由双方当事人共同确定是否作为不可抗力事故。如对经常可能发生的不可抗力事件（如战争、地震、水灾、火灾、暴风雨、雪灾等）列出的同时，再加上“以及双方同意的其他不可抗力事件”的文句。综合式的规定方法，既明确、具体，又有一定的灵活性。目前，在我国进出口贸易合同中，一般都采用综合式。例如：

The seller shall not be held responsible for failure or delay to perform all or any part of this contract due to war, earthquake, flood, fire, storm, heavy snow or other cause of Force Majeure. However, the seller shall advise the buyer immediately of such occurrence, and within …days there after, shall send by registered airmail to the buyer for their acceptance a certificate issued by the competent government authorities of the place where the accident occurs as evidence there of. Under such circumstance, the seller, however, is still under the obligation to take all necessary measure to hasten the delivery of the goods. In case accident lasts for more than…weeks, the buyer have the right to cancel the contract.

（二）不可抗力的处理

发生不可抗力事故后，应按约定的处理原则及时进行处理。不可抗力的后果有两种：一种是解除合同，一种是延期履行合同。究竟如何处理，应视事故的原因、性质、规模及其对履行合同所产生的实际影响程度而定。

《联合国国际货物销售合同公约》规定，一方当事人享受的免责权利只对履约障碍存在期间有效，如果合同未经双方同意宣告无效，则合同关系继续存在，一旦履行障碍消除，双方当事人仍须继续履行合同义务。

（三）不可抗力的通知和证明

我国法律规定，当不可抗力发生后，当事人一方因不能按规定履约要取得免责权利，必须及时通知另一方，并在合理时间内提供必要的证明文件，以减轻可能给另一方造成的损失。按《公约》，如果当事人一方未及时通知而给对方造成损害的，仍应负赔偿责任。在实践中，为防止争议发生，不可抗力条款中应明确规定具体的通知和提交证明文件的期限和方式。

关于不可抗力的出证机构，在我国，一般由中国国际贸易促进委员会（中国国际商会）出具；如由对方提供时，则大多数由当地的商会或登记注册的公证机构出具。另一方当事人收到不可抗力的通知及证明文件后，无论同意与否，都应及时回复。

第四节 仲　裁

买卖双方签订合同后，由于情况复杂多变，有时双方当事人会发生争议，仲裁是解决争议的重要方式。

一、仲裁的含义和特点

在国际贸易中，当事人如发生争议，一般通过和解解决。当和解不成，则分情况采取调解、诉讼和仲裁等方式。

（一）仲裁的含义

仲裁（Arbitration）是指买卖双方达成协议，自愿将有关争议交给双方同意的仲裁机构进行裁决，而裁决是终局的，对双方都有约束力，双方必须遵照执行。

仲裁是解决国际贸易争议较好的一种方式。仲裁方式既不同于和解和调解，又不同于诉讼。和解和调解是自愿性，在双方同意的基础上才能进行，但和解与调解的结果是没有强制作用的，而诉讼是强制性，诉讼的提起可以单方面进行，法院的判决也可强制执行。仲裁方式既有自愿性，又有强制性。

（二）仲裁的特点

仲裁的特点表现为：

1. 充分体现当事人处理经济纠纷时的独立意志和自由选择

仲裁以双方当事人的自主意思为基础，在争议发生时自愿提交仲裁，约束双方当事人以仲裁为唯一方式解决争议，任何一方不得向法院起诉，排除了法院对经济纠纷的管辖权。同时买卖双方在仲裁中有选择仲裁地、仲裁机构、仲裁员及适用法律的充分自由。

2. 审理程序简单高效，保密性好

仲裁比法律诉讼的程序简单灵活，裁决期限短，处理问题迅速及时，费用也较低。仲裁案件一般不进行公开审理，能够有效保护当事人的商业机密和商业声誉。

3. 仲裁结果是终局性的，对当事人双方均有约束力

仲裁结果为终局性结果，一经作出，对双方当事人均有约束力，当事人对裁决结果不服也不能上诉。

4. 仲裁裁决已在国际上得到广泛的承认和执行

目前各国仲裁机构的裁决已经在绝大多数国家和地区得到承认，当事人可以依据仲裁机构作出的仲裁裁决或者仲裁调解，申请有关法院直接予以执行。

二、仲裁协议的形式

任何仲裁机构均不受理没有仲裁协议的案件。因此，当事人必须在发生争议之前或之后订立仲裁协议。我国法律规定，当事人采用仲裁方式解决争议，应当双方自愿，达成仲裁协议。一方单独申请仲裁时，仲裁机构不予受理。仲裁协议是指有关当事人根据意思自治和协商一致的原则，自愿将他们之间已经发生或将来可能发生的争议提交仲裁解决的一种书面协议。仲裁协议必须是书面的，有两种形式。

（一）合同中的仲裁条款（**Arbitration Clause**）

合同中的仲裁条款即在争议发生前，合同当事人在买卖合同中订立仲裁条款，表明在争议发生时，当事人自愿将争议交付仲裁解决。

（二）仲裁协议（**Arbitration Agreement；Submission to Arbitration**）

仲裁协议即双方当事人在合同争议发生后，自由订立的提交仲裁的协议，包括双方来往信件、数据电文等其他书面形式。这两种仲裁协议具有同等的法律效力。

三、贸易合同中的仲裁条款

合同中的仲裁条款一般主要包括仲裁地点、仲裁机构、仲裁程序及仲裁费用负担四项内容。

（一）确定仲裁地点

仲裁地点是仲裁条款的主要内容之一，通常可以根据不同的贸易对象，采取三种不同的规定办法：规定在本国进行仲裁；规定在被告所在国进行仲裁；规定在双方所同意的第三国进行仲裁。

在商订仲裁地点时，交易双方一般都力争在本国进行仲裁，这是因为当事人对本国的法律和仲裁做法比较了解和信任。如不能争取在本国仲裁，可以考虑规定在被告国家仲裁，或者在双方同意的第三国仲裁。选择仲裁地点应考虑以下因素：一是该国与本国有正常的政治关系；二是该国的法律必须能受理双方当事人都不是该国公民的争议案件，还要考虑该国仲裁机构的业务能力。

（二）指定仲裁机构

仲裁机构是依据法律成立的非官方机构。国际上的仲裁机构有两种，一种是常设仲裁机构；另一种是临时性仲裁机构。目前很多国家、地区和一些国际性、区域性组织都设有常设的仲裁机构。如国际商会仲裁院、英国伦敦仲裁院、英国仲裁协会、美国仲裁协会、瑞典斯德哥尔摩商会仲裁院、瑞士苏黎世商会仲裁院、日本国际商事仲裁协会以及中国香港国际仲裁中心等。临时仲裁机构一般直接由双方当事人指定仲裁员自行组成仲裁庭进行仲裁，案件处理完毕后即自动解散。因此，在仲裁条款中指定仲裁机构时，应首选国际上常设的仲裁机构，特别是本国的常设仲裁机构。我国的常设外贸仲裁机构有中国国际经济贸易仲裁委员会、上海国际仲裁中心、北京国际仲裁中心等。

（三）确定仲裁规则

进出口贸易合同中的仲裁条款应明确规定本合同的争议适用的仲裁规则。通常的办法是，合同指定哪个仲裁机构，就采用哪个仲裁机构的仲裁规则审理。

（四）明确仲裁费用负担

一般都规定由败诉方承担，也可在条款中明确双方各自负担的比例或规定由仲裁庭酌情决定。

（五）仲裁条款格式

中国国际经济贸易仲裁委员会根据我国进出口公司签订仲裁条款的实际做法，适当参照国际上通行的规定，提出下列三种格式供各进出口公司参照选用。

1. 仲裁地点在我国的仲裁条款

“凡因执行本合同所发生的或与本合同有关的争议，双方应通过友好协商解决，如果协商不能解决，应提交中国国际经济贸易仲裁委员会，根据该会的仲裁规则进行仲裁，仲裁裁决是终局性的，对双方均有约束力。”

2. 仲裁机构在被告国的仲裁条款

“凡因执行本合同所发生的或与本合同有关的一切争议，双方应通过友好协商解决，如果协商不能解决，应提交仲裁。仲裁在被告人所在国进行。”

在中国，由中国国际经济贸易仲裁委员会根据该会仲裁规则进行仲裁。在××国（对方所在国名称），由××（对方所在国仲裁机构）根据该组织的仲裁规则进行仲裁。仲裁裁决是终局的，对双方均有约束力。”

3. 仲裁地点在第三国的仲裁条款

“凡因执行本合同所发生的或与本合同有关的一切争议，双方应通过友好协商解决，如协商不能解决，应提交××国（双方约定的第三国）由××仲裁机构根据该仲裁组织的仲裁规则进行仲裁，仲裁裁决是终局的，对双方都有约束力。”

四、仲裁裁决的效力

仲裁裁决的效力主要是指裁决是否具有终局性，对双方当事人有无约束力，能否再向法院上诉的问题。

在我国，凡由中国国际经济贸易仲裁委员会作出的裁决都是终局性的，对双方当事人均有约束力，双方都必须执行裁决，任何一方都不可以向法院上诉要求变更。国际上对仲裁裁决一般也不允许再向法院上诉。即使上诉，法院一般也只审查程序，不审查实体，即只审查仲裁裁决在法律手续上是否有问题，而不审查仲裁裁决本身是否正确。通常情况下，法院只有发现仲裁程序上有问题，才有权撤销仲裁裁决，宣布裁决无效。

为保证仲裁裁决在国际上得到承认和执行，1958 年由联合国主持在纽约缔结的《承认和执行外国仲裁裁决的公约》（简称《1958 年纽约公约》）是目前国际上有关承认和执行外国仲裁裁决的一项重要国际公约。我国政府于 1987 年参加该公约，但我国在加入时作了两项保留：互惠保留和商事保留，即我国只在互惠的基础上对在另一缔约国领土内做出的仲裁裁决的承认和执行适用该公约；我国只对我国法律认定属于契约性和非契约性商事法律关系所引起的争议适用该公约。目前，我国仲裁机构的涉外仲裁裁决已经在世界上很多国家得到承认和执行。

课后练习

一、单项选择题

1. （　　）是由国家商检局制定的，对其中所列的商品，国家商检局要根据对外贸易发展的需要和进出口的实际情况随时调整，并实施法定检验。

A.《种类表》

B.《中华人民共和国食品卫生法》

C.《中华人民共和国进出口动植物检疫条例》

D.《商检法》

2. 在国际贸易中一方违约使另一方遭受经济损失，受损方依法解除合同后（　）。

A. 无权再提出损害赔偿要求

B. 有权再提出损害赔偿要求

C. 是否有权再提赔偿要求，要视损失金额大小而定

D. 以上都不对

3. （　　）的情况下是构成不可抗力的必备条件之一。

A. 意外事故发生在合同签订之前

B. 事故由买方的过失造成的

C. 事故由卖方的过失造成的

D. 意外事故的发生是双方都无法控制和无能为力的

4. 采用仲裁方式解决的争议具有的特点是（　　）。

A. 可以上诉

B. 属友好协商解决争议，其结果不具有法律的强制性

C. 可以多次交由不同的仲裁机构执行仲裁，直至达成双方满意的结果为止

D. 程序简便，费用低廉，办案迅速

二、简答题

1. 国际货物买卖合同中为什么要订立商品检验条款？该条款主要包括哪些内容？
2. 关于进出口商品的检验时间和地点通常有哪几种规定办法？
3. 简述异议索赔条款和罚金条款的用途及主要区别。
4. 什么是不可抗力？不可抗力事件范围的规定有哪几种方法？
5. 简述仲裁协议的形式及其作用。

三、案例分析

1. 我公司以CFR条件对德国出口一批小五金工具。合同规定货到目的港后30天内检验，买方有权凭检验结果提出索赔。我公司按期发货，德国客户也按期凭单支付了货款。可半年后，我公司收到德国客户的索赔文件，称上述小五金工具有70%已锈损，并附有德国某内地一检验机构出具的检验证书。对德国客户的索赔要求，我公司应如何处理？

2. 我某出口企业以CIF纽约条件与美国某公司订立了200套家具的出口合同。合同规定2000年12月交货。11月底，我企业出口商品仓库因雷击发生大火，致使一半以上的出口家具被烧毁。我企业遂以发生不可抗力为由，要求免除交货责任，美方不同意，坚持要求我方按时交货。我方经多方努力，于2001年1月初交货，而美方则以我方延期交货为由提出索赔。

试分析本案中，我方可主张何种权利？为什么？美方的索赔要求是否合理？为什么？

3. 甲方与乙方签订了出口某种货物的合同一份，合同中的仲裁条款规定："凡因执行本合同所发生的一切争议，双方同意提交仲裁，仲裁在被诉人所在国进行。仲裁裁决是终局的，对双方具有约束力。"在履行合同过程中，乙方提出甲方所交的货物品质与合同规定不符，于是，双方将争议提交甲方所在国仲裁。经仲裁庭调查审理，认为乙方的举证不实，裁决乙方败诉。事后，甲方因乙方不执行裁决向本国法院提出申请，要求法院强制执行，乙方不服。

试分析乙方可否向本国法院提请上诉？为什么？

第三篇　国际货物贸易实务操作

第十一章

出口贸易磋商

【学习目标】

1. 了解交易磋商的内容、形式、程序极其法律内涵。

2. 掌握发盘的撤销、撤回、逾期接受等行为的有关规定。

3. 重点掌握书面磋商形式下询盘、发盘、还盘、接受等商务文件的基本缮制技能和方法。

【导读】

卖方A公司向买方B公司报价："可供90辆150型摩托车，每台CIF雅加达320美元，合同签订后15天交货。"买方B公司立即回复："接受你方全部报价条件，合同签订后立即交货"。A公司未做答复并将货物卖给了其他买家。B公司闻讯后，以A公司将承诺出售的货物卖给他人为由提出索赔。

分析：

按照《联合国国际货物销售合同公约》（后简称《公约》）的规定，如果受盘人对发盘（报价）作出某些更改的还盘表示，便构成对原发盘的实质上的拒绝，原发盘也随之失效。B公司对A公司报价中的交货时间进行了更改，A公司已经不受其原报价承诺的约束，有权将货物卖给别人。由此可见，B公司对国际贸易中磋商环节发盘（报价）、还盘的法律性质缺乏正确理解。

第一节

有关贸易磋商的预备知识

一、贸易磋商的基本形式和内容

贸易磋商（Business Negotiations），又称贸易谈判，指的是买卖双方就一笔特定的商品交易所涉及的相关成交条件进行协商，最终达成交易的过程和行为。贸易磋商是完成一笔外贸业务的起始环节，也是十分重要的环节，交易磋商的最终目的是签订合同，达成交易。

（一）贸易磋商的基本形式

1. 口头磋商（Desk Negotiations）

口头磋商的形式多样，如参加各种交易会、洽谈会，出访或者来访面谈，通过国际长途电话进行的谈判等等。

2. 书面磋商（Letter Negotiations）

书面磋商指通过传真、电子邮件、EDI、信件、电报、电传等通信方式进行的贸易洽谈。随着通讯技术日新月异的发展，电报、电传等落后的洽谈方式正在逐渐退出历史舞台。取而代之的是以传真、电子邮件、EDI 等为代表的、传递速度快、保密性强的先进通讯方式。

（二）贸易磋商的内容

洽商的内容按照其重要性可以分为两类。

1. 主要交易条件

主要交易条件包括商品的品名规格、数量多少、包装形式、价格、交货期、交货地点、支付方式、风险划分、由谁来办理保险和发盘的有效期等。这些问题构成了交易磋商的主要条件和内容，必须在交易磋商阶段明确肯定下来。所以，我们所说的交易磋商可以进一步地理解为：买卖双方采用书面或者口头商洽方式，对某种商品涉及的主要交易条件进行讨价还价，最后取得一致，达成交易的过程。

2. 一般交易条件

一般交易条件是指在贸易谈判中的一些从属条款，如索赔、仲裁、不可抗力、商品检验、要求的货运单据种类等。这些条款可以在磋商阶段洽议，也可以在双方确认了主要交易条件之后，在签订合同环节进行沟通。

二、贸易磋商的程序与步骤

国际货物买卖磋商一般来说分为四个步骤，即“询盘”“发盘”“还盘”“接受”。但并不是说每笔业务都必须完整地经历这四个环节，其中的“发盘”和“接受”是达成交易、合同成立不可缺少的两个基本环节。

(一) 询盘

询盘（Inquiry/Enquiry）又称询价，在国际贸易中指交易的一方打算出售或者购买某一商品而向另一方发出的“洽谈邀请”，询盘可以由卖方发出，也可以由买方发出，对于买卖双方而言，询盘不具有法律上的约束力。

询盘的内容可以涉及某种商品的品质规格、数量包装、成交价格等，但多数为询问成交价格。如果是买方询盘，就是邀请卖方发盘报价的意思，习惯上称为“邀请发盘(Invitation to Make an Offer)”。而如果是卖方询盘，就含有邀请对方购买的意思，习惯上称为“邀请递盘或邀请出价（Invitation to Make a Bid)”。

询盘的内容可繁可简，可只询问价格，也可询问其他有关的交易条件。由于询盘对买卖双方均无约束力，所以接受询盘的一方可给予答复，亦可不做回答。但作为交易磋商的起点，商业习惯上，收到询盘的一方应迅速做出答复。

(二) 发盘 (OFFER)

发盘又称报价，在法律上称为“要约”，是买卖双方中的一方向对方提出各项交易条件，并愿意按照这些条件达成交易、订立合同的一种承诺。在接到询盘后，买卖双方都可以发盘，分别称为卖方发盘和买方发盘。

知识点

请注意，这时候的可以构成发盘性质的回复，已经对发盘人构成约束，在发盘的有效期内，一经对方接受，交易即告达成。

1. 关于发盘的内容

按照《公约》的规定，发盘的生效采取到达生效原则。

根据《公约》，一份发盘至少需要具备三项内容：一要表明货物的名称；二要明示或默示货物的数量或计数方法；三是要明示或默示货物的价格或者计价办法。

然而在实际业务活动中，仅仅具备上述三项内容的发盘事实上并不具有可操作性，发盘的作用在于方便收盘人一旦接受即可签订一项对买卖双方都有约束力的、可操作的合同，而内容过于简单的发盘往往给合同的履行带来困难，如一项仅表明了商品名称、价格、数量的卖方发盘，在被买方接受以后仍然不能据此签订一份对双方都约束力的可执行的合同。买卖双方很可能还要就交货时间、交货地点、付款方式等重要交易条件继续谈判磋商。因此，我们建议在对外发盘时，要将主要的交易条件逐一列明。我们将国际贸易实践中的重要交易条件总结如下。

具备可操作性的发盘应具备的主要交易条件如下。

(1) 主要交易条件完备，如商品的品名、规格、数量、包装、价格、交货期、交货地点、支付方式、商品检验等，这样的发盘才具有可执行性。

(2) 发盘不能含有保留条件。发盘必须清楚表明（明示或默示）以下含义：该发盘一经受盘人接受，发盘人即受到发盘的约束，履行在发盘中承诺的义务和责任。

如发盘中含有如下语句，则不构成理论意义上的发盘：

THIS OFFER IS SUBJECT TO OUR FINAL CONFORMATION（本发盘以我最后确认为准).

THIS OFFER IS EFFECTIVE WHILE STOCKS LAST（本发盘在我方拥有可供存货时有效).

发盘中通常会涉及上述各项重要交易条件，如何更好地理解和制定这些条款，请温习第二篇国际货物贸易基础知识。

在实际工作中，严格意义上的发盘被许多商家广泛使用，但是，由于发盘的性质所限，许多急于推广海外市场的商家无法就一笔存货向多个买家发盘，或是一旦在发盘中出错，被对方接受后无法挽回损失。为避免以上情况出现，国际贸易界通行一种折中的办法，那就是把发盘分为实盘和虚盘。

2. 在实践中灵活使用“实盘”（Firm Offer）和“虚盘”（Offer Without Engagement）

如上所述，为了弥补发盘这一概念在实际操作中的不足，虽然在《公约》中没有实盘或虚盘的区分，但在我国的外贸行业，发盘有实盘和虚盘之分，国际商业界也普遍接受这个理论上并不规范的概念。

实盘（Firm Offer），是严格意义上的、具备上述所有条件的发盘，是指发盘人清楚表明愿意按照所发的实盘内容订立合同，同时内容必须：明确（没有模棱两可的表述）、完整（主要交易条件要完备）、无保留（没有额外附加条件）。

实盘有两个特点：一是在发盘有限期内，发盘人只能向一个受盘人发盘；二是一旦发盘被受盘人接受，所有交易条件未经受盘人同意不得更改，发盘人受发盘内所有交易条件约束，这样的发盘容易引起受盘人的重视，同等条件下成交的几率比虚盘要高。

虚盘（Offer Without Engagement）是一种含有保留条件，或主要交易条件不完备，没有约束力的发盘。比如在一份完整的实盘中标注“本发盘以我最后确认为准”“参考价”等字样，或是发盘不标明可装运期限、供货数量等主要交易条款，实盘就变为一种虚盘。

虚盘的好处是发盘人可以就一笔业务对多个买家发盘，而不用担心“一女难嫁二夫”。虚盘的弊端在于不容易引起受盘人的重视，有可能失去成交的机会。

综上所述，作为一个优秀的外销业务人员，应该视具体的业务情况，做到虚实结合，灵活选择使用实盘和虚盘报价，争取市场主动。

3. 发盘有效期的运用

在发实盘的情况下，通常应该规定一个有效期，而虚盘通常不需要规定。超过实盘有效期后发盘人即可不受发盘约束。未列明有效期的实盘，受盘人应在“合理时间”接受。由于买卖双方对“合理时间”的理解有可能产生分歧，从而导致不必要的纠纷，我们主张在发实盘时一定要标注有效期限。

4. 发盘的撤销和撤回

在实际业务操作中，发盘人或是因为报错主要交易条件，或是想要另寻其他更有吸引力的国外客户，有时需要撤销或撤回已经发出的实盘。

（1）发盘的撤销（Revocation）指发盘人将已经被受盘人收到的发盘予以撤销的行为。《公约》第16条规定：订立合同前发盘可以撤销，但前提条件有两个，一是规定了有效期的发盘或者以其他方式表明不可撤销的发盘不能撤销；二是如果受盘人有理由信赖该发盘不可撤销，并且已经本着对该发盘的信赖采取了行动，这时发盘不可撤销。

（2）发盘的撤回（Withdrawal）指发盘人将尚未抵达受盘人一方的发盘予以取消的行为。《公约》第15条规定：发盘可以撤回，但有一个前提条件，发盘人的撤回通知必须要早于自己先前的发盘抵达受盘人或与发盘同时到达。

从理论上看发盘可以撤销和撤回，但在实施中都附带着较为严格的限制条件，导致发盘很难撤回或撤销。以发盘的撤回为例，目前国际贸易实践中发盘已多数采用较为先进的通信手段，例如传真发盘基本上取代了信函发盘，而传真发盘的特点是即发即到，发盘人根本没有可能将撤回通知先于发盘送到受盘人手中。因此在实际业务操作中，对于每一份发盘，特别是实盘，一定要认真对待，审慎从事，以免无谓地陷入纠纷中，造成难以挽回的损失。

（3）发盘的失效（Failure of a Offer）。按照国际贸易的习惯和规则，一项实盘遇有下列情况之一，则立即失效，发盘人不再受该项发盘的约束：①已过期。在发盘规定的有效期内未被接受，或虽未规定有效期，但在合理时间内未被接受。②拒绝。如果受盘人对一项发盘明确表示拒绝，该项实盘立即失效。③还盘。如果受盘人对发盘做出某些更改的还盘表示，便构成对原发盘的实质上的拒绝，原发盘也随之失效。④发盘被发盘人依法撤销。⑤法律实施。如果发盘人或受盘人丧失行为能力（如精神失常、死亡等），或标的物灭失时，发盘便告失效，或如所在国政府对发盘中的商品或所需外汇发布禁令等，在这种情况下，按出现不可抗力可免除责任的一般原则，发盘的效力即告失效。

（三）还盘

还盘（Counter Offer）又称还价，在法律上成为反要约，它是指受盘人不同意或者不完全同意发盘内容而提出修改和变更意见的表示。还盘实际上是对发盘内容的拒绝，即使有条件地接受仍然构成对原发盘的否定。同时还盘提出了新的交易条件。这种对发盘中主要交易条件的修改，不论多少，哪怕只有一条，均构成对原发盘的否定，而此时受盘人也就成为了新的发盘人。同理，一方还盘后，如对方不同意其还盘条件，则可以再次还盘。

还盘一经发出并被原发盘人收到后，原发盘即告失效。

一笔交易有时不经过还盘即可达成，有时却需要多次往复还盘，直至双方对主要交易条件都能接受为止。

（四）接受（Acceptance）

按照《公约》的释义，接受是无条件的承诺，是买方或者卖方无条件地接受对方在发盘中提出的各项交易条款，并愿意按这些条件与对方达成交易、订立合同的肯定的表示。和询盘、发盘、还盘环节一样，接受可以由卖方发出，也可以由买方发出。根据《公约》的规定，接受和发盘一样采取到达生效原则。

1. 构成接受的条件

（1）接受必须由受盘人做出，如果不是受盘人本人或者其授权代理人做出的接受，除非发盘人同意，均属于无效的接受。

（2）接受必须是无条件的、无保留的，任何对于原实盘（发盘或还盘）的更改均不构成法律意义上的接受，而是还盘。例如“我方接受你方第19号发盘的全部交易条件，但价格降低10%”。尽管它使用了“接受”一词，但并不能构成法律意义上的“接受”，因为它更改了一项主要的交易条件。

（3）必须在发盘的有效期内做出接受，逾期的接受对发盘人没有约束力。但是如果发盘人同意这份逾期的接受，则接受有效，合同也可以成立。

（4）必须按照发盘规定的回复方式做出接受，否则发盘人可以不受约束。发盘人如在发盘中规定接受的回复方式的，受盘人必须按照其要求采用正确地传递方式做出接受。如发盘人的实盘规定“十日内传真回复有效”，受盘人的“接受”则必须以传真形式回复，如果以特快专递或者电报等传真以外的形式做出的回复，发盘人均可拒绝。如发盘中没有规定接受的传递方式，则受盘人在向发盘人表示接受时，不应采用比发盘传递更慢的通信方法，通常这时接受往往采取与发盘相同的传递方式。

2. 接受的撤销与撤回

由于接受在法律意义上属于发盘性质，所以关于接受的撤回的相关规定与发盘相同，在此不再赘述，接受是不可以撤销的。

第二节

书面磋商操作步骤

一、任务背景和要求

山西美可企业集团是一家专营焦炭贸易的公司，多年来一直致力于将主打产品一级冶金焦炭推广到欧美市场，恰巧加拿大多伦多迅行有限公司急需这种产品。通过贸易伙伴的介绍，这家加拿大进口公司得知了山西美可企业集团的联系方式，并开始与之洽谈购买事宜。

我们将扮演出口商的角色，采用书面形式与加拿大进口商进行主要交易条款的磋商，直至最后达成交易。

二、模拟操作

在交易的初始阶段，买卖双方都可以发起洽谈邀请。现在我们以买方首先开始询盘为例，模拟展示买卖双方通过传真形式进行交易磋商的全过程。

（一）买方发起洽谈邀请

买方加拿大迅行公司向山西美可集团发出询盘，表达洽购冶金焦炭的意愿，邀请山西美可公司报价，其询盘的内容如下。

1. 买方询盘（见表 11－1）

可以看出，这是一个典型的买方询盘的实例，是由买方发起的贸易磋商。

2. 询盘操作指南

国际贸易业务的询盘与广泛意义上的业务联系函有很多共同之处，但也存在一些区别，询盘往往针对性更强，通常都是针对某些具体商品的磋商邀请，下面总结一下在实际操作中的要点。

（1）如果是初次打交道的客户，需要说明你是如何知道对方的公司信息的，要注意说明信息来源时尽量言简意赅，比如：“我们从互联网上查到贵司的资料（WE HAVE

表 11-1　　买方询盘实例

SUNHAND CO. LTD ROOM 304-311, JALAN STREET, TORONTO, CANADA TEL: (01) 7709910　FAX: (01) 7701100	
TO: SHANXI MCEEC. CO. LTD	**FROM**: JOHN SMITH
ATTN.: MR ZHANG JIAN	**PAGE** 1 OF 1
DATE: 2004-8-16	**NO.**: SHC016
RE: MET. COKE OF CHINA ORIGIN	
DEAR MR ZHANG JIAN, WE HAVE OBTAINED YOUR NAME AND ADDRESS FROM DEE & JACK CO. LTD, AND WROTE TO YOU FOR THE ESTABLISHMENT OF BUSINESS RELATIONS. WE HAVE BEEN IMPORTERS OF MET. COKE OF CHINA ORIGIN FOR MANY YEARS. AT PRESENT, WE ARE INTERESTED IN EXTENDING OUR RANGE AND WOULD APPRECIATE YOUR CATALOGUES AND QUOTATIONS (ASH: 12% MAX, QUANTITY: 1500 METRIC TON). IF YOUR PRICES ARE COMPETITIVE WE WOULD EXPECT TO PLACe AN ORDERS ON YOU. WE LOOK FORWARD TO YOUR EARLY REPLY. YOURS FAITHFULLY, JOHN SMITH	

OBTAINED YOUR NAME AND ADDRESS FROM INTERNET)”，又如：“某公司把你方介绍给我们……（××× COMPANY HAS RECOMMENDED YOU TO US...）”等等。

（2）有明确的目的性，即要说明此次联系的目的是为了推销或购买某种或某几种产品。如买方询盘：“我们对你方某产品感兴趣（WE ARE INTERESTED IN YOUR ××× PRODUCTS）”。又如卖方询盘：“我们很高兴地告知您，我们有一种新产品×××很适合贵司的需求（WE WOULD LIKE TO INFORM YOU THAT WE HAVE A NEW PRODUCT MAY BE SUITABLE FOR YOUR REQUIREMENT ×××）”。

（3）必须明确表达邀请对方进行具体交易磋商的意愿。如买方询盘：“请报中国产特级冶金焦炭天津新港装船价格（PLEASE OFFER MET. COKE OF CHINA ORIGIN SPECIAL CLASS SHIPMENT FOB XINGANG, TIANJIN, CHINA）”。又如卖方询盘：“我方可供中国产特级冶金焦炭，请出实价（WE CAN SUPPLY MET. COKE OF CHINA ORIGIN SPECIAL CLASS PLEASE FIRMBID）”。

（二）卖方应邀报价

1. 卖方发盘

卖方山西美可公司的张剑先生在接到询盘之后，经过仔细测算产品成本，及时发盘回复报价。卖方发盘实例如表 11-2 所示。

表 11-2　　卖方发盘实例

SHANXI MCEEC. CO. LTD NO. 35, YINGZE STREET, TAIYUAN, SHANXI, CHINATEL: (086) 351 4041369　FAX: (086) 351 4041170	
TO: SUNHAND CO. LTD	**FROM**: MR ZHANG JIAN
ATTN.: MR. JOHN SMITH	**PAGE** 1 OF 1
DATE: 2004-8-18	**NO.**: WJH012
RE: OUR QUOTATIONS OF MET. COKE OF CHINA ORIGIN	

续表

DEAR MR JOHN SMITH,

THANK YOU FOR YOUR FAX OF AUG 16, 2004. NOW, WE ARE PLEASED TO MAKE YOU AN OFFER.

1. NAME OF COMMODITY: METALLURGICAL COKE OF CHINA ORIGIN
2. SPECIFICATION: ASH 12% MAX; V. M. 1.5% MAX; S. 0.6% MAX;
   MOISTURE 5% MAX; SIZE 80 - 120MM 85% MIN
3. PACKING: IN PLASTIC WOVEN BAG OF TWO LAYERS ABOUT 1000KGS PER BAG
4. UNIT PRICE: USD290/MT CIF TORONTO, CANADA
5. QUANTITY: 1,500.00 METRIC TON
6. SHIPMENT DATE: BEFORE OCT 20, 2004
7. PAYMENT:: BY IRREVOCABLE, TRANSFERABLE LETTER OF CREDIT IN FAVOUR OF THE SELLERS PAYABLE AT SIGHT.
8. INSURANCE: TO BE COVERED BY SELLER FULL INVOICE VALUE PLUS 10% AGAINST ALL RISKS
9. INSPECTION: BY CIQ AT LOADING PORT.

WE HOPE YOU WILL AGREE THAT OUR PRICE IS VERY COMPETITIVE FOR THESE GOOD CARGO AND WE LOOK FORWARD TO RECEIVING YOUR INITIAL ORDER.

THE OFFER IS VALID FOR TEN DAYS

YOURS FAITHFULLY,

ZHANGJIAN

这是卖方应买方8月16日询盘的邀请，向买方递出的一份发盘，从内容上看，这是一份典型的实盘。

2. 操作指南

卖方发盘时首先要决定己方发盘的性质，即到底是发虚盘继续试探，还是因急于成交而直接发出实盘。本例的卖方山西美可公司考虑到目前该批存货并不畅销，且短期内可以预知的市场行情不会有大的改变，所以卖方决定以较为合理的交易条件发出实盘，争取早日成交。关于发盘操作的要点如下：

（1）用实盘回复时，建议尽量列明品名规格、数量、包装、价格、交货期、交货地点、支付方式、商品检验等几项主要交易条件。外商在询盘中未要求的主要交易条件可由卖方酌情提出，应尽量做到方便自己执行，又兼顾国外买家的利益，以增强吸引力，促进成交。详见表11－2中的1—9项。

（2）实盘应该标注发盘的有效期。有效期不宜过短或过长，建议以5至15天为好，例如：

THE OFFER IS VALID FOR TEN DAYS.

THE QUOTATION IS EFFECTIVE WITHIN TWO WEEKS.

（3）虚盘的制作方法有三种，一是在实盘的结尾加注保留条件，如在表11－2中的卖方实盘中加注“本发盘以我最后确认为准（THIS OFFER IS SUBJECT TO OUR FINAL CONFIRMATION）”。二是提出主要交易条件时有意表达含糊，如报价时注释“参考价”字样。三是有意漏报主要交易条件，如发盘时漏报供货数量、不提装运日期等等。

（三）买方还价

买方接到卖方山西美可公司的发盘之后，经过仔细研究，认为卖方的报价仍然偏高，其他交易条件尚可接受。因此在发盘的有效期之内及时做出回复，就价格问题向卖方提出新的要求。

1. 买方还盘

买方还盘实例如表 11－3 所示。

表 11－3　　买方还盘实例

SUNHAND CO.　LTD ROOM 304－311，JALAN STREET，TORONTO，CANADA TEL：(01) 7709910　　FAX：(01) 7701100	
TO：SHANXI MCEEC. CO. LTD	**FROM：JOHN SMITH**
ATTN.：MR ZHANG JIAN	**PAGE 1 OF 1**
DATE：2004－8－21	**NO.：SHC020**
RE：COUNTER OFFER FOR YOUR MET. COKE OF CHINA ORIGIN	
DEAR MR ZHANG JIAN, THANK YOU FOR YOUR FAX OF AUG 18, 2004. AFTER CAREFUL COMPARISON WITH OTHER SELLER'S SIMILAR PRODUCTS, WE FOUND THAT YOUR PRICE IS HIGHER THAN THE AVERAGE IN THE MARKET. IN ORDER TO ALLOW US A BETTER COMPETING POSITION, WE SHALL BE GRATEFUL IF YOU COULD REDUCE YOUR PRICE TO USD275/MT CIF TORONTO, CANADA AND YOUR OTHER TERMS ARE UNCHANGED.　THE COUNTER OFFER IS VALID FOR TEN DAYS WE LOOK FORWARD TO HEARING FROM YOU SOON. YOURS FAITHFULLY, JOHN SMITH	

2. 操作指南

（1）建议在还盘中标注"COUNTER OFFER"字样，这样显得较为正规（详见买方还盘实例）

（2）在还盘时，对于双方已经认可的交易条件，可以再次全部列出，也可以不再一一列举而仅将需要修改的条件写出。在国际贸易的实际操作中，还盘的书写通常采用后者，即只提需要修改的条件，其他无争议的条件不再赘述。

（3）通常情况下，还盘应该属于实盘范畴，因此还盘方应该慎重等待，尽量促成交易成功。

（四）卖方同意买方新的交易条件并做出接受

卖方在接到买方的还盘之后，认为可以接受买方所提出的价格修改，随即在买方规定的有效期之内发出了接受，如表 11－4 所示。

1. 卖方接受

表 11－4　　　　卖方接受实例

SHANXI MCEEC. CO. LTD	
NO. 35, YINGZE STREET, TAIYUAN, SHANXI, CHINATEL: (086) 351 4041369　　FAX: (086) 351 4041170	
TO: SUNHAND CO. LTD	FROM: MR ZHANG JIAN
ATTN.: MR. JOHN SMITH	PAGE 1 OF 1
DATE: 2004－8－22	NO.: WJH019
RE: OUR ACCEPTANCE FOR YOUR COUNTER OFFER NO. SHC020	

DEAR MR JOHN SMITH

THANK YOU FOR YOUR FAX OF AUG 21, 2004. AFTER CAREFUL CONSIDERATION, WE DECIDED TO ACCEPT ALL OF YOUR TRADE CONDITION IN YOUR FAX NO. SHC20 AS FOLLOW.

1. NAME OF COMMODITY: METALLURGICAL COKE OF CHINA ORIGIN
2. SPECIFICATION: ASH 12% MAX; V. M. 1.5% MAX; S. 0.6% MAX; MOISTURE 5% MAX; SIZE 80－120MM 85% MIN
3. PACKING: IN PLASTIC WOVEN BAG OF TWO LAYERS ABOUT 1000KGS PER BAG
4. UNIT PRICE: USD275/MT CIF TORONTO, CANADA
5. QUANTITY: 1,500.00 MT
6. SHIPMENT DATE: BEFORE OCT 20, 2004
7. PAYMENT: BY IRREVOCABLE, TRANSFERABLE LETTER OF CREDIT IN FAVOUR OF THE SELLERS PAYABLE AT SIGHT.
8. INSURANCE: TO BE COVERED BY SELLER FULL INVOICE VALUE PLUS 10% AGAINST ALL RISKS
9. INSPECTION: BY CIQ AT LOADING PORT.

WE WILL SEND YOU OUR SALES CONTRACT SUBSEQUENTLY. PLEASE SIGN IT AND RETURN ONE OF IT FOR OUR FILE.

WE WOULD LIKE THE FIRST ORDER TO BE REWARDING IN THE NEAR FUTURE FOR BOTH OF US.

YOURS FAITHFULLY,
ZHANGJIAN

2. 操作指南

（1）作为接受的发出者，在表示接受以前，应分析对方发盘或还盘的虚实，如是虚盘则不必表示接受，应进一步发盘或订正。接受之前应认真核对相关来往磋商函电，在全部条件明确无误的情况下，才能发出接受。

接受可以采用简单形式，如“接受你方 10 月 5 日第 22 号传真的全部交易条件”。也可以用详细的形式，将己方接受的所有交易条件重复一遍，注意不得有遗漏和错误。详情可参看书中上文的卖方接受实例。

（2）作为接受的受盘人，应注意分析对方的接受是否正当，如果对方的接受有保留条件，则此时合同尚未成立，受盘人可以继续洽商。有时在对方表示接受时提出一些在磋商过程中未提及的次要条件，如规定装运船只的船龄、提单的份数等等，按照国际贸易的习惯，仍属于实质性的接受，但发盘人在无法满足时可以提出反对意见。

（3）接受的结尾应该提出下一步签约的具体事宜，并有简短的激励性结尾，见上例的最后两段，一是提出寄送合同供双方签署，二是对双方的合作做了一个良好的预期。

课后练习

一、单项选择题

1. 印度某买方向上海轻工业出口公司来电："拟购中华牌牙膏大号1000打请电告最低价格最快交货期"。此来电属交易磋商的（　　）环节。

A. 发盘　　B. 询盘
C. 还盘　　D. 接受

2. 国外某买主向我出口公司来电"接受你方12日发盘请降价5%"。此来电属交易磋商的（　　）环节。

A. 发盘　　B. 询盘
C. 还盘　　D. 接受

3. F公司将发盘于某月12日以快递形式送达受盘人H，但在此前的11日，F公司已经以传真形式告知受盘人H，该发盘无效，此行为属于（　　）。

A. 发盘的撤回　　B. 发盘的修改
C. 一项新发盘　　D. 发盘的撤销

4. 根据《公约》的规定，发盘和接受的生效采取（　　）。

A. 投邮生效原则　　B. 签订书面合约原则
C. 口头协商原则　　D. 到达生效原则

二、多项选择题

1. 一般来说，交易磋商有四个环节，其中达成交易不可缺少的两个基本环节和必经的法律步骤是（　　）。

A. 询盘　　B. 发盘
C. 还盘　　D. 接受
E. 签约

2. 根据我国法律，（　　）不是一项具有法律约束力的合同。

A. 通过欺骗对方签定的合同
B. 采取胁迫手段订立的合同
C. 我国某公司与外商以口头形式订立的合同
D. 走私物品的买卖合同

3. 根据《公约》规定，发盘内容必须十分确定，所谓十分确定，指在发盘中，应包括的要素有（　　）。

A. 货物的名称　　B. 货物数量或规定数量的方法
C. 货物的价格或规定确定价格的方法　　D. 交货时间和地点

三、技能题

1. 发盘训练

（1）请详细阅读以下外商的发盘，假设你是该询盘的受盘人，能够按照询盘要求的规格提供货物。请根据上面的有关资料自行设计一份公司的传真纸，并向外商发一份实盘。

（2）将向外商发出的上述实盘做一个修改，让它成为一份虚盘。

（3）假设外商接到实盘后认为交易条件合理，愿意不经还盘阶段而直接接受。请以外商的身份写出一份接受。

ITO CO. LTD FACSIMILE

NO 58, 8TH STREET, NEWYORK, USA

TEL: (01) 27709910 FAX: (01) 27701100

TO: TIANJIN FDT TRADING LTD **No. 199, BINHAI ROAD, TIANJIN**	**FROM: JOHN SMITH**
ATTN.: MR LIU YONG	**PAGE1 OF 1**
DATE: 2004 - 8 - 26	**NO.: ITO027**

RE: INQUIRY FOR MET. COKE OF CHINA ORIGIN

DEAR MR LIU YONG,

WE HAVE OBTAINED YOUR NAME AND ADDRESS FROM INTERNET, AnD HAVE LEARNED YOU ARE A MAIN EXPORTER OF MET. COKE. MY COMPANY IS INTERESTED IN PURCHASING YOUR METALLURGICAL COKE. THE SPECFICATION IS AS FOLLOW:

ASH 12% MAX; SIZE > 80MM 85% MIN; QUANTITY 5000MT; PACKING: IN BULK

PLEASE QOUTE US YOUR BEST PRICE AND OTHERdetailed TRADE CONDITIONS BEFORE WE COULD AN ORDERS ON YOU.

LOOK FORWARD TO YOUR EARLY REPLY.

YOURS FAITHFULLY,

JOHN SMITH

2. 网上模拟实训

请浏览下列网站，学习相关的产品知识和主要的交易条件。

（1）http://win. mofcom. gov. cn

（2）http://bbs. fobshanghai. com

第十二章

出口合同的签订

【学习目标】

1. 了解国际贸易书面合同的形式和内容。掌握合同成立的条件、时间。

2. 能够用中英文制作一般的合同条款，重点掌握品质、数量条款；价格条款；结算条款和运输条款的制作。

3. 初步具备独立缮制和签署一份完整的外销合同的能力。

【导读】

《联合国国际货物销售合同公约（CISG）》（以下简称《公约》）是由联合国国际贸易法委员会主持制定的，于1988年1月1日正式生效。1986年12月11日中国交存核准书，提出了两项保留意见：（1）不同意扩大《公约》的适用范围，只同意《公约》适用于缔约国的当事人之间签订的合同。（2）不同意用书面以外的其他形式订立、修改和终止合同。

2013年1月中国政府正式声明撤回了上述两项保留意见，该撤回已正式生效。截至2018年底，全球包括中国在内核准和参加该《公约》的成员共有89个，我国主要的贸易伙伴绝大多数均是《公约》的成员。《公约》是我国企业从事对外贸易，签订合同的重要依据。

第一节

有关书面合同的形式和内容的预备知识

国际货物买卖合同（Contract for the International Sale of Goods）是营业地处于不同国家或地区的当事人（买方和卖方）自愿按照一定条件买卖某种货物达成的协议。它是根据双方接受的国际贸易惯例或有关法律、《公约》的规定而达成的。合同不仅规定了买卖的货物，同时根据双方洽商中达成的协议，规定了双方的权利和义务，对双方都有约束力。任何一方不能单方面地修改合同的内容或不履行自己的义务，否则将承担违反合同的法律责任。

国际货物买卖合同的形式较为多样，既有口头的，也有书面的形式。《公约》(1980 年）并不要求合同必须以书面形式订立。该公约第 11 条规定："销售合同无须以书面订立或书面说明，在形式方面也不受任何其他条件的限制。销售合同可以用包括人证在内的任何方法证明。"从 2013 年起，我国《合同法》与《公约》对于合同形式的规定及适用趋于统一，即我国法律也承认涉外经济合同可以是包括口头形式在内的多种形式。

但是考虑到涉外货物买卖合同情况较复杂、金额较大，为避免发生争议时遭遇举证困难，依旧强烈建议签署书面合同。因此，在本书中我们将着重讲解书面销售合同的制定方法。

一、书面合同的形式

广义的国际货物销售合同有多种书面形式，包括正式合同（Contract)、确认书(Confirmation)、协议书（Agreement)、备忘录（Memorandum)、订单和委托订单(Order&Indent）等多种形式。目前，我国的各类外贸公司都有事先印制好的标准格式合同，且大多数情况下，在出口业务成交后都由我方制作合同。下面着重介绍我国出口业务中书面合同主要采取的两种形式。

（一）销售合同（Sales Contract)

国际货物买卖合同可以由买卖双方任意一方制作。由买方制作的称为"购货合同"，由卖方制作的称为"销售合同"。销售合同除了商品的品名、规格、数量、包装、价格、交货期、交货地点、支付方式、商品检验等主要交易条件之外，还包括索赔、不可抗力与仲裁条款，内容比较全面，对双方的权利和义务以及发生争议后的处理办法都有详细规定。因此它是一种较为详尽的法律契约。

（二）销售确认书（Sales Confirmation)

销售确认书是一种简式合同，实质上就是销售合同的简化版。国际贸易买卖确认书主要由卖方制作，和购货确认书一样，销售确认书内容主要包括商品的品名、规格、数量、包装、价格、交货期、交货地点、支付方式、商品检验等主要交易条件，但有可能不包含索赔、不可抗力与仲裁等一般条款。这是它与销售合同的区别所在。

知识点

出口业务中到底应该采用销售合同还是采用销售确认书，一般要根据具体的业务情况而定：销售确认书通常用在金额不大，批数较多的小额产品，或者是已经订有长期购销协议的老客户之间。采用销售确认书交易，一旦出现纠纷，双方在处理交易纠纷时主要靠双方交易磋商时的往来文件，有时还必须依靠默契和让步。没有事先约定好的文字为依据不利于纠纷的有效解决。

为避免在处理交易纠纷时因条款过于简单而无据可依，我们建议在大多数情况下采用销售合同书形式。在第二节中，我们分别列举了具体的合同书和销售确认书的样例，请参看两个例子，仔细区分两者的不同。

二、书面合同的结构

书面出口合同的两种形式，一种为销售合同，一种为销售确认书。它们的性质和法律效力完全一样，只是繁简略有不同。

国际货物买卖合同一般由三个部分组成，即合同的首部（约首）、正文（主体）和尾部（约尾）。

1. 约首

约首部分通常包括合同的名称、编号、序言，订约的日期、地点，订约当事人的名称和法定地址等等。约首内容有两点必须特别注意：①要把订约当事人的全名称和详细地址列明，因为有些国家的法律规定这是合同正式成立的条件之一；②要在序言中明确订约的双方有订立合同的意愿和执行合同的承诺。

2. 正文

正文是合同的主要部分，具体规定着买卖双方各自的权利和义务，所以也叫做权利义务部分。它包括合同的主要交易条款和一般条款。

合同的主要条款包括：品名和品质条款、数量条款、包装条款、价格条款、装运条款、支付条款、保险条款等等。

合同的一般条款包括：检验条款、索赔条款、不可抗力条款，和仲裁条款。销售确认书通常省略了这些一般条款。

3. 约尾

约尾通常包括使用的文字和文体、生效日期、当事人的签字以及合同的份数。有的合同还根据需要制作了附件附在后面，作为合同不可分割的一部分。合同的尾部涉及合同的效力范围和有效条件等主要问题，所以又称为效力部分。

三、合同条款的制订方法

（一）如何表示合同中的品名条款

国际货物买卖合同中的品名条款一般比较简单，通常都是在“商品名称”或“品名”的标题下，列明缔约双方同意买卖的商品名称。有时为省略起见，也可以不加标题，只在合同的开头部分，列入双方同意买入卖出某种商品的文字。

例如：COMMODITY NAME：“PANDA” BRAND FOOTBALL OF CHINA ORIGIN（品名：中国产“熊猫”牌足球）

（二）如何表示合同中的品质条款

规定凭样品成交时，则列明样品的编号和寄送日期。规定以文字说明表示合同中的品质条款时，一般需要列明商品的规格或等级、标准、牌号等。有时也附列简要的规格，以说明表示品质中较为常用的方法就是规定品质机动幅度。

品质机动幅度是指允许卖方所交货物的品质指标在一定幅度内有所灵活。规定品质机动幅度的方法有二。

1. 规定范围

规定范围即规定品质指标在一定的范围内可以用绝对值，也可用百分比表示。例如以绝对值表示品质范围：原木，长度4/6公尺，即原木的长度只要在4~6公尺范围内均为合格。

2. 规定极限

规定极限指对商品的某些品质指标规定允许有差异的上下极限，一般用最大、最小、最高、最低来表示。例如，焦炭合同中规定有害物质灰分含量不超过10%：ASH 10% MAX.

3. 常见的品质条款举例

（1）以说明表示交货品质举例：

METALLURGICAL COKE OF CHINA ORIGIN（中国产冶金焦炭）

SPECIFICATION（规格）：ASH 12% MAX.；（灰分 不超过12%）；F. C. 87% MIN.；(固定碳 不小于87%)

（2）以样品表示交货品质举例：

卖方提供的11号样品质量将作为交货的品质依据，卖方保证所交货物品质与样品大致相近。[THE QUALITY OF SAMPLE PROVIDED BY SELLER (SAMPLE NO. 011) SHALL BE TAKEN AS BASIS FOR THE SHIPPING QUALITY AND THE SHIPPING QUALITY SHALL BE ABOUT EQUAL TO THE SAMPLE.]

4. 订立出口合同的品质条款应注意的问题

（1）采用正确表示商品品质的适当方式。凭规格买卖的商品通常都可以通过量化的理化指标描述的产品，如成分、纯度、含量、容量、长度等，一般多数为初级的工业原材料或半成品，而凭说明书和图纸买卖适用于结构复杂的机器设备、电器仪表等产品。

凭等级和标准买卖的产品多为已经在国际上有了公认的等级和标准划分的产品，一般而言，如果能够使用凭规格买卖的产品，应尽量避免单纯采用等级和标准表示产品质量。

凭样品买卖的多数为交货品质难以用说明表达的产品，如工艺品等。凭产地名称买卖的多为独具风格的土特产品。能用其他方法表示的尽量不使用凭样品表示。

如同时采用两种以上方式表示品质，应明确以何种方式对应代表产品某一方面的品质。如以样品表示商品的外形，以规格表示商品的内在质量，不要笼统使用“产品品质按样品和规格”等模糊的表达方式。

（2）要有生产观点，要从实际出发，不能订得过高或过低。交货品质应该长期稳定在一个合理的幅度之内，否则会失去客户的信任。

（3）要注意科学性和灵活性。科学性是指用词要明确、具体，不能含糊笼统。一般不用“大约”“左右”“合理误差”等字样。灵活性是指品质指标不要订得太死、绝对化，如某些农副产品、轻工业品及矿产等品质规格不易做到完全统一的货物，一般要有一定的灵活性，可规定品质机动幅度或品质公差，不能规定绝对数值，以防无法履约。

（4）出口合同中的品质条款不宜订得太杂，太烦琐，只订主要表示品质的内容即可。

（三）如何制订合同中的数量条款

在实际的工作中，规定合同的数量条款时，较为常用的方法就是规定溢短装条款。

溢短装条款（More or Less Clause）即允许交货时可以比合同规定数量多装或少装的一定百分比的条款。

有些大宗商品，比如粮食、矿砂、化肥、食糖等，由于货源变化、船舱容量、装载技术等原因，往往难于准确地按约定数量交货，一般在合同中规定溢短装幅度。例如：

“QUANTITY：500 METRIC TON 5% more or less at seller's option”（溢短装 ±5% 由卖方选择）

知识点

（1）无论何种结算方式，以包装单位或个数计价的商品不适用规定溢短装，如电视机、汽车等。

（2）采用非信用证方式结算，如果合同中未明确规定数量溢短装，则卖方应严格按照合同中规定的数量交货。

（3）采用信用证方式结算，即使信用证中没有规定溢短装，交货数量允许有 5% 的增减。但是实际交货的金额不得超过信用证规定的总金额。

（四）如何制订合同中的包装条款

合同中包装条款的主要内容包括包装材料、包装方式、包装费用和运输标志等。

1. 带包装货物的条款规定方法

此类货物的包装条款规定相对复杂一些，必须注明包装的材料、包装方式、包装费用等方面的内容，例如：

PACKING：IN POLY BAGS, ABOUT 50 POUNDS IN A BAG, 4 BAGS IN A WOODEN CASE WHICH IS LINED WITH METAL. THE COST OF PACKING IS FOR BUYER'S ACCOUNT.（用涤纶袋包装，每袋重量大约 50 磅，4 袋装一个木箱，木箱用金属作为衬里。包装费用由买方承担。）

2. 散装货物的包装条款规定方法

对于散装的矿石、粮食等大宗不加包装的产品，其包装条款较为简单。例如：

PACKING：IN BULK（包装：散装）

3. 裸装货物包装条款的规定方法

对于自成一件，不需包装或者无法包装的产品，其包装条款可以简略规定如下：

PACKING：IN NUDE（包装：裸装）

知识点

（1）包装费用如未在合同里特别说明，通常都由卖方负责，这是最为常见的包装条款。

（2）装运标志（Shipping Marks）一般可以在合同中事先确定提供方，并非所有包装货物都必须加装运标志，可由买卖双方按照需要决定。

（3）如约定由买方提供包装和确定装运标志，一定要在合同中订明买方提供的时间期限，以防由于包装物和运输标志的延误导致卖方无法按期备货装船。

（五）如何制订合同中的价格条款

从风险控制和船货衔接的角度来看，建议外贸业务操作者在选择价格术语时尽量采取以下的方法：首先，做出口业务时，应坚持使用C组术语，以利于控制货权和处理好船货衔接的问题。其次，在进口时尽量采用F组术语成交。买卖合同中的价格条款，一般包括两大部分内容：商品的单价和总值。

1. 单价（Unit Price）

单价由四个部分构成：计量单位、单位价格金额、计价货币和贸易术语，必须书写齐全。例如：

USD10 PER PC FOB SHANGHAI；（每件10美元FOB上海）。其中，计量单位是“件”，价格金额是“10”，计价货币是“美元”，贸易术语是“FOB上海”

在制订单价条款时，还应注意：

（1）计价货币。明确货币名称。在合同中必须将有关货币的国别（地区）写明。

（2）计量单位。不同国家使用不同的度量衡单位，合同中价格条款的计量单位必须写清楚，如以吨为计量单位，应写明公吨、长吨或短吨。

（3）贸易术语后面的是港口名或地名，不是国家名称。FOB、FCA术语后须写明装运港（发货地）名称，CFR、CIF、CPT和CIP术语后应写明目的港（目的地）名称。如贸易术语中的地名有同名，应加注国名或地区名，以免出现差错。

2. 总值（Total Amount）

总值也称为总价，是合同中货物的全部金额。总值使用的货币应与单价使用的货币一致，计算总值时，如果品质、数量在合同中有机动幅度，那么总值也最好加注相应的机动幅度。另外，总值也必须用大小写同时写出。例如：

Total Amount：USD123，478.00（SAY US DOLLARS ONE HUNDRED AND TWENTY-THREE THOUSAND FOUR HUNDRED AND SEVENTY-EIGHT ONLY，MORE OR LESS 10% ACCEPTABLE.）

3. 贸易合同中常见的价格条款举例

（1）HKD45 PER DOZ FOB SHANGHAI，CHINA（每打45港元FOB上海）；

（2）USD400 PER BAG CFR NEW YORK（每袋400美元CFR纽约）

4. 单价的规范表示举例

UNIT PRICE：USD125 PER METIRC TON CFR ALEXANDRIA，EGYPT（每公吨价格125美元CFR埃及亚历山大港）

带佣金和折扣的支付方式，应做出适当的规定，通常在买方付款时直接扣除，不要轻易承诺事先支付的要求。涉及含佣金和含折扣的价格，请参照本书相关章节温习表述方式，如：UNIT PRICE：USD600 PER METIRC TON CIFC5% ALEXANDRIA，EGYPT（每公吨600美元CIFC5%埃及亚历山大港）

（六）如何制订合同中的装运条款

进出口合同中，一项完整的装运条款应包括上述的运输方式、装运时间、装运地和目的地等内容，有时还应有能否分批装运和转运及装船通知等内容。同时装运条款在合同中不一定是单独的一条，有时可能会由几个分开的条款组成。

1. 合同中的装运条款示例

（1）4月31日或以前装船，由深圳至惠灵顿，允许分批和转运。

SHIPMENT ON OR BEFORE APRIL 31ST FROM SHENZHEN TO WELLINGTON，ALLOWING PARTIAL SHIPMENTS AND TRANSSHIPMENT.

（2）5月装运，由伦敦至上海。卖方应在装运月份前45天通知买方货物备妥可供装船的时间（当运输由买方安排时，如FOB术语）。

SHIPMENT DURING MAY FROM LONDON TO SHANGHAI. THE SELLERS SHALL ADVISE THE BUYERS，45 DAYS BEFORE THE MONTH OF SHIPMENT，OF THE TIME THE GOODS WILL BE READY FOR SHIPMENT.

（3）1999年8/9/10月份分两批平均装运。

SHIPMENT DURING AUG./SEPT./OCT.，1999 IN TWO EQUAL LOTS.

2. 有关装运条款中的装运时间规定

在对外贸易合同中，规定最迟装运期限和在某一时间段装运的条款最为多见，而由于多数的交易都凭借信用证结算，所以事实上在外贸合同中的装运期限是在装运条款和结算条款中双重规定的，即在装运条款中规定具体的装运期限，然后在结算条款中规定信用证到达卖方的具体期限，如果超过信用证到达期限还没有收到信用证，卖方不受合同最晚装运期限约束。

知识点

F组术语和C组术语都属于装运合同，装运即为交货，因此只能规定具体的装运期限，不应规定确保到达的日期。

3. 分批、转运的规定

（1）如果信用证中没有禁止分批装运，应视作可以分批装运。

（2）如果信用证内仅注明允许分批，而未进一步说明分批的数量，则视作可以整批也可以分批装运，每批数量不限。

（3）对于分批装运的货物，只要一批没有按时完成装运，则视作对整个合同的违约。

（4）信用证禁止转运的情况下，只要货物装在集装箱、拖车等利于快速卸载或滚装的运输包装内，则可以照转不误，银行不应视作违反信用证条款。

4. 装运港、目的港

（1）装运港：通常由卖方提出，经买方同意以后在合同中确定。出口商以C组术语出口时，如某装运港的货轮班次较少，装运港最好选择两个以上，或笼统规定“出口国主要港口”，以方便货物的按时出运；装运港的选择应以尽量靠近货源地、交通方便、运输储存费用低和容易租船订舱为原则。

（2）目的港：通常由买方提出，经卖方同意以后在合同中确定。对于航次较少的目的港，应在合同中注明允许转运。对于有重名的目的港口应注明国别和地区。不要轻易接受以某个航区、某个海岸线为目的港的笼统规定，尽量争取一个具体的目的港，以方便运输。另外，对于和我国没有贸易往来的国家和地区的目的港，要仔细研究，多方求证，谨慎对待。确定目的港时，还应注意天灾（地震、海啸等）、战乱、季节性（冰冻期、暴雨季风等）诸多因素对租船和交货的影响。

知识点

规定装运时间尽量采用规定具体装运期限的办法，不要采用模糊的“近期装运”条款。规定装运期限时，应尽量规定时间段或规定最晚装运期限，如“9至10月装运”或“12月10日前装运”。不要规定时间点作为装运时间，如“11月15日装船”。

（七）如何制订合同中的结算条款

国际贸易货款的支付是涉及买卖双方利益的重要问题，货款的结算工具和结算方式是销售合同中的重要条款。国际贸易中的主要支付方式有：汇款、托收、信用证等。销售合同中的结算条款或付款条款，因支付方式不同而各异。

1. 汇付（Remittance）条款的规定办法

规定本条款的关键问题是必须说明到底是买方先付款，还是卖方先发货。因此，必须在合同中明确规定付款时间、汇付方式以及汇付金额三大要素。条款范例：

（1）买方先付款情况下的条款制定。如买方必须在10月10日前（或：本合同签订两周内）将全部货款预先电汇到卖方。

THE BUYER SHALL PAY 100% OF THE CONTRACT AMOUNT IN ADVANCE BY T/T TO REACH THE SELLERS NOT LATER THAN OCT 10, 2004（或 WITHIN 2 WEEKS AFTER THE SIGNING OF THIS CONTRACT).

（2）卖方先发货情况下的条款制定。如买方应于收到卖方发来的正本已装船提单后的3个工作日内将全部合同金额的货款以电汇方式付给卖方。

THE BUYER SHOULD PAY 100% OF THE CONTRACT VALUE BY T/T (BANK DRAFT) WITHIN 3 WORKING DAYS AFTER THE RECEIPT OF THE ORIGINAL ON-BOARD B/L SENT BY THE SELLER.

知识点

汇付方式在国际贸易的买卖双方间不易达成共识。作为卖方而言，应坚持要求买方先付款后再发货的有利条件，否则不要轻易使用汇付条款。有关汇付的种类和含义请参看本书相关内容学习。

2. 跟单托收（Documentary Collection）条款规定办法

出口合同经常采用的托收付款方式通常有两大类，即付款交单和承兑交单。在采用跟单托收作为付款方式时，条款中应至少明确规定银行交单的条件和买方的付款期限两个条件。

（1）即期付款交单范例（D/P at Sight）。买方应凭卖方开具的即期跟单汇票在见票时立即付款，付款后买方可以获得运输单据。

UPON FIRST PRESENTATION（提示）THE BUYER SHALL PAY AGAINST DOCUMENTARY DRAFT DRAWN（开出、开立）BY THE SELLERS AT SIGHT. THE SHIPPING DOCUMENTS ARE TO BE DELIVERED AGAINST PAYMENT ONLY.

（2）远期付款交单范例（D/P after Sight）。买方对卖方开具的见票后××天付款的跟单汇票，于成交时即予承兑，并应于汇票到期日按时付款，付款后单据才能交给买方。

THE BUYERS SHALL DULY ACCEPT THE DOCUMENTARY DRAFT DRAWN BY THE SELLERS AT ×× DAYS UPON FIRST PRESENTATION AND MAKE PAYMENT ON ITS MATURITY. THE SHIPPING DOCUMENTS ARE TO BE DELIVERED AGAINST PAYMENT ONLY.

（3）承兑交单范例（D/A）。买方对卖方开具的见票后××天付款的跟单汇票，于汇票提示当时应即予承兑，并应于汇票到期日付款，承兑后交单。

THE BUYERS SHALL DULY ACCEPT THE DOCUMENTARY DRAFT DRAWN BY THE SELLERS AT ×× DAYS SIGHT UPON FIRST PRESENTATION AND MAKE PAYMENT ON ITS MATURITY. THE SHIPPING DOCUMENTS ARE TO BE DELIVERED AGAINST ACCEPTANCE ONLY.

知识点

不论是即期付款交单还是远期付款交单，进口商都必须在付清货款后才能取得提货单据，货物所有权才会从卖方向买方转移。

在承兑交单的情况下，进口商只需要到代收行办理保证到期付款的手续，之后就可以拿到提货单据，而代收行对于进口商是否能够到期付款不承担任何责任，因此风险较大。建议出口商尽量避免采用承兑交单进行结算。

3. 信用证结算条款规定办法

（1）即期信用证条款的规定方法范例。买方应通过开证银行开立不可撤销的、可转让的、即期付款的、以卖方为受益人的信用证，开证行必须是卖方可以接受的银行。上述信用证必须于合同规定的最晚装运期前35日抵达我方，同时信用证必须规定有效期和有效地至装船后第21天在中国到期。同时信用证必须严格符合合同，否则卖方保留取消合同并索赔的权利而不必通知买方。

THE BUYER SHALL OPEN AN IRREVOCABLE, TRANSFERABLE LETTER OF CREDIT IN FAVOUR OF THE SELLERS PAYABLE AT SIGHT. THE ISSUING BANK MUST BE ACCEPTABLE BY SELLERS. THE COVERING L/C MUST REACHED THE SELLERS 35 DAYS BEFORE THE TIME OF SHIPMENT AND REMAIN VALID IN CHINA UNTIL THE 21ST DAY AFTER SHIPMENT DATE, THE L/C MUST COMPLY WITH THE CONTRACT, FAILING WHICH THE SELLERS RESERVE THE RIGHT TO CANCEL THE CONTRACT WITHOUT FURTHER NOTICE AND TO CLAIM AGAINST THE BUYERS FOR ANY LOSS RESULTING THEREFROM.

（2）远期信用证条款的规定方法范例。买方应通过开证银行开立不可撤销的、可转让的、见票后45天付款的、以卖方为受益人的信用证，开证行必须是卖方可以接受的银行。上述信用证必须于合同规定的最晚装运期前35日抵达我方，同时信用证必须规定有效期和有效地至装船后第21天在中国到期。

THE BUYER SHALL OPEN AN IRREVOCABLE, TRANSFERABLE LETTER OF CREDIT IN FAVOUR OF THE SELLERS PAYABLE 45 DAYS AFTER SIGHT. THE ISSUING BANK MUST BE ACCEPTABLE BY SELLERS. THE COVERING L/C MUST REACHED THE

SELLERS 35 DAYS BEFORE THE TIME OF SHIPMENT AND REMAIN VALID IN CHINA UNTIL THE 21ST DAY AFTER SHIPMENT DATE, THE L/C MUST COMPLY WITH THE CONTRACT, FAILING WHICH THE SELLERS RESERVE THE RIGHT TO CANCEL THE CONTRACT WITHOUT FURTHER NOTICE AND TO CLAIM AGAINST THE BUYERS FOR ANY LOSS RESULTING THEREFROM.

(3) 部分信用证、部分托收的规定方法范例。采用部分信用证和部分托收方式时，应注意有关装运单据必须全部随附托收项下的汇票，待全部货款收妥后，银行才能将单据交给买方。一般在合同中可以作如下或类似的规定："买方应通过卖方所接受的银行于装运日期前××天开立以卖方为受益人的不可撤销即期信用证，规定80%发票金额凭即期光票支付，余20%即期付款交单。100%发票金额的全套装运单据随附托收项下，于买方付清发票的全部金额后交单。如买方不付清全部发票金额，则装运单据须由开证行掌握，凭卖方指示处理。

THE BUYERS SHALL OPEN THROUGH A BANK ACCEPTABLE TO THE SELLER AN IRREVOCABLE L/C TO REACH THE SELLERS ×× DAYS BEFORE THE DATE OF SHIPMENT, STIPULATING THAT 80% OF THE INVOICE VALUE AVAILABLE AGAINST CLEAN DRAFT AT SIGHT WHILE THE REMAINING 20% ON D/P AT SIGHT. THE FULL SET OF THE SHIPPING DOCUMENTS OF 100% INVOICE VALUE SHALL ACCOMPANY THE COLLECTION ITEM AND SHALL ONLY BE RELEASED AFTER FULL PAYMENT OF THE INVOICE VALUE. IF THE BUYERS FAIL TO PAY FULL INVOICE VALUE, THE SHIPPING DOCUMENTS SHALL BE HELD BY THE ISSUING BANK AT SELLERS DISPOSAL.

(八) 如何制订合同中的保险条款

买卖双方在磋商和签订进出口合同时，一般都要订立有关货物运输保险条款。保险条款的具体内容应视不同种类的合同而有所区别。一般情况下，如保险不涉及双方当事人利益，保险条款就比较简单。如常用的FOB及CFR合同，或其他内陆交货合同，买方承担货物在运输途中的风险，并负责办理投保、支付保险费，不涉及卖方利益，合同中的保险条款只要明确由买方办理即可，例如"保险由买方自理"（Insurance to be Effected by the Buyers）。如果是CIF、CIP等合同，由卖方负责投保并支付保险费，但运输途中的风险则由买方承担。这样，保险就涉及买卖双方利益，合同中的保险条款就应详细、明确订定，以便顺利履行合同。

CIF或CIP合同中的保险条款，应包括以下四个内容：

1. 保险责任

由谁办理保险的问题一般应视合同中所使用的贸易术语而定。合同中的保险条款应明确规定由哪一方当事人负责办理投保。一般情况下谁负责投保就由谁负担保险费。在FOB、CFR或FCA、CPT合同下，如双方协议由卖方代办保险，则需订明保险费由买方负担。

2. 保险金额

保险金额关系到保险货物能否获得足额保障，以及对预期费用和利润的加成，并直接影响到保险费开支，买卖双方应事先取得一致，在保险条款内明确规定。

3. 保险险别

投保什么险别，关系到保险货物受损时可能获得多大补偿，是买方利益攸关的问题，但不同险别又同卖方支付的保险费有关，双方当事人应协商一致，列入保险条款。

4. 适用条款

各国保险公司都订有自己的保险条款，但伦敦保险协会的"协会货物条款"是国际保险业广泛应用的条款，一般保险人都可以按该条款接受承保。目前，我国通常以中国人民保险公司1981年1月1日生效的货物运输保险条款为依据，但有时国外客户要求以"协会货物条款"为准，我方也可以通融接受。

(1) 按照上述四个内容，如CIF合同中保险条款一般可订为："由卖方按发票金额的××%投保××险和××险，按照中国人民保险公司1981年1月1日的有关海洋运输货物保险条款为准。"

INSURANCE IS TO BE COVERED BY THE SELLER FOR ××% OF INVOICE VALUE AGAINST ×× AND ×× AS PER OCEAN MARINE CARGO CLAUSES OF THE PEOPLE'S INSURANCE COMPANY OF CHINA DATED JAN. 1, 1981.

(2) 在FOB或CFR合同下，如买方委托卖方代办保险，由买方负担保险费时，可订为：由买方委托卖方按CIF货值的××%代为投保海洋运输险，按1981年1月1日协会货物条款（A）负责，保险费由买方负担。"

INSURANCE IS TO BE COVERED BY THE SELLERS ON BEHALF OF THE BUYERS FOR ××% OF CIF VALUE AGAINST MARINE RISKS AS PER INSTITUTE CARGO CLAUSE (A) DATED JAN. 1, 1981, PREMIUM TO BE FOR BUYER'S ACCOUNT.

知识点

(1) 一项完整的保险条款应该具有的内容至少包括四个方面：一是规定由谁负责投保；二是订明按照什么保险条款投保；三是明确投保的险别；四是明确投保的金额。

(2) 保险单的日期不能够晚于提单日期，否则会遭到银行拒付。

(3) 按照惯例，如无特别要求，投保金额通常是发票金额的110%。

(九) 如何制订合同中的检验条款

在出口合同中，一般都规定将装船前我国出口口岸商检机构签发的检验证书作为向银行议付货款的依据，货到目的港允许买方有复验权，并可以目的港检验证书作为索赔依据。这种方法就是在基础知识中提到的"装运港检验，目的港复验"。

有些出口合同，如来料加工、来件装配检验条款，除规定以装运口岸商检机构出具的证明书作为议付单据外，还常常规定买方派人到生产工厂进行检验，以买方代表签署的验收合格证明书作为议付单据之一。但这种规定一般取消了货物到达目的地复验后对卖方责任的异议索赔权。检验条款范例详见表12-1之条款（10）。注意，该检验条款并没有完整规定出"装港检验，目的港复验"的全部含意，只规定了将装运港的检验结果作为卖方交货和买方付款的依据。通常我国的外销合同习惯于将买方在目的港的复验权通过下述的"异议与索赔条款"中加以补充、规定。

(十) 如何制订合同中的异议与索赔条款

本条款规定的内容是指货到目的港后，如买方发现货物品质、数量与合同不符，提出异议与索赔的条件和期限。通常规定品质异议于货到目的港30天内由买方向卖方提出；数量异议于货到目的港15天内由买方向卖方提出，卖方应于收到异议后30日之内答复。关于异议索赔期限的提起时间，通常会因商品而异。条款示例详见本章第二节中表12－1之条款（13）。

（十一）其他合同条款的制定

1. 单据要求条款

单据要求条款为非主要交易条款，并非每份合同都要列出，可以依照买卖双方谈判的内容要求灵活掌握。需要注意买方要求的单据是否合理，我方能否做到。作为卖方而言，不要接受买方提出的无法取得的单据要求，在制作外销合同时对于本条款的制定可以尽量简略，只列举我方可以提供的主要的单据，如海运提单、商检证书等。

2. 装运通知条款

装运通知条款为非主要交易条款，并非每份合同都要列出，可以依照买卖双方达成的具体交易条件灵活掌握。装运通知没有固定格式，它的订立有以下几种情况。

（1）可装船通知。以FOB条件成交时，买方负责派船接货。因此应在合同中规定：卖方在装船月份前若干天内将有关合同号、商品名、数量及备装日期等电告买方，以便买方派船接货；相对应地，应规定买方必须在所派船只到达装运港前若干天，将合同号、船名、预计到港时间以及船运公司的名称等电告卖方，以便卖方及时备货和装运。

（2）已装船通知。以CIF或CFR条件成交时，应在合同中规定：卖方在货物装船后若干天内将合同号、商品名、数量、发票金额、船名、装船日期、提单、发票副本等传真给买方。CFR条件下装运通知尤为重要，因为此时卖方安排运输和装货，而买方负责办理保险，如果装运通知未发出或不及时发出，就会使买方漏保或迟延保险。

知识点

在规定已装船通知的提交期限时，卖方应充分考虑装船后取得提单等文件的时间，因此在合同中订立通知期限时一定要留有余地，以免装船之后不能及时取得装船数据和相关单据，延误了通知的发出，造成违约。

3. 仲裁条款

仲裁条款为非主要交易条款，但按照惯例，一般合同中均要列出。需要注意的是，在制定本条款时尽量争取将仲裁地点和仲裁机构定在本国内。关于本条款的制定内容详见表12－1。

4. 不可抗力条款

不可抗力条款是一项一般交易条款，但按照惯例，一般合同中均要列出。在制定本条款时需要注意的关键问题是尽量争取将不可抗力的判定机构定为本国的有关机构。关于本条款的制定内容详见表12－1。

5. 附加条款

本条款用来注明一些买卖双方的特约事项，由买卖双方根据需要制定。为避免买卖双方所在国家在贸易惯例使用上的差异，可以在合同的备注栏或者附加条款中注明：“除非另有约定，本合同受国际商会发布的《2010年国际贸易术语解释通则》约束。”

UNLESS OTHERWISE STIPULATED IN THIS CONTRACT, THE TERMS AND CONDITIONS OF THIS CONTRACT SHALL BE INTERPRETED IN ACCORDANCE WITH THE “INTERNATIONAL RULES FOR THE INTERPRETATION OF TRADE TERMS < INCO-

TERMS2010 >" PROVIDED BY INTERNATIONAL CHAMBER OF COMMERCE.

还有一个最为简单的表示办法，就是在合同中的价格条款之后注明“< INCOTERMS 2000 >”即可，见表 12－1 之条款（3）。

第二节

本章任务的操作步骤

一、任务背景

在本书第十一章中，山西美可企业集团通过传真书面磋商，成功地就一批冶金焦炭的出口业务与加拿大多伦多迅行有限公司达成了交易。在双方洽谈成功之后，我们的出口实务操作进入第二个环节，就是依据上一章买卖双方商达成的主要交易条件签订国际货物买卖合同。

二、外销合同模拟操作

学习者继续扮演出口商山西美可公司的角色，用英文或者中英文兼备的形式将买卖双方达成的主要交易条件做成标准的合同条款，进而缮制一份完整的外销合同。

根据买方加拿大迅行公司与卖方山西美可集团的贸易磋商达成的结果，我们将逐一介绍该笔业务合同条款的制定过程。

1. 制作合同的约首部分

（1）确定合同的名称。由于本合同是出口商山西美可公司缮制，因此按照习惯称作“SALES CONTRACT”。合同的文字可以中英文兼备，也可以只使用英文制作。

（2）确定合同的编号和日期。合同编号一般由卖方自行编制，日期为制作合同的日期。

（3）买卖双方的名称和地址。按照双方往来传真发盘中的公司全称和详细地址填写。

（4）合同序言。声明买卖双方主动、自愿交易的意愿，一般为固定的表述方式，详见表 12－1。

2. 规定品名规格条款

（1）品名的规定。见表 12－1 条款（1），由于此次山西美可公司与加拿大买家交易的商品的品名在行业内有固定的称呼，因此按照行业惯例表述为“METALLURGICAL COKE OF CHINA ORIGIN”。

（2）规格的表示。见表 12－1 条款（1），由于本次交易的产品是中国原产冶金焦炭，其品质可以用具体的理化规格，通过文字说明来表示品质，因此本合同采用规定极限的方法来表示对产品的质量指标的要求。

3. 数量包装条款的规定

由于本合同以重量计价，所以数量条款适用溢短装，即规定供应数量为 1500 公吨，可溢短装10%，由卖方选择。

另外，根据买卖双方的磋商条件，本业务国外买家需要产品有包装，包装材料为“双层塑料编织袋”，包装方式为“每袋大约装1000公斤焦炭”，同时本业务有运输标志要求，已经由外商另外函电通知了负责合同缮制的卖方。关于包装费用的负担，本合同没有明确指出，按照惯例可以理解为产品价格的一部分，由卖方承担。

4. 价格条款的规定办法

从前文的磋商结果可知，买卖双方成交的价格为“USD275/MT CIF TORONTO, CANADA”，再用单价275美金乘以供货数量1500公吨，则可以得出合同总金额。

5. 装运条款的规定

合同中的装运条款是由“(5) 装运时间”“(6) 装运口岸”“(7) 目的口岸”“(8) 装运条件”等几个分条款组成的。上述装运条款的制作依据仍然是前文中买卖双方磋商达成的结果。

6. 保险条款、检验条款、结算条款的规定方法

保险条款、检验条款、结算条款按照买卖双方达成的主要交易条件列出，双方没有涉及的细节，可以按照具体情况，依照既有利于我方，又能够使买方接受的原则补充制定。详见表12－1的条款(9)、(10)、(11)。

7. 异议与索赔条款

外贸合同中的索赔条款通常有两种，一种是异议与索赔条款，另一种是罚金条款，本合同中的异议与索赔条款是一般进出口业务最为常用的形式。见表12－1中合同条款(13)，它和条款(10)共同构成了“装运港检验，目的港复验”这样一个为多数国际贸易商家接受的检验条款。

8. 其他合同条款的制定

(1)“单据要求条款”“不可抗力条款”“仲裁条款”详见本章第一节相关内容。

(2) 装运通知。表12－1所示的样本合同中没有单独列出装运通知，而是合并在条款(8)装运条件之中，这一条款的制定主要应该考虑装船后取得单据的合理时间，以免因无法及时取得提单而延误了发出装船通知，导致卖方违约情况的发生。

销售确认书见表12－2。

表12－1　　销售合同样版

正　本	销　售　合　同	NO.：SXWHT 200416
(ORIGINAL)	SALES CONTRACT	DATE：SEP. 01, 2004

卖　方：山西美可企业集团 中国山西省太原市迎泽大街113号
THE SELLER：SHANXI MCEEC CORP.（NO113, YINGZE ST., TAIYUAN, SHANXI, CHINA）

买　方：多伦多迅行有限公司（地址……）
THE BUYER：SUNHAND COMPANY LTD. ROOM 304－311, JALAN STREET, TORONTO, CANADA

兹有买卖双方同意按照下列条款，由卖方出售，由买方购买下列货物：
THE SELLERS AGREE TO SELL AND THE BUYERS AGREE TO BUY THE UNDER MENTIONED GOODS ON THE TERMS AND CONDITIONS STATED BELOW：

续表

(1) 货物名称/规格/包装/装运标志 NAME OF COMMODITY/SPECIFICATIONS/ PACKING TERM/SHIPPING MARKS	(2) 数 量 QUANTITY	(3) 单 价 UNIT PRICE	(4) 总 值 TOTAL AMOUNT
METALLURGICAL COKE OF CHINA ORIGIN SPECIFICATION: ASH 12% MAX; V. M. 1.5% MAX; S. 0.6% MAX; MOISTURE 5% MAX; SIZE 80 – 120MM 85% MIN PACKING: IN PLASTIC WOVEN BAG OF TWO LAYERS ABOUT 1000KGS PER BAG SHIPPING MARKS（装运标记）: JCS SH/JCS/344/97 NO. 1/UP	1, 500.00 MT	USD275/MT CIF TORONTO, CANADA （INCOTERMS 2000）	USD412, 500.00 SAY US DOLLARS FOUR HUNDRED AND TWELVE THOUSAND FIVE HUNDRED ONLY.
	卖方有权在10%的限度内多装或少装。 SHIPMENT 10% MORE OR LESS AT SELLERS' OPTION		

(5) 装运时间:
TIME OF SHIPMENT: BEFORE OCT 20, 2004

(6) 装运口岸:
PORT OF LOADING: CHINESE PORT

(7) 目的口岸:
PORT OF DESTINATION: TORONTO, CANADA

(8) 装运条件: 装运船只由卖方安排，允许分批装运和转船，装运通知包括商业发票、装箱单和提单的复印件，必须在装船之后的3个工作日之内发给买方（开证申请人）。
CLAUSE OF SHIPMENT: SELLERS SHALL PROVIDE THE CARRYING VESSEL. PARTIAL SHIPMENT AND TRANSHIPMENT ALLOWED. THE SHIPPING ADVICE AND RELATIVE SHIPPING DOCUMENTS INCLUDING COMMERCIAL INVOICE, PACKING LIST AND B/L MUST BE FACSIMILED TO APPLICANT WITHIN 3 WORKING DAYS AFTER SHIPMENT EFFECTED.

(9) 保　险: 由卖方按照发票金额加10%投保一切险（中国人民保险公司海洋运输货物保险条款）。
INSURANCE: EFFECTED BY THE SELLER FOR FULL INVOICE VALUE PLUS 10% AGAINST ALL RISKS AS PER AND SUJECT TO THE RELEVANT OCEAN MARINE CARGO CLAUSE OF THE P. I. C. C . DATED 1981/1/1.

(10) 检　验: 中国天津进出境检验检疫局出具的重量和质量证书作为交货的质量和数量依据。
INSPECTION: THE CERTIFICATES OF QUANTITY AND QUALITY ISSUED BY TIANJIN CIQ（TIANJIN ENTRY – EXIT INSPECTION AND QUARANTINE BUREAU）SHALL BE TAKEN AS BASIS FOR THE SHIPPING QUALITY/QUANTITY.

(11) 付款条款: 凭不可撤消的、可转让的、即期的以卖方为受益人的信用证付款。开证行必须是卖方可以接受的银行。上述信用证必须于合同规定的最晚装运期前35日抵达我方，同时信用证必须规定有效期和有效地至装船后第21天在中国到期。同时信用证必须严格符合合同，否则卖方保留取消合同及索赔的权利而不必通知买方。
TERMS OF PAYMENT: BY IRREVOCABLE, TRANSFERABLE LETTER OF CREDIT IN FAVOUR OF THE SELLERS PAYABLE AT SIGHT. THE ISSUING BANK MUST BE ACCEPTABLE BY SELLERS. THE COVERING L/C MUST REACHED THE SELLERS 35 DAYS BEFORE THE TIME OF SHIPMENT AND REMAIN VALID IN CHINA UNTIL THE 21ST DAY AFTER SHIPMENT DATE, THE L/C MUST COMPLY WITH THE CONTRACT, FAILING WHICH THE SELLERS RESERVE THE RIGHT TO CANCEL THE CONTRACT WITHOUT FURTHER NOTICE AND TO CLAIM AGAINST THE BUYERS FOR ANY LOSS RESULTING THEREFROM.

续表

（12）单据要求： 卖方应提供已装船清洁提单/进出境检验检疫局出具的质量和数量证明/商业发票/装箱单/保险单。
DOCUMENTS REQUIREMENT: THE SELLER SHALL PRESENT TO THE NEGOTIATING BANK, CLEAN ON BOARD B/L, QUALITY AND QUANTITY CERTIFICATE, COMMERCIAL INVOICE, PACKING LIST INSURANCE POLICY. CERTIFICATE OF QUALITY AND QUANTITY ISSUED BY CIQ.

（13）异议及索赔： 货到目的港后，如买方发现货物品质、数量与合同不符，除自然原因或保险公司与船公司的责任外，买方可凭双方认可的公证行的检验证明提出异议。品质异议于货到目的港30天内由买方向卖方提出，数量异议于货到目的港15天内由买方向卖方提出，卖方应于收到异议后30日之内答复。
DISCREPANCY AND CLAIM: IN CASE THE QUALITY/QUANTITY/WEIGHT ARE FOUND BY THE BUYER TO BE NOT IN CONFORMITY WITH THE CONTRACT AFTER ARRIVAL OF THE GOODS AT THE PORT OF DESTINATION THE BUYER MAY LODGE CLAIM WITH THE SELLER SUPPORTED BY SURVEY REPORT ISSUED BY AN INSPECTION ORGANIZATION AGREED UPON BY BOTH PARTIES, WITH THE EXCEPTION OF THOSE CLAIMS FOR WHICH THE INSURANCE COMPANY AND THE SHIPPING COMPANY OR THE REASON OF NATURE ARE TO BE HELD RESPONSIBLE, CLAIM FOR QUALITY DISCREPANCY SHOULD BE FILED BY THE BUYER WITHIN 30 DAYS AFTER ARRIVAL OF THE GOODS AT THE PORT OF DESTINATION, WHILE FOR QUANTITY/WEIGHT DISCREPANCY CLAIM SHOULD BE FILED BY THE BUYER WITHIN 15 DAYS AFTER ARRIVAL OF THE GOODS AT THE PORT OF DESTINATION. THE SELLER SHALL, WITHIN 30 DAYS AFTER RECEIPT OF NOTIFICATION OF CLAIM, SEND REPLY TO THE BUYER.

（14）不可抗力： 由于战争、洪水、地震、火灾等不可抗力事件，以及双方同意的不可抗力，使卖方不能在合同期限内交货或者不能交货，卖方不负责任，但卖方必须及时通知买方，如买方要求，卖方必须以挂号信形式向买方提供中国国际贸易促进委员会或有关机构出具的事故证明文件。
FORCE MAJEURE: IN CASE OF FLOODWATER, WAR, EARTHQUAKE, FIRE OR OTHER FORCE MAJEURE AND OTHER FORCE MAJEURE AGREED UPON BY BOTH PARTIES. THE SELLER SHALL NOT BE HELD RESPONSIBLE FOR LATE DELIVERY OR NON-DELIVERY OF THE GOODS BUT SHALL NOTIFY THE BUYER BY FAX OR CABLE. THE SELLER SHALL DELIVER TO THE BUYER BY REGISTER LETTER AT THE REQUEST OF THE BUYER'S A CERTIFICATE ATTESTING THE EXISTENCE OF SUCH A CAUSE OR CAUSES ISSUED BY CHINA COUNCIL FOR THE PROMOTION OF INTERNATIONAL TRADE OR BY A COMPETENT AUTHORITY.

（15）仲裁： 凡因执行本合同所发生的或与合同有关的一切争议，双方应友好协商解决。若无法协商解决，应提交中国国际经济贸易仲裁委员会，根据该委员会的仲裁程序和规则在中国进行仲裁，仲裁的裁决是终局的，对双方都有约束力。仲裁费用除仲裁机构另有判定外由败诉方承担。
ARBITRATION: ALL DISPUTE IN CONNECTION WITH THE CONTRACT OR THE EXECUTION THEREOF, SHALL BE SETTLED AMICABLE BY NEGOTIATION. IN CASE NO SETTLEMENT CAN BE REACHED, THE CASE UNDER DISPUTE MAY THEN BE SUBMITTED TO THE "CHINA INTERNATIONAL ECONOMIC AND TRADE ARBITRATION COMMISSION" FOR ARBITRATION. THE ARBITRATION SHALL TAKE PLACE IN CHINA ANDSHALL BE EXECUTED IN ACCORDANCE WITH THE RULES AND PROCEDURE OF THE SAID COMMISION, THE DECISION MADE BY THE COMMISSION SHALL BE TAKEN AS FINAL AND BINDING UPON BOTH PARTIES. THE FEES, FOR ARBITRATION SHALL BE BORNE BY THE LOSING PART UNLESS OTHERWISE AWARDED BY THE ARBITRATION ORGANIZATION.

卖　方： **SELLERS:**	买　方： **BUYERS:**
山西美可企业集团 SHANXI MCEEC CORP. AUTHORIZED SIGNATURES: Han Jun	SUNHAND COMPANY LTD AUTHORIZED SIGNATURES: SIMON GUAN

表 12-2 销售确认书样版

正本 (ORIGINAL)	销售确认书 SALES CONFIRMATION	NO.: SXWHT 200416 DATE: SEP. 01, 2004

卖 方：山西美可企业集团 中国山西省太原市迎泽大街 113 号

THE SELLER: SHANXI MCEEC CORP. (NO. 113, YINGZE ST., TAIYUAN, SHANXI, CHINA)

买 方：多伦多迅行有限公司（地址……）

THE BUYER: SUNHAND COMPANY LTD. ROOM 304-311, JALAN STREET, TORONTO, CANADA

卖方兹确认按照下列条款售予买方下述货物

THE SELLERS CONFIRM HAVING SOLD TO THE BUYERS THE UNDER MENTIONED GOODS ON THE TERMS AND CONDITIONS STATED BELOW:

(1) 货物名称/规格/包装/装运标志 **NAME OF COMMODITY / SPECIFICATIONS / PACKING TERM / SHIPPING MARKS**	(2) 数 量 **QUANTITY**	(3) 单 价 **UNIT PRICE**	(4) 总 值 **TOTAL AMOUNT**
METALLURGICAL COKE OF CHINA ORIGIN SPECIFICATION: ASH 12% MAX; V. M. 1.5% MAX; S. 0.6% MAX; MOISTURE 5% MAX; SIZE 80-120MM 85% MIN PACKING: IN PLASTIC WOVEN BAG OF TWO LAYERS ABOUT 1000KGS PER BAG SHIPPING MARKS (装运标记): JCS SH/JCS/344/97 NO. 1/UP	1,500.00 MT	USD275/MT CIF TORONTO, CANADA (INCOTERMS 2000)	USD412,500.00 SAY US DOLLARS FOUR HUNDRED AND TWELVE THOUSAND FIVE HUNDRED ONLY.
	卖方有权在 10% 的限度内多装或少装。 SHIPMENT 10% MORE OR LESS AT SELLERS' OPTION		

(5) 装运时间：

TIME OF SHIPMENT: BEFORE OCT 20, 2004

(6) 装运口岸：

PORT OF LOADING: CHINESE PORT

(7) 目的口岸：

PORT OF DESTINATION: TORONTO, CANADA

(8) 装运条件：装运船只由卖方安排，允许分批装运和转船，装运通知包括商业发票、装箱单和提单的复印件必须在装船之后的 3 个工作日之内发给买方（开证申请人）。

CLAUSE OF SHIPMENT: SELLERS SHALL PROVIDE THE CARRYING VESSEL. PARTIAL SHIPMENT AND TRANSHIPMENT ALLOWED. THE SHIPPING ADVICE AND RELATIVE SHIPPING DOCUMENTS INCLUDING COMMERCIAL INVOICE, PACKING LIST AND B/L MUST BE FACSIMILED TO APPLICANT WITHIN 3 WORKING DAYS AFTER SHIPMENT EFFECTED.

(9) 保 险：由卖方按照发票金额加 10% 投保一切险（中国人保条款）。

INSURANCE: EFFECTED BY THE SELLER FOR FULL INVOICE VALUE PLUS 10% AGAINST ALL RISKS AS PER AND SUJECT TO THE RELEVANT OCEAN MARINE CARGO CLAUSE OF THE P. I. C. C. DATED 1981/1/1.

续表

（10）检　　验： 中国天津进出境检验检疫局出具的重量和质量证书作为交货的质量和数量依据。

INSPECTION： THE CERTIFICATES OF QUANTITY AND QUALITY ISSUED BY TIANJIN CIQ（TIANJIN ENTRY－EXIT INSPECTION AND QUARANTINE BUREAU）SHALL BE TAKEN AS BASIS FOR THE SHIPPING QUALITY/QUANTITY.

（11）付款条款： 凭不可撤销的、可转让的、即期的以卖方为受益人的信用证付款。开证行必须是卖方可以接受的银行。上述信用证必须于合同规定的最晚装运期前35日抵达我方，同时信用证必须规定有效期和有效地至装船后第21天在中国到期。同时信用证必须严格符合合同，否则卖方保留取消合同及索赔的权利而不必通知买方。

TERMS OF PAYMENT： BY IRREVOCABLE，TRANSFERABLE LETTER OF CREDIT IN FAVOUR OF THE SELLERS PAYABLE AT SIGHT. THE ISSUING BANK MUST BE ACCEPTABLE BY SELLERS. THE COVERING L/C MUST REACHED THE SELLERS 35 DAYS BEFORE THE TIME OF SHIPMENT AND REMAIN VALID IN CHINA UNTIL THE 21ST DAY AFTER SHIPMENT DATE，THE L/C MUST COMPLY WITH THE CONTRACT，FAILING WHICH THE SELLERS RESERVE THE RIGHT TO CANCEL THE CONTRACT WITHOUT FURTHER NOTICE AND TO CLAIM AGAINST THE BUYERS FOR ANY LOSS RESULTING THEREFROM.

（12）单据要求： 卖方应提供已装船清洁提单/进出境检验检疫局出具的质量和数量证明/商业发票/装箱单/保险单。

DOCUMENTS REQUIREMENT： THE SELLER SHALL PRESENT TO THE NEGOTIATING BANK，CLEAN ON BOARD B/L，QUALITY AND QUANTITY CERTIFICATE，COMMERCIAL INVOICE，PACKING LIST INSURANCE POLICY. CERTIFICATE OF QUALITY AND QUANTITY ISSUED BY CIQ.

CONFIRMED BY：

卖　　方： **SELLERS：**	**买　　方：** **BUYERS：**
山西美可企业集团 *SHANXI MCEEC CORP.* AUTHORIZED SIGNATURES: *Han Jun*	SUNHAND COMPANY LTD AUTHORIZED SIGNATURES: *SIMON GUAN*

我国国内的合同缮制有两种形式，一是在印刷好的格式合同上填写，二是根据事先录入的格式化合同电子模板填写打印。

买卖双方如果不是面对面的会晤磋商，在合同制作完毕之后最好先通过传真让国外客户签字盖章确认之后传回。然后将两份已经我方签字的正本合同用特快专递寄到国外客户处签字盖章，同时要求客户回寄一份，以保留正本的合同凭据。在非信用证交易的情况下，保留正本的合同尤为重要。

课后练习

一、知识题

1. 针对下列我国外贸公司出口报价中的错漏，并将正确的价格术语完整规范地翻译成英文：

(1) 每米50元 CFRC 伦敦

(2) 400美元 CIF 上海包括3%佣金

(3) 每桶160美元 FOB 呼和浩特

(4) 每斤10美元 FOB 纽约

(5) 每吨275美元 CFR 荷兰

2. 仔细阅读下面的合同品质条款，找出错误并进行必要的补充或修改。

(1) 大米： CHINESE RICE

不完整率　BROKEN GRAIN　12%

杂质　ADMIXTURE　2%

水分　moisture　15%

(2) 冶金焦炭：metallurgical COKE

灰分　ASH　12%　MAXIMUM

挥发分　V. M.　1.5%　MAXIMUM

粒度　SIZE　<40MM（有害物）　4%　MINIMUM

40－80 MM（有益物）　90%　MINIMUM

80－120 mm（有害物）　6%　MINIMUM

二、技能题

天津富迪特公司（TIANJIN FDT TRADING LTD.　ADD.：NO. 112，JILIN RD.，TIANJIN，CHINA）与国外进口商（ITO CO. LTD.　ADD.：NO 58，8TH STREET，NEW-YORK，USA）达成出售协议，资料如下：

品名：中国玉米（CHINESE CORN）

规格：不完整颗粒（BROKEN GRAIN）不超过20%。

杂质（impurity）：不超过1%。

水分（MOISTURE）：不超过12%。

包装：新麻袋，大约100公斤一袋。

数量：2000公吨，卖方有权多装或少装10%。

单价：每公吨400美元（卖方负责租用到纽约港的船只并负责海运费，交货地点在天津新港船上，卖方不负责投保海运险）。

装运港：天津新港；目的港：纽约港；凭即期的不可撤销的信用证交易，开证行必须是卖方认可的银行，信用证必须在装运之前至少30天到达卖方，有效期为15天，在中国到期。

请根据上述交易条件缮制销售合同，要求内容完整，条款明确。

操作提示：上述背景资料只列出了本次交易的主要交易条件，可参照本章第二节的相关内容填写其余条款，合同的格式请参照表12－1销售合同样版缮制。

第十三章

出口贸易合同的执行

【学习目标】

1. 了解主要结算方式下的出口操作流程，熟悉各环节操作要点和处理办法。

2. 掌握发票、提单、保险单、商检证书等主要单据的缮制要点。

3. 重点掌握信用证业务的操作流程，懂得基本结汇单据的制作方法。

【导读】

我国A公司向科威特B公司出口玻璃器皿（GLASS WARES），价格条款FOB WENZHOU，合同金额为USD25064。A公司按照信用证的规定按期装运，并准备向银行交单议付，但在审单过程发现2个不符点：①发票："GLASS WARES"误为"GLASS-WARES"，没有空格；②提单：收货人栏，应为"TO THE ORDER OF BURGAN BANK, KUWAIT"，但漏写"KUWAIT"。A公司认为这是两个极小的不符点，坚持照样交单，继而遭到银行拒付。

分析：

国际贸易实务中的合同履行不仅涉及到各个操作环节的严格把控，还要求对各种单证的获取、缮制进行精准审核。A公司事先知道单据存在"不符点"的情况下还是照样出单，埋下了较大的风险隐患，主动给了银行拒付的正当理由。因此，在进出口贸易操作中，一定要严谨认真，确保单单相符、单证相符、单货相符。

第一节

即期信用证付款情况下的出口操作流程

一、任务背景

本书前两章中运用实例模拟了一笔跨国的交易从贸易磋商到签订合同的全过程，现在我们依据买卖双方达成的合同，进行业务执行阶段的实务操作。在出口贸易中，按照结算方式的不同，我们可以将所有的出口业务分为两大类，一类是凭信用证结算的交易，另一类是非信用证结算交易。凭即期的，不可撤销的信用证付款是目前我国出口交易最为常见支付方式，鉴于这种结算方式在外贸业务中占有较为重要的地位，因此本节将以完成一笔即期的、不可撤销的信用证交易为例，详细介绍整个出口操作流程。

二、即期信用证业务模拟操作

（一）任务要求

本节延续前两章实例的情节，学习者在本节继续扮演出口商山西美可公司的角色，根据加拿大买方通过银行开来的信用证进行业务操作，直至完成全部出口任务。

首先，买方根据合同内容（见上一章的合同样本），通过其所在地的银行开立信用证，并经过山西的通知行把信用证传递到卖方手中；卖方审核信用证，若发现信用证与合同不符，卖方作为需要者的受益人有权向买方（开证申请人）提出修改，直至修改无误。现假设卖方审核信用证无误，随即接受，并开始操作。

卖方按照信用证相关的规定备货并将货物运到指定的装运港。下面我们着重讲解货到装运港之后的操作流程（参见下文“表 13－1 即期信用证样本”）。

第一步：卖方（受益人）按照信用证规定的装船期限订船/报检/ 报关/ 投保货运保险。

第二步：卖方（受益人）在规定的船期，依承运人的集港通知在指定的港口作业区装船。

第三步：卖方（受益人）确认并取得相关的外部单据，如商检机构的检验证书，船公司或其代理签发的正本海运提单。然后按照商检证书的检验结果（数量、品质）制作结汇单据，如发票、装箱单、汇票等。

第四步：卖方将所有结汇单据交议付行，向国外开证行收款。

表 13－1　　即期信用证样本

HAU CHIAO BANK LTD.		
MT700 ISSUE OF A DOCUMENT CREDIT		－ SWIFT －
40A FORM OF DOCUMENTARY CREDIT IRREVOCABLE		
20	DOCUMENTARY CREDIT NUMBER	M－01－P－11812
31C	DATE OF ISSUE	040905

续表

31D DATE AND PLACE OF EXPIRY 041111 IN CHINA
50APPLICANT
SUNHAND COMPANY LTD. ROOM 304 - 311, JALAN STREET, TORONTO, CANADA
59 BENEFICIARY
SHANXI MCEEC CORP. (ADDRESS SEE FIELD 47A)
32B CURRENCY CODE, AMOUNT USD412, 500.00
41D AVAILABLE WITH …BY… ANY BANK NEGOTIATION
42C DRAFT AT SIGHT QUOTING NO. AND DATE OF THIS L/C AND NAME OF ISSUING BANK
42D DRAWEE ISSUING BANK FOR FULL INVOICE VALUE
43P PARTIAL SHIPMENTS ALLOWED
43T TRANSSHIPMENT ALLOWED
44A LOADING ON BOARD/DISPACH/TAKING IN CHARGE AT/FROM XINGANG, TIANJIN, CHINA
44B FOR TRANSPORTATION TO TORONTO, CANADA
44C LATEST DATE OF SHIPMENT 041020
45A DESCRIPTION OF GOODS AND/OR SERVICE
METALLURGICAL COKE OF CHINA ORIGIN
SPECIFICATION: ASH 12% MAX; V. M. 1.5% MAX; S. 0.6% MAX; MOISTURE 5% MAX;
SIZE 80 - 120MM 85% MIN;
PACKING: IN PLASTIC WOVEN BAG OF TWO LAYERS ABOUT 1000KGS PER BAG
UNIT PRICE USD275/MT CIF TORONTO, CANADA
QUANTITY 1, 500.00 MT
SHIPPING MARKS:
JCS
SH/JCS/344/97
NO. 1/UP
46A DOCUMENTS REQUIRED
1. SIGNED COMMERCIAL INVOICE IN TRIPLICATE SHOWING THIS L/C NUMBER.
2. PACKING LIST IN TRIPLICATE.
3. FULL SET (3/3) OF CLEAN ON BOARD OCEAN BILLS OF LADING (COVERING PORT TO PORT SHIPMENT) PLUS 3 NON - NEGOTIATIABLE COPIES MADE OUT TO ORDER AND ENDORSED IN BLANK MAKED FREIGHT PREPAID AND NOTIFY APPLICANT.
4. BENEFICIARY' S CERTIFICATE ACCOMPANIED WITH THE RELATIVE FAX COPY CERTIFYING THAT SHIPPING DOCUMENTS INCLUDING COMMERCIAL INVOICE, PACKING LIST AND B/L HAVE BEEN FACSIMILED TO APPLICANT WITHIN 3 WORKING DAYS AFTER SHIPMENT EFFECTE
5. SHIPPING COMPANY' S CERTIFICATE CERTIFYING THAT THE CARRYING VESSEL IS NOT MORE THAN 20 YEARS OLD
6. INSURANCE POLICY FOR FULL INVOICE VALUE PLUS 10% AGAINST ALL RISKS (PICC CLAUSE)
7. INSPECTION CERTIFICATE OF QUANTITY AND QUALITY ISSUED BY TIANJIN CIQ
47A ADDITIONAL CONDITIONS
1. AMOUNT AND QUANTITY 10 PERCENT MORE OR LESS ACCEPTABLE
2. PROCESSING OF DOCUMENTS DO NOT COMPLY WITH THE TERMS AND CONDITIONS OF THE L/C IS SUBJECT TO A SPECIAL DISCREPANCY HANDLING FEE OF USD 40 OR EQUIVALENT. PER SET OF DOCUMENTS PLUS RELATED CABLE CHAEGES WHICH WILL BE DEDUCTED FROM ANY PROCESS.
3. TWO ADDITIONAL COPIES EACH OF THE RELATIVE INVOICE (S) AND TRANSPORT DOCUMENTS ARE REQUESTED TO BE PRESENTED TOGETHER WITH THE DOCUMENTS FOR THE ISSUING BANK' S REFERENCE ONLY.

续表

4. BENEFICIARY'S STATEMENT CONFIRMING THEIR ACCEPTANCE OR NON – ACCEPTANCE OF THE AMENDMENT (S) MADE UNDER THIS CREDIT QUOTING THE RELEVANT AMENDMENT NUMBER. SUCH STATEMENT IS NOT REQUIRED IF THIS CREDIT HAS NOT BEEN AMENED
5. BILLS OF LADING, INVOICE, PACKING LIST AND SHIPPING COMPANY' S CERTIFICATE MUST SHOW INVOICE NUMBER SH/JCS/344/97.
6. BENEFICIARY' S ADDRESS: NO. 113, YINGZE ST., TAIYUAN, SHANXI CHINA.
71B CHARGES
ALL BANKING CHARGES OUTSIDECANADA INCLUDING NEGOTIATING
BANK' S CHARGES AND REIMBURSING /PAYMENT CHARGES ARE FOR ACCOUNT OF BENEFICIARY
48 PERIOD FOR PRESENTATION
15 DAYS AFTER THE DATE OF SHIPMENT
49 CONFIRMATION INSTRUCTIONS: WITHOUT
78 INSTRUCTIONS TO THE PAYING/ACCEPTING/NEGOTIATING BANK
1. EACH DRAWING BE ENDORSED ON THE REVERSE BY PRESENTING/NEG. BANK.
2. ALL DOCUMENTS MUST BE SENT TO US AT 2/F80 – 90, DES VOEUX, TORONTO, CANADA
3. UPON RECEIPT OF FULL SET OF DOCUMENTS IN ORDER. WE SHALL REIMBURSE YOU IN ACCORDANDE WITH YOUR INSTRUCTIONS TO THE ADVISING BANK PLEASE DELIVER THE ORIGINAL CREDIT INSTRUMENT TO THE BENEFICIARY ONLY UPON RECEIPT BY YOU OF YOUR ADVISING CHARGES AND COMMISSIONS.
57D "ADVISE THROUGH" BANK
THE AGRICULTURAL BANK OF CHINA, SHANXI BR. INT' L BUSINESS DEPT
72 SENDER TO RECEIVER INFORMATION
SUBJECT TO U. C. P. (1993 REVISION) I. C. C. PUBLICATION NO. 500
THIS IS THE OPERATIVE INSTRUMENT, NO MAIL COMFIRMATION WILL FOLLOW.
END OF MESSAGE * * *

（二）租船订舱操作流程

1. 租船订舱流程简介

根据《Incoterms 2010》的规定：如采用 CIF 或 CFR 术语成交，出口方必须自负费用与承运人订立运输合同，同时负责租用适航的船舶或向班轮公司订妥必要的舱位。本例中的运输为散货配载方式，其租船/订舱流程如下。

（1）卖方（受益人）选择港口的货运代理公司，由其作为港口装运中租船订舱、报检、报关、装船的代理人。

（2）卖方山西美可公司填制订舱委托书随付商业发票、装箱单、信用证的副本（托收交易提供合同副本）等其他必要单据，委托货运代理公司代为租船订舱。

（3）货运代理公司接受卖方的订舱委托后，缮制货物托运单，随同卖方提供的整套订舱单证，向承运人办理订舱。

（4）承运人根据具体情况，如接受订舱则在托运单的几联单据上编上与提单号码一致的编号，填上船名、航次，并签署，即表示已确认托运人的订舱，同时把配舱回单、装货单（Shipping Order，S/O）等与托运人有关的单据盖章后退还给托运人/卖方的货代，至此租船订舱任务完成。

2. 租船订舱的基本单据制作

首先由卖方提供订舱委托书、商业发票、装箱单、信用证副本（托收交易提供合同副本）等，然后交给货运代理公司作为租船订舱的依据。货运代理公司在接受卖方委托之后制作配舱回单、装货单（Shipping Order，S/O）等单据提交承运人（船公司）签章确认。

（1）订舱委托书。

①订舱委托书的内容与格式见表 13－2，

表 13－2　　订舱委托书样本

出 口 货 物 订 舱 委 托 书

日期：SEP. 25，2004

公司：山西美可企业集团（天津办事处）　　编号：2004－012

<table>
<tr><td rowspan="4">发货人
SHANXI MCEEC CORP.
NO. 113，YINGZE ST.，TAIYUAN，SHANXI，CHINA</td><td colspan="2">信用证号码：
M－01－P－11812</td></tr>
<tr><td colspan="2">开证银行：
HAU CHIAO BANK LTD</td></tr>
<tr><td>合同号码
SXWQR 200408</td><td>成交金额
USD412 500.00</td></tr>
<tr><td>装运口岸
XIANGANG，TIANJIN，CHINA</td><td>目的港
TORONTO，CANADA</td></tr>
<tr><td rowspan="4">收货人

TO ORDER</td><td>转船运输
NOTALLOWED</td><td>分批装运
ALLOWED</td></tr>
<tr><td>信用证效期
2004 年 11 月 11 日</td><td>装船期限
BEFORE OCT 15，2004</td></tr>
<tr><td>运费
FREIGHT PREPAID</td><td>成交条件
CIF TORONTO，CANADA</td></tr>
<tr><td>公司联系人
任丽梅</td><td>电话/传真
022 25816538</td></tr>
<tr><td rowspan="2">通知人
SUNHAND COMPANY LTD.
ROOM 304 － 311，JALAN STREET，TORONTO，CANADA</td><td>公司开户行
中行山西分行</td><td>银行账号
×××××××××××××</td></tr>
<tr><td colspan="2">特别要求
提单加注 SHIPPING MARK：“SH/JCS/344/97”字样</td></tr>
</table>

标记唛码	货号规格	包装件数	毛重	净重	数量	单价	总价
JCS SH/JCS/344/97 NO. 1/UP	METALLURGICAL COKE OF CHINA ORIGIN 中国原产一级冶金焦，约 1 000 公斤一袋。	1 500 袋 双层塑料编织袋，每袋大约一公吨。	1 500 公吨 允许 10% 的增减	1 497 公吨	1 500 袋	USD275/MT	USD412 500.00

总件数：　　总毛重：　　总净重：　　总尺码：　　总金额：

备注

注：本委托书的内容按照第本章“表 13－1”即期信用证样本填写，请参照学习。

②订舱委托书的填制说明。

托运人（发货人）：应填写出口公司（信用证受益人/合同卖方），本例按照信用证的要求填写受益人，即山西美可公司。

收货人：填写信用证规定的提单收货人（托收交易填写“TO ORDER/TO ORDER OF ×××”），本例应按照样例信用证“46A”的第3条规定，做成指示抬头，即填写“TO ORDER”。

通知人：填写信用证/合同规定的提单通知人，本例应按照样例信用证“46A”的第3条规定填写开证申请人。

一般在订舱委托书上会注明托运人、收货人、通知人这三栏为提单B/L上的项目要求。意即将来承运人签发的提单上的相应栏目的填写也会参照订舱委托书的写法。因此，这三栏应该严格按照信用证/合同提单条款的相应规定填写。

信用证号码：填写相关交易的信用证号码，托收交易不填。

开证银行：填写相关交易的信用证开证银行的名称，非信用证交易不填。

合同号码：填写相关交易的合同号码。

成交金额：填写相关交易的信用证/合同注明的总金额。

装运口岸：填写信用证/合同规定的起运地。如未规定具体的起运港口，则填写实际装货港名称。

目的港：填写信用证/合同规定的目的地。如未规定具体的目的港口，则填写实际卸货港名称。

转船运输：根据信用证/合同条款，如允许转运，则填“YES/ALLOWED”，反之，则填“NO/PROHIBITED”。

分批装运：根据信用证/合同条款，如允许分批，则填“YES/ ALLOWED”，反之，则填“NO/PROHIBIT”。

信用证效期：填写信用证的有效期，托收交易不填。

装运期限：填写信用证规定的装运期限，托收交易按照合同规定填写。

运费：根据信用证/合同有关提单条款的规定填写“FREIGHT PREPAID”（运费预付）或“FREIGHT TO COLLECT”（运费到付）。

成交条件：填写信用证/合同规定的成交的贸易术语。如：“FOB”“CIF”“CFR”等，本例为CIF。

有关公司联系人、电话/传真、开户银行及银行账号，按公司实际情况填写。

特别要求：如托运人对所订舱位，或提单内容有特殊要求的话，可以填在这一栏中，本例的特殊要求按照样例信用证“47A”的第5条规定填写。

标记唛码：填写信用证/合同中的装运标志，本例为“45A”的“SHIPPING MARKS”。

货号规格：按信用证/合同填写货物描述，可以只填写货物的英文名称和编号。

包装件数：填写货物的外包装的数量。

毛重、净重、数量、单价、总价：按货物的实际情况填写。

总件数、总毛重、总净重、总尺码、总金额：按货物的实际情况填写。

（2）租船订舱用商业发票。

①租船订舱用商业发票内容与格式（见表13－3）。该文件由卖方按照合同或者信用证的内容缮制，是用来完成订舱、报检、报关等装船前申报工作的重要通用文件，可以提供复印件，如果是在合同/信用证中允许数量溢短装的货物，该发票数量和金额允许比实际装运数量有相应比例的增减。

表13－3　　商业发票样例

SHANXI MCEEC CORP_

NO. 113, YINGZE ST., TAIYUAN, SHANXI, CHINA.

TEL: 86－351－4041194 FAX: 86－351－4041070

ORIGNNAL

COMMERCIAL INVOICE

DATE: SEP. 25, 2004

TO (BUYER): SUNHAND COMPANY LTD. ROOM 304－311, JALAN STREET, TORONTO, CANADA	**INVOICE NO.:** SH/JCS/344/97 **M/V NAME:** **B/L DATE:**
SHIPMENT FROM: XINGANG, TIANJIN, CHINA	**SHIPMENT TO:** TORONTO, CANADA
L/C NO.: M－01－P－11812	**CONTRACT NO.:** SXWHT 200416

CARGO DESCRIPTION (NAME/PACKING/MARKS/CONTAINER NO.)	**QUANTITY**	**UNIT PRICE**	**AMOUNT**
METALLURGICAL COKE OF CHINA ORIGIN SPECIFICATION: ASH 12% MAX; V. M. 1.5% MAX; S. 0.6% MAX; MOISTURE 5% MAX; SIZE 80－120MM 85% MIN PACKING: IN PLASTIC WOVEN BAG OF TWO LAYERS ABOUT 1000KGS PER BAG SHIPPING MARKS: JCS SH/JCS/344/97 NO. 1/UP	1 500.00 MT	USD275/MT CIF TORONTO, CANADA	USD412 500.00 SAY US DOLLARS FOUR HUNDRED AND TWELVE THOUSAND FIVE HUNDRED ONLY.
	MORE OR LESS: SHIPMENT 10% MORE OR LESS AT SELLERS' OPTION		
	签章： 山西美可企业集团 *SHANXI MCEEC CORP.* AUTHORIZED SIGNATURES: *Han Jun*		
TOTALVALUE			USD412 500.00

注：本发票内容按照第本章表13－1样本信用证填写，请参照学习。

②商业发票的制作说明。本节介绍的商业发票主要用途是租船、报关、报检，其数量和金额可能与实际装船数量相比有所差异，因此它不是结汇用的发票。外贸商业发票

没有统一格式，只要具备以上各点基本要素即可。现以表 13－3 说明发票各要素的填写方法。

TO（BUYER）：应填写信用证的开证申请人/合同的买家。本例应按照信用证填写进口商“APPLICANT”的英文名称地址。

INVOICE NO.：如买方没有特殊要求，通常由卖方按照自己的习惯自行编制。

DATE：填写缮制发票的实际日期。

SHIPMENT FROM：填写信用证/合同规定的装运港，本例应该按照信用证填写“XINGANG，TIANJIN，CHINA”。

M/V NAME：此栏在装船后制作结汇发票时填写，本环节不填。

B/L DATE：此栏在装船后制作结汇发票时填写，本环节不填。

SHIPMENT TO：填写合同/信用证规定的目的港。

CONTRACT NO.：填写合同号码。

L/C NO.：信用证交易填写信用证号码，托收交易不填。

CARGO DESCRIPTION：按照信用证/合同内容填写交易商品的货物描述。

QUANTITY：按照信用证/合同内容填写交易商品的数量。

UNIT PRICE：按照信用证/合同内容填写交易商品的单价（含价格术语）。

AMOUNT：按照信用证/合同内容填写交易的总金额，包括大小写。

MORE OR LESS：按照信用证/合同规定的溢短装比例填写。

租船人：加盖（卖方）签章。

TOTAL VALUE：总金额合计，在一个合同中有多种货物和单价的时候显得比较有用，只有一种货物时，将 AMOUNT 中的总金额照抄即可。

知识点：

（1）对外贸易业务中的商业发票没有固定的标准格式，主要内容为上述诸项。这种商业发票和国内贸易中由税务局印发的“发票”有本质的区别，它是由卖方自己缮制的，用于出口各个环节的商业文件。

（2）商业发票在进出口业务中的用途广泛，在装船以前的各个环节，如租船、报关、报检都需要商业发票，如采用 CIF 等需要卖方投保的术语时，在投保海运险时也需要商业发票。

（3）在装船之后，商业发票的用途更为重要，这时的商业发票和装船前的发票有所不同，必须按照合同/信用证要求仔细填写，数量必须是经过商检机构检验的实际装运数量，其作用在本环节转变为结汇时的主要文件，是命令买方或买方银行付款的重要结汇单据之一。

（3）租船订舱用装箱单。

① 装箱单内容与格式（见表 13－4）。该文件是由卖方按照合同或者信用证的内容做出的用于订舱、报检、报关等装船前工作的重要通用文件。其格式较为自由，主要包括发票制作方（卖方）名称地址、买家名称地址、发票号码、开立日期、合同/信用证号码、数量、包装描述、装运标记、毛重、净重等主要项目。以上全部按照合同/信用证填写，注意，合同/信用证中货物重量的单位通常为公吨，而装箱单的单位以公斤计算，填写时需要将合同信用证上的数量换算为公斤，这样主要是为了便于精确计算和现

实货物的实际质量，两者没有实质上的区别。

表 13－4　　装箱单样例

SHANXI　MCEEC　CORP.

NO.　113, YINGZE ST., TAIYUAN, SHANXI, CHINA.

TEL: 86－351－4041194　FAX: 86－351－4041070

PACKING LIST　　ORIGNNAL

DATE: SEP. 25, 2004

TO (BUYER): SUNHAND COMPANY LTD. ROOM 304－311, JALAN STREET, TORONTO, CANADA	INVOICE NO.: SH/JCS/344/97 M/V NAME: B/L DATE:
SHIPMENT FROM: XINGANG, TIANJIN, CHINA	SHIPMENT TO: TORONTO, CANADA
L/C NO.:　M－01－P－11812	CONTRACT NO.: SXWHT 200416

QUANTITY	CARGO DESCRIPTION	GROSS WEIGHT (KG 公斤)	NET WEIGHT (KG 公斤)	MEASUREMENT
1 500BAGS	METALLURGICAL COKE OF CHINA ORIGIN PACKING: IN PLASTIC WOVEN BAG OF TWO LAYERS ABOUT 1 000KGS PER BAG SHIPPING MARK: JCS SH/JCS/344/97 NO. 1/UP	1500 000.00KGS	1 497 000.00KGS	＊＊＊＊＊＊
1 500BAGS		1 500 000.00KGS	1 497 000.00KGS	＊＊＊＊＊＊

山西美可企业集团
SHANXI MCEEC CORP.
AUTHORIZED SIGNATURES:
Han Jun

②装箱单的缮制。装箱单的填写方法与商业发票大同小异，不再赘述。在准备好订舱委托书、商业发票、装箱单以及合同/信用证副本（托收交易只有合同）后，就可以交给货运代理公司委托其代为租船订舱。

知识点

（1）外贸装箱单没有固定的标准格式，它是由卖方自己缮制的，用于出口各环节的文件。

（2）在装船之后，向银行交单时装箱单的数量必须修改为商检机构出具的实际装运数量。

（三）申请检验流程

1. 报检类型

卖方在租船订舱之后，接下来应该办理报检事宜。通常会有两种情况，首先，大多数商品都必须经过法定的出口检验才可以通关装船，这是许多商品出口的重要手续；其次，合同/信用证规定在装运港进行品质和数量检验的，应另外履行报检手续申请检验机构检验，以取得检验证书，作为信用证要求的收款依据之一。这类检验是非强制性的，可以由买卖双方协商议定，自由选择检验机构和检验内容。

（1）商品的法定检验。出口商品列入法定检验产品的，卖方必须在报关、装船以前申请我国出入境检验检疫机构的法定检验，合格后海关才会放行。法检申请应该在报关之前完成，卖方可以委托装运港的货运代理公司代办。

（2）合同/信用证要求的公证检验。公证检验是取得检验证书的必经步骤和结汇收款的重要单据。检验必须在装船前合理时间内事先申请，除合同/信用证注明船边检验的外，检验可在装运港仓库提前进行，这项工作也可以委托港口的货运代理公司代为完成。

知识点

（1）卖方应事先确认出口产品是否属于强制法检商品，如属于法检范围，应事先委托货代公司申请检验，以免因无法通关耽误装船。法检是独立检验，与合同规定的公证检验无关。

（2）少数不需法检的商品，只需在装船前进行合同要求的品质、数量公证检验。如果合同没有规定必须实施船边检验，建议卖方提早申请在装运港仓库检验，以规避检验风险。

2. 报检流程

（1）出口商在报关和装船前委托货运代理公司申请检验（法定检验、公证检验均适用）。

（2）货运代理公司接受委托之后凭报检委托书、商业发票、装箱单、合同/信用证副本等文件向商检机构申请检验。

（3）负责法检/公证检验的商检机构在装船之前约定的时间检验出口商的货物，合格后在报关装船之前签署商检放行手续用于报关（法检程序），或是在装船之后出具品质数量证书用于交单结汇（公证检验程序）。

至此，报检流程结束。

3. 主要报检单据

申请检验需要准备的主要报检单据与租船订舱相似：报检委托书、商业发票、装箱单、合同副本等。唯一不同的是租船环节的租船订舱委托书换成了报检委托书。

（1）报检委托书：本证书的作用在于出口商（本例为山西美可集团）委托港口货运代理公司代替出口商进行报检工作。该文件的格式多样，大多数情况下由出口商缮制提供，获得下述委托之后，货运代理公司将可以代理出口商办理报检工作，见表13-5。

表 13-5 报检委托书样本

报检委托书

______出入境检验检疫局：

本委托人郑重声明，保证遵守《中华人民共和国进出口商品检验法》、《中华人民共和国进出境动植物检验检疫法》、《中华人民共和国国境卫生检疫法》等有关法律、法规的规定和检验检疫机构制定的各项规章制度。如有违法违纪等行为，自愿接受检验检疫机构的处罚并负法律责任。

本委托人所委托受托人向检验检疫机构提交的“报检申请单”和所附各种单据所列内容是真实无讹的。具体委托情况如下：

本单位将于______年____月间进口/出口如下货物：

品　　名：　　　　　　　　合同号：

数（重）量：　　　　　　　信用证号：

特委托______代表本公司办理所有检验检疫事宜，其间产生的一切相关的法律责任由本公司承担。请贵局按有关法律规定予以办理。

委托方名称：	被委托方名称：
单位地址：	单位地址：
联系人：	联系人：
联系电话：	联系电话：
（签章）	（签章）

注：　本委托经双方盖章方可有效。有效期至______年____月____日。

（2）报检商业发票：与租船订舱发票的制作方法相同，详见表 13-3 商业发票样例。

（3）报检装箱单：与租船订舱发票的制作方法相同，详见表 13-4 装箱单样例。

（4）合同/信用证副本：提供信用证/合同的复印件。托收交易只需提供合同复印件即可。

（四）报关流程

按照《中华人民共和国海关法》规定，所有进出境的货物和运输工具必须接受进出境管辖地海关的监管，只有经过海关查验放行后，货物才能提取入境或者出口。卖方在租船订舱和申请检验之后，必须在装船之前在口岸海关进行货物出口的申报工作，一般而言，这项工作同样可以委托货运代理公司的报关员代办。

1. 报关流程简介

（1）托运人/卖方的货代公司持承运人签署的装货单（SHIPPING ORDER，S/O），填制出口货物报关单，会同商业发票、装箱单等连同其他有关的出口单证向海关办理货物出口报关手续，此环节又被称作申报。

（2）海关根据有关规定对出口货物进行查验，在查验货物符合出口规定后，如果该出口商品属于国家配额或许可证管制商品，则出口商还要提交相应的配额或许可证。部分商品还要交纳出口税（多数鼓励出口的商品都不用缴纳），手续齐备后海关在 S/O 上盖放行章，并将 S/O 退还给托运人。

（3）托运人持海关盖章的有承运人签署的 S/O 要求船长装货。

（4）装货后，由船上的大副签署大副收据（MATE’S RECEIPT，M/R），交给托运人。

（5）托运人持 M/R，在开船后向承运人或其在装运港代理换取正本已装船提单。

知识点

卖方与货代公司建立委托代理关系，货代公司即以统一的托运人身份出现，但此“托运人”概念与运输单据中的托运人不同，如双方没有另外规定，运输单据中的托运人始终应填写出口方（货主），即合同的卖方或信用证的受益人。而在委托订舱、报关、装船等环节，出口商委托的货运代理公司仅以托运人的身份活动。

2. 主要报关单据

在出口报关时，出口商必须提交给海关一式两份的出口货物报关单，同时随附商业发票、装箱单、合同/信用证复印件、承运人确认接受配载的装货单。受到出口限制的产品还需要提供政府相关管理部门的许可证和其他批文，法检商品还需要提供进出境检验检疫局的商检放行证书或者是在报关单上加盖的商检放行章，下面介绍几种主要的报关单据。

（1）报关单（见表 13－6）。出口货物报关单由出口商向所属地海关领取，内地企业首次在口岸出口报关之前应该事先到口岸海关办理转关注册手续。

表 13－6　　出口货物报关单样本

中华人民共和国海关出口货物报关单				
预录入编号：		海关编号：		
出口口岸 天津海关 0201	备案号	出口日期 2004.09.30	申报日期 2004.09.29	
经营单位 1401026708 SHANXI MCEEC CORP.	运输方式 海运/2	运输工具名称 JINYO/30E	提运单号 09	
发货单位 1401026708 SHANXI MCEEC CORP.	贸易方式 一般贸易	征免性质	结汇方式 信用证/LC/6	
许可证号 SHANXI MCEEC CORP.	运抵国（地区） CANADA	指运港 TORONTO	境内货源地 SHANXI	
批准文号 空白	成交方式 CIF/1	运费 502/75 000.00/3	保费 502/2 062.50/3	杂费 RMB90 000.00
合同协议号 SXWHT 200416	件数 1500	包装种类 BAG	毛重（公斤） 31 500 000.00KGS	净重（公斤） 1 497 000.00KGS
集装箱号	随附单据 4 （出口许可证）		生产厂家 SHANXI MCEEC CORP.	
标记唛码及备注 JCS SH/JCS/344/97 NO. 1/UP				

续表

项号	商品编号	商品名称/规格型	数量及单位	最终目的国
01	27040010	冶金焦 ASH 12% MAX；	1 500 000.00 公斤	加拿大
单价	总价		币制	征免
0.275/kg	412 500.00		502（美元）	照章

税费征收情况

报关员 吴建国	录入单位 天津四达报关行	兹声明以上申报无讹并承担法律责任	海关审单批注及放行日期 审单 审价
代理报关单位名称：天津四达报关行 代理报关单位编码：2204455668 天津开发区第三大街发展大厦 802 室 TEL：86 22 4040194 FAX：86 22 4041090 日期：SEP. 29，2004 天津四达报关行报关专用章			征税 统计 查验 放行

本报关单内容按照本章表 13－1 样本信用证填写，请参照学习。

报关单填制说明：

预录入编号：预录入或 EDI 报关企业对报关单所作的内部编号（海关填写项目，报关单位不填。）

海关编号：海关接受申报后所作的报关单标识号（海关填写项目，报关单位不填）。

出口口岸：货物出境的最后一个口岸海关的名称，选择填报“关区代码表”中对应口岸海关中文名称及关区代码（四位数）。

备案号：指“登记手册”编号或“征免税证明”编号（海关填写项目，报关单位不填）。

出口日期：装载货物的运输工具申报出境的日期，即承运船舶开航的日期，我们从承运人盖章退回的配舱回单和装货单（S/O）上可以清楚地得知具体的装运日期是 2004 年 9 月 30 号。

申报日期：向海关申报货物出境时被海关接受处理的日期，本次业务在装船期前一天报关并被海关接受处理，所以申报日期是 2004 年 9 月 29 号。

经营单位：对外签订和执行合同的境内企业或单位（一般即出口人），要填写经营单位的名称和十位编码，该编码是出口企业山西美可集团所在地太原海关为该单位设置的注册登记编码。

运输方式：载运货物出境前的最后运输方式（如：海运/陆运/空运等）。应根据实际运输方式按海关的“运输方式代码表”选择填报相应运输方式或代码。如：江海运输方式/2；航空运输/5 等。

运输工具名称：载运该货物出境的运输工具名称及编号（根据承运人确认配载后退回的配舱回单/装货单填写船名及航次）。

提运单号：各类货运单据号码。如海运则填提单号码，即配舱回单/装货单上的 D/R 编号。

发货单位：货物在境内的生产或销售单位（即国内供货商，也可以填出口商）。

贸易方式：填写按海关《贸易方式代码表》中确定的贸易方式简称或代号，如：一般贸易（0110）、易货贸易（0130）、来料加工（0214）、补偿贸易（0513）等等。

征免性质：海关《征免性质代码表》中确定的征免性质简称（海关填写项目，报关单位不填）。

结汇方式：填写按海关“结汇方式代码表”确定的结汇方式。如：信用证/LC/6、电汇/TT/2 等。

许可证号：填写货物出口许可证的编号（如无需许可证则不用填写）。

运抵国（地区）：填写货物最后运抵的国家或地区（一般是进口国）。

指运港：填写货物运往国外的目的港。

境内货源地：填写货物在境内的产地或原始发货地。

批准文号：空白。

成交方式：填写按海关“成交方式代码表”确定的价格条件编码，如：FOB、CFR、CIF 等贸易术语。

运费：查询海关“币制代码表”，选择填写整批货物出口实际支付的运费率 1、单价 2、运费总额 3，还要注明外币种类，一般填写运费总额。写法如下：币制/运费（费率、单价或是总金额）/运费性质（1、2、3）。如美元，运费总额 75 000 元，表示为：502/75 000.00/3。

保险费：查询海关的“币制代码表”填写出口人实际支付的运费率：①单价，②或运费总额，③一般填写保费总额。方法同上。

杂费：填写实际支付的国内其他费用（即合同核算中的“国内费用”，以人民币填写）。

合同协议号：填写货物贸易合同（协议）的编号。

件数：填写本批次申报出口货物的实际外包装的总件数。

包装种类：根据进（出）口货物的实际外包装种类，按海关规定的“包装种类代码表”选择填报相应的包装种类代码（不同种类应一一列出）。

毛重：填写申报出口货物的总毛重，计量单位为公斤。

净重：填写申报出口货物的总净重，计量单位为公斤。

集装箱号：填写装载货物的集装箱号码（根据配舱回单上的集装箱号码填写），本例产品不是集装箱运输，所以不填。

随附单据：指随进（出）口货物报关单一并向海关递交的单证或文件，如出口许可证、配额证等由政府相关管理部门颁发的出口许可文件。而合同、发票、装箱单、许可证等必备的随附单证不在本栏目填报。本栏目应按海关规定的“监管证件名称代码表”选择填报相应证件的代码。

生产厂家：填写生产该批出口货物的厂家（如无法确定可填出口商）。

标记唛头及备注：按照合同或信用证填写，没有的可以不填。

项号：填货物在本报关单中的序号。

商品编号：按“中华人民共和国海关统计商品目录”填写。

商品名称、规格、型号：填写货物的中英文名称即可。

最终目的国（地区）：填写货物的消费、使用或进一步加工制造的国家（地区）。

数量及单位：填写海关统计法定计量单位及相应货物的数（重）量。

单价：填写货物的单位价格。

总价：填写该类货物出口的总价格。

币制：填写按海关的“币制代码表”确定的实际对外成交的货币符号，如美金USD、日元JPY等对应的号码为502、116。

征免：填写按海关的“征免方式代码表”确定的税款计征代码（海关填写项目，报关单位不填）。

税费征收情况：填写税费征收及减免情况（海关填写项目，报关单位不填）。

申报单位：填写就本报关内容的真实性直接向海关负责的单位名称（即单据的填制方）。一般应加盖申报单位的有效公章。自理报关的，应填报进（出）口货物的经营单位名称及编码；委托代理报关的，应填报经海关批准的报关企业名称及编码。

报关员：填写申报方报关员的中文姓名。

地址、邮编、电话：根据实际情况填写。

（2）商业发票、装箱单、合同/信用证复印件。这几类单据的缮制和准备办法与租船订舱、报检单据中的相关单据内容一样，可以通用，详见表13－3商业发票样例和表13－4装箱单样例。

（五）投保海运险流程

1. 投保流程简介

从山西美可集团与外方的信用证中可知，卖方山西美可集团必须按照信用证规定办理海运保险（见表13－1即期信用证样本保险条款）。其操作流程如下。

（1）出口商根据上述信用证/合同填制“海运出口货物投保单”（见表13－7），递交保险公司。

（2）保险公司同意投保后签发“承保回执”出口商。

（3）出口商安排装船，按照实际装船数量修改投保数量和金额，交纳保险费，取得正式的保险单，作为本合同规定的重要付款单据。

表13－7　　海运出口货物投保单

海运出口货物投保单

保险人：	被保险人：
THE PEOPLE'S INSURANCE COMPANY OF CHINA SHANXI BRANCH	SHANXI MCEEC CORP. NO. 113, YINGZE ST., TAIYUAN, SHANXI, CHINA

标记	包装及数量	保险货物项目	保险货物金额
AS PER INVOICE NO. JCS SH/JCS/344/97 NO. 1/UP	1 500MT 1 500BAGS PACKING: IN PLASTIC WOVEN BAG OF TWO LAYERS ABOUT 1 000KGS PER BAG	METALLURGICAL COKE OF CHINA ORIGIN	USD 453 750.00

续表

总保险金额（大写） SAY US DOLLARS FOUR HUNDRED FIFTY THREE THOUSAND SEVEN HUNDRED AND FIFTY ONLY.			
运输工具	船名/航次	装运港	目的港
VESSEL	JINYO 30E	XINGANG，TIANJIN，CHINA	TORONTO，CANADA
投保险别 COVERING ALL，RISKS AS PER AND SUBJECT TO THE RELEVANT OCEAN MARINE CARGO CLAUSE OF THE P. I. C. C DATED 1981/1/1 **投保日期** SEP. 29，2004			**货物起运日期** SEP. 30，2004 **投保人签字** 山 西 美 可 企 业 集 团 *SHANXI MCEEC CORP.* AUTHORIZED SIGNATURES: **Han Jun**

2. 海运货物投保单的填制说明

保险人：填写承保此批货物的“中国人民保险公司山西分公司”的英文抬头，一般保险公司这一项目都是事先印好的。

被保险人：一般填写信用证的受益人（信用证结算交易适用）或者合同的卖方（托收结算交易适用），如果合同/信用证另有约定则应该按照合同或信用证填写，本信用证下填写受益人“SHANXI MCEEC CORP.”。

标记：指装运标记（唛头），本交易按照“表13－1”信用证照栏目“45A”中的“SHIPPING MARKS ”下面的具体内容填写。托收交易按照合同填写。

包装及数量：按照信用证/合同填写包装数量和种类，本交易按照“例13－1”信用证照栏目“45A”中的具体内容填写。

保险货物项目：填写合同/信用证规定的货物名称，本例按照信用证“45A”填写。

保险货物金额：按照本信用证的保险条款的规定，将货物的总金额“USD412 500.00”加成10%，得到保险金额 USD 453 750.00。交纳保险费和发生赔付时即以此金额为依据。

总保险金额：填写上述保险金额的大写英文。

运输工具：本案例中可以从承运人盖章的配舱回单或者装货单中查承运船名和航次。

装运港/目的港：按照信用证/合同相关条款填写。

投保险别：填写信用证/合同规定的具体险别，没有规定就投保费用最低的险别。本信用证有规定，要求卖方按照中国人民保险公司保险条款投保一切险（ALL RISKS）。

货物起运日期：填写承运人提供的配载资料上的装船日期，本例的装船期为2004年9月30日。

投保日期：填写卖方投保的实际日期，本例卖方的投保日期为2004年9月29日，即装船的前一天，与报关同时进行。

投保人签字：投保人（卖方）的公章和经办人签字。

投保人山西美可集团将上述“海运出口货物投保单”递交给保险公司，获得保险公司签署的“海运货物承保回执”，此时保险合同生效，卖方可以等待装船完毕，核对实际装船数量后，要求保险公司按照实际的装运数量和金额出具正式的保险单。在卖方完成投保工作之后，本业务的操作进入下一环节——装船。

知识点

(1) 以件数计价的产品，应严格按照规定数量装船。此时，出口商装船之前就可以要求保险公司出具正式保险单。而本业务的产品以重量计价，信用证规定卖方可在装船时按照规定范围多装或少装一定的数量，因此出口商必须等待装船完毕，以商检机构出具的证明要求保险公司按照实际装船数量修改投保金额，领取正式的保险单。

(2) 不论是以件数计价还是以重量计价的产品，投保手续都必须在装船以前办理，即必须在装船以前取得保险公司的“承保回执”，以避免货物在运出装运港仓库直至装船完毕办理保险之前的货损风险。

(六) 装船流程

在完成了订船/报检/报关等环节之后，出口流程进入了装船环节，下面简要说明。

1. 装船流程简介

(1) 出口商的货运代理公司持加盖海关放行章的装货单（S/O）要求承运人装货。

(2) 出口商按照承运人的集港通知在指定的港口作业区装船，同时出口商委托货运代理按时安排合同规定的检验机构到装船现场检验实际装船数量。

(3) 货运代理安排出口商的码头/站场卸货和装船事宜，装船完毕后承运人出具大副收据，作为换取正式提货凭据海运提单的临时文件。

知识点

首先，集港装船之前出口商应及时申请商检人员到达装货现场，以免漏检数量数据，造成出证困难。

其次，包装货物的出口，在装船过程中应密切注意与港务局的沟通，力求做到货物包装清洁、坚固，将损耗降到最低，避免承运人在海运提单上对货物包装做出不良批注，一旦出具不清洁提单，将严重影响到货款的顺利回收。

2. 装船单据

在装船环节中，主要的是以具体操作为主，不需要出口商及货运代理缮制的单据。

(七) 制单结汇流程

一笔出口业务在经过订船、报检、报关、装船各环节之后，下面将进入制单结汇流程。

1. 制单结汇流程简介

卖方在装船完毕之后应该尽快备齐信用证所要求的所有单据。本环节的操作主要集中在单据的取得和制作上。这里的制单实际上包含两方面的意思，即取得由外部协作单位签发的文件和自己缮制其余文件。

(1) 出口商要仔细核对和确认协作单位（商检机构、承运人等）按照信用证要求提供的外来单据，在确认外来单据完全符合信用证规定之后，领取诸如商检证书、清洁的已装船海运提单等信用证规定的文件，作为结汇收款的凭据。

(2) 出口商应根据商检证书中的具体数据缮制结汇商业发票、装箱单等基本单据，同时根据发票金额和信用的要求，填写用于命令开证行支付货款的商业汇票。

(3) 出口商将上述所有单据准备妥当后，将所有单据交付该行议付收款。我国的议付通常有三种方式，即买单结汇、收妥结汇、定期结汇，其中最为常见的是收妥结汇，就是国内的议付行不垫付货款赎买出口商的单据，而是将出口商的单据递交国外开证行/付款行，等到国外货款到账再交付给出口商。

(4) 国外的开证行/付款行收到国内议付行寄来的单据后，如审单无误，必须垫款买入单据，再通知买家付款取得提货单据。国内议付行收款后，将外汇货款按照当日外汇牌价换成人民币划归出口商账户，并出具出口收汇水单给出口商，用于到外汇管理局核销。

知识点

首先，装船后应尽快备齐单据，在第一时间发出装船通知，以便利买方做好收货准备。采用 FOB、CFR 术语时这项工作尤为重要！装运通知没有固定格式，通常包括一份说明具体装船日期、船名、实际装运数量、预计开航日期、预计抵达日期的函，外加主要单据的复印件。其次，出口商应该积极备齐正本单据，尽快交单议付，以加快己方的资金周转。

2. 主要结汇单据的制作

在此，我们依然以本章表 13－1 即期信用证样本为例，说明信用证结算方式下的结汇单据制作。

我们在上面已经按照本章表 13－1 样本合同执行了租船、报检、报关、装船等业务操作环节，下面我们将进入本次业务操作的最后的，也是最为重要的环节。

第一步，仔细审核并及时取得外来单据，按照上述信用证“46A”中的要求，本次交易需要提供的单证有：已装船清洁提单/进出境检验检疫局出具的质量和数量证明、商业发票、装箱单、保险单、承运人的船龄证明、受益人及时发出装船通知的证明。其中外来单据有：进出境检验检疫局出具的质量和数量证明、承运人出具的已装船清洁提单、中国人民保险公司出具的保险单、承运人的船龄证明四种单据。

第二步，缮制自制单据，自制单据有：商业发票、装箱单、受益人及时发出装船通知的证明三种单据。

(1) 外来单据的取得。

①商检机构出具的质量和数量证明。检验证书是出口商装船完毕之后要第一时间取得的单据之一，尤其是它的重量/数量检验结果，是其他结汇单据的依据。检验证书由合同规定的商品检验机构按照装船之前的检验结果填写出具，本样例合同规定的证书的出具机构是天津进出境检验检疫局。

检验证书虽然由商检机构缮制，但是填写内容必须严格按照信用证要求。因此全面审核检验证书内容是否按照信用证要求填写是出口商的一项重要工作。

检验证书的填写要求请结合表 13－8 学习。

CONSIGNOR 发货人：如无特别要求，按照信用证填写受益人名称，托收结算则按合同填写卖方名称和地址。

CONSIGNEE 受货人：按信用证要求填写，为便于提单的流通转让，一般做出“指示抬头”，如果信用证/合同没有特别规定的，此栏目可以空白。

COMMODITY 品名：填写信用证规定的商品名称，托收交易按照合同填写。

QUANTITY/WEIGHT DECLARED：装船以前报验的数量，就是预计装船的数量，按照合同填写，其内容应该是合同数量。

RESULTS OF INSPECTION 检验结果：这一栏的下面是实际的检验结果，包括重量、数量、包装描述、品质规格几个项目，这些检验项目全部是检验机构应出口商的要求，按照信用证规定的项目检验的。其中的重量、数量为本信用证项下货物实际装船的数据，包装描述为货物实际的包装（描述方法必须与信用证一致），品质规格为装船前的实际抽样检验结果，托收交易以上各项以合同为依据。

SURVEY AT：填写实际的检验地点。

SURVEY ON：填写实际的检验日期。

知识点

（1）在商检证书的SURVEY AT（检验地点）一栏中，一般填写合同规定的装运港名称，但如果合同规定必须船边检验的，则必须填写“装运港船边检验”的中英文字样。

（2）在商检证书的SURVEY ON（检验时间）一栏中，实际的检验日期不能晚于提单显示的装船期，一般填写为与提单日期同一天。如果是合同规定必须船边检验的，则该日期必须是提单显示的实际装船日期。

表 13-8　　检验证书样本

CIQ

中华人民共和国天津进出境检验检疫局检验证书

TIANJIN ENTRY - EXIT INSPECTION AND QUARANTINE BUREAU

* *

INSPECTION　CERTIFICATE OF QUANTITY & QUALITY　　ORIGINAL

DATE SEP. 30, 2004

CONSIGNO 发货人　SHANXI MCEEC CORP.　NO. 113, YINGZE ST., TAIYUAN, SHANXI CHINA.

CONSIGNEE 受货人＊＊＊＊＊＊（为对应提单的指示抬头，如信用证无专门规定，则此处应空白）

COMMODITY 品 名 METALLURGICAL COKEOF CHINA ORIGIN

QUANTITY/WEIGHT DECLARED 报检数量/重量 1 500　BAGS

MARK & NO. 标记及号码

JCS
SH/JCS/344/97
NO. 1/UP

<u>RESULTS OF INSPECTION 检验结果</u>

GROSS WEIGHT 1 604. 50 METRIC TON (MT); NET WEIGHT　1 600. 00 METRIC TON (MT);

QUANTYTY 1 500BAG

THE ABOVE MENTIONED CARGO WAS PACKED IN PLASTIC WOVEN BAG OF TWO LAYERS FOR ABOUT 1 000KGS PER BAG.

续表

SPECIFICATION ASH（灰份）11.5%；V. M.（挥发分）1.4%；S（硫）0.50%；MOISTURE（水）3.8%； F. C.（固定炭）83%；SIZE：80 - 120 MM 88%
天津进出境 CIQ 检验检疫局 SURVEY AT XINGANG PORT，TIANJIN SURVEY ON SEP. 30 2004 主任鉴定人 李同功 CHIEF SERVEYOR

②承运人出具的已装船清洁提单。装船完毕之后，承运人会按照商检机构在装船时测得的重量、数量结果出具海运提单（见表13 - 9）。海运提单是货物所有权的凭证是收款结汇的重要凭证。出口商应该在装船之后和承运人保持密切联系，在仔细按照信用证要求审核提单内容无误之后，尽快取回正本提单。

表13 - 9　　海运提单样本

<table>
<tr><td colspan="3">CARRIER NAME SHEN YANG SHIPPING CO.</td><td>B/L NO. 09</td></tr>
<tr><td colspan="2">SHIPPER
SHANXI MCEEC CORP. NO. 113，YINGZE ST.，TAIYUAN，SHANXI CHINA.</td><td colspan="2" rowspan="6">BILL OF LADING
DIRECT OR WITH TRANSHIPMENT

SHIPPED ON BOARD IN APPARENT GOOD ORDER AND CONDITION（UNLESS OTHERWISE INDICATED）THE GOODS OR PACKAGES SPECIFIED HEREIN AND TO BE DISCHARGED AT THE ABOVE MENTIONED…
以上为承运人提单固定条款，现略去。

ORIGINAL</td></tr>
<tr><td colspan="2">CONSIGNEE TO ORDER</td></tr>
<tr><td colspan="2">NOTIFY ADDRESS
SUNHAND COMPANY LTD. ROOM 304 - 311，JALAN STREET，TORONTO，CANADA</td></tr>
<tr><td>PRE - CARRIAGE BY
* * * * * *</td><td>PORT OF LOADING
XINGANG，TIANJIN CHINA</td></tr>
<tr><td>VESSEL
JINYO 30E</td><td>PORT OF TRANSHIPMENT
* * * * * *</td></tr>
<tr><td>PORT OF DISCHARGE
TORONTO，CANADA</td><td>PLACE OF DELIVERY
* * * * * *</td></tr>
<tr><td>CONTAINER NO. OR MARKS AND NO.</td><td>NUMBER AND KIND OF PACKAGE；DESCRIPTION OF GOODS</td><td>GROSS WEIGHT</td><td>MEASUREMENT</td></tr>
<tr><td>JCS
SH/JCS/344/97
NO. 1/UP</td><td>1 500 BAGS
METALLURGICAL COKE OF CHINA ORIGIN
1 500BAGS
PACKING：IN PLASTIC WOVEN BAG OF TWO LAYERS ABOUT 1000KGS PER BAG
TOTAL：ONE THOUSAND AND FIVE HUNDRED BAGS ONLY.
SHIPPED CLEAN ON BOARD
REMARK：INVOICE NUMBER SH/JCS/344/97</td><td>1 604.50 MT</td><td></td></tr>
</table>

续表

<table>
<tr><td rowspan="2">FREIGHT AND CHARGES
FREIGHT PREPAID</td><td>PREPAID AT
XINGANG, TIANJIN</td><td>FRERIGHT PAYABLE AT
* * * * * *</td><td colspan="2">PLACE OF B/L ISSUE
XINGANG, TIANJIN, CHINA</td></tr>
<tr><td colspan="2">NUMBER OF ORIGINAL B/L
THREE</td><td colspan="2">DATED
SEP. 30, 2004</td></tr>
<tr><td>EX. RATE

* * * * * *</td><td colspan="4" rowspan="2">SIGNED FOR CARRIER
中国天津外轮代理公司
CHINA OCEAN SHIPPING
AGENCY TIANJIN (1)
程　易
AS AGENT FOR THE CARRIER: SHEN YANG SHIPPING CO.</td></tr>
<tr><td>REGARDING TRANSHIPMENT
INFORMATION PLEASE CONTACT
* * * * * *</td></tr>
</table>

已装船提单的缮制（参看上例，提单通常由承运人缮制，由出口商审核确认）。

托运人（SHIPPER）：信用证方式下填写信用证的受益人，托收方式下填写合同买家。本例中填写信用证的受益人，即卖方山西美可集团的英文名称地址。

收货人（CONSIGNEE）：信用证方式下按照信用证的指示填写，托收交易下填写指示抬头，即"TO ORDER/TO ORDER OF ×××"。本例按照"表 13－1 即期信用证样本"46A 第 3 条的规定，填写"TO ORDER"。这样的提单为"空白抬头，空白背书"的指示提单。

被通知人（NOTIFY PARTY）：按照上述信用证的"46A"条款的规定填写开证申请人。

装运港/目的港：按照上述信用证的"44A/44B"条款的规定填写。

运费情况（FREIGHT AND CHARGES）：C 组术语是填写"运费预付"（FREIGHT PREPAID）；F 组术语填写"运费到付"（FREIGHT TO COLLECT）。

货物情况（NUMBER AND KIND OF PACKAGE; DESCRIPTION OF GOODS）：可以按照信用证的要求简略填写货名、包装、件数，不必列出具体的质量要求，见"表 13－1"中的条款"45A"。

货物的毛重与体积（GROSS WEIGHT/MEASUREMENT）：按照商检机构的实际结果出具，以重量吨计算运费的可以不填写货物的体积（详见表 13－8）。

签发地点/日期：地点为装运港，日期为装船日期。

提单的签署：注意提单可以是船方自己签署，也可以是船方的代理人签署，但是必须表明身份，如船方自己签发提单，应在签章之后注明："AS CARRIER"，而如果是其他船务代理签发的提单，则应该在签章之后注明："AS AGENT FOR THE CARRIER ××× SHIPPING COMPANY"详见"表 13－9"的签署。

提单的背书：按照信用证要求进行背书，一般分为"空白背书"和"记名背书"。

空白背书方法：提单收货人栏填写"TO ORDER"时，只需在提单背面加盖背书人（受益人）的章，并标注背书的日期即可。

记名背书方法：在提单背面写上被背书人（信用证规定的"TO ORDER OF ×××"）名称，再加盖背书人公章和日期。例如：

ENDORSED TO：×××（或者 DELIVERED TO ×××）

ABC　CO.（背书人签章）

背书日期

③保险单。如上所述，在 CIF/CIP 术语的情况下，出口商应该在装船前取得装船资料之后尽快和保险公司建立保险关系，在装船之后立即要求保险公司按照商检机构的实际检验数量确定保险金额，出具信用证/合同要求的保险单（INSURANCE POLICY）（见表 13－10）。

表 13－10　　海运保险单样本

中国人民保险公司

THE PEOPLE'S INSURANCE COMPANY OF CHIAN

INSURANCE POLICY　　POLICY NO.：P113

ORIGINAL

THIS POLICY OF INSURANCE WITNESSES THAT THE PEOPLE'S INSURANCE COMPANY OF CHINA（HEREINAFTER CALLED " THE COMPANY"）AT THE REQUEST OF：

SHANXI MCEEC CORP.　NO. 113，YINGZE　ST.，TAIYUAN，SHANXI CHINA.（HEREINAFTER CALLED "THE INSURED"） AND IN CONSIDERATION OF THE AGREED PREMIUM PAID TO THE COMPANY BY THEINSURED UNDERTAKES TO INSURE THE UNDERMENTIONED GOODS IN TRANSPORTATION SUBJECT TO THE CONDITIONS OF THIS POLICY AS PER THE CLAUSES PRINTED OVERLEAF AND OTHER SPECIAL CLAUSES ATTACHED HEREON

中国人民保险公司（以下简称本公司）根据上述当事人（以下简称被保险人）的要求，由被保险人向本公司缴付约定的保险，按照本保险单承保险别和背面承载条款及下列特款承保下述货物运输保险，特立本保险单。

MARKS &NO. 标记或号码	QUANTITY/PACKING 包装及数量	DESCRIPTION OF GOODS 保险货物项目	AMOUNT INSURED 保险金额
JCS SH/JCS/344/97 NO. 1/UP	1 500BAGS PACKING：IN PLASTIC WOVEN BAG OF TWO LAYERS ABOUT 1 000KGS PER BAG	METALLURGICAL COKE OF CHINA ORIGIN	USD484 000.00

TOTAL AMOUNT INSURED（保险金额）

SAY U.S.　DOLLARS FOUR HUNDRED AND EIGHTY－FOUR THOUSAND ONLY

PREMIUM（保费）	RATE（费率）	PER CONVEYANCSS（运输工具）
AS ARRANGED	AS ARRANGED	JINYO 30E

SLG. ON OR ABT（开航日期）	FROM（装运地）	TO（目的地）
AS PER BILL OF LADING	XINGANG，TIANJIN CHINA	TORONTO，CANADA

CONDITIONS（承保险别）

COVERING ALL RISKS AS PER AND SUJECT TO THE RELEVANT OCEAN MARINE CARGO CLAUSE OF THE P.I.C.C DATED 1981/1/1

续表

CLAIMS IF ANY, PAYABLE ON SURRENDER OF THIS POLICY TOGETHER WITH OTHER RELEVANT DOCUMENTS. IN THE EVENT OF ACCIDENT WHEREBY LOSS OR DAMAGE MAY RESULT IN A CLAIM UNDER THIS POLICY IMMEDIATE NOTICE. APPLYING FOR SURVEY MUST BE GIVEN TO THE COMPANY'S AGENT AS MENTIONED HEREUNDER: 保险货物如遇出险，本公司凭本保单及其他有关文件给付赔款。所保货物如发生本保险单项下负责赔偿的损失或事故，应立即通知本公司下述代理人查勘： ANDI WORREN INSPECTION AGENCY NO 29, DENNING ST. TORONTO, CANADA
CLAIM PAYABLE TORONTO, CANADA IN USD 赔款偿付地点 加拿大多伦多，美元支付 日 期 DATE SEP. 30, 2004 ADD. NO. 38, YINGZE ST., TYUAN, SHANXI, CHINA 地址 中国山西太原迎泽大街388号 TEL 86 351 4041144 FAX 86 351 4041070 中国人民保险公司山西分公司 PICC SHANXI BRANCH 李化伦 GENERAL MANAGER

保险单填制要点如下。

被保险人：即上例保单开头的划线部分。除非信用证有特别规定，此处一般填写信用证受益人/合同的卖方。

标记或号码栏：填写信用证/合同规定的唛头，要确保与其他单据上的唛头一致。如唛头比较复杂也可以简单填写“AS PER INVOICE NO. ×××”。

包装及数量栏：填写商品外包装的数量及种类。

保险货物项目栏：本栏填写商品的名称，可以用总称。

保险金额栏：按信用证/合同规定的金额及加成率投保。如未做具体规定，则按CIF或CIP或发票金额的110%投保。保单上的保险金额只保留整数，如有小数不论大小全部向个位进1，本栏为小写的保险金额。总保险金栏中填写大写保险金额。

“保费”和“费率”：如信用证/合同无特别规定，此两栏一般打“AS ARRANGED”。

装载运输工具：按照运输单据填写相应的承运工具及航次。

开航日期：填写提单签发日期，也可表示为“AS PER B/L”。

装运和目的地：即保单的保险责任起讫地点，填写货物的起运地和目的地（如有转运，也要注明）。

承保险别：按信用证规定的承保险别，包括险别和相应的保险条款等。

保险代理：保单上通常还须填写保险公司在目的地的代理机构的名称及联系地址。

赔款偿付地点及赔款币种：赔款偿付地点一般填运输目的地。币种采用信用证或汇票所用货币的币种。

保单日期：不迟于提单日期，但一般不早于发票日期。建议将其日期显示为提单日期。

保单背书：出口人在交单时应将保单作背书转让，以便进口方在发生由承保风险引起的损失时能取得保险公司的赔付。如无特殊规定，背书则应做成空白背书，即由被保险人（本例为信用证的受益人）在保险单背面盖章签名，标注背书日期即可。

④承运人的证明（船龄证明）（见表 13－11）。这类单据并非每份合同或者信用证都有要求，一般由出口商按照信用证的要求，缮制出文件，交承运人或其代理签章即可。承运人的船龄证明没有固定格式，只要具备信用证/合同要求的基本要素和内容即可，如文件名称、日期、船名、提单号码、信用证/合同要求的证明内容、承运人签章等项。

表 13－11　　承运人证明样本

SHIPPING COMPANY'S CERTIFICATE

ORIGINAL

B/L NO.　09	M/V NAME　JINYO 30E	DATE　SEP. 30, 2004

TO WHOM IT MAY CONCERN

WE HEREBY CERTIFY THAT THE CARRYING VESSEL IS NOT MORE THAN 20 YEARS OLD.

REMARK：INVOICE NUMBER SH/JCS/344/97

中国天津外轮代理公司
CHINA OCEAN SHIPPING
AGENCY TIANJIN (1)
程易

承运人的船龄证明的内容，通常按照信用证要求逐句填写，在此不再赘述。

（2）自制结汇单据的操作。

①结汇用商业发票。此时的结汇用商业发票是出口商按照信用证/合同要求缮制的文件，它在格式上与租船、报检、报关、投保所用的发票相同，大多数内容也相同，例如收货人、发票号码、信用证号码、装运港、目的港等信用证或合同中的固定内容基本不变。但是还有一些内容会因为装船和实际的检验结果而有所改变，详见表 13－12。

表 13－12　　结汇商业发票样例

SHANXI　MCEEC　CORP.

NO.　113, YINGZE ST., TAIYUAN, SHANXI, CHINA.

TEL：86－351－4041194　FAX：86－351－4041070

ORIGNNAL

COMMERCIAL INVOICE

DATE　SEP. 30, 2004

TO（BUYER） SUNHAND COMPANY LTD. ROOM 304－311, JALAN STREET, TORONTO, CANADA	INVOICE NO. SH/JCS/344/97 M/V NAME　JINYO 30E B/L DATE　SEP. 30, 2004
SHIPMENT FROM　XINGANG, TIANJIN, CHINA	SHIPMENT TO TORONTO, CANADA
L/C NO. M－01－P－11812	CONTRACT NO. SXWHT 200416

续表

CARGO DESCRIPTION (NAME/PACKING/MARKS/CONTAINER NO.)	QUANTITY	UNIT PRICE	AMOUNT
METALLURGICAL COKE OF CHINA ORIGIN SPECIFICATION ASH 12% MAX; V. M. 1.5% MAX; S. 0.6% MAX; MOISTURE 5% MAX; SIZE 80 - 120MM 85% MIN PACKING: IN PLASTIC WOVEN BAG OF TWO LAYERS ABOUT 1 000KGS PER BAG SHIPPING MARKS JCS SH/JCS/344/97 NO. 1/UP REMARK: INVOICE NUMBER SH/JCS/344/97	1 600MT	USD275/MT CIF TORONTO, CANADA	USD440 000.00 SAY US DOLLARS FOUR HUNDRED AND FORTY THOUSAND ONLY.
		签章 山西美可企业集团 SHANXI MCEEC CORP. AUTHORIZED SIGNATURES: Han Jun	
TOTAL VALUE			USD440 000.00

结汇用商业发票的缮制参见“表 13 - 3”的商业发票填制方法，结汇时商业发票需要修改或补充的项目如下。

发票日期：按照实际装运期填写，在此建议与装船期同一天（见“表 13 - 9”的提单日期）。

船名：按照海运提单显示的实际装运船名填写（见“表 13 - 9”）。

提单日期：按照海运提单的实际装船期填写，如提单只有一个日期，提单日期就是装船日期（见“表 13 - 9”）。如提单有装船日期和签发日期，则填写装船日期（ON BOARD DATE）。

数量、质量检验结果按照检验机构出具的证书结果填写（见“表 13 - 8”）。

总金额按照实际装船数量（按照重量计价的产品一般用净重）乘以单价填写，本例实际装运净重为 1 600MT，单价为 USD275/MT，则总金额应改为 USD440 000.00。

发票的签署：如无规定，发票不需签署，而本信用证规定必须签署，因此出口商（信用证的受益人）必须在发票空白处签字盖章。

结汇发票其余各项的缮制按照信用证/合同要求内容填写即可，与装船前各个环节使用的发票相同，在此不再重复。

②结汇用装箱单（见表 13 - 13）。该单据是发票的补充单据，其在格式上与租船、报检、报关、投保所用的装箱单相同，大多数内容也相同，例如收货人、发票号码、信用证号码、装运港、目的港等信用证或合同中的固定内容基本不变。但是还有一些内容会因为装船和实际的检验结果而有所改变。

表 13－13　　结汇装箱单样例

SHANXI MCEEC CORP. NO. 113, YINGZE ST., TAIYUAN, SHANXI, CHINA. TEL: 86－351－4041194 FAX: 86－351－4041070				
PACKING LIST				ORIGNNAL DATE SEP. 30, 2004
TO (BUYER) SUNHAND COMPANY LTD. ROOM 304－311, JALAN STREET, TORONTO, CANADA		INVOICE NO. SH/JCS/344/97 M/V NAME JINYO 30E B/L DATE SEP. 30, 2004		
SHIPMENT FROM XINGANG, TIANJIN, CHINA		SHIPMENT TO TORONTO, CANADA		
L/C NO. M－01－P－11812		CONTRACT NO. SXWHT 200416		
QUANTITY	CARGO DESCRIPTION	GROSS WEIGHT (KG 公斤)	NET WEIGHT (KG 公斤)	MEASUREMENT
1 500BAGS	METALLURGICAL COKE OF CHINA ORIGIN PACKING: IN PLASTIC WOVEN BAG OF TWO LAYERS ABOUT 1 000KGS PER BAG SHIPPING MARK: JCS SH/JCS/344/97 NO. 1/UP REMARK: INVOICE NUMBER SH/JCS/344/97	1 604 500. 00KGS	1 600 000. 00KGS	＊＊＊＊＊＊
		山西美可企业集团 *SHANXI MCEEC CORP.* AUTHORIZED SIGNATURES: **Han Jun**		
1 500BAGS		1 604 500. 00KGS	1 600 000. 00KGS	＊＊＊＊＊＊

结汇用装箱单的缮制参见“表 13－4”的装箱单格式，结汇用装箱单需要修改或补充的项目如下。

发票日期：按照实际装运期填写，在此建议与装船期同一天（见“表 13－10”的提单日期）。

船名：按照海运提单显示的实际装运船名填写（见“表 13－9”）。

提单日期：按照海运提单的实际装船期填写。

数量按照检验机构出具的证书结果填写（见“表 13－8”），注意若是以重量计价的商品，请按照惯例将公吨换算成公斤显示。

结汇装箱单其余各项的缮制按照信用证要求填写即可，与装船前各个环节使用的装箱单相同，在此不再重复。

③受益人的证明（见表 13－14）。受益人证明是一种简单的议付单据，一般是应信用证的要求，由受益人自行缮制的文件。多数情况下是为了督促出口商及时发出已装船通知，以便于进口商能够按时准备货款、办理进口手续、投保海运险等后续工作。

表 13－14　　受益人证明样例

BENEFICIARY'S CERTIFICATE　　ORIGINAL

DATE: OCT. 01, 2004
CONTRACT NO.: SXWHT 200416
L/C NO.: M－01－P－11812

TO WHOM IT MAY CONCERN:
WE HEREBY CERTIFY THAT SHIPPING DOCUMENTS INCLUDING COMMERCIAL INVOICE, PACKING LIST AND B/L HAVE BEEN FACSIMILED TO APPLICANT WITHIN 3 WORKING DAYS AFTER SHIPMENT EFFECTED AND THE RELATIVE FAX COPY ATTACHED.

山西美可企业集团
SHANXI MCEEC CORP.
AUTHORIZED SIGNATURES:
Han Jun

注：本文件需要的传真报告在发装船通知传真时，先把传真机调到“传真后打印报告”状态，在向开证申请人传真完信用证规定的文件后，传真机会自动打印传真报告，即信用证要求的“FAX COPY”，该传真报告必须作为一个附件，与受益人证明一同提交银行。

受益人证明填制要点如下。

文件名称：按照信用证规定。

日期：不能早于提单显示的装运期，不能晚于信用证规定的通知期限，也不能晚于交单议付日期。本例的提单日为 9 月 30 日，要求发出装船通知的日期为装船之后的 3 个工作日，同时我们是 10 月 1 日交单议付，因此把出单日期定在 10 月 1 日。

文件内容：按照信用证要求的文句照打即可，有时应对语气和时态进行相应变化。

签名：受益人公司签名盖章。

④汇票（见表 13－15）。在国际贸易中，商业汇票由出口商（信用证的受益人或者付款交单方式下的合同卖家）一方缮制，主要起到命令进口方（信用证的开证申请人或者付款交单方式下的合同买家）付款的作用。

表 13－15　　汇票样本

BILL OF EXCHANGE

No.: SH/JCS/344/97　　Date: OCT. 01, 2004
EXCHANGE FOR USD440, 000.00
×××AT * * * * * * * * * * * * * SIGHT OF THIS FIRST OF EXCHANGE (SECOND OF EXCHANGE BEING UNPAID)
PAY TO THE ORDER OF AGRICULTURAL BANK OF CHINA, SHANXI BR. INT'L BUSINESS DEPT
THE SUM OF US DOLLAR FOUR HUNDRED AND FORTY THOUSAND ONLY.
DRAW UNDER L/C NO. M－01－P－11812, DATE OF ISSUE 040905
ISSUED BY HAU CHIAO BANK LTD.
TO HAU CHIAO BANK LTD., ADD. 2/F80－90, DES VOEUX, TORONTO, CANADA

山西美可企业集团
SHANXI MCEEC CORP.
AUTHORIZED SIGNATURES:
Han Jun

汇票号码（NO.）：填写结汇发票号码。

汇票日期（DATE）：提交议付行的实际日期必须不早于提单日期，不晚于信用证的交单日期和有效期。托收方式填写提交托收行的日期。

汇票金额（EXCHANGE FOR）：小写金额按照结汇发票填写，本例中实际装船净重 1 600 公吨，单价为每公吨 USD275，所以结汇发票金额应为 USD440 000.00。

付款期限（AT...）：填写即期或远期付款。本信用证内规定汇票是即期的，所以填写“AT SIGHT”，若是远期付款情况请见下文的“知识点”。托收方式下在“AT”前面（标注“×××”处）填写支付方式，如 D/P、D/A 等，信用证方式下此处空白。

收款人［PAYEE（PAY TO THE ORDER OF）］：信用证方式下一般为受益人的议付行，托收方式下填写托收行。

总金额（THE SUM OF...）：填写大写的发票金额。

出票依据（DRAW UNDER...ISSUED BY）：信用证的号码、开立日期、开证行名称等信用证要求的内容，托收方式按照合同填写商品名称、件数、合同号。

付款人（TO）：填写付款人，信用证方式下一般为开证行或者其指定的付款银行名称地址，托收方式填写进口商（合同买家）名称地址。

出票人签章：一般为信用证的受益人。托收方式为合同的卖家。

知识点

远期汇票付款期限的写法有如下几种。

见票若干天付款：在上述汇票的“AT...”之后填写“×× DAYS AFTER SIGHT”。

出票若干天付款：在上述汇票的“AT...”之后填写“×× DAYS AFTER DATE OF DRAFT”。

提单日（整船日）后若干天付款：在上述汇票的“AT...”之后填写“×× DAYS AFTER DATE OF B/L”。

指定日期付款：在上述汇票的“AT...”之后填写实际的付款日期。

（3）各类单据签发日期总结。各种单据的签发日期应符合逻辑性和国际惯例，通常提单日期是确定各单据日期的关键，汇票日期应晚于提单、发票等其他单据，但不能晚于 L/C 的有效期。各单据日期关系如下。

发票日期应不晚于其他各种单据的日期。

提单日不能超过 L/C 规定的装运期也不得早于 L/C 的最早装运期。

保单的签发日应早于或等于提单日期，不能早于发票。

箱单应等于或迟于发票日期，但必须不晚于提单日。

产地证不早于发票日期，不迟于提单日。

商检证日期不晚于提单日期，但最好不要超过提单日，如果超过，必须在证书中通过标题或内容来表明该事件发生在提单日之前或提单日当天。

受益人证明：等于或晚于提单日。

装船通知：等于或晚于提单日后三天内。

承运人证明：等于或早于提单日。

（4）有关信用证中对单据的特殊标记要求。有些时候信用证会要求信用证项下的单据加注特别文句或者标记，只要该要求不影响收汇，可以在单据的空白处加注。

“表13－1”信用证在“47A”第5款要求在提单、发票、装箱单、承运人证明上加注“REMARK：INVOICE NUMBER SH/JCS/344/97”，我方已在相关的结汇单据上照做。

知识点

由于惯例对于单据的出具日期规定十分繁琐，为了方便起见，建议主要单据的日期均显示为提单的实际装船期。这样不容易混淆，既与《国际标准银行实务（ISBP）》没有抵触，操作起来也较为简便。

汇票日期可以晚于装船期，但必须在信用证规定的交单期和有效期之内。如果信用证/合同还要求提供如产地证（C. O.）等文件，其日期可以晚于装船期，但不能迟于信用证规定的交单日期。另外，各种产地证存在办理期限，过期申办即成为很多国家不接受的过期证或者后发证，因此要特别注意甄别各类产地证的申办期限。

3. 即期信用证业务操作总结

至此，我们完成了表13－1即期信用证要求的所有单据的收集和制作工作，由于本信用证是自由议付，没有限制议付行，所以出口商山西美可公司选择了山西农业银行国际业务部作为自己的议付行。

接着，受益人将所有单据递交议付行进行议付，我国银行目前有收妥结汇、定期结汇和议付结汇三种结付方式。

收妥结汇：指出口地银行经审查出口商提交的单据无误后，将单据航寄到国外开证行或开证行指定的付款行索取货款。等国外银行将货款汇入后，出口地银行再付款给出口商，目前我国大多数银行都采取这种做法。

定期结汇：指出口地银行根据向国外付款行索偿的邮程远近，预先确定一个固定的结汇期限，一般是出口地银行在审单无误后10—20天，到期无论是否收妥货款，应主动将货款金额结付给出口商。

议付结汇：又称出口押汇或买单结汇，是出口地的议付行在审单无误的情况下，按信用证的条款买入信用证项下出口商的汇票和装运单据，按照汇票面额扣除从议付日到实际收到国外款之日的利息，按议付日的外汇牌价折成人民币，记入进出口公司的账户。受益人（出口商）收到货款后，该笔业务基本告一段落。

本节站在受益人的角度，以执行“表13－1”即期信用证的出口任务为主线，介绍了即期信用证方式下出口的基本操作步骤。学习本节要注意掌握操作的基本流程，重点熟悉各环节的单据制作和准备方法。

为节省篇幅，避免重复，我们在介绍主要单据的制作时，将信用证方式下和托收方式下的各种单据的准备和制作要点归纳在一起，在本节做了总体的介绍，请学习者在学习下一节内容时参考本节单据的填写方法。凡是在介绍填制方法时没有提及适用于哪一种结算方式下的出口业务时，可视为通用于两类结算方式。

第二节

托收方式下的出口操作流程

托收结算在非信用证付款的出口业务中占有较为重要的地位，因此本节将以 D/P 即期为例，简单介绍托收方式下的出口操作流程。

一、D/P 即期付款出口业务的操作步骤

现在我们站在卖方的角度，将 D/P 即期付款出口业务的操作步骤概括性地介绍如下，以便大家从宏观上了解托收出口业务的模拟操作步骤：

第一步：买卖双方签合同，规定“D/P　AT SIGHT”作为付款方式。

第二步：卖方按照合同相关的规定备货并将货物运到指定的装运港。

第三步：卖方按照合同规定的装船期限订船、报检、报关（F 组术语下租船等运输事宜由买方负责）。

第四步：卖方在装船之前须按照合同投保货物的海运保险手续，待装船后领取按照实际装运数量（金额）出具的正式保险单。

第五步：卖方按照承运人的集港通知在指定的港口作业区装船。

第六步：卖方确认并取得相关的外部单据，如商检机构的检验证书，承运人或其代理签发的正本海运提单。然后按照商检证书的检验结果（数量、品质）制作结汇单据，如发票、装箱单、汇票等。

第七步：卖方在其所在地委托一家银行作为本次业务的托收行，将所有结汇单据交托收行，委托其向国外买家收款。

二、D/P 即期付款出口业务的操作流程环节分解

（一）租船订舱流程

1. 租船订舱流程简介

本环节的基本流程与上例的即期信用证付款出口业务的流程相同，不再赘述。

2. 租船订舱基本单据的准备

本环节需要递交承运人订舱的单据与上例的即期信用证付款出口业务的要求基本相同，不再赘述。

（二）申请检验流程

1. 报检流程

本环节的基本流程与上例的即期信用证付款出口业务的流程相同，不再赘述。

2. 主要报检单据

本环节需要递交商检机构报检的单据与即期信用证付款出口业务的要求基本相同，各种单据的填写，除了结算方式变化外，其余内容与即期信用证付款出口业务中的方法相同，填制依据变为买卖双方签订的合同。

（三）报关流程

1. 报关流程

本环节的基本流程与上例的即期信用证付款出口业务的报关流程相同，不再赘述。

2. 主要报关单据

本环节的基本单据与上例的即期信用证付款出口业务的要求相同，只是填制依据变为买卖双方签订的合同，不再赘述。

（四）有关投保海运险和装船流程

有关投保海运险流程、装船的流程和主要单据，与即期信用证付款出口业务基本相同，填制依据为买卖双方签订的合同，不再赘述。

（五）制单结汇流程

与即期信用证付款出口业务相同，在经过订船、报检、报关、装船各环节之后，下面将进入制单结汇流程。

1. 制单结汇流程简介

（1）本环节的单据准备与上例的即期信用证付款结汇单据的要求基本相同，只是填制依据变为买卖双方签订的合同，特别是商业汇票的填写与信用证业务有所不同。

（2）出口商将上述所有单据准备妥当，在企业所在地就近选择一家银行作为本次业务的托收行，填写委托书，将所有单据交付委托行，委托其向国外买家进行托收。委托行接受命令之后，通过它在国外买家所在地的代理银行向买家收款。

（3）买家所在地代收行按照委托指令通知买家来见票付款，买家付款取得提货单据，代收行收款后，将款转回出口商所在地的委托行，委托行将款划归出口商账户。整个结算业务当中，不论是托收行还是代收行都没有必须代替买家先期付款赎单的义务。

2. 主要结汇单据的制作

D/P 即期付款的结汇单据制作比信用证付款方式的制单要求宽松得多，只需按照合同要求、商检证书结果制单即可。常见单据的缮制请参照上节信用证制单结汇流程中的结汇单据制作方法。

课后练习

一、讨论题

1. 课堂讨论：总结对比 FOB、CFR、CIF 三术语情况下卖方出口流程的不同之处。

2. 课堂讨论：非信用证与信用证结汇方式下的出口业务在哪些操作环节上存在较大的差异？要求分组画出 L/C、D/P 方式下的简易出口操作流程图。

二、技能题

1. 请审核下列信用证片段中有错误的地方，并说明原因。

Type of Documentary Credit	40A	IRREVOCABLE
Letter of Credit Number	20	LGU - 002156
Date of Issue	31C	010302
Date and Place of Expiry	31D	010303 CHINA
Issuing Bank	51D	NEWYORK BANK , OSAKA
Applicant	50	YOUNGAN TRADING
Beneficiary	59	JIAHA INTER TRADING CO. , NO. 60, NONGJU RD , HA-IAN JIANGSU, CHINA
Currency Code, Amount	32B	USD 2 652. 00
Available with. . . by. . .	41D	ANY BANK BY NEGOTIATION
Drafts at	42C	AT SIGHT
Drawee	42D	NEWYORK BANK, OSAKA
Partial Shipments	43P	NOT ALLOWED
Transshipment	43T	NOT ALLOWED
Shipping on Board/Dispatch/Packing in Charge at/ from 44A: SHANGHAI, CHINA		
Transportation to	44B	New Delhi, India
Latest Date of Shipment	44C	000328
Description of Goods or Services: 45A		100PCT RAYON DIASH CLOTH 1 500 PIECES　USD15/PIECE CIF OSAKA, JAPAN

2. 以下面材料为例，参考本章单据格式，设计并填制商业发票、装箱单、汇票。

信用证关于发票的要求：SIGNED COMMERCIAL INVOICE IN 3 COPIES MENTIONING L/C NO. AND VESSEL'S NAME...

发票号码：JH - FLSINV06；信用证号：FLS - JHIC06；信用证有效期：JUNE 15, 2004

受益人：　SILVER SAND TRADING CORP. 6TH FLOOR, JINDU BUILDING, 135 WUXING ROAD, GUANGZHOU, CHINA

开证申请人：F. L. SMIDTH & JACK CO. A/S 77, VIGERSLEV ALLE, DK - 2600VALBY, COPENHAGEN, DENMARK

启运港：GUANGZHOU, P. R. CHINA；目的港：COPENHAGEN, DENMARK；币种：USD

贸易术语：CIF COPENHAGEN；合同号：JH - FLSSC06

信用证开证日期：APRIL 20, 2004；唛头：FLS/9711/COPENHAGEN/CARTON1 - 1200

开证行：ABC BANK, NO. 22, COPENHAGEN, DENMARK

议付行：BANK OF CHINA GUANGDONG BRANCH, NO. 25 ZHUJIANG ROAD, GUANGZHOU, CHINA

船名/航次/装船日期：YIXIANG, V703, JUNE 01, 2004

品名规格、单价：FOREVER BRAND BICYCLE YE803 26′ 600 SETS USD66. 00/SET
FOREVER BRAND BICYCLE TE600 24′ 600 SETS USD71. 00/SET

数量、包装：EACH 600 SETS, ALTOGETHER 1 200 SETS IN 1 200 CARTONS

第十四章

进口合同的履行

【学习目标】

1. 掌握进口合同执行的基本操作流程。
2. 掌握信用证开证申请书的基本填制方法。
3. 掌握信用证修改的基本要求。
4. 掌握进口租船订舱、保险、付款、报关、报验的基本程序和方法。

【导读】

某公司以 CIF 鹿特丹进口食品 1 000 箱，即期信用证付款。货物装运后，出口商则凭已装船清洁提单和已投保一切险及战争险的保险单，向银行收妥货款。货到目的港后，经进口商复验发现下列情况：

（1）该批货物共有 10 个批号，抽查 20 箱，发现其中 2 个批号涉及 200 箱沙门氏细菌超过合同标准。

（2）收货人实际收到 998 箱，缺少 2 箱。

（3）有 15 箱货物外表状况良好，但箱内货物共缺少 60 千克。

试分析以上情况，进口商应分别向谁索赔？

分析：

本例涉及进口商索赔问题。第一种情况应向出口商索偿，属于货物质量问题。第二种情况应向承运人索赔。承运人签发清洁提单，货到目的港后应将与提单所载明数量一致的货物悉数交给进口商。那么能不能找保险公司索赔？答案是否定的。出口商投保了一切险及战争险，一切险包含了短量险，但是短量险仅是对外包装破裂或散装货物发生数量散失和实际重量短缺的损失保险公司才予以赔偿；另一方面，一切险也包含了偷窃提货不着险，但是该险对于被保险货物被偷走或窃取行为所致的损失和整件提货不着等损失保险公司才予以赔偿，如无证据表明发生偷窃行为，保险公司不予赔偿。第三种情况应向出口商索赔。货物外表情况良好，而箱内货物却短少，说明装船前货物就已经短少，责任在于出口方。

进口合同依法成立后，对进、出口双方均具有法律约束力，买卖双方都应按照买卖合同的规定，履行各自的合同义务。虽然交易对象、成交条件及所选用的惯例不同，但是每一份合同中规定的当事人的基本义务却是相同的。根据《联合国国际货物销售合同公约》规定：卖方的基本义务是，按合同规定交付货物，移交与货物有关的各项单据，转移货物的所有权；买方的基本义务是，按合同规定支付货款和收取货物。

我国进口业务，大多采用 FOB 或 FCA 术语成交，海洋运输，以信用证方式结算。按此种进口合同，外贸进口公司（合同买方）履行合同的基本程序是：申领进口许可证、申请开立信用证、租船订舱和催装、办理保险、审单付款、报关报验、接货拨交、索赔。

第一节　申领进口许可证

一国政府为了禁止、控制或统计某些进口商品的需要，规定只有从指定的政府机关申办并领取进口许可证，商品才允许进口。

一、进口单位提出申请

进口许可证制度要求进口单位或需要进口产品的单位必须向有关行政管理机构呈交申请书或其他文件，申请办理进口许可证。申请报告的内容包括：进口商、收货人、贸易方式、外汇来源、报关口岸、出口国别或地区、原产地国或地区、商品用途、商品名称、规格、数量、单价、总值。同时还要向发证机关提供一般文件和材料，如货物进口合同等。

二、发证机关审核、填表并发证

发证机关审核上述申请报告和相关证明材料。如审核通过，颁发“中华人民共和国进口许可证”。如果进口过程中情况发生变化，需要对进口许可证的内容做一些变更，进口单位必须在许可证有效期内到原发证机关办理换证手续。

第二节　办理付款的相关手续

在我们的进口业务中，无论是采用信用证支付方式，还是采用汇款和托收方式，我们都应该按照合同规定的支付方式办理相关的付款（或保证）手续。

采用汇款、托收这类以商业信用为基础的结算方式，往往需要开具银行保函或备用信用证，为商业信用进行担保。进口贸易中，如采用预付货款方式，进口方可以要求出口方向银行申请预付款保函，保证卖方发货或按照要求使用预付款，否则由担保行退还买方所支付的预付款；在预付货款下，进口方还可以要求出口方向银行申请履约保函，保证卖方及时、完整地履行合同，否则买方有权向担保行索赔。进口贸易中，如采用赊销（即 O/A）与承兑交单（D/A）结算方式，卖方往往会要求买方通过银行开立付款保函或延期付款保函，担保买方按照合同规定付款，否则卖方有权向担保行要求支付。

采用信用证方式结算，进口人应及时办理对外开立信用证的相关手续。

目前在大额交易中，信用证仍然是各国贸易商所普遍接受的支付方式。信用证业务把原来由进口商履行的"凭单付款"责任转由银行来履行。因为"银行信用"比"商业信用"更加可靠、更加稳健，银行的资金也比商业资金更加雄厚，使得买卖双方都增加了交易的安全感。因而，使用信用证结算方式对各方都有益处。

一、进口商申请开立信用证一般程序

申请开立信用证的时间须按合同规定。合同没有规定时，一般掌握在合同规定的装运期前一个月到一个半月左右，以便出口方有足够的时间安排货物出运。

（一）递交有关合同的副本及附件

进口商在向银行申请开立信用证时，应向银行递交有关的进口合同副本及附件，如进口许可证、进口配额证（进口许可证及配额商品时）、某些部门的批文等，开证行还会对进口企业进口所需外汇进行核查。

（二）填写信用证开证申请书

进口商填写银行统一印制的信用证开证申请书，是进口商申请开立信用证过程中最重要的工作。它是开证银行对外开立信用证的基础和依据。进口商填写开证申请书时，必须按合同条款规定，写明对信用证的各项要求，内容须明确、完整，无词意不清的记载。

（三）交纳押金和开证手续费

按国际惯例，进口人向银行申请开立信用证，应向银行交付一定比例的押金或其他担保金。押金一般为信用证金额的百分之几到百分之几十，根据进口人的资信情况而定。我国开证行根据不同企业和交易情况，要求开证申请人缴付一定比例的人民币保证金，然后开证。此外，银行为进口商开证时，开证申请人（进口商）还必须按规定支付一定金额的开证手续费。

（四）银行开立信用证

开证行收到进口商的开证申请，立即对开证申请书的内容及其与合同的关系、开证申请人的资信状况等进行审核，在确信可以接受开证申请人的申请并收到开证申请人提交的押金及开证手续费后，即向信用证受益人开出信用证，并通过 SWIFT 系统发送至受益人所在地分行或代理行（统称通知行），由通知行将信用证通知受益人。

知识点

我国银行为进口企业开立信用证时还有以下规定和做法。

（1）不开立可转让信用证。在一般情况下，开证行无法对第二受益人的情况进行调查，尤其是对跨地区和国家的转让活动更难了解和掌握。这种情况下，一旦信用证被转让出去，开证行就很难控制。

（2）不开立保兑信用证。只有在开证行资信不佳，或交易额巨大，或由于进口国政治经济局势动荡等特殊情况下，才有必要开立保兑信用证。开立保兑信用证会增加进口商的负担。

（3）关于通知行的选择。开证行在其他国家都有其相对固定的合作银行，办理信用证业务时会指定自己的国外分行或代理行为通知行。如果出口方执意指定通知行，我国银行也接受进口企业在开证申请书上注明“该银行在开证行选择通知行时供参考”。

（4）不开立T/T偿付条款的信用证。即期信用证偿付分为单到付款和电汇偿付两种，单到付款最为常用，就是开证行或者指定的付款行收到符合信用证条款的汇票和单据后，立即付款。如按照T/T偿付条款，出口地的议付行在收到受益人提交的完全符合信用证的单据后，用SWIFT或TELEX向开证行提出立即付款。电报中会声明单据和信用证是一致的，并已经按照信用证规定寄送。开证行接到电讯通知后会以电汇的方式偿付。这种信用证收款时间短，加快了出口方的资金周转。但对于开证行来说，如果审单发现不符点再向议付行交涉、追讨货款，就面临许多困难。因此，我国银行不接受开立该条款的信用证。

二、开证申请书的填写

进口商填写的开证申请书（见表14－1、表14－2），一式三份，一份留业务部门，一份留财会部门，一份交银行，作为其开立信用证的依据。开证申请书，应以合同为依据，按合同各项规定和要求填写。开证申请书的内容包括两部分。

1. 开立信用证的内容

信用证的内容是开证申请人按照买卖合同条款要求开证行在信用证上列明的条款，是开证行凭以向受益人或议付行付款的依据。

表14－1　　信用证开证申请书

IRREVOCABLE DOCUMENTARY CREDIT APPLICATION

不可撤销信用证申请书

TO：HUAXIA BANK CO.，LTD. 致开证行：华夏银行	L/C No. 信用证编号：	Date：Jul. 21，2014 日期：2014年7月21日
Applicant 开证申请人 ZHEJIANG ALISON IMP. & EXP. CO.，LTD. C－719，WORLD TRADE CENTRE OFFICE BUILDING，122 SHUGUANG ROAD，HANGZHOU，CHINA Tel：0086－571－87631686　　Fax：0086－571－87950611　　P. C. 310007		
Beneficiary（full name，address and tel etc.） 受益人（全称，详细地址和电话传真） SAMSUNG CORPORATION 263，SAMSUNG－PLAZA BUILDING，SEOHYEON－DONG，BUNDANG－GU，SEONGNAM，GYEONGGI－DO，KOREA 463－721 TEL 0082－2－2145－2500　　FAX 0082－2－2145－2596		

续表

Partial shipments 分批装运 （ × ） allowed （ ） not allowed

Transshipment 转运 （ × ） allowed （ ） not allowed

Issued by 信用证开立形式（ × ）SWIFT （ ） teletransmission （ ） express delivery

Loading on board/dispatch/ taking in charge at/from 装运港： ANY KOREA PORT
Not later than AUG. 10，2014 装运时间
For transportation to SHANGHAI，CHINA 目的港

Contract No. 合同号 SMST/24116

Credit Amount 信用证金额
(both in figures and words) USD374 694. 00
US DOLLARS THREE HUNDRED SEVENTY FOUR THOUSAND SIX HUNDRED AND NINTY FOUR ONLY.

Trade Term 贸易术语 （ ） FOB （ × ） CFR （ ） CIF （ ） Others：

Description of goods 货物描述 SEE ATTACHMENT

Date and place of expiry 信用证到期日和到期地点 Aug. 30，2014 IN KOREA

Credit available with 交单行 信用证兑用方式
（ ） by sight payment 即期支付
（ × ） by acceptance 承兑
（ ） by negotiation 议付
（ ） by deferred payment at 延期付款
against the documents detailed herein
（ × ） and beneficiary's draft for 100% invoice value at 90 DAYS AFTER B/L DATE On issuing bank
凭受益人向开证行签发的、金额为100%发票金额、装运日后90天付款的汇票

Documents required：(marked with ×) 需要提交的单据
1. （ × ）Signed commercial invoice in 3 copies indicating L/ C No. and Contract No. SMST/24116.
经签署的商业发票一式三份，标明信用证号和合同号。
2. （ × ）Full set of clean on board Bills of Lading made out [×] to order/ [ ] to the order of and [×] blank endorsed，marked " freight [×] prepaid/ [ ] to collect showing freight amount" notifying [×] the applicant/ [ ] .
全套清洁已装船海运提单，做成空白抬头、空白背书，注明"运费 [×] 已付/ [ ] 到付，标明运费金额，并通知 [×] 申请人/ [ ]。
3. （ ）Air Waybills showing "freight [ ] prepaid/ [ ] to collect indicating freight amount" and consigned to the applicant.
空运单注明"运费 [ ] 已付/ [ ] 到付"，[ ] 标明运费金额，并通知收货人。
4. （ ）Insurance Policy/Certificate in copies for 110 % of the invoice value showing claims payable in China in currency of the draft，blank endorsed，covering（ [ ] Ocean Marine Transportation / [ ] Air Transportation / [ ] Over Land Transportation）All Risks，War Risks. / [ ]
保险单/保险凭证一式 份，按发票金额的110%投保，注明赔付地在中国，以汇票同种货币支付，空白背书，投保一切险、战争险和 [ ]。
5. （ × ）Packing list / Weight Memo in 3 copies.
装箱单/重量证明一式三份。
6. （ × ）Certificate of Quantity/ Weight in 3 copies issued by [×] manufacturer / [ ] seller / [ ] independent surveyor at the loading port，indicating the actual surveyed quantity / weight of shipped goods as well as the packing condition.
数量/重量证书一式三份，由制造商在装运港出具，要求和包装条款一样说明实际的数量或重量.

续表

7. (×) Certificate of Quality in 3 copies issued by [×] manufacturer / [ ] public recognized surveyor / [ ] .
品质证书一式三份，由 [×] 制造商/ [ ] 公众认可的检验机构出具。
8. (×) Beneficiary's Certified copy of fax dispatched to the applicant within 2 days after shipment advising the contract number, name of commodity, quantity, invoice value, bill of loading date, the ETA date and shipping vessel.
受益人以传真方式通知申请人装船证明，该证明须在装船后2日内发出，并通知合同号、货物的名称、数量、发票金额、装运日、预计到达日期以及船名。
9. ( ) Beneficiary's Certificate certifying that extra copies of the documents have been dispatched to the [ ] applicant/ [ ] 受益人证明。
10. ( ) Certificate of Origin in copies certifying 原产地证明。
11. ( ) Other documents, if any: 其他单据。

Additional instruction: (marked with ×) 附加条款
1. ( ) All documents must indicate contract number（所有单据加列合同号码）.
2. ( ) All banking charges outside the opening bank are for beneficiary's account（所有开证行以外的银行费用由受益人承担）.
3. ( ) Both quantity and amount for each item % more or less allowed（每项数量与金额允许 %增减）.
4. ( ) Third party as shipper is not acceptable（第三方作为托运人是不能接受的）.
5. ( ) Documents must be presented within × × × days after the date of issuance of the transport documents but within the validity of this credit（单据必须在提单日后× ×天送达银行并且不超过信用证有效期）.
6. ( ) Short form/blank back claused/unclean/charter party b/l is unacceptable（银行不接受略式/ 不清洁/租船单）.
7. ( ) All documents to be forwarded in one cover, unless otherwise stated above（除非有相反规定，所有单据应一次提交）.
8. ( ) Prepaid freight drawn in excess of l/c amount is acceptable against presentation of original charges voucher issued by shipping co. /air line or its agent（银行接受凭船公司/航空公司或其代理人签发的正本运费收据索要超过信用证金额的预付运费）.
9. ( ) Document issued prior to the date of issuance of credit not acceptable（不接受早于开证日出具的单据）.
10. ( ) Other terms, if any:

For banks use only Seal and / or Signature　　checked by (　　) L/C Margin 信用证保证金　　%　　checked by (　　) Credit Facility 授信额度　　checked by (　　) Date:	我公司承担本申请书背面所列责任及承诺，并保证按照办理。 （申请人名称及印鉴章） RMB A/C No. USD or ( )　　A/C No. 联系人:　　电话:

This L/C is subject to the Uniform Customs and Practice for Documentary Credit (2006 Revision) ICC Publication No. 600.

表 14－2 信用证开证申请书附件

ATTACHMENT

NAME OF COMMODITY	UNIT PRICE	QUANTITY	TOTAL AMOUNT
HDPE GRADE NO. 9004	USD937.00/MT CFR SHANGHAI	204MT	USD191 148.00
HDPE GRADE NO. 3234	USD927.00/MT CFR SHANGHAI	198MT	USD183 546.00
TOTAL:		402MT	USD374 694.00

2. 开证申请人对开证行的声明或具结，用以明确双方的责任

开证申请人对开证行的声明或具结的主要内容是开证申请人承认开证行在其付清货款赎单之前，对单据及单据所代表货物有所有权；开证申请人保证单据到达后如期付款赎单，否则，开证行有权没收开证申请人所交付的押金和抵押品，作为开证申请人应付价款的一部分。

3. 进口开证申请书填制指南

（1）To（致）：银行印制的申请书上事先都会印就开证银行的名称、地址，银行的SWIFT code、telex No. 等也可同时显示。

（2）L/C Number（信用证号码）：此栏由银行填写。

（3）Date（申请开证日期）：在申请书右上角填写实际申请日期。

（4）Applicant（申请人）：填写申请人的全称及详细地址，有的要求注明联系电话、传真号码等。

（5）Beneficiary（受益人）：填写受益人的全称及详细地址。

（6）Partial Shipment（分批装运）、Transhipment（转运）：根据合同的实际规定打“×”进行选择。

（7）Issued by （×）SWIFT （ ）teletransmission（ ）express delivery（信用证开立形式分电开和信开）：目前普遍为SWIFT格式。

（8）Loading on Board/Dispatch/Taking in Charge at/from（装船、发运和接收监管的地点）：填写实际装船地、发送地和接收货物、接管货物的发生地点。

（9）Contract No.（合同编号）：此栏由申请人填写签订的合同编号。

（10）Credit Amount（信用证金额）：分别用数字和文字两种形式表示，并且表明货币名称。如果允许有一定比率的上下浮动，要在信用证中明确表示出来。

（11）Advising Bank（通知行）：由开证行填写。

（12）Trade Term（贸易术语）：根据合同的实际规定打“×”进行选择。

（13）Description of Goods（货物描述）：所有内容（品名、规格、包装、单价、唛头）都必须与合同内容相一致，价格条款里附带“As per Incoterms 2010”、数量条款中规定“more or less”或“about”，使用某种特定包装物等特殊要求必须清楚列明。

（14）Date and Place of Expiry（截止日期和地点）：填写信用证的到期日和到期地点。

（15）Credit Available with/by（兑用方式）：在所提供的即期、承兑、议付和延期

付款四种信用证有效兑付方式中选择与合同要求一致的类型。

（16）Documents Required（单据条款）：各银行提供的申请书中已印就的单据条款通常为十几条，从上至下一般为发票、运输单据（提单、空运单、铁路运输单据及运输备忘录等）、保险单、装箱单、质量证书、装运通知和受益人证明等，最后一条是"other documents，if any（其他单据）"，如要求提交超过上述所列范围的单据就可以在此栏填写，比如有的合同要求"Certificate of no solid wood packing material（无实木包装材料证明）""Certificate of free sale（自由销售证明书）""Certificate of conformity（合格证明书）"等。申请人填制这部分内容时应依据合同规定，不能随意增加或减少。选中某单据后对该单据的具体要求（如一式几份、要否签字、正副本的份数、单据中应标明的内容等）也应如实填写，如申请书的要求不完整应在其后予以补足。

（17）Additional Instructions（附加指示）：该栏通常体现的条款如表14－1所列。如需要已印就的上述条款，可在条款前打"×"，对合同涉及但未印就的条款还可以做补充填写。

（18）Seal and / or Signature Checked by、L/C Margin（信用证保证金）% Checked by、Credit Facility（授信额度）Checked by：此栏由银行填写。

（19）Name，Signature of Authorised Person，Tel No.，fax，Account No.（授权人名称、签字、电话、传真、账号等内容）。

三、修改信用证

当买方通过银行开出信用证后，有时国外卖方会向买方提出修改信用证要求，对此，买方须根据具体情况进行处理。

（一）一般情况下应尽量避免修改信用证

修改信用证不仅会增加买方负担的银行费用，还会直接或间接地影响到合同的履行。如果卖方来电要求改证，但经我方仔细研究审核后认为对方的要求不合理，或根本就没有修改的必要，可以拒绝。

（二）必须改证时要按国际惯例办事

如果卖方提出的修改有合理而充分的理由，或提出由对方负担相关的费用等补偿措施，对我方不会造成直接或间接的损失，我方应同意改证。由我方向开证行提交修改申请书，开证行审查后如同意修改，则会根据要求向通知行发出修改通知书。

《UCP600》第10条c款规定，在受益人告知通知修改的银行其接受该修改之前，原信用证（或含有先前被接受的修改的信用证）的条款对受益人仍然有效。受益人应提供接受或拒绝修改的通知。如果受益人未能给予通知，当交单与信用证以及尚未表示接受的修改的要求一致时，则视为受益人已作出接受修改的通知，并且从此时起，该信用证被修改。

《UCP600》第10条f款规定，修改书中做出的除非受益人在某一时间内拒绝接受修改，否则修改将开始生效的条款将被不予置理。

案例

中国A公司与美国B公司订立了一份国际货物销售合同，由B公司向A公司销售一批计算机显示屏，双方约定以信用证方式付款。合同订立后，A公司依约向银行申请开出即期不可撤销信用证。B公司收到信用证后，便开始准备货源、安排装运及制作单据。此时，因国内用户要求A公司须提供原产地证明，A公司便向开证行提出修改信用证的申请，要求在信用证单据中增加原产地证明书。银行接受A公司的申请，修改了信用证，并通知B公司信用证修改事宜，B公司接到通知后未做出接受或者拒绝修改的通知，并仍按原信用证的规定向银行提交了单据。银行审单后，认为单证相符便向B公司支付了信用证项下的货款。后来，A公司以单据中缺少原产地证明书，单证不符为由，拒绝向银行付款赎单。

请分析A公司拒绝向银行付款赎单的做法是否合理？请陈述理由。

分析：本案涉及信用证的修改问题。B公司在收到有关信用证修改通知后，并未发出接受或者拒绝修改的通知，而是在交单时向银行提交了符合原证规定的单据，受益人以其行为做出拒绝信用证修改的表示，原信用证条款对受益人仍然有效，信用证的修改因未获得受益人同意而无效。银行接受B公司提交的符合原证规定的单据并支付款项的行为是正确的。开证申请人提出的单据不符不成立，A公司必须向开证行付款赎单。

第三节

租船订舱、办理保险

一、租船订舱

按FOB或FCA条件签订的进口合同，应由买方安排船舶，如买方自己没有船舶，则应负责租船订舱或委托货运代理办理租船订舱手续。当办妥租船订舱手续后，应及时将船名及船期通知卖方，以便卖方备货装船，避免出现船等货的情况。

二、接运货物

买方备妥船后，应做好催装工作。随时掌握卖方备货情况和船舶动态，催促卖方做好装船准备工作。对于数量大或重要的进口货物，必要时，可请买方驻外机构就地协助了解和督促对方履约，或派员前往出口地点检验监督，以利接运工作的顺利进行。

三、办理货运保险

按FOB或FCA术语进口，需由买方办理货运保险手续，一般有两种方式：预约保险和逐笔投保。

外贸公司与保险公司签订预约保险合同，对进口货物投保的险别、保险费率、使用的保险条款及赔偿的支付办法等都做了规定。买方在接到卖方的装运通知后，及时将船名、提单号、开航日期、装运港、目的港以及货物的名称和数量等内容通知中国人民保险公司，即视为办妥投保手续，保险公司即按预允保险合同的规定对货物负自动承保的责任。

在没有签订预约保险合同的情况下，买方需对进口货物办理逐笔投保的手续。当收到卖方的装船通知后，买方须立即向保险公司办理货物保险手续，否则货物在投保前在运输途中受损，保险公司不负责赔偿。

第四节

付款、报关、报验

一、审单付汇

在信用证付款方式下，国外发货人（出口商）将货物交付装运后，即将汇票和各项单据提交开证行或其他指定银行。开证行应在规定的工作日内完成对货物单据的审核，决定接受还是拒绝接受出口商的单据。如果审核无误开证行即须接受单据，履行信用证下汇票付款、承兑等义务，然后要求进口商按期付款赎单。

（一）审单付汇程序

进口货物单据审核是进口合同履行过程中的一个重要环节。信用证支付方式中，进口货物单据审核由开证银行和进口企业共同进行。开证行对单据进行初审，进口商对单据进行复审。具体如下。

1. 开证行审单

国外出口人将货物装运后，即将全套单据和汇票交出口地银行转我方进口地开证行或指定付款行收取货款。按照我国现行的做法，开证行收到国外寄来的全套单证后，根据信用证条款全面逐项审核单据与信用证之间、单据与单据之间在表面上是否相符，重点是：

（1）单据的种类、份数与信用证要求及议付行寄单面函所列是否相符；

（2）汇票金额与信用证规定的最高金额相比是否超额，与议付行寄单面函所列金额是否一致；

（3）单据中对货名、规格、数量、包装等描述是否与信用证要求相符；

（4）货运单据的出单日期及内容是否与信用证相符；

（5）货运单据及保险单据的背书是否与信用证规定相符。

开证行如审单无误，即将上述单证交进口人进行复审，同时准备履行付款责任。如审单发现单据表面与信用证规定不符，开证行可直接拒付（实际业务中，开证行往往先与我进口企业联系，征求进口企业的意见）。

2. 进口企业审单

进口企业收到开证行交来的全套商业单据和汇票后，根据开证申请书和合同规定认真审核出口商提交的单据。审核各种单据的内容是否相符，单据的种类和份数是否齐全，即单证是否一致。同时，以商业发票为中心，将其他单据与之对照，审核单单是否一致。进口企业审单后，如在3个工作日内没有提出异议，开证行即按汇票履行付款或承兑的义务。

（二）审单要点

我国进口业务审单主要审核国外出口商提交的汇票、发票、海运提单等。审单的目的是为了确定它们是否做到"严格相符"（单证一致、单单一致），以先从单据上确定出口商是否履行了合同义务和决定是否应该对其付款。进口单据审核要点如下。

（1）海运提单。海运提单是物权凭证，是出口人凭以议付货款和持单人（进口商）凭以提货的重要单据。

（2）汇票。国际贸易中采用信用证、托收支付方式一般都用跟单汇票。信用证项下，汇票除一般内容外，还应有信用证开证日期、开证行名称及信用证号码等。托收项下，汇票除一般内容外，通常也注明合同号码、商品名称、数量等。

（3）商业发票是单据的中心和交易情况的总说明。商业发票的记载必须详尽，计算必须正确，特别是货物的描述必须与信用证规定完全相符。

（4）保险单。在按 CIF 条件进口时，国外出口商须向我方提交保险单。

（5）其他单证。如装箱单、商检证、产地证等是否由信用证规定的机构签发；有关单证的名称、份数是否与信用证规定相符；单据上货物名称、品质、数量、唛头等是否与信用证及其他有关单据一致。

（三）"不符点"的处理

进口交易中，银行审核出口商提交单据无误，便按汇票付款或承兑。然后通知进口商付款赎单。如审核发现不符，银行一般也会找进口商征求其对不符单据的处理意见。业务中，出现卖方所交单据"不符"时，我方应在《UCP600》及国际银行业务惯例基础上考虑"不符"性质，做出适当处理。

（1）"不符"性质严重，包括迟装、过期提单，所交单据份数或种类与信用证规定不符，汇票金额大于信用证金额，单据中重要项目的内容与信用证规定不符，或单据之间相同项目的填写不一致。如出现上述不符，我方可拒绝接受单据并拒付全部货款。

（2）"不符"性质不太严重，可按下列方法处理：①部分付款、部分拒付。如果卖方提供单据"不符"性质不太严重，买方一般不宜全部拒付，此时可采取部分付款、部分拒付的办法解决这种问题。②货到检验合格付款，即买方向银行提出货到后如经检验货物符合合同规定，再接受单据，支付货款。③凭担保付款。即要求卖方或议付行出具货物与合同相符的担保，然后凭此担保付款。④更正单据后付款。如"不符"系打印错误，且时间允许，可在卖方更改单据后付款。

二、进口报关

进口货物到达目的港后，进口商应按国家法律规定办理货物进口报关手续。

进口报关指进口货物的收货人或其代理人向海关交验有关单证，办理进口货物申报手续。按海关法，进口货物报关手续应于运输货物的工具申报进境之日起 14 日内进行。报关时，收货人应填写"进口货物报关单"，向海关提交提货单、发票、包装单和进口货物许可证。

海关在接受申报后，对进口货物进行实际核对查验，如货物符合国家进口规定，于收货人交纳关税后，在货运单上签字盖章放行。收货人持此单提取进口货物。

三、纳税

海关按照《中华人民共和国海关进口税则》的规定，对进口货物计征进口税。货物在进口环节由海关征收（包括代征）的税种有：进口关税、增值税、消费税、进口调节税等。

（一）关税

进口关税是货物在进口环节由海关向进口商征收的一种税。进口关税的计算是以CIF价格为基数计算的，如果是以FOB价格进口，应加上国外运费和保险费。进口关税计算公式为：进口关税税额 = CIF价格 × 关税税率。

（二）增值税和消费税

增值税是指对纳税人生产经营活动的增值额征收的一种税。消费税是以消费品或消费行为的流转额作为课税对象的税种。消费税的计算公式为：

$$消费税 = \frac{(\text{CIF}价格 + 关税) \times 消费税税率}{1 - 消费税税率}$$

对于不征收消费税的商品，增值税计算公式为：增值税 = （CIF价格 + 关税） × 增值税税率。

对于征收消费税的商品，增值税计算公式为：增值税 = （CIF价格 + 关税 + 消费税） × 增值税税率。

（三）进口调节税

进口调节税是国家对限制进口的商品或出于其他原因加征的税种，其计算公式为：进口调节税 = CIF价格 × 进口调节税税率。

四、进口报验

按《中华人民共和国进出口商品检验法》规定，进口货物到岸后，进口企业须向卸货口岸或目的地商检机构办理登记。商检机构在报关单上加盖“已接受登记”印章，海关凭报关单上的印章验放。法定检验商品登记后，进口人在规定时间、地点持有关单据到商检机构报验，由商检机构检验。检验地点一般在合同约定地点进行，也可在卸货口岸或目的地或商检机构指定地点或收货人所在地检验。但卸货时如发现货物有残损短缺，进口企业则应及时向口岸商检机构申请检验，出具残损证书，以备索赔之用。

第五节

卸货与提货

进口货物到港后，船公司向进口人发出到货通知。进口货物卸货由港方负责。卸货时，进口人会同港方仔细核对货物，如发现短缺，填写“短卸报告”交船方签字；如发现残损，则应将货存放于海关指定仓库，通知保险公司、商检局等有关单位进行检验，确定残损原因、程度及索赔对象，凭商检机构出具的检验或鉴定证书，向国外有关责任方提出索赔。

进口人办理好进口报关手续后，即可凭海关盖有放行章的提单到港口码头办理提货手续。

第六节

拨交

凡属进口的货物，都应认真验收，如发现品质、数量、包装有问题应及时取得有效的检验证明，以便向有关责任方提出索赔或采取其他救济措施。

对于法定检验的进口货物，必须向卸货地或到达地的商检机构报验。未经检验的货物，不准销售和使用。为了在规定时效内对外提出索赔，凡属下列情况的货物，均应在卸货港口就地报验：①合同订明须在卸货港检验的货物；②货到检验合格后付款的；③合同规定的索赔期限很短的货物；④卸货时已发现残损、短少或有异状的货物。如无上述情况，而用货单位不在港口的，可将货物转运至用货单位所在地，由其自选验收，验收中如发现问题，应及时请当地商检机构出具检验证明，以便在索赔有效期内对外提出索赔。货物进口后，应及时向用货单位办理拨交手续，如用货单位在卸货港所在地，则就近拨交货物；如用货单位不在卸货地区，则委托货运代理将货物转运内地，并拨交给用货单位，在货物拨交后，外贸公司再与用货单位进行结算。

在履行凭信用证付款的 FOB 术语进口合同时，上述各项基本环节是不可缺少的，但是在履行凭其他方式付款和其他贸易术语成交的进口合同时，则其工作环节有别。例如：在采用汇付或托收的情况下，就不存在买方开证的工作环节；在履行 CFR 进口合同时，买方则不负责租船订舱，此项工作由卖方办理；在履行 CIF 进口合同时，买方不仅不承担货物从装运港到目的港的运输任务，而且不负责办理货运投保手续，此项工作由卖方按约定条件代为办理。这就表明，履行进口合同的环节和工作内容，主要取决于合同的类别及其所采取的支付条件。

第七节

进口索赔

进口商品到货后，进口商如发现商品品质、数量、包装等不符合合同的情况，应及时向商检部门申请对进口货物进行检验、鉴定，出具商检证书，在弄清事实、分清责任归属基础上，向有关责任方提出索赔。

一、进口的索赔对象

贸易中进口方的索赔对象有三个：向卖方索赔、向承运人索赔和向保险公司索赔。

1. 向卖方索赔

当卖方没有按时、按质、按量交货，即商品的品质、规格与合同规定不符，数量不足，交货拖延或不交货，包装不良使货物受损等，应向卖方提出索赔。

2. 向承运人索赔

进口货物如发生残损或到货数量少于提单所载数量，而提单清洁，无任何不良批注，一般即是承运人的过失造成，买方可根据不同运输方式的有关规定，及时向有关承运人提出索赔。

3. 向保险公司索赔

如由于自然灾害、意外事故或运输装卸过程中事故等致使货物受损，并属于承保范围以内的，应向保险公司索赔。此外属于承运人的过失造成的货物残损或丢失，而承运人不予赔偿或赔偿金额不足抵补损失的，如属于保险公司承保范围以内的，也应向保险公司提出索赔。

二、进口索赔应注意的问题

进口商办理进口索赔手续，须注意以下问题。

1. 索赔证据

进口商对外提出索赔必须准备索赔证据，包括制备索赔清单，随附商检局签发的检验证书、残损证明以及货物的发票、装箱单、提单副本。其次，对不同的索赔对象，还须另附有关证件。向卖方索赔时，应在索赔证据中提出确切的根据和理由，如系 FOB 或 CFR 合同，必须随附保险单一份。向轮船公司索赔时，须另附由船长及港务局理货员签证的理货报告及船长签证的短卸或残损证明。向保险公司索赔时，须另附保险公司与买方的联合检验报告等。

根据国际惯例，买方向卖方索赔的金额，应与卖方违约造成的损失相等。除损失的商品价值外，索赔的金额还可包括其他有关费用，例如商品检验费、装卸费、银行手续费、仓租、利息以及预期的利润。至于索赔的金额具体应包括哪几项，应根据实际情况确定。

2. 索赔期限

对外索赔必须在合同索赔有效期限内提出，过期无效。如果商检工作需要时间较长，买方可向对方要求延长索赔期限。如果买卖合同中未规定索赔期限，买方行使索赔权的最长期限为其实际收到货物起两年之内。向轮船公司提出海运货损索赔，索赔期限为被保险货物在卸载港全部卸离海轮后一年之内；向保险公司索赔，索赔期限为货物在最后卸载港全部卸离海轮后两年之内。

3. 妥善保管受损货物

如果货物受损责任在卖方，进口方可向卖方提出索赔。在卖方同意赔偿前，进口方须保持货物的原状并作好妥善保管。如果买方不能按实际收到的货物的原状归还货物，他就丧失了宣告合同无效或要求卖方交付替代货物的权利。

三、索赔函

索赔函是受损方向违约方提出索赔要求的书面文件。它是企业解决进出口业务纠纷，维护企业和国家利益，保障企业信誉的重要手段。索赔函的内容一般包括标题、正文、附件等。

课后练习

一、单项选择题

1. CIF 条件下，合同与信用证均没有规定投保何种险别，交单时保险单上反映出投保了平安险，该出口商品为易碎品，而其他单据与信用证要求相符，因此（　）。

A. 银行将拒收单据　　B. 买方将拒收单据

C. 买方应接受单据　　D. 银行应接受单据

2. 在交易过程中，买方的基本义务是（　）。

A. 提交货物　　B. 提交单据

C. 支付货款　　D. 接收货物

3. 进口的货物如发生残损或到货数量少于提单所载数量，而运输单据是清洁的，则进口方应向（　）提出索赔。

A. 卖方　　B. 承运人

C. 保险公司　　D. 银行

4. 进口关税是以（　）价格为基数计算的。

A. FOB　　B. FCA

C. CFR　　D. CIF

5. 在（　）术语下，应由买方安排接货船舶。

A. FOB　　B. CFR

C. CIF　　D. DDP

6. 在（　）术语下，应由买方办理货运保险手续及承担相关费用。

A. CIP　　B. FOB

C. CIF　　D. DDP

二、简答题

1. 开证申请人在申请开立信用证时，要注意哪些问题？

2. 进口方在遭受损失后，可以向哪些有关方面索赔？

3. 以 FOB + L/C 进口合同为例，买方履约主要有哪些步骤？

三、技能题

1. 请根据下面给出的合同，参考本章开证申请书格式，设计并填制一份不可撤销信用证申请书。

CONTRACT

NO：98SGQ468001　　DATE：APR. 22. 2018　　SIGNED AT：GUANGZHOU

SELLERS：A. B. C CORP.

ADDRESS：NO. 9……FINLAND　　P. O. BOX（略）　TEL：（略）　FAX：（略）

BUYERS：GUANGDONG LIGHT ELECTRICAL APPLANCES CO. , LTD.

ADDRESS：52. DEZHENG SOUTH ROAD，GUANGZHOU，CHINA TEL：（略）FAX：（略）

THIS SALES CONTRACT IS MADE BY AND BETWEEN THE SELLERS AND THE BUYERS; WE HEREBY THE SELLERS AGREE TO SELL AND THE BUYERS AGREE TO BUY THE UNDER MENTIONED GOODS ACCORDING TO THE TERMS AND CONDITIONS STIPULATED BELOW AND OVERLEAF：

（1）NAMES OF COMMODITY（IES）AND SPECIFICATION（S）：HALOGEN FITTING W500

（2）QUANTITY：9600PCS

（3）UNIT PRICE：USD 3. 80/PC CIF GUANGZHOU

（4）AMOUNT：USD 36 480. 00

TOTAL：USD 36 480. 00

SAY US DOLLARS THIRTY－SIX THOUSAND FOUR HUNDRED AND EIGHTY ONLY.

10% MORE OR LESS ALLOWED BOTH IN AMOUNT AND QUANTITY

（5）PACKING：CARTON

（6）PORT OF LOADING：HELSINKI

（7）PORT OF DESTINATION：GUANGZHOU

（8）TIME OF SHIPMENT：

WITHIN ___30___ DAYS AFTER RECEIPT OF L/C, ALLOWING TRANSSHIPMENT AND PARTIAL SHIPMENT.

（9）TERMS OF PAYMENT：

BY 100% CONFIRMED IRREVOCABLE AND SIGHT LETTER OF CREDIT TO BE OPENED AND TO REACH THE SELLER BEFORE MAY 1，2018 AND TO REMAIN VALID UNTIL THE 15 DAYS AFTER SHIPMENT. L/C MUST MENTION THIS CONTRACT NUMBER. ALL BANKING CHARGES OUTSIDE CHINA（THE MAINLAND OF CHINA）ARE FOR ACCOUNT OF THE DRAWER.

（10）INSURANCE：

TO BE EFFECTED BY THE SELLERS FOR 110% OF FULL INVOICE VALUE COVERING F. P. A. AS PER THE CLAUSES OF THE PEOPLE'S INSURANCE COMPANY OF CHINA UP TO HELSINKI.

（11）DOCUMENTS：

THE SELLERS SHALL PRESENT TO THE NEGOTIATING BANK CLEAN ON BOARD BILL OF LADING，INVOICE，PACKING LIST，QUALITY CERTIFICATE ISSUED BY THE CHINA COMMODITY INSPECTION BUREAU OR THE MANUFACTURERS，SURVEY REPORT ON QUANTITY/WEIGHT ISSUED BY THE CHINA COMMODITY INSPECTION BUREAU，AND TRANSFERABLE INSURANCE POLICY OR INSURANCE CERTIFICATE.

（12）QUALITY/QUANTITY DISCREPANCY：

IN CASE OF QUALITY DISCREPANCY，CLAIM SHOULD BE FILED BY THE BUYER WITHIN 30 DAYS AFTER THE ARRIVAL OF THE GOODS AT PORT OF DESTINATION；WHILE FOR QUANTITY DISCREPANCY，CLAIM SHOULD BE FILED BY THE BUYER WITHIN 15 DAYS AFTER THE ARRIVAL OF THE GOODS AT PORT OF DESTINATION.

SELLER：　（略）　　　　BUYER：（略）

2. 请每4人为一组，每组分成买卖双方进行谈判。贸易基本要素自拟，根据所拟定的贸易要素进行谈判。谈判结束达成交易签订合同，制作出买卖各方的合同，根据第十三章和第十四章所学，进行出口贸易和进口贸易执行流程的模拟操作。

第四篇　非货物贸易方式与电子商务

第十五章

国际服务贸易与技术贸易

【学习目标】

1. 熟悉国际服务贸易与技术贸易的一般性特征。
2. 了解我国服务贸易、技术贸易的发展现状。
3. 了解《服务贸易总协定》中的有关规定。
4. 重点掌握国际服务贸易、技术贸易的概念和相关涵盖范围。

第一节

国际服务贸易

一、国际服务贸易的概念

（一）国际服务贸易的概念

国际服务贸易是指不同国家之间的服务买卖活动。服务的提供国即是服务出口国，服务的消费国即是服务的进口国，各国服务出口额之和构成了国际服务贸易额。

1. 国际服务贸易的交付（提供）方式

由于服务贸易内在本质的复杂性，各国对国际服务贸易的定义有不同的阐释。为澄清此问题，联合国贸易与发展会议（UNCTAD）用实际过境来定义服务贸易。从过境现象看，国际服务贸易有四种交付方式。

（1）商品贸易中服务的过境：国际货物贸易中的修理、加工、装配货物等行为。

(2) 货币（资本）的过境：如银行和金融服务。

(3) 人员的过境：如咨询人员、工程师、医生等跨境提供服务。

(4) 信息的过境：如通过电信系统或以文件、报告的形式提供信息服务。

2. 国际服务贸易的形式

关税与贸易总协定乌拉圭回合于1994年4月15日达成了《服务贸易总协定》，对国贸服务贸易的概念给出了较为精准的定义，具有一定的权威性和指导性作用。上述协定对服务贸易给出了如下四种形式。

(1) 过境交付（Cross – Border Supply）：从一成员境内向任何其他成员境内提供服务。如视听、金融服务等。

(2) 境外消费（Consumption Abroad）：在一成员境内向任何其他成员的服务消费者提供服务。如旅游、境外就医、留学等。

(3) 商业存在（Commercial Presence）：一成员的服务提供者在任何其他成员境内通过商业存在提供服务，例如，一国某公司到外国开饭店或零售商店等。

(4) 自然人流动（Movement of Personnel）：一成员的服务提供者在任何其他成员境内通过自然人存在提供服务。例如，一国教授、高级工程师或医生到另一国从事个体服务等。

另外，《服务贸易总协定》指出，其所规范的服务不包括各国政府当局为实施职能所需的服务。

（二）国际服务贸易的特点

服务贸易和货物贸易作为国际贸易的两大组成部分，两者相互联系、相互补充、相互促进，存在一定的替代关系。同时又互为区别，各有自己的特点。与国际货物贸易相比，国际服务贸易的特点可归纳为以下几个方面：

1. 交易标的一般具有无形性和多样化

对于国际货物贸易而言，人们在特定的时间和确定的地点是可以看见商品、资本或信息媒介的跨国界流动的，故其标的是有形的，如铁矿石、汽车的进出口等。国际服务贸易的标的并不是单纯的商品，而是具有无形性和多样化的特点，如运输、金融、旅游等。鉴于服务贸易的特点，其贸易数据无法通关海关进行统计，一般在各国的国际收支平衡表中显示。

2. 交易过程具有不可储存性、生产与消费的同步性

在国际服务贸易中，服务是不能储存的，大多数交易过程与服务的生产和消费过程分不开，服务提供之时，往往就是消费方消费服务的时候，如跨境发生的理发、看病等服务，理发师和医师提供服务的过程即是他们让渡产品的过程，同时也就是顾客和病人消费服务的过程。国际服务贸易要求提供方和消费方存在某种形式的接触，即两个主体必须存在于同一时间和同一地点。

3. 贸易主体地位的多重性

国际服务贸易中的卖方，即服务的生产者作为一种物质要素直接加入了服务的消费过程。而服务的买方，即服务的消费者又作为劳动对象直接参与了服务的生产过程。例如跨境导游服务，买卖双方主体地位就具有比较鲜明的多重性。

4. 服务贸易具有高度的国家保护性和垄断性

由于发达国家与发展中国家之间的服务贸易发展水平存在着巨大的差距，发达国家要求扩张、开放服务贸易市场，而发展中国家不得不对本国的服务贸易实行保护，甚至发达国家也对某些服务行业实行保护。国际服务贸易是一个垄断性极高的领域。据统计，全球贸易服务壁垒大大超过货物贸易壁垒的程度，并且这种高度垄断性不可能在短期内加以消除。

5. 国家保护方式更具刚性和隐蔽性

由于服务贸易标的具有无形性、不可储存性等特点，使得各国政府对本国服务业的保护无法采取关税壁垒的方式，而只能运用市场准入限制等非关税壁垒措施，并通过国内立法的形式加以实行。这种以国内立法形式实施的非关税壁垒，使国际服务贸易受到的限制和障碍更具刚性和隐蔽性。

6. 国际惯例约束具有相对的灵活性

虽然《服务贸易总协定》（GATS）是世界贸易组织处理多边服务贸易的原则和规则的框架性文件，对各缔约成员国均具有约束力。但这种约束具有一定的灵活性，如就市场准入来说，GATS采取的是循序渐进、逐步自由化的办法，允许缔约方首先根据各自国内的实际情况做出不同程度的承诺，然后再进行相关的减让谈判，根据协议实行部门之间的互惠减让。

7. 营销管理具有更大的难度和复杂性

国际服务贸易的以上各种特点，使得营销管理比货物贸易的管理更为困难。

二、国际服务贸易的范围与分类

随着国际间经济交往的不断发展，国际服务贸易的内容也日渐庞杂，范围也因不同国际组织、不同国家、不同分析者的不同侧重面而有所不同，本文选取一种分类方法如下。

世界贸易组织在乌拉圭回合谈判后，提出了以部门为中心的服务贸易划分方法，将服务贸易分为12大类，大约160个小类。其中12个大类分别为：（1）商业服务；（2）通讯服务；（3）建筑和相关工程服务；（4）分销服务；（5）教育服务；（6）环境服务；（7）金融服务；（8）与健康相关的服务和社会服务；（9）旅游和旅游相关的服务；（10）娱乐、文化和体育服务；（11）运输服务；（12）其他服务。

三、《服务贸易总协定》的有关规定

《服务贸易总协定》是关贸总协定（GATT）乌拉圭回合谈判中于1994年4月15日达成的首部有关国际服务贸易的具有法律效力的多边协定，于1995年1月正式生效。其宗旨是在透明度和逐步自由化的条件下扩大服务贸易，并促进各成员的经济增长和发展中国家服务业的发展，是国际服务贸易自由化的重要里程碑。协定包括序言和6个部分共29个条款、8个附录、8项部长会议决定，首次为规范国际服务贸易提供了一个总体规则框架。《服务贸易总协定》第二部分“普遍义务与原则”共规定了14条各成员必须遵守的基本义务，主要有以下方面。

1. 最惠国待遇

在国际贸易中，最惠国待遇是指签订贸易条约的缔约一方在贸易、航运、关税和公民的法律地位等方面，如果给予任何第三方以减让、特权、优惠或者豁免时，所有的缔约国也可以得到同等的待遇。

《服务贸易总协定》还规定了最惠国待遇的例外情况。根据最惠国待遇豁免的附件规定，世界贸易组织成员在特定情况下，经世界贸易组织允许可以对最惠国待遇实行暂时的例外，即暂时在某些特定服务领域，在世界贸易组织成员间不履行最惠国待遇义务。如成员某个部门有必要保留一些与最惠国待遇原则相抵触的措施，则必须在成员加入世界贸易组织前提出例外申请，否则加入以后提出的例外申请须得到世界贸易组织成员 3/4 多数的同意。此类例外必须十分详细，并且每 5 年进行一次重新审定，在下一轮谈判中还要进行谈判。不仅如此，还规定有终止的日期，一般不超过 10 年。因此，在“乌拉圭回合”中，许多国家都争先恐后地申请金融服务、基础电信服务、海运服务以及视听服务部门的最惠国待遇原则例外。

2. 服务贸易政策、法规、措施的透明度义务

透明度原则的目的是增加国际贸易的可预见性，使贸易双方能预先准确地测算出贸易成本和经营风险，从而便于成交决策。透明度原则对于国际服务贸易具有特别重要的意义。

《服务贸易总协定》中规定的透明度原则，要求各成员立即公布其所有由国家或地方政府机构、非政府立法部门发布并生效的法律、条例、行政规章、各种措施以及所签署的与国际服务贸易有关的国际协议，并且每年需将其对承诺产生影响的新的立法和对原有立法的修改及其他措施向全体成员通报一次。目的是为外国企业分公司或海外公司创造条件，使它们能清楚地了解一个国家的特殊规章、条例和市场惯例。

根据《服务贸易总协定》规定，各成员必须以适当形式让其他所有成员了解其对国际服务贸易的管理制度。为此，各成员都需要建立一个专门的咨询机构向其他成员提供必要的资料，并答复其他成员在此方面提出的各种咨询。

透明度原则的例外规定，即对于任何参加方的那些一旦公布即会妨碍其法律的实施，或对公共利益不利，或将损害具体企业的正当商业利益的机密资料可以不予公布。

3. 服务贸易一体化安排

《服务贸易总协定》允许各成员在世贸组织体系之外，参加推动服务贸易自由化的协议，对发展中国家之间的有关协议采取较为灵活的政策，允许其按发展水平达成某些协议。但是参加协议的各方对该协议外的国家不应采取提高壁垒的措施，任何成员决定加入某一协议或对某一协议进行重大修改时，都应迅速通知各成员，而各成员应组成工作组对其进行检查。如果某成员认为某个协议损害了自己的利益，则可按《服务贸易总协定》关于争端解决的协定提起争端解决申请。

4. 垄断与专营服务提供者

《服务贸易总协定》在制定时，考虑到某些服务在成员国的国民经济发展中的重要地位，某些成员需要对某些服务进行垄断或规定专营权，国际服务贸易多边规则目前承认这些垄断的合理性，但规定某项服务的垄断提供者提供垄断服务时应遵守最惠国待遇原则项下的各项义务，其行为不能损害其他成员的服务提供者按最惠国待遇、市场准入、国民待遇规定所享有的权利以及本国在多边贸易谈判中已经做出的具体承诺，而且要保证这种垄断不影响垄断范围以外的外国服务竞争。

5. 服务贸易自由化中的紧急保障措施

服务贸易自由化中的紧急保障措施是指世界贸易组织成员在由于没有预见到的变化，或由于贸易具体承诺而使某一服务的进口量急剧增大，导致对本国服务提供者造成严重损害和威胁时，可以部分或者全部地中止此承诺以减轻或消除损害。

6. 世贸组织成员可援引的例外

"乌拉圭回合"签订《服务贸易总协定》的宗旨是要实现服务贸易自由化，促进世界服务贸易和世界经济的发展。但它同时也对开放市场后可能对成员的经济贸易发展带来的影响予以关注，对服务贸易自由化的风险相应制定了一系列可援引的例外保障措施，允许其成员遇到紧急情况时，对本国的相关服务部门予以合理与适度的保护。《服务贸易总协定》规定成员可援引的例外条款主要包括确保国际收支平衡的例外措施、政府采购、补贴和普遍例外。

四、中国服务贸易概况

（一）中国服务贸易现状

我国服务贸易的发展是借改革开放的东风而发展的。随着我国对外改革开放的深化，服务市场的对外开放范围和程度不断增大。我国服务贸易出口始于1979年的海外工程承包和80年代初国内旅游业的开发。随着引进外资、引进技术和货物贸易的发展，服务贸易的领域越来越宽，相关的货物追加服务（如运输、国际结算）、通信、金融、保险、技术服务、咨询、人员培训等服务贸易随之迅速发展。

据统计，在2001—2017年间，中国服务贸易进出口额由2001年的784亿美元增加到2017年的6 957亿美元，平均年增长率达15.15%。中国服务进出口额在国际服务贸易总额中所占的比重也由2001年的2.43%上升到7.1%，中国的服务贸易进出口总额的排名从2001年的世界第12位，到2014年起连续4年位居世界第2位。世界主要国家服务贸易情况如表15－1所示。

表15－1　　2014年世界服务贸易主要国家（地区）统计

出口（亿美元）					进口（亿美元）				
排名	国家（地区）	金额	比重（%）	增长率（%）	排名	国家（地区）	金额	比重（%）	增长率（%）
1	美国	6 860	14.1	3	1	美国	4 540	9.6	4
2	英国	3 290	6.8	4	2	中国	3 820	8.1	16
3	德国	2 670	5.5	5	3	德国	3 270	6.9	1
4	法国	2 630	5.4	4	4	法国	2 440	5.1	6
5	中国	2 222	4.6	8	5	日本	1 900	4.0	12

数据来源：WTO国际贸易统计数据库（INTERNATIONAL TRADE STATISTICS DATABASE）；中国商务部。

我国服务贸易发展到今天，主要有以下几种方式：过境交付，如电信、金融、保险、广告服务等；境外消费，如旅游、教育、医疗等；商业存在，如外商驻京代表处、合资商店等；自然人流动，如劳务出口等。

【导读】

中国在加入WTO时，根据《中华人民共和国服务贸易具体承诺减让表》（以下简称《减让表》）对中国的服务业进行了对外开放。《减让表》中将服务贸易分成了12个大类、160个小类。其中，中国对商业服务、通信服务、分销服务、教育服务、环境服务、建筑与相关工程服务、金融服务、旅游服务、运输服务等9个服务部门做出了开放承诺，对娱乐、文化与体育服务，健康与社会服务，其他服务等3个较为敏感的服务部门未做出承诺。承诺最长期限为入世后6年内，即2007年内完成所有承诺。

（二）发展中国国际服务贸易的对策

1. 大力促进服务贸易发展

要按照积极推进新兴服务贸易出口与扩大传统劳动密集型服务贸易出口相结合的原则，重点扩大工程承包、设计咨询、技术转让、金融保险、国际运输、教育培训、信息技术、民族文化等服务贸易出口。

2. 制定适度的服务贸易保护政策

在不违反《服务贸易总协定》规则的前提下，制定适度的服务贸易保护政策将有利于扶持中国国际服务贸易的健康快速发展。在这一方面要区分不同情况采取不自由、半自由和全自由三类不同的政策：凡涉及国家主权、国家安全和国家机密的极少数部门或项目，应采取明令禁止的政策，不放开，不允许外资进入；凡关系到国民经济命脉和人民生活安定的重要部分或项目，允许开放，也允许外资进入，但不允许外商独资或控股；除以上两者外的绝大多数一般部门或项目，要完全放开，实行自由化的政策。另外，《服务贸易总协定》还给予了发展中国家若干特殊优惠待遇和宽限期以及保护措施，我国应充分加以利用。

3. 加快服务立法，建立系统的服务贸易法规体系

为保证服务贸易健康发展，尽快建立健全既符合本国经济发展目标又不违背国际法律及准则的法律、法规。对服务市场准入原则、服务贸易的税收、投资、优惠条件等要以法律形式规定下来，以增加我国服务贸易的透明度。同时，依据GATS进行保护性立法，最大限度地缓和与减少对我国服务贸易产业的强大冲击。

4. 建立和完善服务贸易管理体制

解决当前我国国际服务管理中存在的问题，关键是要迅速建立科学的管理体制，确定统一协调的服务贸易进出口政策以及归口管理部门。通过宏观规划、调查统计、市场促进、政策协调、对外谈判等工作，使政府管理更加务实、高效。

【导读】

国务院新闻办公室《中国与世界贸易组织》于2018年6月28日首次发表白皮书。其中总结了关于服务贸易的开放情况：入世以来，中国广泛开放服务市场，在世贸组织分类的12大类服务部门的160个小类中，中国承诺开放的9大类100个小类，接近发达成员平均承诺开放108个小类的水平。截至2007年，中国对服务贸易领域的开放承诺已全部履行完毕。

另外，我国持续降低服务领域外资准入门槛，按期取消服务领域的地域和数量限制，不断扩大允许外资从事服务领域的业务范围。其中，在快递、银行、财产保险等54个服务分部门允许设立外商独资企业，在计算机、环境等23个分部门允许外资控股，在电信、铁路运输、旅游等80个分部门给予外资国民待遇。2010年，中国服务业吸引外商直接投资额首次超过制造业，2017年吸引外商直接投资额占比达到73%。

第二节

国际技术贸易

一、国际技术贸易的概念、特点及内容

前文我们着重介绍了国际贸易中最为常见的货物贸易。随着科学技术的加速发展和第三产业的兴起，除了传统的货物贸易之外，国际贸易逐渐朝着技术贸易、服务贸易等全新领域扩展。国际技术贸易所指的技术是一种商品，可以在国际市场上交换沟通。

（一）技术的概念、分类及性质

1. 技术的概念

技术贸易是指技术输出方把某项技术或权利采取交易的形式转让给引进方。国际工业产权组织认为："技术是指制造一种产品或提供一项服务的系统的知识。"

2. 技术的分类

（1）按技术的公开程度可分为：① 公开技术，为社会公众所知的技术，可以公开传播，自由使用，不受限制。② 专有技术，又称秘密技术、技术诀窍或技术秘密。所有人仅以保密来维持其价值，并对其占有。专有技术一旦泄露，其价值会受到很大的损害。

（2）按技术是否属于工业产权可分为：① 工业产权技术，是指专利技术、专有技术和注册商标。专利技术和注册商标均系其发明人或所有人依据法律，通过申请而获得对其享有独占权的知识产权。② 非工业产权技术，是指版权技术和公开技术。

（3）按技术发展的生命周期可分为：① 发展阶段技术；② 成熟阶段技术；③ 标准化阶段技术；④ 衰老阶段技术。

3. 技术的特征

（1）无形性。技术是一种看不见摸不着的知识和经验，它只能靠理解去把握。有些技术可用语言来表达，而有些技术只存在于"能人"的经验中。

（2）系统性。零星的技术知识不能称之为技术。只有关于产品的生产原理、设计，生产操作，设备安装调试，管理、销售等各个环节的知识、经验和技艺的综合，才能称之为技术。

（3）商品属性。技术是无形的特殊商品，但技术不仅有使用价值，也有交换价值，所以才能充当技术贸易的交易标的。

（二）国际技术贸易的概念及特点

1. 国际技术贸易的概念

国际技术贸易是指不同国家的企业、经济组织或个人之间，按照一般商业条件，向对方出售或从对方购买软件技术使用权的一种国际贸易行为。它由技术出口和技术引进这两方面组成。简言之，国际技术贸易是一种国际的以纯技术的使用权为主要交易标的的商业行为，又称为国际技术转让。

2. 当代国际技术贸易的特点

（1）国际技术贸易发展迅速。世界技术贸易平均每5年翻一番，目前每年已达到1万亿美元左右，并且还有扩张趋势。

（2）国际技术贸易主要集中在发达国家，约占世界技术贸易额的80%左右，主要集中在美国、英国、德国、日本和法国。美国是主要技术供应国。

（3）发展中国家以技术引进为主，每年贸易额高达500亿美元以上。

（4）技术贸易与资本、设备、劳务等交易相结合。这种一揽子交易是当今最受欢迎、最有效的国际技术贸易。

（5）跨国公司在国际技术贸易中作用巨大。因跨国公司资金雄厚，技术力量强，信息灵通，科技研究和开发力度大。当今世界80%的新技术是由跨国公司提供的，跨国公司从事的国际技术贸易额占世界技术贸易总额的70%以上。

3. 国际技术贸易与货物贸易的区别

（1）交易标的性质不同。货物贸易的标的是有形的物质商品，易计量、论质和定价；而技术贸易的标的是无形的知识，其计量、论质和定价的标准很复杂。

（2）交易双方当事人不同。一方面，货物贸易的双方当事人一般不是同行，而技术贸易双方当事人则一般是同行。因为只有是同行，引进方才会对转让方的技术感兴趣，才有能力使用这种技术。另一方面，货物贸易中的卖方始终是以销售为目的，而技术贸易中的卖方（转让方）一般不是为了转让销售而是为了自己使用才去开发技术的，只是在某些特定情况下才转让技术。

（3）交货过程不同。货物贸易的交货是实物移交，其过程较简单。技术贸易的“交货”则是传授技术知识、经验和技艺的复杂而又漫长的过程。

（4）所涉及的问题和法律不同。技术贸易涉及的问题多、复杂、特殊。如技术贸易涉及工业产权保护、技术风险、技术定价、限制与反限制、保密、权利和技术保证、支持办法等问题。技术贸易中涉及的国内法律和国际法律、公约也比货物贸易多。因而从事技术贸易远比从事货物贸易难度大。

（5）政府干预程度不同。政府对技术贸易的干预程度大于对货物贸易的干预程度。由于技术出口实际上是一种技术水平、制造能力和发展能力的出口，所以为了国家的安全和经济利益上的考虑，国家对技术出口审查较严。另外由于在技术贸易中，技术转让方往往在技术上占优势，为了防止其凭借这种优势迫使引进方接受不合理的交易条件，也为了国内经济、社会、科技发展政策上的考虑，各国对技术引进也予以严格的管理。

【导读】

目前中国已与130多个国家建立了技术贸易联系，技术贸易已从最初的成套设备、生产线为主，向专利技术、专有技术许可、合作研发等转变，技术贸易已成为中国创新型国家建设的重要助推器和加速器。2015年，中国技术进出口总额达到545亿美元，近十年累计进出口总额超过3880亿美元。

（三）国际技术贸易的内容

国际技术贸易内容主要包括：专利技术、商标和专有技术。商标虽不属技术，但它与技术密切相关，所以常将它作为国际技术贸易的基本内容之一。

1. 专利

专利（Patent）通常是指专利权（Patent Right）的简称，是一国政府的专利主管部门或者代表若干国家的区域性组织，根据发明人（设计人）提出的申请，经审查认定其发明符合法律规定的条件，向发明人授予的在规定时间内对该项发明创造享有的专有权。在法律规定的有效期内，专利所有人对其发明依法享有制造、使用和销售的专有权利，专利权是知识产权的一种。

在这里，“专利”被理解为三层意思，一是指专利证书这种专利文件；二是指专利机关给发明本身授予的特定法律地位，技术发明获得了这种法律地位就成了专利发明或专利技术；三是指专利权，即获得法律地位的发明的发明人所获得的使用专利发明的独占权利，它包括专有权（所有权）、实施权（包括制造权和使用权）、许可使用权、销售进口权利、放弃权。简言之，专利权就是专利持有人（或专利权人）对专利发明的支配权。

在我国，专利权是以申请在先原则授予的。专利权受到专门法律《中华人民共和国专利法》（后简称《专利法》）的保护。其特点如下。

（1）专利权是一种法律赋予的权力。发明人通过申请，专利机关经过审查批准，使发明人的发明获得了法律地位成为专利发明，而发明人自己也因此获得了专利权；这种权利的产生与物权的自然产生是不同的。

（2）专利技术是一种知识财产、无形财产。专利权是一种特殊的财产权。

（3）专利权是一种不完全的所有权。专利权的获得是以发明人公开其发明的内容为前提的。而公开了的知识很难真正为发明人所独有。

（4）专利权是一种排他性（独占性、专有性）的权力。对特定的发明，只能有一家获得其专利权，也只有专利权人才能利用这项专利发明，他人未经专利权人的许可，不能使用该专利发明。

（5）专利权是一种有地域性的权利。专利权只在专利权批准机关所管辖的地区范围内发生效力。

（6）专利权是一种有时间性的权利。专利权的有效期一般为十至二十年。超过这个时间，专利权即失去效力。

根据《专利法》的规定，专利包括发明、实用新型和外观设计三种，发明专利权的期限为二十年，实用新型专利权和外观设计专利权的期限为十年，均自申请日起计算。

①发明专利。所谓发明，是指对产品、方法或者其改进所提出的新的技术方案。它是利用自然规律解决实践中特定的技术问题的新方案。发明可分为两类，一类是产品发明，其发明的结果是一种新产品；另一类是方法发明，其结果是一种制造产品或测试或

操作的新方法。

②实用新型专利。实用新型是对产品的形状、构造或者其结合所提出的适于实用的新技术方案。实际上，实用新型也属于一种发明。它与上述发明专利不同之处在于，实用新型是一种仅适于产品的、创造性水平较低能够直接应用的发明（有人称之为“小发明”）。在实践中，实用新型这种“小发明”为数众多，所以包括中国在内的世界上少数国家把它从发明中划分出来，单独加以保护。实用新型专利条件低，审批程序简单，收费也少，这有利于更多的小发明创造。

③外观设计专利。外观设计是指对产品的形状、图案、色彩或其结合所作出的富有美感并适于工业上应用的新设计。它与实用新型不同，外观设计对产品的设计主要是外形好看，而实用新型对产品形状的设计主要是基于增加产品的使用价值，使其有新功能。专利中的外观设计实际上是工业外观设计，它与纯美术作品不同，造型、图案和色彩只有体现在有独立用途的制成品上，才是专利中的外观设计。它是在保证或不影响产品用途的前提下，通过外形、图案、色彩的设计来吸引消费者。

2. 商标

商标是商品生产者或经营者为了使自己的商品同他人的商品相区别而在其商品上所加的一种具有显著性特征的标记。常见的商标是文字商标和图形商标。国外有立体商标，如“可口可乐”饮料瓶子的特殊形状。还有音响商标、气味商标等形式。商标大体上可分为三类：制造商标、商业商标和服务商标。

一般只有能够移动的可重复性生产的商品才使用商标。商标须具有显著性特点，相同或类似的商品不能使用相同或相似的商标。

（1）商标的作用：① 区别功能，即商标能标明产品的来源，把一企业的产品与另一同类企业的产品区别开来。这是商标的最基本最重要的功能。② 间接标示产品质量的功能。产品的来源不同，其质量和信誉也会有差别。商标作为特定来源的产品的标记，间接地反映了该产品的内在质量。人们选购商品时，一般无法当场检验其内在质量，而往往是根据自己的经验和商品的社会信誉凭商标来选购所希望的具有一定质量的商品。③ 广告功能。由于商标的简明性和“显著性”，产品很容易被消费者记住，从而使商标成为醒目的广告。

（2）商标权的含义。商标权是商标使用者向商标管理部门申请注册并得到批准的商标专用权。但在少数国家，商标权是由于商标的首先使用而获得的。在我国，商标权是以注册在先原则而取得的。商标权的内容包括使用权、禁止权（禁止他人使用）、转让权、许可使用权和放弃权。商标权受《中华人民共和国商标法》的保护。

（3）商标权的特点：① 商标权是一种排他性权利。② 商标是一种无形的知识财产，是特殊的财产权。③ 商标权是有时间性但又可无限延期的权利。与专利权期满不可延期不同，商标权到期可续展延期，且延期次数不限。④ 地域性。商标权只在注册机构所管辖地区范围内有效。

3. 专有技术

专有技术的英文名称为“Know - how”，意为“知道如何制造”。它有许多中文名称：技术诀窍、技术秘密、专门知识等，少数索性直译为“诺浩”，但最常用的名称是“专有技术”。

所谓专有技术是指在实践中已使用过了的没有专门的法律保护的具有秘密性质的技术知识、经验和技巧。专有技术可以是产品的构思，也可以是方法的构思。专有技术与专利技术的区别如下。

（1）专利技术必须是可以通过语言来传授的，专有技术虽也须是可以传授的，但它未必都是可言传的，有些只能通过“身教”才能传授。

（2）专有技术是处于秘密状态下的技术；而专利技术是公开技术。

（3）专有技术没有专门法律保护，所以它不属于知识产权。

（4）专利技术是被专利文件固定了的静态技术，而专有技术则是富于变化的动态技术。

（5）专利技术受保护或被垄断的期限是有限的（最多20年），而专有技术是靠保密而垄断的，因而它被垄断的期限不定。

专有技术也是一种无形的知识财产，它除需用保密手段得到保护以外，也需要法律的保护。在实际应用中，专有技术是援引合同法、防止侵权行为法、反不正当竞争法和刑法取得保护的。但专有技术受法律保护的力度远比专利技术受到专利法保护的力度小。

【导读】

我国是制造业大国，但拥有自主创新的产品少之又少，并且对知识产权保护的意识起步较晚，商标品牌被抢注的案例时有发生。据统计，我国企业出口产品中拥有自主品牌的比率不到10%，只有3%的企业拥有自主知识产权和核心技术，对外技术依存度达50%以上，高技术产品80%靠进口模仿创新。这些产品走向国际市场，很容易因知识产权问题引起纠纷，被国外查处。

随着经贸交流的日益频繁，全国涉及外籍当事人的知识产权纠纷案件数量由2013年的2 840件上升至2015年的5 675件。近期中国的海外企业经营过程中遇到了专利纠纷，如美国英特尔公司向美国国际贸易委员会提起申请，指控中国华为公司、中兴公司等侵犯其3G无线设备领域的7项专利，请求对被告企业发起337调查并发布进口排除令等案件。知识产权问题，已经成为中国企业发展道路上的一个不容忽视的障碍。

二、国际技术许可贸易方式

许可贸易是国际技术贸易中最常见、使用最广泛的交易方式，是技术有偿转让的主要形式。许可交易的卖方称为许可供方，许可交易的买方称为许可受方。

（一）许可贸易的概念

许可贸易是指知识产权所有人将知识产权、产品制造权、产品销售和进口权许可给其他国家的企业、公司或个人有偿使用的行为。

（二）许可贸易的分类

1. 纯许可贸易

纯许可贸易是指供方只将有关的知识产权技术许可受方使用，而不参与许可项目的投资和经营活动。此种方式供方风险小，受方风险较大。

2. 一揽子许可贸易

一揽子许可贸易指一笔交易中包含两种或两种以上的知识产权的许可使用。例如，合同中既包括专利许可又包括商标许可使用。

3. 包含投资的许可贸易

包含投资的许可贸易指供方拥有许可合同项目的部分产权（股权），即供方在许可合同项目中投资，按供方享有合同许可项目产权的大小分，有股权式的合资经营企业、契约式的合作经营企业和具有外国投资者全部资本的独资企业。

4. 特许经营

特许经营是指授权人将其商号、商标、版权、外观设计、服务标记和商业秘密等在一定条件下许可给外国经营者，允许其在一定区域内从事与授权人相同的经营业务，有时授权人还可以提供销售渠道、人员培训等。

5. 包括设备或生产线买卖的许可贸易

包括设备或生产线买卖的许可贸易指在许可贸易中受方购买供方所提供的机器设备或生产线，以有效地实施所引进的技术。供方还可以提供零部件、原材料和技术指导。

6. BOT 合作方式

BOT 合作方式即“建设—经营—移交”，指项目承包公司、咨询公司、金融机构、制造商、建设公司等联合与东道国政府签订许可协议，承建某个项目，并在项目竣工之后经营一定时期，在经营期限截止之时，将该项目移交给东道国所有权人的经营方式。合作期限一般为 10 年以上。其具有如下特点：①项目投资由外国投入，不需要本国政府投资。②对东道国而言，BOT 方式具有引进技术与利用外资相结合的优势。③东道国允许外方按照合理的经营管理模式对 BOT 项目进行经营和管理。④BOT 合同期限较长，牵涉的关系人多，常采用招标方式选择外国投资和建设者。⑤采用 BOT 方式，东道国政府不需要对外方投资提供担保，不会形成国家债务。

三、国际技术贸易中的支付方式问题

国际技术贸易合同通常采用银行保函保证下的即期付款交单方式支付。这种支付方式的特点是，担保银行以保证书的形式为支付提供保证。以银行信用方式保证付款双方的商业信用，可减少受方预付定金的风险和约束供方的履约行为。

银行保证书又称银行保函，是指银行作为担保人，应技术供方和受方的申请，向受益人——受方和供方开立的保证文件，保证被担保人一定履行合同规定的某项义务，否则由担保人负责向受益人支付所担保的金额。其主要分两种。

1. 付款保证书

付款保证书是指银行应技术受方的申请，开立给技术供方的保函，保证受方按照合同规定付款。若受方未付款，银行负责付款。

2. 履约保证书

履约保证书是指银行应技术供方的申请，开立给技术受方的保函，保证供方履行合同的规定。若供方未能履行合同，银行保证退还受方已付给供方的款项，或已支付的履约保证金。

国际技术贸易中通常采用即期跟单托收（D/P）。跟单托收是一种逆汇方式，由技

术供方向技术受方开具汇票，连同合同规定的单据，其中包括商业发票若干份，即期汇票正、副本各一份，供方国家政府主管部门出具的有效出口许可证一份或不需要出口许可证的证明文件一份，和供方银行出具的以受方为受益人的、金额为受方应付金额的不可撤销的履约保证书正、副本各一份，委托当地银行，转让其国外分行或代理行向技术受方收取票款的结账方式。

【导读】

美国所谓的“301”调查是指美国《1974年贸易法》第301条的内容，后依据1988年《贸易与竞争综合法》等做了相应修正后，简称301条款，分为一般、超级、特别301条款。美国贸易代表办公室（USTR）可以利用这个条款中的规定，对美国的贸易伙伴国家进行调查。

截止2017年，美国曾五次发起对中国的301调查，单方判定中国存在强制性技术转让、普遍的知识产权侵权行为，如盗取商业秘密、网络盗版猖狂、向全球出口假冒产品等问题。2018年3月23日，美国总统特朗普无视WTO争端解决机制，基于“301调查”结果，宣布对中国采取提高关税、限制在美投资等措施。2018年6月15日，美国白宫对中美贸易发表声明，对1 102种产品总额500亿美元商品征收25%关税。

美国的“301”调查，实质上是美国凭借其霸权地位，无视WTO多边贸易规则，通过单方面设定标准、单方面发布报告、单方面解释、单方面调查、单方面制裁的方式高压迫使贸易伙伴国屈从，达到维持美国在知识产权和贸易投资领域龙头老大地位的目的。

课后练习

一、单项选择题

1. 联合国贸易与发展会议（UNCTAD）用实际过境来定义服务贸易，其中（　　）是国际服务贸易的交付方式之一。

A. 公路运输　　B. 商品贸易中服务的过境

C. 铁路运输　　D. 互联网

2. WTO将服务贸易按照服务部门分成了（　　）个大类。

A. 10　　B. 108

C. 12　　D. 9

3. 《服务贸易总协定》所规范的服务（　　）各国政府当局为实施职能所需的服务。

A. 包括　　B. 部分包括

C. 不包括　　D. 其他

4.《服务贸易总协定》于（　　）正式生效。

A. 1991年　　B. 1995年

C. 1994 年　　D. 1996 年

5. 商标权的保护期可以续展（　　）。

A. 1 次　　B. 3 次

C. 5 次　　D. 无数次

6. 所谓（　　）是指在实践中已使用过了的没有专门的法律保护的具有秘密性质的技术知识、经验和技巧。它没有专门法律保护，不属于知识产权。

A. 专利技术　　B. 专有技术

C. 发明专利　　D. 外观设计专利

二、多项选择题

1. 按照《服务贸易总协定》的定义，（　　）符合服务贸易的标准形式。

A. 过境交付　　B. 国际运输

C. 自然人流动　　D. 跨境旅游

2.《服务贸易总协定》规定成员可援引的例外条款主要包括（　　）。

A. 确保国际收支平衡的例外措施　　B. 政府采购

C. 补贴　　D. 隐蔽性限制例外

3. 按照技术的公开程度，可分为（　　）。

A. 公开技术　　B. 工业产权技术

C. 专有技术　　D. 非工业产权技术

4. 我国现行《专利法》规定，发明专利权的期限为（　　）年，实用新型专利权和外观设计专利权的期限为（　　）年。

A. 15　　B. 20

C. 8　　D. 10

三、简答题

1. 按照 WTO 的划分，国际服务贸易的范围包括哪些项目？

2. 国际服务贸易的特点是什么？

3. 当代国际技术贸易有哪些特点？

4. 许可贸易的方式主要有哪些分类？

四、论述题

1. 如何理解“国际惯例对各国服务贸易的约束具有相对的灵活性”？请结合中国加入《服务贸易总协定》的情况加以说明。

2.《服务贸易总协定》的主要内容有哪些？

第十六章

外贸电子商务

【学习目标】

1. 掌握外贸电子商务相关知识和新特点，理解跨境电子商务与外贸电子商务的区别。

2. 了解企业外贸网站的建设思路，熟悉常见的外贸 B2B 网站，掌握外贸第三方电子商务平台的选择与应用方法；理解外贸企业网站的作用和推广思路。

3. 掌握如何利用互联网工具在外贸展会中实现高效的信息获取，以及产品展示、展会的运营方法。

【导读】

兰亭集势（Lightinthebox）是目前国内排名靠前的外贸电子商务网站，成立于2007 年，以销售定制婚纱礼服起家，经营范围覆盖了服装、电子产品、饰品、体育用品、家居用品等 14 类产品。商品数量数万种，主要目标市场是欧洲、北美地区的发达国家。经过十多年的发展，兰亭集势通过 www. lightinthebox. com、www. miniinthebox. com、www. amazon. com、www. ebay. com 以及 www. aliexpress. com 等高流量的电商平台（包括移动 APP），向全球消费者销售丰富的商品。兰亭集势的供应商遍及中国各地，在广东、江苏、浙江等制造业大省都有数量众多的合作伙伴，并积累了良好的声誉。2013 年6 月6 日，兰亭集势在美国纽约证券交易所挂牌上市，成为“中国外贸电商第一股”。

分析：

兰亭集势作为国内领先的 B2C 外贸电商平台，网站可以支持英语、俄语、葡萄牙语等 27 种不同国家的语言，基本覆盖全球 80% 以上的网络使用者。其极具特色的供应链模式、领先的网络技术、丰富的网络营销推广手段及创新的商业模式，吸引了大量风投资本，发展迅速。

第一节

外贸电子商务概述

电子商务（Electronic Business 或 Electronic Commerce）是在全球范围内兴起的一种新型商务模式，电子商务的迅速发展是市场、金融、经济全球一体化趋势的必然产物。

外贸电子商务是电子商务在外贸领域的应用。外贸企业不满足于传统的营销模式，希望用更多的方法来挖掘客户、开展业务。随着电子商务的兴起，传统的时空限制被打破，交易透明化、简单化，节省人力、物力，满足了外贸企业的业务拓展需求，因此不少传统外贸公司逐渐走上外贸电子商务之路。外贸公司通过电子商务拉动业务主要会采用两种手段，一是依靠第三方电子商务平台，二是搭建属于自己的独立网站。

一、外贸电子商务的商业模式

外贸电子商务模式分为外贸 B2C 与外贸 B2B 模式。外贸 B2C 又被称为跨境零售，是指通过外贸 B2C 零售平台或自建外贸 B2C 的网站，借助于廉价的国际航空小包和国际快递将国内的产品直接销售给国外终端消费者和零售商。外贸 B2B 是指运用电子商务以广告和信息发布为主，成交和通关流程目前多数在线下完成，并且随着网络技术的发展，逐步向线上过渡与完善。外贸 B2B 主要包括两种基本模式，一是企业之间直接进行的电子商务（如敦煌网 www. dhgate. com、中环出口易等）；二是通过第三方电子商务网站平台进行的商务活动（如 www. alibaba. com、www. made-in-china. com 等）。

二、外贸电子商务的交易流程

外贸电子商务主要涉及信息发布与搜索、电子数据交换和电子资金转移三方面的内容。其交易流程可分为三个步骤。

交易前：需做好交易前期准备工作。首先在互联网上发布信息，寻找交易机会，通过交换信息比较和选择交易对象，然后经过发盘、还盘等确定交易条件和价格，并签订贸易合同。

交易中：严格按照合同规定履行各种业务手续。合同签订后的贸易交易实现过程，涉及银行、商检/安检、税务、保险和运输等方面的电子交换。

交易后：交易双方办完各种手续，商品交付运输公司启运后，可以通过电子商务跟踪货物，银行根据合同依据提供的单证支付资金等。

三、外贸电子商务和跨境电子商务的本质区别

跨境电子商务的产生，对国际贸易起着推动作用。广义而言，跨境电子商务包括外贸电子商务，是指分属不同关境的交易主体，通过电子商务的手段将传统进出口贸易中的展示、洽谈和成交环节电子化，并通过跨境物流送达商品、完成交易的一种国际商业

活动。具体来看，外贸电子商务概念的产生先于跨境电子商务，并且在全球贸易主体、贸易环节、商业模式等方面都有本质的区别。

（一）贸易主体侧重点不同

在外贸电子商务时代，外贸企业的销售手段是靠推广宣传自己的产品，从网上寻找外商求购信息等，因而，贸易主体是信息流；而在跨境电子商务时代，一般的商家却想着利用互联网把商品直接销售到海外，因而，贸易主体是商品流。

（二）贸易环节有所差异

在外贸电子商务时代，进出口的环节并没有任何缩短或改变，线上完成的主要是网上发布信息、寻找交易机会、询盘发盘等操作，交易的完成是在线下进行的；跨境电子商务则为了降低中间成本，尽力减少或改变进出口环节。

（三）商业模式不一样

外贸电子商务的基本模式是 B2B，而且在交易中涉到复杂的关税、增值税及消费税等；跨境电子商务的运营模式多数是 B2C 模式，贸易中涉及到的税收主要是行邮税。

第二节

外贸电子商务平台的利用

【导读】

敦煌网（www. dhgate. com）成立于 2004 年，是第一家整合在线交易和供应链服务的 B2B 电子商务网站，是协助中国广大的中小供应商向海外庞大的中小采购商直接供货的网上批发交易平台，实现了国际贸易的彻底在线化，为全球的中小企业带来了极具透明化的商业价值。取名敦煌网，也是希望借助敦煌网这个平台，帮助更多的中小企业打开全球贸易网上的丝绸之路。

分析： 作为国际贸易领域 B2B 电子商务的创新者，敦煌网充分考虑了国际贸易的特殊性，融合了新兴的电子商务和传统的国际贸易，为国际贸易的操作提供专业有效的信息流、安全可靠的资金流、快捷简便的物流等服务，是国际贸易领域一个重大的革新。敦煌网采用 EDM（Email Direct Marketing）的营销模式，低成本高效率地扩展海外市场，自建 EDMSYS 平台，为海外用户提供了高质量的商品信息，用户可以自由订阅英文 DM 商品信息，第一时间了解市场最新供应情况。

（1）敦煌网按交易额收取佣金，实行“阶梯佣金”政策，是电子商务网站中最为突出的特征。

（2）敦煌网将大量的需求汇集起来去和供应商谈最低折扣，具有很高的议价能力。

（3）敦煌网整合跨境交易涉及的各个环节，并将其纳入自身的服务体系，帮助国内厂家打通各种贸易通道，与国际快递公司合作，提供诸如报关等服务，大大提高了买卖双方的交易效率。

（4）敦煌网提供了丰富的站内与站外推广。

一、外贸 B2B 网站的类型

外贸 B2B 网站平台本质上是一个贸易信息发布与管理的平台。没有任何知名度的中小企业，借助这样的平台可以快速将产品信息和公司信息发布到全球，进行产品展示、网上洽谈；借助这样的平台可以方便快捷地了解市场最新供应情况，获取产品信息和公司信息，进行货比三家、择优采购。因此，外贸 B2B 网站非常适合中小企业做网上推广和网络贸易。

常见的外贸 B2B 网站类型根据平台性质和侧重的功能，可大致分为供求信息发布平台和 B2B 黄页目录。B2B 供求信息发布平台均以互联网平台为依托，以亚洲资深的 ALibaba、Made-in-China、EC21 等网站为代表，适应制造商云集、出口需求旺盛的国家。为了向付费供应商创造更多订单机会，增强平台的竞争性，B2B 外贸网站不断推出丰富的站内与站外推广手段。B2B 黄页目录网站多以欧美资深的传统工业目录起家，为适应互联网的全球化发展，推出具有简明特色的网络版目录。例如：欧美的 www. kompass. com，ca. urlm. com/www. kellysearch. com 均属于黄页目录网站。

二、常见的外贸 B2B 网站

截止到 2017 年底，国内能正常运行且挂“外贸”或“出口”的 B2B 外贸电子商务网站约有 180 余家。有少数网站被国内外网民及中小企业客户认同和使用，而大多数 B2B 外贸电子商务网站存在一些问题，如客户流量少，视频与多语种支持差，且收费高，贸易交易量很小，甚至平台无人知晓。按照国外网民的上网习惯，90% 的海外真实流量来自谷歌系平台（www. youtube. com，www. gofair. org，gpluseurope. com），因而，多数外贸 B2B 平台为了能使更多的用户利用该平台进行外贸信息的获取与交易，使该平台有更多的页面被谷歌收录，被客户彼此检索与点击，选择了在谷歌上做关键词广告。例如，在两大搜索引擎 google 和百度中以外贸、出口、进出口、国际贸易、出口贸易、中国出口等为关键词进行检索，可以看到，一些网站出现频率较多、排名较靠前。表 16－1 列出 2017 年十大主流的外贸 B2B 平台，供了解与参考。

表 16－1　　2017 年十大主流外贸 B2B 平台

平台网址	中文名称	平台简介
www. alibaba. com	阿里巴巴	国内最大的 B2B 平台，也是企业会员最多的平台。
www. globalsources. com	环球资源网	B2B 行业的先驱，优势行业是电子类和礼品类。
www. made－in－china. com	中国制造网	在机械行业较有优势，会员数量及在谷歌排名仅次于阿里巴巴。
www. tradekey. com	贸易钥匙	针对的市场主要有中东、东南亚和欧美。中国产品出口的大型 B2B 网站。
www. ec21. com	EC21	面向全世界开放的韩国 B2B 电子商务平台。
www. ecplaza. net	Ecplaza	
www. diytrade. com	自助贸易	免费发布产品信息，为会员提供自助建站功能 。

续表

平台网址	中文名称	平台简介
www.dhgate.com	敦煌网	面向中国中小企业的 B2B 平台，卖家注册完全免费，可以任意发布产品。目标客户为欧美、澳大利亚等。
en.makepolo.com	马可波罗	帮助中小企业实现“精确采购搜索”和“精确广告投放”的 B2B 电子商务平台。
www.forbuyers.com	世界工厂（外贸）	全球最大的中国工业品原材料在线采购平台。

三、外贸 B2B 网站的选择标准

出口企业开拓海外市场，面对形形色色的免费与付费外贸 B2B 网站，如何选择和判断呢？首先，外贸 B2B 网站的人气，即网站访问量是第一大指标，其次是看外贸 B2B 网站自身的营销能力和贸易撮合方面的服务水平。有调查数据表明，在全球搜索中自然搜索大概占 95% 左右，付费搜索仅仅占据 5%。包括美国和日本在内的 10 个国家里，更多的 Google 搜索发生在移动设备而不是计算机上。自然搜索结果中排名靠前带来的盈利能力要远远高于付费搜索中获得的排名。因而，外贸中小企业选择外贸 B2B 网站时，可以参考以下因素。

（1）外贸 B2B 平台的搜索引擎营销水平，包括平台的搜索引擎友好性及所在行业的关键词广告投放量情况。

（2）平台所针对的买家群体站内信息指标。通过查看会员当天发布的信息数量及所在行业的供求信息量掌握情况。

（3）Alexa 全球访问量排名分析，可反映知名度。具体包含流量排名、频道访问量、用户来自哪些国家等数据。

（4）网下市场推广能力。了解平台的行业背景资源情况，是否实施线下展会推广、目录、杂志广告宣传等。

（5）平台所采用的支付方式、产品特色与价格以及配套服务。

（6）其他卖家使用情况。通过收到的询盘来初步判断买家的数量和质量。

对于 B2B 服务商网站的选择，还应该分析以下要素：服务面向的国家总数（TOC，Total of country）、企业总数（TOCOM，Total of company）、一定时间内的贸易机会信息总数（TOL，Total of leads）、产品总数（Top，Total of product）、产品细类总数（TOCA，Total of Catalog）、匹配率（IAM，Information about match）、刷新率（IAU，Information about update）等。

四、出口产品信息的发布

在外贸 B2B 平台中，交易主体为信息流，所以产品信息、公司信息是交易成功与否的关键。公司需要考虑撰写什么样的信息才能符合供应/需求信息的要求，才能吸引更多的潜在客户，使之转变成真正的客户。信息的发布需要经过以下过程（如图 16－1 所示）：

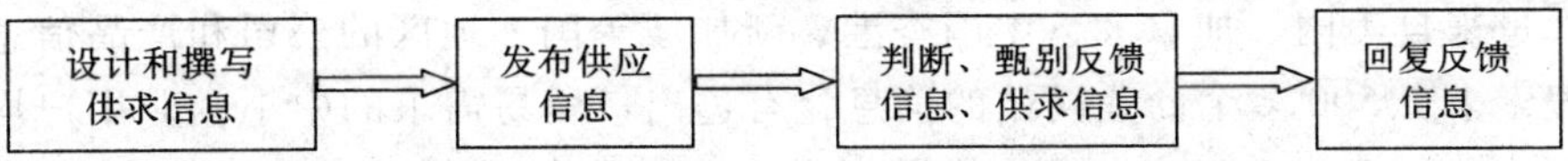

图 16－1　网上服务平台的信息发布流程

1. 设计和撰写供求信息

设计和撰写供求信息时要做到真实、准确、简洁，不能夸大其词、拖沓冗长，否则客户在浏览网页时会失去在其中寻找关键词的耐心。

2. 发布供应信息应遵循的原则

(1) 时效性。对于不同的 B2B 网站，首先应了解该平台主要是针对那些地区，了解当地人的基本作息时间，最好在当地上网高峰时段进行信息发布和更新。

(2) 产品核心。通常，产品信息只需用通用的关键词来描述，产品图片尽量清晰。如果是用英文撰写的供应信息，一定要仔细检查其中的拼写和语法，并尽量使用简练朴实的词句，使之更符合西方的语言习惯。

(3) 通用性。一般平台主要有三个搜索条件：Company，Products，Trade Leads (Sell Offer)，可以借助 google 的关键词工具来筛选该产品最常规的叫法，同时参考这些关键词被使用或者被搜索的热门程度和频率，这样，信息才会被更多的采购商搜索到。

3. 判断、甄别反馈信息、供求信息

对于收到的反馈信息和供求信息一定要充分了解，包括企业的实力、背景及其买家的评价、企业的资信情况等；提高防范意识，保证与对方进行足够的交流，冷静分析，妥善保管有关资料，利用合同保护自己。

4. 回复反馈信息

需要回复反馈信息时，努力做到及时迅速，尽量提供多种选择，不要忽视小额订单，内容简介宜准确、用语礼貌、合理报价，以体现自己的专业水平，陈述自己的优势，这样才能提高成交率。

第三节

外贸企业网站的搜索引擎优化

一、搜索引擎与 SEO

搜索引擎（Search Engine）是指根据一定的策略、运用特定的计算机程序从互联网上搜集信息，在对信息进行组织和处理后，为用户提供检索服务，并将相关信息展示给用户。从检索方式来看，搜索引擎分为通用搜索引擎与垂直搜索引擎。通用搜索引擎是根据关键词提取网页，建立索引库和索引，还包括去除重复网页、判断网页类型、分析超链接等。垂直搜索引擎（Vertical Search Engines）通过针对某一特定领域、某一特定人群或某一特定需求进行专业搜索，提供有价值的信息和相关服务，具有“专、精、深”的，且具有行业色彩。例如，www. manufacturer. com 专注于全球商业信息的搜索，收录了大量来自美国、加拿大、中国香港、新加坡等国和地区的公司和产品信息，目前能直接搜索来自500多个商业网站的信息，有进出口贸易需求的中小企业用户均可以通过该网更快、更准地找到更合理的价格、更对路的产品，增加产品销路。

二、外贸网站的SEO

多数外贸企业网站以出口为中心，客户主体是国外客户，因而，网站构建时，网站结构尽量扁平化，链接层次不宜太深，一般在3~5层之间。因为如果层次结构太深，搜索引擎不容易抓取到页面及内容，客户很难通过搜索引擎浏览到企业的产品页面。

要提高网址被访问的可能性，应该把公司的网址链接到其他一些与本业务相关的网页，或与一些著名的搜索引擎挂钩，更广泛地宣传公司所提供的产品和服务，让海外的客户对本公司有更深入全面的了解，因此选择合适的链接网址是十分重要的。

（一）选择搜索引擎

外贸企业对搜索引擎的掌握程度和使用技能很大程度上决定着用户检索的效率和效果。以下是常用的搜索外贸客户的几大国外搜索引擎（见表16－2）。

表16－2 几大国外搜索引擎列表

搜索引擎名称	网址	SE简介
Google系	www. youtube. com www. gofair. org google plus	google是全球最大的搜索引擎之一。为外贸企业网站提供了最便捷的网上信息发布与查询方法。
BING	www. bing. com	全球领先的搜索引擎，也是北美地区主要的搜索引擎。
Yahoo	www. yahoo. com	美国著名的互联网门户网站，遍及24个国家和地区，为全球超过5亿的独立用户提供多元化的网络服务。
Ask	www. ask. com	Ask在美国是继Google、雅虎和微软之后的第四大搜索引擎。
Yandex	www. yandex. com	Yandex是俄罗斯网络拥有用户最多的网站，提供的服务包括搜索、最新新闻、地图和百科、电子信箱、电子商务、互联网广告及其他服务。
Fireball	www. fireball. de、 fireball. com	德国主流的搜索引擎。
Lycos	www. lycos. com	西班牙语门户网站，具有多语言搜索功能，提供常规及高级搜索。

每个搜索引擎都有独特的优缺点，在选择搜索引擎时，首先需要考虑的因素有：搜索引擎的网速、搜索引擎的界面、网页收录数和结果相关性。

（二）搜索引擎中的注册

1. 直接到搜索引擎上注册

企业选用几大门户网站和同企业产品密切相关的业内网站的搜索引擎后，需要完成注册并进行页面提交的工作。例如：在Google中，提交网站的地址是http://www. google. com/addurl. html。在网址提交时，Google要求输入完整的网址，包括前缀

“http：//”，还可以加上网站简介，但这些仅供内部参考，并不影响 Google 对网页的编排。另外，有些搜索引擎是需要在提交网站注册资料后付费才能被收录的。近年来，由于搜索引擎索引规则发生了很大的变化，主动提交网址并不能保证该网站能够进入搜索引擎的数据库，因此，行之有效的办法是多获取一些外部链接，使搜索引擎找到该网站并自动收录。

2. 利用搜索引擎注册工具注册

利用搜索引擎注册工具可以将用户的注册请求同时提交到几个、几十个、几百个甚至上千个搜索引擎网站上，可以大大减轻用户的工作量，提高注册效率。例如：Submit-wolf pro（下载地址：https：//www. trellian. com/swolf/）能够把公司网站的详细信息提交到 300 多个中文和 1 500 多个英文的搜索引擎。

3. 到注册网站上注册

注册网站提供的功能和搜索引擎注册工具类似，企业只需填入网站的相关资料，点击“提交”，该网站就会自动将企业的注册信息提交到几十个甚至上百个搜索引擎上去，列举三个注册网站供外贸企业网站参考，如：https：//www. addme. com/ 可以一次提交到 34 个引擎；http：//freesubmit. com/ 可以一次提交到 10 个引擎；http：//www. siteowner. com 可以一次提交到 7 个引擎。

（三）关键词的设置

为了让国外买家能更精确找到企业的产品信息，提高网站的访问量，产品的点击率，最关键的步骤是进行关键词的合理设置。关键词的设置需遵循以下原则：

（1）关键词设置要有针对性，应结合产品及行业特点来编写。不同国家的客户对某一类产品的称呼可能不同，比如模具，英文叫法是 MOLD，有的叫 plastic parts，日文是“金型”。因而，需要对企业所从事的行业、所经营的产品、所在的国家有深入的认识。

（2）设置关键词前换位思考，以客户为中心，考虑客户会通过什么关键词来搜索该类产品或者以客户网站中展示的产品信息为关键词，例如：某网站的 keywords 设置为“Candle Holder / Whisky Glass /Beer Glass/ Wine Glass/Wine Decanter”等。

（3）关键词的设置应多重排列，合理组合。与企业的产品密切相关，不夸大其词。日用成品、商用成品、工业成品、耗材类产品、建材类产品、工程类产品一般可以直接用产品关键词搭配客户群或者行业关键词去搜索客户资料。

（4）搜索引擎本身也会利用关键词研究工具来进行检测，利用检测数据中的搜索频率来选择或扩展关键词。

（四）搜索引擎优化

一般来看，客户通常只对搜索引擎中前几页的搜索结果感兴趣，所以，外贸企业网站还有一项必不可少的工作就是使被收录的网页在搜索引擎中的自然搜索结果排名靠前，用户能快速浏览到感兴趣的内容，这就是搜索引擎优化。

外贸企业网站的搜索引擎优化首当其冲的是网站的域名，域名里应该包含所优化的关键字。其次，网页设计越简单越好，网页内容要充实。第三，重视外部链接的数量和质量，交换外部链接时，尽量要求对方以企业所优化的关键字作为链接的关键字；做好内部链接，使网站的结构合理化，网页与网页不仅路路通达，还可以使用网站地图进行全站检索。

搜索引擎推广的方法除登录免费或付费的分类目录以外，还有多种不同的搜索引擎优化形式，如：关键词广告、关键词竞价排名、网页内容定位广告等。外贸企业电子商务的营销模式消除了中间商，降低了客户服务的总成本，使客户最终得益，使得企业获得巨大的商机。

三、精准商机或产品信息的获取

知己知彼，百战不殆。在外贸行业，对外贸客户有准确的理解，方能有效促进订单的生成。要想搜寻全球外贸平台提供的同类商家信息或产品信息及销量排行，可以利用关键词进行查询。在实际的使用过程中，可以将各种组合或逻辑关系综合运用，灵活搭配，以便进行更加精准的查询。

1. 使用双引号

给要查询的关键词加上双引号，可以实现精确的查询。这种方法要求查询结果要精确匹配。例如在百度搜索引擎的文字框中输入“glassware”，保持了检索词的完整性，将返回更精准的网页。

2. 使用加号或减号

在关键词的前面使用加号或减号，等价于告诉搜索引擎该单词必须出现在或不能出现该关键词搜索结果中的网页上。例如，在搜索引擎中输入“+电脑+电话+传真”就表示要查找的内容必须要同时包含“电脑、电话、传真”这三个关键词；在搜索引擎中输入“电视台-中央电视台”，它就表示最后的查询结果中一定不包含“中央电视台”。

3. 使用通配符

通配符包括星号“*”和问号“?”，前者表示匹配的数量不受限制，后者表示匹配的字符数要受到限制，主要用在英文搜索引擎中。例如输入“computer*”，就可以找到“computer、computers、computerised、computerized”等单词，而输入“comp?ter”，则只能找到“computer、compater、competer”等单词。

4. 使用布尔检索

通过标准的布尔逻辑关系来表达关键词与关键词之间逻辑关系。如：“and”，称为逻辑“与”，表示它所连接的两个词必须同时出现在查询结果中，例如，输入“computer and book”，它要求查询结果中必须同时包含“computer”和“book”。“or”，称为逻辑“或”，它表示所连接的两个关键词中任意一个出现在查询结果中就可以。例如，输入“computer or book”，就要求查询结果中可以只有“computer”，或只有“book”，或同时包含“computer”和“book”。“not”，称为逻辑“非”，它表示所连接的两个关键词中应从第一个关键词概念中排除第二个关键词，例如输入“automobile not car”，就要求查询的结果中包含“automobile（汽车）”，但同时不能包含“car（小汽车）”。

5. 使用元词检索

大多数搜索引擎都支持“元词”（metawords）功能，用户把元词放在关键词的前面，就可以告诉搜索引擎用户想要检索的内容具有哪些明确的特征。例如，在搜索引擎中输入“title：清华大学”，就可以查到网页标题中带有清华大学的网页。其他元词还包括“image”，用于检索图片；“link”，用于检索链接到某个选定网站的页面；

"URL"，用于检索地址中带有某个关键词的网页。

另外，许多英文搜索引擎可以让用户选择是否要求区分关键词的大小写，这一功能对检索英文信息、查询专有名词有很大的帮助，例如："Web" 专指万维网或环球网，而 "web" 则表示蜘蛛网。

通过以上检索信息的方法与技巧，外贸企业就能及时有效地、全面地从搜索引擎中获得有价值的信息，方便外贸企业采取正确决策。

第四节　网上展会

【导读】

由商务部和广东省人民政府联合主办，中国对外贸易中心承办的中国进出口商品交易会（The China Import and Export Fair）即广州交易会，简称广交会（Canton fair）是中国目前历史最长、层次最高、规模最大、商品种类最全、到会采购商最多且分布国别地区最广、成交效果最好的综合性国际贸易盛会。历经60多年发展，广交会已成为中国外贸第一促进平台，是中国对外开放的窗口、缩影和标志。

广交会贸易方式灵活多样，除传统的看样成交外，还举办网上交易会（VirtualExpo，Online Exhibition）。自第120届广交会开始，广交会实现了"线上+线下"的双线展览新模式，打破了时间、空间、地域、体量、距离和成本等限制，通过线上浏览、线下体验的方式，成为展览最大亮点。"网上广交会"成为现场成交的有力补充，并且逐渐加速推进与互联网的深度融合，提出了建设"智慧广交会"行动计划。

分析：广交会把线上服务涵盖到会前、会中、会后全过程，全面提高广交会办会水平和服务质量，促使广交会成为全天候的外贸促进平台。

(1) 广交会中英文官网（www. cantonfair. org. cn、www. cantonfair. org）是广交会唯一指定的电子商务业务的官方网站，所有涉及到广交会的事宜，广交会官方网站均可查询。

(2) 广交会易捷通网上服务平台 exhibitor. cantonfair. org. cn 的上线，丰富了展商与展品的信息，有助于参展商宣传企业与品牌，为企业准确把握市场需求、调整目标市场、产品结构等经营策略提供参考依据。

(3) 借助广交会APP、微信公众号、广交会微博的打造"网上展会"和"移动展会"不仅使广大参展商能通过手机在移动互联网上展现风采，赢得商机，还有助于买家通过手机观展和选购心仪的展品。

一、网上展会的含义

网上展会（VirtualExpo，Online Exhibition）是现实展会的虚拟形态。展会的组织、展出及展览活动的各个环节都实现了电子化，组展者、参展商和观众之间的交流通过计算机和互联网络进行。网上展会为广大企业商家提供一个专业、诚信、高效、便捷的网上展览展示的展台，可以在网上进行直接播放。

二、网上展会和传统展会

网上展会的组织运营与传统展会基本上是相同的。网上展会的发展需要依附于传统展会，特别是定期举办的展会，组展者可以把参展商的资料放到网络上广泛宣传。这成为传统展会组办者吸引参展商和观众的必要手段之一。因而，在一定时期内，网上展会和传统展会既相辅相成，又并存竞争。

网上展会表现出一定的优势：低成本、高效率、展出时间长、增加贸易机会、展出空间无限广阔、经营规模不受场地限制、观众具有广泛性、系统能及时反馈和评估。但它也具有一些与生俱来的缺陷：展出范围受到限制、展出信息具有不完整性、观众具有不确定性、信息统计上有偏差；而且人们参观网上展会时，面对的是计算机屏幕，与观众或参展商交流时不如面对面的感受来得直接。

三、外贸网上展会

随着互联网技术的发展，利用互联网工具在外贸展会中实现高效的信息获取、产品展示和展会的运营是非常必要的。VirtualExpo 虚拟展览则为全球优质制造商提供一个高质量的展示平台，同时为全球采购商提供一个品牌汇集、信息全面的采购平台，最终实现全球采购与供应的无缝对接。

法国 VirtualExpo 集团旗下有四个专业的在线虚拟展，分别是 Directindustry（工业产品）、Archiexpo（家居产品）、Nauticexpo（船舶产品）、Medicalexpo（医疗产品）。VirtualExpo 是全球最大的在线虚拟展提供商，是集搜索引擎优化、在线展会、行业网站、专业化 B2B 平台于一身的新型的多语言、多关键词、多搜索引擎的国际化本土化电子商务推广平台。要想入驻或落户 VirtualExpo 虚拟展览平台，不同领域的生产企业或制造商首先必须缴纳一定的费用才能成为会员，具有了会员的资格即可充分利用互联网工具进行产品的展示与展会的运营。

VirtualExpo 虚拟展览平台中每个付费会员将获得一个唯一的链接。在链接的后台，企业可以上传不限量的产品图片。VirtualExpo 虚拟展览平台可以为客户添加 9 种语言的产品资料。同时可以上传不限量的产品彩页（单个文件要小于 100M），可以对产品的排名产生正面的影响作用。会员企业可以自主上传企业宣传或产品介绍视频，如果是过于大的视频文件，可以寄送到法国总部处理再上线。会员可以在后台发布公司的新闻信息，增加曝光率。新闻的及时上传对产品排名有影响作用。为避免垃圾新闻，每个会员每个月只能发布两条新闻，即 2 个重点加强产品的推广机会。会员还可以在展会信息版块公布将要参展的信息，对将要参加的展会进行宣传以展现企业实力，也可以方便采购商到展会面对面洽谈业务。这个版块对产品在前台的排名也有帮助。会员可以自定义询价方式，方便有兴趣的浏览者询价提问，更方便采购商与会员沟通。

VirtualExpo 虚拟展览平台会将合作会员发布的新产品信息制作成采购指南，通过邮件发送给注册买家。VirtualExpo 虚拟展览平台会帮助会员将浏览过自己公司或产品信息的采购商、通过本网站进入会员公司主网站的客户、下询盘的客户这三类客户的信息收集起来，会员可以查看或导出这些客户信息，更方便会员进行后期跟进。

会员为增加曝光率还可以购买横幅广告（购买横幅可以设定关键字，最多可设置15个）。当浏览者在前台输入关键字寻找产品时，对应到横幅设定的关键字，会员的横幅就会自动跳出来，展现在浏览者眼前。

事实证明，外贸展会实现网上网下的全渠道融合，发挥出各自平台优势，互为补充、相互支持才是最佳的选择。获取外贸展会信息的网络资源，如表16-3所示。

表16-3 获取外贸展会信息的网络资源

平台网址	中文名称
www.fobbaike.com/exhibition	福步外贸百科
en.52wmb.com	外贸邦
en.globalimporter.net	跨国采购网
www.cantonfair.org.cn/en	广交会
bbs.fob5.com/forum-314-1.html	环球外贸论坛
www.showguide.cn/nsForeignTrade	商务部外贸发展网
www.ttnet.net	天天网商机
www.directindustry.com	工业在线展会
www.medicalexpo.com.cn	医疗在线展会
www.archiexpo.com	家居在线展会
www.nauticexpo.com	船舶在线展会

四、智慧会展

随着移动互联网等信息技术的发展，网上展会逐渐向智慧会展转变。现阶段，业内对智慧会展的定义是：智慧会展是以移动互联网技术为基础，在充分利用物联网技术、云计算、大数据分析等新一代信息技术的同时，建立一个以人为本的实时社交平台。智慧会展主要包含三个层次：智慧场馆—智慧展会—智慧展台，通过新一代信息技术对展馆、展会、展台进行重塑和再造，打造系统解决方案。简单来讲，智慧会展就是以信息技术的手段，提供以下解决问题的方法和工具。

1. 展会信息服务

展会信息主要包括以下信息：①展会基本信息。用户随时随地获取展会介绍、现场活动、主承办/支持机构资料、展会公告、展会指南、展位图、周边配置等。②为观众提供个性化信息服务。通过展品浏览记录和展品停留时间等数据，系统分析出观众的兴趣点，自动将相关信息发送到用户终端。

2. 场馆位置及导航服务

用户可在用户智能终端查看展馆布局、周边设施、实时车位等信息，同时可以根据用户兴趣或时间，为用户定制最具效率的个性化参观线路。展会主办方可利用LBS系统对车辆进行监控调度，对工作人员进行管理，为参观者提供导航服务。

3. 展会互动营销服务

通过移动应用平台、智能终端等，在展会现场通过线上线下互动分享，实现会展活动的宣传互动，如“现场抢红包”“微信摇一摇”等系列互动。观众可以在平台上进行即时分享，或利用二维码扫描获取电子名片等方式接入微信等社交网络平台。

4. 电商服务

智慧会展的电子商务功能包含票务、支付、预定等内容。平台结合展会特点和需求，提供包括门票购买、展会现场促销和团购、现场下订单、现场支付、酒店餐馆预定、机票查询预订等服务。

5. 数据分析服务

参展商可通过对参观者的订单信息、参观轨迹、展位停留时间等数据分析，获得客户的兴趣和意向，精准地判断潜在客户，为客户量身定做营销方案。主办方还可通过参观者的兴趣点、成交商品类别、参展商的受欢迎度等信息决定下届展会的主题、组织方式等，同时促销下届展会。

6. 精准营销服务

一方面，通过用户的行为分析，如浏览记录、收藏记录、成交记录等，可分析得出专业观众的兴趣，从而可向专业观众发送量身定制的营销信息，更好地服务专业观众。另一方面，智慧会展能为参展商提供精确的用户数据，为企业决策提供支撑信息，便于参展企业开展营销工作。

但智慧会展平台的建设尚存在一些问题：第一，智慧会展平台搭建的成本较高。目前，传统展会多采用门户网站、微信平台（公众号、小程序）等线上平台发布各类展会信息，而结构复杂、运行稳定、功能全面的平台需要搭建技术团队，且开发时间较长，后续的平台维护和运营也需要人员成本，对于会展主办方来说成本较高；第二，线上平台的效果受到制约。相比品牌宣传和长期宣传效应，参展商往往更加重视取得在会展现场销售的订单，而对"智慧展会"的效果无从衡量。同时对于专业观众而言，线上浏览展览信息并达成交易远不如现场交易来的安全和可靠，这都是制约以线上平台为代表的移动互联技术在会展中应用的重要原因。第三，会展业在利用移动互联网扩大产业影响面的同时，也将面临新技术新应用所带来的安全风险。同时，业内对智慧会展的建设标准、解决方案以及实现工具尚未有明确定论，这也是会展人需要思考的问题之一。

总之，智慧展会的核心在于建立一个基于互联网的信息实时交流平台。该平台能为展会招商、组展、现场服务等多个阶段提供智慧化的技术支持，通过用户以及商务信息的沉积，构建新的产业结构，形成展会经济的二次发酵，带动产业经济的持续发展。

课后练习

一、单项选择题

1. 在外贸 B2B 平台中，信息的发布需要经过以下过程，正确的顺序为（　　）。

（1）设计和撰写供求信息

（2）判断、甄别反馈信息及供求信息

（3）回复反馈信息

（4）发布供应信息

A.（1）—（2）—（3）—（4）

B.（2）—（1）—（4）—（3）
C.（1）—（4）—（2）—（3）
D.（1）—（4）—（3）—（2）
2. 智慧会展是基于（　　）的。
A. 网络技术　　　　B. 富媒体技术
C. 音频技术　　　　D、移动互联网技术

二、多项选择题

1. 外贸电子商务模式分为（　　）。
A. B2B 模式　　　　B. B2C 模式
C. O2O 模式　　　　D. C2C 模式
2. 设置关键词要遵循的原则有（　　）。
A. 关键词设置要有针对性
B. 多重排列，合理组合
C. 设置关键词前换位思考，以客户为中心
D. 关键词的设置与企业的产品密切相关

三、简答题

1. 在电子商务模式下，国际贸易呈现出的新特点有哪些？
2. 企业可以用哪些方法提高网站在搜索引擎中的排名？
3. 分析网上展会具有什么优、劣势？

四、实操题

1. 拟定一类或一种产品，自行编写某种产品的中英文信息，在阿里巴巴网中国站、国际站及中国制造网中英文网站中查找相关供应信息，进行比较，分析它们的关键字设置及其他信息。

2. 假设你为采购商，拟定一类或一种产品，在敦煌网上选择你认为理想的三家供应商，分析三家公司在外贸电子商务方面做了哪些工作？

3. 假设你为采购商，参考“获取外贸展会信息的网络资源”，尝试通过网上展会获取对你有价值的信息，记录获取信息的流程。通过这个过程进一步了解网上展会。

参考文献

1. 王之泰编：《现代物流学》，中国物资出版社 1995 年版。
2. 梁金萍主编：《现代物流学》，东北财经大学出版社 2003 年版。
3. 王韶燏主编：《国际货物运输与保险》，对外经济贸易大学出版社 2003 年版。
4. 黎孝先主编：《国际贸易实务》，对外经济贸易大学出版社 2000 年版。
5. 国际商会编：《国际贸易术语解释通则 2010》，中国民主法制出版社 2011 年版。
6. 韩经纶著：《国际贸易基础理论与实务》，南开大学出版社 2001 年版。
7. 谢国娥编著：《海关报关实务》，华东理工大学出版社 2002 年版。
8. 徐景霖主编：《国际贸易实务》，东北财经大学出版社 2002 年版。
9. 万晓岚主编：《新编国际货物贸易实务与操作》，经济科学出版社 2001 年版。
10. 郑丽明编著：《议付单证的缮制》，对外经济贸易大学出版社 1997 年版。
11. 李红丽、佟哲：《国际贸易理论与实务》，清华大学出版社 2017 年版。
12. 陈岩著：《国际贸易理论与实务》，清华大学出版社 2018 年版。
13. 傅海龙主编：《国际贸易理论与实务》，对外经济贸易大学出版社 2015 年版。
14. 蔡茂森、李永主编：《国际贸易理论与实务》，清华大学出版社 2015 年版。
15. 王丽萍、李创编著：《国际贸易理论与实务》，清华大学出版社 2016 年版。
16. 余庆瑜著：《国际贸易实务——原理与案例》，中国人民大学出版社 2014 年版。
17. 张家成：《国际贸易理论与实务》，电子工业出版社 2012 年版。
18. 李画画：《国际贸易实务》，清华大学出版社 2018 年版。
19. 冷柏军：《国际贸易实务》，清华大学出版社 2012 年版。
20. 苏宗祥：《国际结算》（第六版），中国金融出版社 2015 年版。
21. 中国国际商会中国国家委员会：《UCP600》（2007 年修订本），民主与法制出版社 2007 年版。
22. 卓乃坚：《国际贸易结算及其单证实务》，北京大学出版社 2015 年版。